智能经济时代生态大变局：

■ 许可 李湘华 朱青青 邓坦前 张瑞卿
张玮楠 畅锦永 余政伟 | 编著

人 民 邮 电 出 版 社
北 京

图书在版编目（CIP）数据

智能经济时代生态大变局 ：赢战5G / 许可等编著
. -- 北京 ：人民邮电出版社，2020.12
ISBN 978-7-115-54427-8

Ⅰ. ①智… Ⅱ. ①许… Ⅲ. ①人工智能－智能技术－技术经济学－研究 Ⅳ. ①F062.4

中国版本图书馆CIP数据核字(2020)第176914号

内 容 提 要

本书首先结合人工智能、大数据等技术，阐述 5G 可能会重塑或颠覆哪些应用场景和哪些垂直行业，并通过系统分析各类企业在 5G 的战略布局，指明 5G 叠加经营的市场形态和多量纲计费的商业模式。其次，从多个角度描述智能经济和 5G 的紧密联系，对智能经济和 5G 的关系做了清晰的介绍，描述了智能经济新生态下 5G 的新规则、新玩法，包括：运营商、互联网企业、制造商、终端商、芯片商的定位颠覆以及战略重构；传统电信运营商、设备制造商、互联网企业的业务重塑、生态化运营以及能力开放和合作；数字化驱动下企业的组织变革和流程再造；技术驱动下的云网融合和运维智能化；运营商、互联网企业、制造商、渠道商、终端商的渠道转型，以体验为王；通信企业混合所有制改革，以数字人才为中心进行数字化转型；通过资本纽带，构建生态实现演化。最后，描述了 5G 在智能经济时代对未来产生的深刻变革。

本书可供基础电信运营商、虚拟运营商、互联网企业、通信设备厂商、数字化转型企业等的各级管理者和员工，以及高校教师和学生参考阅读。

◆ 编　著　许　可　李湘华　朱青青　邓坦前　张瑞卿
　　　　　张玮楠　畅锦永　余政伟
　责任编辑　牛晓敏
　责任印制　彭志环

◆ 人民邮电出版社出版发行　北京市丰台区成寿寺路 11 号
　邮编　100164　电子邮件　315@ptpress.com.cn
　网址　https://www.ptpress.com.cn
　北京华邦印刷有限公司印刷

◆ 开本：700×1000　1/16
　印张：18.5　　　　2020 年 12 月第 1 版
　字数：435 千字　　2020 年 12 月北京第 1 次印刷

定价：89.00 元

读者服务热线：(010)81055493　印装质量热线：(010)81055316
反盗版热线：(010)81055315

序言

这是一本描述智能经济发展浪潮中，5G 的新规则和新“玩法”的书。

本书从智能经济全面兴起，人工智能、区域链、云、大数据、边缘计算、物联网核聚变演化，5G 产业生态集群多赢，5G 新“玩法”，5G 未来展望等多个角度进行详细的阐述。

智能经济，是在数字经济的概念基础和内涵上，以智能感知的信息与数字化的知识为关键生产要素，以新一代智能技术为重要推动力，以有限资源和全生产要素的最优化利用为手段，以自主适应、人机协同、共创分享、多元融合为主要特征，以高效、有序、可持续发展为目标的一种经济活动和经济形态。其核心驱动力为人工智能，当前人工智能正由技术研发走向行业应用，形成从宏观到微观各领域智能化新实践，逐步渗透到制造、交通、医疗、金融、零售等多个行业。人工智能发展催生出新技术、新产品、新产业、新业态、新模式，为产业变革带来新动力，为智能经济发展注入新动能。

第五代移动通信技术，即 5G，不仅给人们生活带来改变，更作为重要科技力量为整个社会带来改变。随着 5G 商用，智能经济成为新热点。工业和信息化部提出，力争 2020 年年底实现全国所有地级市 5G 网络覆盖；中共中央政治局常务委员会召开会议，提出要加快以 5G、工业互联网、大数据、人工智能等为代表的新型基础设施建设，提速 5G 规模商用。业内专家普遍认为，网络优化升级将推动智能经济快速崛起，智能社会大幕正在拉开。高速泛在的 5G 网络让越来越多的设备在无屏、移动、远程状态下使用。5G 像一个催化剂，推动智能经济加快衍生和高质量发展。

5G 技术的诞生及成熟进一步使能 ABCDEI 场景革命，与人工智能、区块链、云、大数据、边缘计算、物联网等技术相互赋能，协同发展。在技术深度融合后，5G 开始撬动上游产业，助力数字经济发展，驱动宏观经济和社会发展走向群体智能时代。5G 建设的显著加速，推动中国 5G 产业链站上全球风口。5G 产业链主要由 3 部分组成：5G 设备，为下游提供网络建设所需设备的环节，按照网络架构可分为核心网设备和接入网（无线基站 + 传输网）设备；5G 网络，包括网络建设和网络运营两个环节；5G 应用，即利用 5G 网络提供终端应用和解决方案的环节，是 5G 最终的商业化形式。

因此，5G 的发展需要各方参与者密切合作，结成生态同盟，携手推进。之所以 5G 的发展需要各界的紧密合作与共同努力，一方面是因为 5G 的发展需要通信业上下游企业共同努力，推动芯片、终端、设备及应用的成熟；另一方面是因为通信企业需要与工业、交通、能源、医疗及农业等垂直行业充分融合，推动 5G 赋能产业数字化发展。处于产业内外部的各方将以利益一致为基石形成生态，生态集群成为 5G 的发展规则，包括：技术生态——全球标准落槌定音，区域生态——政府引领产业集聚，行业生态——行业协作共同推进，头部企业生态——龙头企业谋篇布局等各维度。

在智能经济时代，5G 出现了很多新“玩法”，包括：

（1）运营商、互联网企业、制造商、终端商、芯片商的定位颠覆以及战略重构；

（2）伴随着消费者需求的不断变化和动态调整，业务价值发生了转移，传统电信运营商、设备制造商、互联网企业等急需进行业务重塑、生态化运营、能力开放和合作；

（3）不断变迁的生产方式推动着企业管理模式的变化，组织形态随之不断变形、被重构与再定义，因此数字化驱动下企业面临组织变革、流程再造的需求；

（4）技术驱动下的云网融合，以及技术进步推动下的运维智能化；

（5）运营商、互联网企业、制造商、渠道商、终端商的渠道转型，渠道形态在线化、社交化、娱乐化、媒体化、线上线下融合，以体验为王；

（6）通信企业混合所有制改革，且数字化转型以数字人才为中心；

（7）以融合为核心，着眼于多个垂直行业和云、大、物、智等技术的融合，通过资本纽带，构建生态实现演化。

着眼于未来发展，5G 的未来既需要在供给侧进行结构改革迎接市场蓝海，又要在需求侧应用落地实现消费升级，打造智慧社会美好生活，还需在政策侧把握机遇加强监管，一起畅想 6G 更美好的未来。

本书由深耕通信行业多年的咨询专家团队倾力打造，涵盖 5G 和智能经济多个维度和细节，是一本不可多得的 5G 专业类书籍。

目 录

第一章

5G 已来，智能经济全面兴起

1.1 疫情“黑天鹅”，5G 加快升级

2020 年年初，当大家沉浸在新年伊始其乐融融、喜悦欢快的氛围中时，一场突如其来的新型冠状病毒开始肆虐蔓延，在不到 2 个月的时间内，席卷全球每个国家和地区。面对不期而至的疫情，5G 充当“逆行者”，成为战胜疫情的利器，打响了新技术抗“疫”之战。

5G 超高清的第一个应用出现在了中央电视台“疫情二十四小时”频道，24 小时不中断直播火神山、雷神山的现场施工建设历程。这场“慢直播”吸引了上亿名网友的在线围观，并被亲切地称呼为“云监工”。而这场备受瞩目的直播背后是通信人不分昼夜的默默支撑和通信技术的广泛应用。中国移动湖北公司仅用 36 小时便率先开通了“雷火双神山”首个 5G 基站，实现雷神山和火神山两处医院建设的 5G 高清实时直播。直播截图如图 1-1 所示。

图 1-1　直播截图

从 2019 年 6 月，国家颁发 5G 商用牌照，到 10 月，三大运营商正式启动 5G 商用网络，再到 2020 年 5G 技术被不断应用于抗击疫情，从颁发牌照到实际应用，短短几个月的时间而已。由此可见，5G 仍处于发展初期，受到诸多制约因素的影响，缺乏具体应用场景便是其中之一。在这场严重的疫情之下，5G 应用场景变得逐步清晰和可行，5G 的重要性被凸显得淋漓尽致。

（1）5G 应用于应急指挥调度。5G 高速率、大容量特点，能够满足短时间内联合指挥调度医院、公安、交通和应急等各个部门所需的高要求、高质量的通信宽带标准。5G 通信技术的

融合指挥调度系统可实现视频会议、集群通话、视频调度、语音调度、GIS 地图调度等应急指挥调度功能，能够确保通信的流畅稳定，确保决策的快速和准确。

（2）5G 应用于高清视频监控。5G 高清视频监控具有安装简单、无须布线、带宽大等优势，同时还可以部署人脸识别、口罩佩戴识别、外出报警以及红外测温报警等人工智能应用。充分满足了抗击疫情期间很多场所和场景需要临时布控高清摄像头，以补足固定点探头盲点、确保隔离效果，人群流量管控，重点人员临时布控的要求。

（3）5G 应用于远程医疗、视频会诊。基于 5G 网络和天翼云，火神山医院信息系统平台顺利运行，中国电信发挥 5G+ 云网融合优势，提供全面的综合信息服务，包括基础电信业务提供 Wi-Fi、固定电话、上网宽带，综合布线机房建设相关配合工作，提供医疗系统配套建设的云网资源，互联网、医保、卫生专网专线、网络设备的集成工作以及提供云会议和视频监控产品等，实现患者、社区、医院、国家医疗系统的无缝对接；搭建华西医院远程诊疗会议室，集中优势医疗资源，对病人进行针对性的治疗，同时有效防止病毒在病人和医生之间的交叉感染。

此外，在武汉重点区域实现了无人车送货，机器人给隔离区的医生运送物资，为进行隔离医学观察的人员提供餐食，无人超市，非接触温度测量，5G 生活娱乐场景，5G 远程教育等，标志着 5G 迎来了自己的新纪元。

疫情“黑天鹅”，让全国人民陷入一个个“围城”之中，而新技术、新应用在抗击疫情过程中，释放了巨大能量、发挥了巨大作用。我们有理由相信，5G 将迎来大繁荣与大发展。

1.2　5G 催动智能经济加速发展

想象一下，当你输入公司地址和通勤时间，App 自动弹出相应房源；起床后家电自动运行；下班到家前屋内灯光智能点亮；无人驾驶汽车在街道自由穿梭；智能商业街自动监控安防、实现引流；零售云门店选址、物流、服务实现全链条智能化；大型停车场数千个车位与摄像头“时空互联”，实现智能引导与自动缴费……这一切看似不可能的生活场景，已经随着 5G 商用逐渐成为现实。正如中国信息通信研究院副院长王志勤所说：“5G 时代，智能技术将以更小的颗粒度重塑现实世界！”

1.2.1 智能经济：以人工智能为核心驱动力

早在 2016 年 G20 杭州峰会，二十国集团便发出了数字经济发展与合作倡议，提出以使用数字化的知识和信息作为关键生产要素，以现代信息网络作为重要载体，以信息通信技术的有效使用作为效率提升和经济结构优化的重要推动力的一系列经济活动。互联网、云计算、大数据、物联网、金融科技与其他新的数字技术应用于信息采集、存储、分析和共享的过程中，改变了社会互动方式。数字化、网络化、智能化的信息通信技术使现代经济活动更加灵活、敏捷、智慧。

“数字经济已进入以人工智能为核心驱动力的智能经济新阶段”，百度创始人李彦宏在第六届世界互联网大会中首次提到“智能经济”。李彦宏表示，“数字经济在经历了 PC 的发明与普及、PC 互联网、移动互联网这三个阶段后，正在进化到以人工智能为核心驱动力的智能经济新阶段，智能经济将给全球经济带来新的活力，成为拉动全球经济重新向上的核心引擎。”

那什么是智能经济呢？我们先来解构其核心驱动力——“人工智能”。

人工智能作为新一轮科技革命和产业竞争的战略制高点，已成为生产、生活领域技术创新的关键环节，并引领新一轮信息技术发展浪潮，将带来新的科技和产业革命。人工智能正由技术研发走向行业应用，形成从宏观到微观各领域智能化新实践，逐步渗透到制造、交通、医疗、金融、零售等多个行业。人工智能发展催生出新技术、新产品、新产业、新业态、新模式，为产业变革带来新动力，为智能经济发展注入新动能。

智能经济，是在数字经济的概念基础和内涵上，以智能感知的信息与数字化的知识为关键生产要素，以新一代智能技术为重要推动力，以有限资源和全生产要素的最优化利用为手段，以自主适应、人机协同、共创分享、多元融合为主要特征，以高效、有序、可持续发展为目标的一种经济活动和经济形态[1]。

阿里研究院将智能经济定义为“数字经济 2.0”，认为智能经济以 DT（数据技术）为核心，即万物在线互联，以前所未有的速度增长，数据成为驱动商业模式创新和发展的核心力量。智能经济架构在“云网端”新基础设施之上，生长出互联网平台这一全新的经济组织，并带来了商业模式、组织模式、就业模式的革命性变化[2]。

2019 年 3 月 19 日，习近平总书记主持召开中央全面深化改革委员会第七次会议并发表重要讲话。会议审议通过了《关于促进人工智能和实体经济深度融合的指导意见》，提出要构建数据驱动、人机协同、跨界融合、共创分享的“智能经济形态”。

（1）数据驱动

智能经济是由“数据 + 算力 + 算法”三方面定义的智能化决策、智能化运行的新经济形态，呈现出数字化、网络化、智能化三大特征。数字化也就是实现数据在线，是基础中的基础。通过对人、物构成的物理世界进行数字化产生数据，通过网络化实现数据的价值流动，以数据为生产要素，通过智能化为各行业创造经济和社会价值。

智能经济的终极目标是构建数字孪生世界，而想要实现孪生世界的前提是数据在线。因为只有数据在线，才能通过数据将物理世界的客观存在映射到数字世界当中，才能建立起物理世界和数字世界之间精准映射、实时反馈机制，实现物理世界和数字世界的全面融合，最终使得原子比特世界融合成一体。

正如中国信息通信研究院副院长王志勤说的“数据之大，在于融通”。在智能经济时代，数据共享是“刚需”。

智能经济的核心特征在于满足消费者的个性化需求，而想要实现个性化，只有通过数据智能才可实现。智能经济的数据智能以平台侧的云计算和终端侧的边缘计算为代表。在现实世界

[1] 孙守迁 . 智能经济构建未来形态 [J]. 杭州（周刊）, 2018(36): 13-16.
[2] 阿里研究院 . 解构与重组：开启智能经济 [R]. 2019.

中，任何单一机构，永远都只能掌握数据集合的一部分，不足以全面、精准地勾画出目标对象的全部特性。所以，只有将多方数据协同计算才能实现数据价值的最大化。

（2）人机协同

人机协同是经济活动中人与智能和谐状态的体现，是智能经济发展中智能与人类生态、环境、活动和谐共生的表现。人机协同表明在智能经济结构中，人与智能（机器、信息、传感器、人工智能等）是相互依存、相辅相成的，具有同等重要的作用。“智能化”不同于“自动化”，“自动化”追求的是机器自动生产，本质是机器替代人，强调大规模的机器生产；而“智能化”追求的是机器的柔性生产，本质是“人机协同”，强调机器能够自主配合人的工作，自主适应环境变化。

概括来说，人机协同主要有三方面的典型应用：一是智能生产，实现生产设备、价值链、供应链的数字化连接和高度协同，使生产系统具备敏捷感知、实时分析、自主决策、精准执行、学习提升等能力，全面提升生产效率；二是智能产品，通过云端连接或将训练好的人工智能系统封装到硬件中等方式，赋予产品智能化响应外界变化和用户需求的能力；三是智能服务，实时监测产品状态和响应用户需求，提供以租代售、按时计费、远程诊断、故障预测、远程维修、一体化解决方案等增值服务，实现制造企业从提供产品向提供“产品 + 服务”的转变。高水平的人机协同，能够推动传统行业的质量变革、效率变革、动力变革，为人类创造更美好的生活。

例如在制造领域，成熟的感知技术将推动传统的自动化生产设施和工业机器人向智能化升级。随着感知能力和人机协同能力的提升，未来会走向人机协同生产的趋势。同时，在会计、金融、教育、医疗等行业，大量岗位将会随着人工智能技术的发展改变其工作模式，各种类型的能力强大的智能助手的出现，使得大量简单、烦琐、重复性的工作可以由智能助手完成，人们只需要完成其中技能性、创造性更强部分的工作。通过人机协同，不仅人们的工作舒适度将大幅提高，工作效率和工作质量也会大大提高。这种人机协同模式将覆盖从决策到运营，从生产到服务的经济活动全链条，成为未来智能经济中一个重要的特征。

（3）跨界融合

在智能经济时代，跨界融合将成为重要的经济形态。相比以往的信息技术，人工智能具有更强大的垂直渗透和横向整合能力。如今，人工智能已经逐渐渗透到各行各业，在医疗、汽车、金融、零售、安防、教育、家居等行业都有了具体的落地产品，通过“人工智能 +”的方式，推动信息技术与传统产业深度融合。

另外，数据作为新的生产要素，会改变原有的产业链结构。跨界获取数据将会极大地增强自身产品的竞争力，将自身数据应用于别的行业，可能衍生出新的商业模式和产品。行业之间的界限变得模糊，跨界、跨行业的融合发展正在成为经济发展的新形态。

根据阿里云公布的 2019 年“双十一”订单数据：每秒 54.4 万余笔订单创下新的交易纪录，中国唯一自研的云操作系统“飞天”，成功扛住全球最大规模的流量洪峰，为“双十一”提供了强有力的技术保障。由此可见，“双十一”交易火爆背后是智能经济跨界融合趋势日趋明显，新的消费需求、新的产业形态将层出不穷。

（4）共创分享

共创分享是智能经济中知识、资源、信息等重要生产要素的分配体现，是满足智能经济发展目标的重要保障。通过共创分享，智能经济的生产要素才能在经济活动中无限制地流通，从而最大程度地挖掘出经济价值，实现发展。

伴随着网络时代，基于互联网的共创分享模式快速发展起来。在网络化时代，随着基于互联网的群体智能技术的发展，不同个体之间智力的分享和协同成为可能，众创、众包、众服成为组织经济活动的基本方式。在大数据驱动的基本模式下，随着智能可穿戴、数字孪生体技术的进一步应用，智能化应用向平台化、生态化发展，这类智能化产品的用户既是产品的使用者，同时也是产品的创造者，智能化应用的共创分享特征将越来越明显。

智能经济将成为扩大内需的“催化剂”。突发疫情对我国经济造成较大冲击，特别是一些传统行业。但危机同样催生了新的机遇，依托人工智能、大数据等技术的支撑，智能制造、无人配送、在线消费、医疗健康等新兴产业展现出巨大成长潜力，有效满足了疫情期间的消费需求。不仅如此，远程办公、生鲜电商、在线教育等领域呈现出爆发式增长趋势。其背后是人工智能、大数据等技术的支撑，是一批科技平台型企业利用自身优势，创新产品和服务，迅速研发、推出一系列新应用的结果。

以人工智能为核心驱动力的智能经济，正在加速深化供给侧改革，增加有效供给和中高端供给，增强供给结构对需求变化的适应性和灵活性，加快传统产业改造升级，满足有效需求和潜在需求，确保供需匹配和动态均衡，进而改善市场预期，提振实体经济发展信心，为经济恢复增添动力。

1.2.2 5G 护航智能经济高质量发展

随着 5G 商用，智能经济成为新热点。工业和信息化部提出，力争 2020 年年底实现全国所有地级市 5G 网络覆盖。业内专家普遍认为，网络优化升级将推动智能经济快速崛起，智能社会大幕正在拉开。高速泛在的 5G 网络让越来越多的设备在无屏、移动、远程状态下使用。中国信息通信研究院预测，到 2030 年中国 5G 带动的直接产出和间接产出将分别达到 6.3 万亿元人民币和 10.6 万亿元人民币。在直接产出方面，按照 2020 年 5G 正式商用算起，预计当年将带动约 4,840 亿元人民币的直接产出，2025 年、2030 年将分别增长到 3.3 万亿元人民币、6.3 万亿元人民币，10 年间的年均复合增长率为 29%；在间接产出方面，2020 年、2025 年、2030 年，5G 将分别带动 1.2 万亿元人民币、6.3 万亿元人民币和 10.6 万亿元人民币的间接产出，10 年间的年均复合增长率为 24%。5G 像一个催化剂，推动智能经济加快衍生和高质量发展。

1.2.2.1 技术赋能

互联网经过 10 余年的发展，在推动用户从传统的经济形态向新经济形态转移的过程中，构建了一个以数据、算力、算法为基础的新经济生态，即智能经济。智能经济不同于以往几次科技革命，是一个信息层面的技术革命，而非能量层面的技术革命。

智能经济所涉及的技术包括：5G、物联网、VR/AR、区块链、云计算 / 存储、人工智能、大数据。其中 5G、物联网、VR/AR、区块链技术关注的是智能经济中的网络部分，换而言之，是如何塑造虚拟经济的信息空间、如何塑造智能经济的空间等问题。

5G 时代来临，很多科技企业投入大量资源研究边缘计算技术，实现从万物互联到万物智联。万物智联时代，不再通过一个系统网络做决策，每一个节点不再单独做决策，而是每个节点都有智能，且不是简单的个体智能，是通过与其他节点的深度互动获取网络中的集体智慧后，做出集体智能化的反应。走向万物智联的过程就是走向零离线的过程，就是以往所有新经济发生的过程都将在数字经济领域的互联网、移动互联网发生。当万物智联后，新经济的范畴就扩散到了工业制造过程、传统经济、家居生活、智慧城市之中，新经济就不再是一个具体的划分范畴的概念，而是变成了一个无所不在的经济形态、消费模式，是区别于传统经济的一种商业或经济模式的选择。

5G 网络提供的带宽比 4G 有 10 倍以上能力的提升，可以达到低至 1ms 的超低时延，并支持 99.999% 的连接可靠性，无论是在带宽能力、海量数据传输能力方面，还是在低时延、高可靠性、低功耗等方面都有很大的提升。这使得 5G 网络能够承载 3D 视频、VR/AR 视频、超高清视频等大流量移动宽带业务，更好地服务于基于海量机器类通信的大规模物联网，对智能制造、无人驾驶等一些需要低时延、高可靠性的业务能够提供更好的支撑。

基于 5G 网络，企业可以开展更多基于大数据、移动人工智能的产品创新、生产方式创新和服务模式创新，推动更多垂直领域的高质量发展。例如，汽车产业将因 5G 实现从制造模式、生产组织方式到驾驶方式、出行方式等全方位的变革。基于工业互联网的大规模智能制造、无人工厂、智慧物流追踪，基于 AR 技术的远程监控和专家业务指导等应用将加快制造业的质量变革、效率变革和动力变革。以 5G 为平台技术，融合了人工智能、大数据、云计算等的智能技术应用将改变人们的生活方式，各种智能化、便捷化、个性化的服务需求得到进一步满足，生活品质得到进一步提升。

云计算 / 存储、人工智能、大数据这三种技术，更多的是从“能量”的角度推动智能经济的发展。

在工业革命中能源是石油，而智能经济的底层能源是数据。数据所衍生出来的产业就是通过以人工智能技术为代表的技术集群所塑造出来的。在物质空间中，人们关注的是农业、工业所塑造的传统经济的能量范式；而在信息空间，人们所关注的则是数据所构建的能量资源如何为智能经济提供一种新的价值创造方式。简而言之，智能经济就是构造了一个新的信息空间和经济空间；另一方面，从能量角度理解，用数据作为能源驱动智能经济的发展。

1.2.2.2 政策护航

（1）国家层面政策利好

工业和信息化部 2020 年 3 月 24 日发布了《关于推动 5G 加快发展的通知》（以下简称《通知》）。《通知》中明确提出全力推进 5G 网络建设、应用推广、技术发展和安全保障，充分发挥 5G 新型基础设施的规模效应和带动作用，支撑经济高质量发展。

《通知》中提出要加快 5G 网络建设部署：“加快 5G 网络建设进度，推进主要城市网络建设，并向有条件的重点县镇逐步延伸覆盖，加大基站站址资源支持，将 5G 网络建设需求站址等配套设备纳入各级国土空间规划，加快开放共享电力、交通、公安、市政、教育、医疗等公共设施和社会站址资源；并加强电力和频率保障，推进网络共享和异网漫游”。

此外，《通知》还提出进一步丰富 5G 技术应用场景：“培育新型消费模式，推广 5G+VR/AR、赛事直播、游戏娱乐、虚拟购物等应用，促进新型信息消费，丰富教育、传媒、娱乐等领域的 4K/8K、VR/AR 等新型多媒体内容源。推动“5G+ 医疗健康”创新发展，优化和推广 5G 在抗击新冠肺炎疫情中的优秀应用，推广远程体检、问诊、医疗辅助等服务，促进医疗资源共享”。

同时，持续加大 5G 技术研发力度、着力构建 5G 安全保障体系，加强 5G 网络基础设施安全保障，强化 5G 网络数据安全保护，培育 5G 网络安全产业生态，并加强组织实施、组织领导、责任落实、总结交流等。

（2）地方层面政策利好

各省市政府均聚焦智能科技、5G 建设等热点话题，纷纷出台相关政策文件部署 5G 战略。

北京市 2020 年政府工作报告中提出，2020 年重点工作任务之一是要深入落实 5G 产业发展行动方案，稳步推进 5G 通信网络建设。以工业互联网、车联网为重点推进垂直行业场景应用，建设基于 5G 的长距离自动驾驶测试示范线。建设人工智能开源开放创新平台，集中推出“AI+ 医疗”“AI+ 政务”等一批应用场景。扎实做好国家网络安全产业园区建设，加快推进北京创新产业集群示范区规划建设。

上海市 2020 年政府工作报告中提出，聚焦智能经济、智慧城市、5G 网络建设，提出要加快智慧城市建设，提升新一代信息基础设施能级，推进 5G 网络市域全覆盖，建成有线无线双千兆宽带城市；完善“城市大脑”架构，基本建成贯穿数据全生命周期的大数据资源平台；加快物联网、大数据、人工智能、区块链等信息技术推广应用，实施智慧城市场景开放计划；加强网络安全保障，推动网络安全教育、技术、产业融合创新。

浙江省出台《中共浙江省委浙江省人民政府关于坚决打赢新冠肺炎防控阻击战 全力稳企业稳经济稳发展的若干意见》，提出大力培育数字经济新热点；充分发挥数字经济先发优势，大力发展网络诊疗、在线办公、在线教育、数字娱乐、数字生活等新业态；统筹安排工业与信息化专项资金、制造业高质量发展示范县创建激励资金等，发挥政府产业基金作用，加大机器人、大数据、人工智能等产业支持力度，推进产业数字化、智能化改造；支持电信运营企业、云平台企业在疫情期间为企业免费提供云上办公服务和提速服务等。

1.2.2.3 生态填充

（1）智能经济将实现从产业链到协同生态

阿里研究院在《解构与重组：开启智能经济》中提出，“智能经济将实现从万物互联到万物智联，从标签人生到微粒人生，从刚性组织到液态组织，从产业链到协同生态，从物理世界到孪生世界五大变化”。

所谓从产业链到协同生态，即从功用并立到联合协同，从线式供给链到非线式网状协同生态，从单一渠道支持到系统支持，从单一空间到多维空间，这些改变将最大限度地凝集和释放企业的创新活力。协同生态系统的资源配置模块最终可以整体实现“零错配”的完美状态。传统产业模型中分析产业链，考量的是产业链的资源配置，而从美国苹果公司开始构建的手机产业链，就已经是一个协同生态模型的构建。美国苹果公司不仅构建了基于全球化的复杂的硬件产业生态，也构建了基于 App Store 软硬件结合的软件产业生态 [3]。

（2）5G 商用将打造协同创新、融合应用的智能产业生态

2020 年 3 月，习近平总书记主持的中央全面深化改革委员会第七次会议审议通过了《关于促进人工智能和实体经济深度融合的指导意见》，会议指出，要把握新一代人工智能发展的特点，构建数据驱动、人机协同、跨界融合、共创分享的智能经济形态。

2019 年政府工作报告提出，推动传统产业改造提升，打造工业互联网平台，拓展“智能 +”，为制造业转型升级赋能。所谓“智能 +”，是以人工智能、大数据、物联网、云计算等为核心的智能技术向各领域深度扩散应用，赋能各行业领域转型升级和高质量发展的过程。

5G 提供了关键基础设施，人工智能、大数据等在各领域、各应用场景的创新应用是关键，5G 须与其他智能技术应用协同，构筑更大范围的智能产业生态，最大限度发挥其平台作用。

以垂直领域应用为依托，重点完善 5G 应用生态。近年来我国企业数字化、网络化、智能化转型加快，涌现出一批行业和区域工业互联网平台，以智能制造和工业互联网应用发展为重点，促进 5G 与人工智能、大数据、物联网、虚拟（增强）现实技术等在多种制造业场景中的应用，有利于推动制造业转型升级；同时，构建智能制造产业生态。另外一个 5G 重要的应用市场来自汽车产业，有望占到 5G 全球经济产出的 19.5%。美国、德国、以色列、日本等在无人驾驶领域均保持了不同程度的领先，我国互联网科技企业与传统汽车制造商在该领域的布局亦较为活跃，未来以 5G 为技术平台，以人工智能、无人驾驶、智能网联技术为依托，积极推动应用示范，有望打造智能网联汽车产业生态圈。此外，以 5G、人工智能为双核驱动，将使得智能家居、智慧医疗、智慧教育产业生态有更大程度的拓展 [4]。

构建以 5G 为平台的智能产业生态，以京津冀、长三角、珠三角及重点城市群，先进制造业基地为依托，率先加强 5G 基础设施及商用化部署，对接市场主体应用需求，整合技术和应用解决方案提供商资源，协同开展 5G 应用创新，培育打造高端智能装备、智能家电、智能家居、新型智能终端等产业集群。

1.3 以 5G 为首的新基建将加快智能经济发展

2020 年 3 月 4 日，中共中央政治局常务委员会召开会议，提出要加快新型基础设施建设，定义新基建的七大范畴：5G、工业互联网、数据中心、人工智能、特高压、城际高速铁路和城际轨道交通、新能源汽车及充电桩。2020 年 4 月 20 日，国家发展和改革委员会进一步明确“新基建”的定义。所谓的新基建其实是以新发展理念为引领，以技术创新为驱动，以信息网络为基础，

[3] 阿里研究院 . 智能经济报告 [R]. 2019.
[4] 李燕 . 5G 开启智能经济时代 [R]. 2019.

面向高质量发展需要，提供数字转型、智能升级、融合创新等服务的基础设施体系建设。

新基建主要包括以下三个方面的内容。

第一是信息基础设施，主要是指基于新一代信息技术演化生成的基础设施，比如，以 5G、物联网、工业互联网、卫星互联网为代表的通信网络基础设施；以人工智能、云计算、区块链等为代表的新技术基础设施；以数据中心、智能计算中心为代表的算力基础设施等。第二是融合基础设施，主要指深度应用互联网、大数据、人工智能等技术，支撑传统基础设施转型升级，进而形成的融合基础设施。第三是创新基础设施，主要指支撑科学研究、技术开发、产品研制的具有公益属性的基础设施。

从新基建的内涵来看，基于 5G、工业互联网、城际交通、特高压等技术的新基建，将打造支撑未来智能经济、智慧城市、数字中国的新型基础设施。基于新型基础设施的产业支撑，传统产业结构、产业组织、城市布局、城乡结构，都将围绕“数据互联，智能驱动，虚实交互，资源聚合”的方式，释放巨大的经济社会效能。基于转型后的产业格局和社会形态，新基建将孵育全新的生态版图。这一新生态，将体现新型的人机关系、人际关系，体现新型的供应链、产业链、生态链关系，体现新型的城市治理、社会治理、政府治理模式。

在抗击疫情与复工复产中，5G 支撑 4K/8K 超高清视频、远程医疗、VR/AR、无人机 / 车 / 船、机器人等应用提前进入“临床试验”，它的潜在能力与价值就这样展现在公众面前，而且，5G 与各垂直行业的深度整合远不止于此。

随着 5G 网络的逐步完善，“基础应用 +X”的模式将继续在工业、交通、教育、旅游等行业快速复制，形成庞大的 5G 行业应用矩阵，推动众多新业态形成，拉动和促进经济发展，并积极发挥乘数效应。

▶▶▶ 第二章

5G 基石，ABCDEI 核聚变演化

「2.1　5G 诞生——通信技术阶跃里程碑」

2.1.1 点到面——应用场景阶跃

2.1.1.1 诞生伊始：ITU 与 3GPP

5G 不仅给生活带来改变，更作为重要科技力量为整个社会带来改变。5G 的诞生与国际电信联盟（International Telecommunication Union，ITU）和第三代合作伙伴计划（3rd Generation Partnership Project，3GPP）这两个组织息息相关。

ITU 的历史可以追溯到 1865 年。为了顺利实现国际电报通信，1865 年 5 月 17 日，法、德、俄、意、奥等 20 个国家的代表在巴黎签订了《国际电报公约》，宣告成立国际电报联盟（ITU 前身）。随着电话与无线电的应用发展，其职权不断扩大。1932 年，70 多个国家的代表在西班牙马德里召开会议，将《国际电报公约》与《国际无线电报公约》合并为《国际电信公约》，并决定自 1934 年 1 月 1 日起正式改称为“国际电信联盟”。1947 年 10 月 15 日，经联合国同意，国际电信联盟成为联合国的一个专门机构，总部由瑞士伯尔尼迁至日内瓦。

3GPP 在 ITU 指导下于 1998 年 12 月成立，最初目的是制定 3G 技术规范。在今天，由其制定的 3G、4G 技术规范已成为全球通用的标准，5G 技术方案的研究制定也正在进行。ITU 牵头协领 3GPP 各通信标准制定组织统一制定了 5G 全球统一通信标准。ITU 提出 5G 愿景，3GPP 各个成员针对愿景中定义的通信场景和相应的关键性能指标，向 3GPP 提交自己的技术方案。由 ITU 收集 3GPP 等行业标准化组织撰写的技术规范，形成最终的通信标准建议。3GPP 组织成员进行技术讨论，在每个关键技术点（调制、编码、多址、组网、多天线等）选择出最优技术方案，并根据这些方案制定新一代通信系统技术规范。

2.1.1.2 5G 三大应用场景

3GPP 已经为 5G 定义了三大应用场景。其中，eMBB 指 3D/ 超高清视频等大流量移动宽带业务，mMTC 指大规模物联网业务，uRLLC 指无人驾驶、工业自动化等需要低时延、高可靠连接的业务[1]。这三大应用场景分别指向不同的领域，涵盖了人们工作和生活的各方面。

（1）eMBB：大流量移动宽带业务

eMBB 是指在现有移动宽带业务场景的基础上，进一步提升用户体验等性能，是最贴近日

---

[1]　5G 商用步伐加快 读懂 ITU 定义的 5G 三大应用场景 [EB/OL]. 2019.

常生活的5G应用场景。彼时人们最直观的感受就是网速的大幅提升，观看4K高清视频时，峰值能够达到10Gbit/s。

根据Cisco发布的数据，在2016年至2021年，全球IP视频流量将增长3倍，同期移动数据流量增长7倍。高清视频将成为消耗移动通信网络流量的主要业务已成为产业共识。因此，在5G到来之时，流媒体必将取得快速增长，这是5G给个人生活带来的主要影响之一。

不同情景的活动对峰值速率、用户体验速率、能量效益、频谱效率、流量密度等业务指标要求不同，有几种情况需要支持5G系统的极高数据速率或流量密度。这些方案涉及不同的服务领域：城市和农村地区、城市密集区域以及特殊部署场景（如大型集会、广播、住宅和高速车辆）[2]。3GPP对于eMBB根据不同的场景使用不同的关键指标，并非一刀切，例如用户体验速率，下行100Mbit/s，上行50Mbit/s；频谱效率，下行3bit/s，上行10bit/s。但这样给网络管理带来了挑战，自动化运维将是5G发展的重要方向。eMBB服务场景见表2-1。

表2-1 eMBB服务场景

城市宏站	城市地区的一般广域情景
农村宏站	农村普遍的广域情景
室内热点	办公室和住宅以及住宅部署的场景
密集人群中的宽带接入	例如在体育馆或音乐会上非常密集的人群的场景。除了非常高的连接密度之外，用户还希望共享他们所看到和听到的内容，对上行链路的要求高于下行链路
城市密集区域	行人用户和城市车辆用户的场景。例如办公室、市中心、购物中心和住宅区。车辆中的用户可以直接连接或通过车载基站连接到网络
电视服务	行人用户和车辆用户的场景，随时随地获得广播电视
高速列车	用户可以直接连接或通过列车基站连接到网络
高速公路	用户可以直接连接或通过车载基站连接到网络
飞机场景	用户可以直接连接或通过机载基站连接到网络

（2）mMTC：大规模物联网业务

mMTC将在6GHz以下的频段发展，同时应用在大规模物联网上。以往的Wi-Fi、ZigBee、蓝牙等无线传输技术，属于家庭用的小范围技术，回传线路主要靠LTE，随着大范围覆盖的NB-IoT、LoRa等技术标准的出炉，让物联网的发展更为广泛。

mMTC追求的不是高速率，而是低功耗和低成本，具有小数据包、低功耗、海量连接等特点，主要面向智慧城市、环境监测、智能农业、森林防火等以传感和数据采集为目标的应用场景[3]。

借助mMTC技术，未来所有家庭中的白色家电、烟感、门禁等各种电子器件，城市管理中的垃圾桶、交通灯、井盖，智能农业中的农业机械，环境监测的水文、气候，所有通过传感器搜集的数据都会联网。这个场景将诞生大量的联网设备。据预测到2030年，一个人会对应15个

[2] 上海艾瑞市场咨询有限公司．5G应用场景研究报告：轻舟已过万重山[R]. 2019.
[3] 周迪，徐爱华．5G的关键技术和应用场景[J]. 中国安防，2020(3): 77-82.

物联网连接，实际上可能还远不止，这给运营商带来海量“用户”，会诞生全新的商业模式。

mMTC 场景为物联网而生，业界期望设备连接密度相比 4G 提升 10 ~ 100 倍；支持每平方千米 100 万台设备的连接；支持的设备连接数量至少为 1000 亿台。mMTC 应用于如智慧路灯、可穿戴设备等海量低功耗、低带宽、低成本和时延要求不高的场景。运营商积极布局的两大标准 NB-IoT 和 eMTC，已在智能门锁、共享单车上开始应用。这两项已授权标准是 5G mMTC 的基础，mMTC 的固定标准会以这两项标准进行平滑升级。5G 的到来并不会替代这两项标准，相反 5G 的实现还依赖于这两项标准的演进。mMTC 的关键业务指标见表 2-2。

表2-2　mMTC的关键业务指标

连接密度	100万台/km^2
功耗	广阔地区分布的设备，要求续航10年，电表、气表等一般设备具有2 ~ 5年续航能力
成本	暂无明确规定

（3）uRLLC：无人驾驶、工业自动化等业务

uRLLC 具有高可靠、低时延、极高可用性的特点。它包括以下各类场景及应用：远程制造、远程培训、远程手术工业应用和控制、交通安全和控制等。如工业自动化控制需要时延约为 10ms；而在无人驾驶方面，对安全可靠的要求极高，对时延的要求则更高，传输时延需要低至 1ms。

1）运动控制

传统运动控制的通信系统对可用性、可靠性和时延有很高的要求。支持运动控制的系统接入可能仅限于授权用户，通常部署在地理上有限的区域，但也可以部署在更广泛的区域（如城市或全国范围的网络）。

2）分离自动化

分离自动化的特点是通信系统对可靠性和可用性的高要求。支持分离自动化的系统通常部署在地理上有限的区域。接入可能仅限于授权用户，并且他们可能与其他蜂窝用户使用的网络或网络资源隔离。

3）过程自动化

过程自动化的特征在于对通信系统有关通信服务可用性的高要求。支持过程自动化的系统通常部署在地理上有限的区域，接入通常仅限于授权用户，并且通常由非公共网络提供服务。

4）配电自动化

电力分配的特点是对通信服务可用性的高要求。电力分配由非公共网络提供服务，深深地沉浸在公共空间中。

5）智能交通系统

智能交通系统支持基于街道交通基础设施的自动化解决方案。该示例解决了路边基础设施（如路边单元）与其他基础设施（如交通引导系统）的连接。其节点深深地沉浸在公共空间中。

6）远程控制

远程控制的特点是可由人或计算机远程操作。如远程驾驶使远程驾驶员或应用程序能够操作远程车辆以及处于危险环境中的驾驶员或远程车辆。

7）铁路通信

铁路通信演变的下一步将是使用自动列车运行的无人驾驶列车的全自动操作。这些操作模式需要高度可靠的通信，具有适度的时延，速度非常高，最高可达 500km/h。

2.1.1.3 5G 对 4G 的覆盖式超越

4G 时代的主要应用领域是人与人通信，延续和扩张 3G 时代激发的移动互联网流量需求，后期逐渐向大连接及万物互联的方向和趋势发展。但由于存在带宽容量、时延、可靠性等瓶颈，无法真正满足万物互联下各类应用场景对网络的性能要求，因此技术能力的局限决定了 4G 的应用范畴。不可否认的是，4G 开启了物联网时代，将物联网从概念拉进实物应用场景，正是在万物互联理念的推动下，5G 网络的研究和建设才正式走上征程，为更充分地响应更多应用空间的客观需求而诞生，并创造更多超出想象的可能空间。需求牵引技术，技术又激发新需求，历史总是以这样朴素的规律向前演进 [4]。

1G 到 5G 移动通信网络对比见表 2-3。

表2-3 1G到5G移动通信网络对比

对比项	1G	2G	3G	4G	5G
诞生时间	1980s	1990s	2000s	2010s	2020s
关键技术	蜂窝结构组网模拟通信技术；FDAMA技术	数字通信技术；TDMA技术	CDMA技术；分组交换技术	OFDM技术；MIMO技术	大规模天线阵列；新型多址技术；超密集组网全频谱接入；新型网络架构
标准协议	AMPS、TACS等	GSM、CDMA	WCDMA、CDMA2000、TD-SCDMA	FDD-LTE、TD-LTE、WiMAX-Advanced	全球统一
业务能力	语音通话服务	语音通话为主要业务，开始引入低速数据业务，能够发短信和上网	支持高质量的多媒体业务	多媒体通信服务质量更高	增强移动宽带、大规模机器类通信和超可靠低时延通信
缺点	系统容量有限，抗干扰能力差，通话质量不高，保密性差，不能进行长途漫游	不同制式间无法进行全球漫游，通信系统宽带有限	容量有限，传输速率较低	容量有限，难以支持高密度组网数，时延高	频段广，覆盖弱

4G 与 5G 关键指标对比见表 2-4。

[4] Metin Gönen,Ali Çağdaş Yörükoğlu,A. Nadir Aydemir,et al. Relationship of plasminogen activator inhibitor 1 4G/5G gene polymorphism and nontraumatic lunatum avascular necrosis[J]. Elsevier Inc.,2020,45(5): 450.

表2-4　4G与5G关键指标对比

关键性能指标	定义	4G	5G
用户峰值速率	单用户可获得的最高传输速率	1Gbit/s	10～20Gbit/s
用户体验速率	真实网络环境下用户可获得的最低传输速率	10Mbit/s	0.1～1Gbit/s
移动性	满足一定性能要求时，收发双方间的最大移动速度	350km/h	500km/h+
端到端时延	数据包从源节点开始传输到被目的节点正确接收的时间	10ms	1ms
连接数密度	单位面积上支持的在线设备数量	10万台/km^2	100万台/km^2
流量密度	单位面积区域内的总流量	0.1Tbit/km^2	10Tbit/km^2

3G ～ 4G：3G 进入移动互联网时代，移动终端为入口，牵引网络流量高速增长，但音视频等各类应用加载速度并不理想，网络体验有较大局限，进而催生 4G，网速得到了满足，流量趋于饱和，进入万物互联时代。

4G ～ 5G：万物互联时代，4G 时延大、可靠性不足，车联网、自动驾驶、工业互联网、智能制造等各类场景已经在 AI、大数据、云计算等技术的催动下初显形态，但网络不支持[5]。在需求驱动下，5G 诞生，量身定做地填补这些场景的技术缺口，进而满足万物互联的增量需求、场景的丰富性要求以及进一步满足特定场景下对大流量的需求，无线通信真正从以人与人直接或间接的交互为主转向人与人、人与物、物与物全面充分交互的应用世界，无线通信不再聚焦于语义信息的交互领域，而是向更广域的数字信息交互领域变迁；不再只是满足点对点的沟通和网络信息服务，而是更加兼容了程序语言、数字信号等自动化世界的“沟通”需求，这是从“点”到“面”的升级。

5G 将在几乎所有行业中创造新的突破性用例。5G、边缘计算和 AI 等技术的交汇融合，有望在垂直行业中创造全新的用例。消费者对 5G 寄予厚望，许多人愿意为了获得更优质的移动视频体验和沉浸式媒体应用而支付更多的费用，甚至不惜转投其他服务提供商；网络边缘的 AI 为超低时延的 5G 应用奠定基础。

2.1.2 线到网——多维能力组合

2.1.2.1 网络切片

（1）网络切片的定义——5G 必备技术：网络切片

1）5G 时代新的应用场景催生网络切片技术

2G 时代的商业模式只有语音，3G 和 4G 时代手机上网普及，流量经营时代开启，商业模式开始丰富，但也仅限于打电话和上网，连接网络的设备主要是手机，网络的使用者主要是人。但是到了 5G 时代，一切都将发生改变，5G 不仅仅用于人和人之间的通信，而是要打造万物互联的世界。

---

[5]　赵肖峰 . 5G 赋能让智慧航运图景愈加清晰 [N]. 中国水运报 ,2020-04-12(001).

5G 的三大应用场景为 eMBB、uRLLC、mMTC。这三种应用场景对网络要求的侧重点完全不同，运营商之前建设的 2G/3G/4G 网络只是实现了单一的打电话和上网业务，即 eMBB 场景下的业务，无法满足新增的 uRLLC 和 mMTC 物联网应用场景需求，所以 5G 网络要能够分类管理、灵活部署，由此网络切片概念应运而生[6]。

2）网络切片是一种端到端按需定制，且保证隔离性的组网方式

网络切片是一种按需组网的方式，可以让运营商在统一的基础设施上切出多个虚拟的端到端网络，每个网络切片为适配各种类型的业务应用，从无线接入网到承载网再到核心网，在逻辑上隔离。在一个网络切片内，至少包括无线网子切片、承载网子切片和核心网子切片[7]。比如说，我们可以建立 eMBB、mMTC 和 uRLLC 三大子网络，这些网络之间独立且相互不影响，并且在同一类子网络之下，还可以再次进行资源的划分，形成更低一层的子网络。这些相互隔离的子网络就叫作网络切片。

网络切片实例如图 2-1 所示。

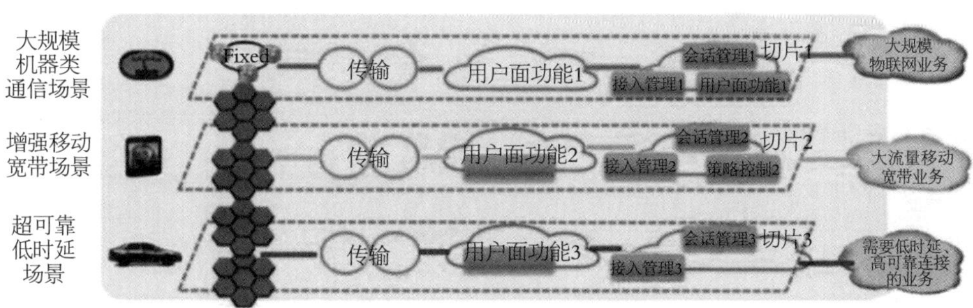

图 2-1 网络切片实例

（2）网络切片的功能

1）网络切片的特性

一般情况下，网络切片的特性如图 2-2 所示。

图 2-2 网络切片的特性

[6] 汪俊芳，曾军，原建森，等 . 5G 承载网网络切片技术浅析 [C]// 第十六届中国标准化论坛论文集 . 中国标准化协会、郑州市人民政府：中国标准化协会 ,2019:683-686.

[7] 付倩 . 基于网络切片的运营商 5G 商业模式观察 [N]. 人民邮电报 ,2019-11-04(006).

a. 同时满足多种应用场景

在实际应用中，运营商可以针对特定使用场景为各自网络创建专属切片，可以对网络资源进行区别化提供和计费以满足不同的业务需求，保证最终用户的服务质量。

b. 更高效的网络管理

以前运营商需要为不同的应用建立专门的网络来提供服务，由此导致成本过高。5G 网络切片使每个应用的切片都得以优化和扩展，同时运营商可以利用虚拟基础设施根据需要重新规划和使用切片[8]。

c. 管理多个应用

运营商可以用每一个切片服务不同的应用或行为。网络切片可以在不同网元间实现端到端应用，包括终端、核心网、无线接入网和传输网。这并不意味着运用无数切片，更可能是将有限的切片进行分类，通过不同类型来满足不同的业务和最终用户需求。

2）5G 网络切片服务各类应用场景将陆续商用

汽车、制造、能源、互联网等多个垂直行业已提出对 5G 网络切片的期望和迫切需求[9]，如图 2-3 所示。

图 2-3　5G 垂直行业已经提出对 5G 网络切片的迫切需求

以 5G 网络切片在电网中的应用为例，电网方面的 5G 应用场景主要有 5 种：配电自动化、差动保护、配网计量应用、应急通信应用场景和输配电设备在线监测应用。这 5 种应用场景对于通信时延、网络可靠性、传输速率和连接数等方面具有不同的要求，因此，将网络切成两个切片来服务 5 种应用场景。

5G 应用释放 5G 技术价值，是 5G 技术价值体现的落脚点。网络切片让 5G 行业应用大放光彩。

[8]　IHS Markit .5G 多媒体网络切片商业白皮书 [R].2019.

[9]　国泰君安——通信设备与服务行业专题：网络切片，服务 5G 应用杀手锏——网络切片 [R]. 2019.

3）网络切片的技术实现——NFV 和 SDN 是网络切片的基础

4G 网络中主要终端设备是手机，网络中的无线接入网部分（包括数字单元和射频单元）和核心网部分都采用设备商提供的专用设备。

为实现网络切片，网络功能虚拟化（Network Function Virtualization，NFV）是先决条件。本质上讲，NFV 是将网络中的专用设备的软硬件功能（比如核心网中的 MME、S/P-GW 和 PCRF，无线接入网中的数字单元等）转移到虚拟主机（Virtual Machines，VM）上。这些虚拟主机是基于行业标准的商用服务器，它们是商用产品，低成本且安装简便。简单地说，就是用基于行业标准的服务器、存储和网络设备，来取代网络中专用的网元设备[10]。

网络经过功能虚拟化后，无线接入网部分叫边缘云（Edge Cloud），而核心网部分叫核心云（Core Cloud）。边缘云中的 VM 和核心云中的 VM，通过软件定义网络（Soft Defined Network，SDN）互联互通，如图 2-4 所示。这样网络采用 NFV 和 SDN 后，执行切片就非常容易，像切面包一样水平地将网络"切"成多个虚拟子网络（片）就可以。

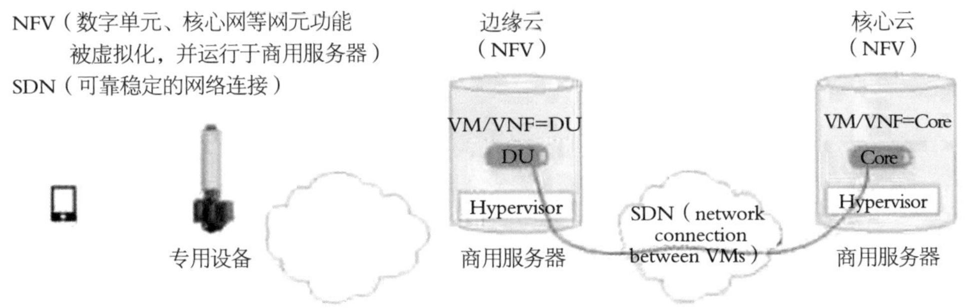

图 2-4 软件定义网络

针对不同的应用场景，网络被"切"成以下 4"片"。

a. 高清视频切片：原来网络中数字单元和部分核心网功能被虚拟化后，加上存储服务器，统一放入边缘云，而部分被虚拟化的核心网功能放入核心云。

b. 手机切片：原网络无线接入部分的数字单元被虚拟化后，放入边缘云，而原网络的核心网功能，包括 IMS，被虚拟化后放入核心云。

c. 海量物联网切片：由于大部分传感器都是静止的，并不需要移动性管理，因此在这一切片里，核心云的任务相对轻松简单。

d. 任务关键性物联网切片：由于对时延要求很高，为了最小化端到端时延，原网络的核心网功能和相关服务器均下沉到边缘云[11]。

[10] 赵辉，丁鸣，程青松，等．SDN 与 NFV 技术在云数据中心的规模应用 [J]. 电信科学，2016,32(1):144-151.
[11] 顾戎，王瑞雪，李晨，等．云数据中心 SDN/NFV 组网方案、测试及问题分析 [J]. 电信科学，2016,32(1):126-130.

网络结构如图 2-5 所示。

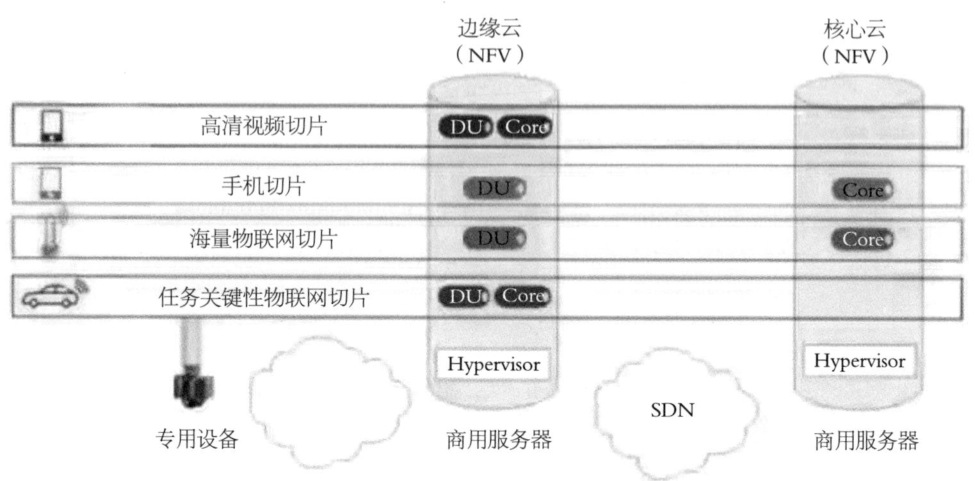

图 2-5　网络结构

当然，网络切片技术并不仅限于这几类切片，它是灵活的，运营商可以根据应用场景定制自己的虚拟网络。

2.1.2.2 边缘计算

（1）边缘计算定义

边缘计算最初被称为移动边缘计算（Mobile Edge Computing，MEC）。欧洲电信标准化协会（ETSI）对 MEC 的定义如下："移动边缘计算在移动网络的边缘、无线接入网的内部以及移动用户的近处提供了一个 IT 服务环境以及云计算能力。"[12]

移动网络中边缘计算部署的"边缘"在哪里？与完全基于云的传统模式相比，边缘系统架构将存储、计算、处理和组网等云功能推进生成或使用数据的设备。对于移动网络来说，"接近"是一个相对概念，它可以是比较近的位置（在传输网中），也可以是客户所处的位置（用户设备内部或在用户驻地）[13]。边缘位置的确定取决于多种因素，诸如各种边缘计算应用的具体要求（时延、带宽、实时分析能力、传输数据量、安全性）、技术（边缘配置、云和设备之间的距离）以及业务需求（实际需求、经济性）。边缘计算的模式可能因市场而异，反映了频谱许可或数据隐私法规等地方因素。

移动网络中边缘的简化如图 2-6 所示。

[12]　宋贤鑫．车联网中基于边缘计算的感知决策技术 [C]// 第十四届中国智能交通年会论文集（2）．中国智能交通协会 ,2019:81-87.

[13]　马洪源．面向 5G 的边缘计算探索 [C]//5G 网络创新研讨会（2018）论文集 .TD 产业联盟、《移动通信》杂志社：中国电子科技集团公司第七研究所《移动通信》杂志社 ,2018:122-129.

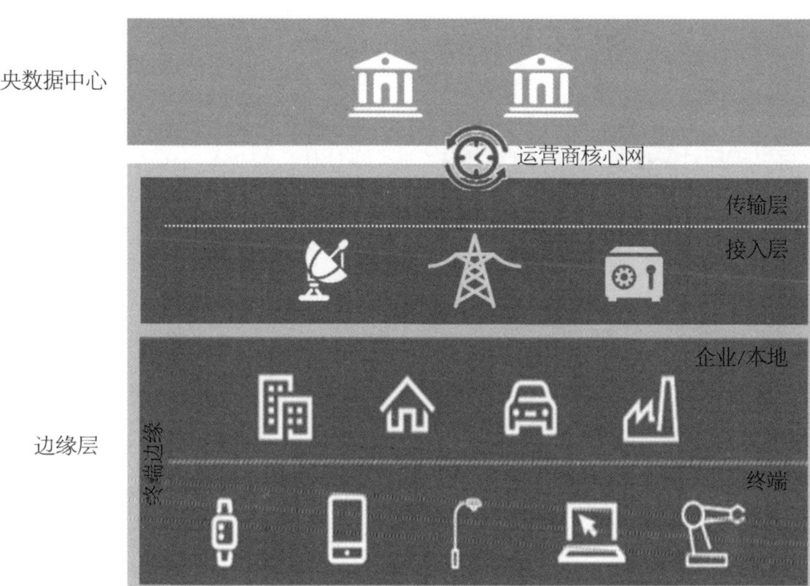

图 2-6　移动网络中边缘的简化

（2）中国运营商部署进展预测

中国运营商预计分三步部署边缘计算，这反映了 5G 网络逐步部署的态势以及行业和企业的数字化速度。

第一波（2018-2020 年）：实验网及定制化小规模部署。在这一阶段，边缘部署主要涉及专门的场景，旨在满足智慧港口、智慧园区和智能工厂的需求，边缘基础设施大多就近部署在现场。

第二波（2021-2023 年）：初具商用规模。随着中国运营商大规模部署 5G 网络（GSMA 智库预测，截止到 2023 年年底 5G 网络将覆盖中国 60%的人口），自动驾驶、体育赛事和游戏等边缘计算应用将进行更多探索，边缘基础设施部署在基站汇聚点附近、区县 / 市区、区域数据中心。

第三波（2024 年以后）：成为主流。随着 5G 技术的成熟，5G 设备成本的降低以及移动行业和企业之间的协作加深，边缘计算部署的规模将逐渐得到扩大。随着规模增长，边缘计算的经济性以及效率都得到提高（如纳米处理），市场接受度随之提升。边缘计算的收入模式仍在摸索阶段。

（3）全球挑战：从商业模式到物理位置

由于现在处于发展前期，边缘的完整定义依然不明确，特别是关于计算资源的部署位置和边缘基础设施的规模没有统一观点[14]。当然，很多运营商和云从业者的发展蓝图是不一样的。

[14]　王宏宇 . 边缘计算：智慧城市建设的新生力量 [N]. 中国建设报 ,2019-07-29(006).

运营商仍需充分确定各自的商业模式，其中一种选择是向第三方提供公共基础设施，以满足 Google、Amazon 和 Microsoft 等公司的需求。然而，云从业者已经在构建自己的边缘基础设施（或使用第三方供应商的设施），同时许多小型企业和铁塔服务商正在开发自己的边缘计算解决方案，通常是相互协作，即不仅提供物理空间和硬件，还提供业务服务。传统上关注网络功能 / 能力的基础设施与更关注计算和存储性能的基础设施之间存在边界模糊不清的问题，这可能加剧边缘生态中不同参与者之间的竞争[15]。除了本地对数据安全和隐私的关注和规定以外，确定边缘位置的关键因素还包括特定业务或应用所需的时延要求，以及实时或近实时处理和分析的需求。

2.1.2.3 多维能力编排

行业需求包括网络性能、服务功能等多个维度，一个网络切片是否能够满足多种维度的需求，决定于其是否可以根据多维度要求实现有效资源的输出和配置。而传统单维度模式仅能实现按照容量分配资源，这对于行业多维度需求显然无法判断业务能否有效发放，更无法提供满足要求的网络服务。5G 网络切片可以助力运营商面向不同行业用户快速构建专网、敏捷发放，实现一张物理网络满足多场景网络的要求。基于行业用户连接和数据处理的需求，5G 网络切片提供特定带宽、时延、速度、可靠性和安全隔离的网络。同时，以网络切片为载体，运营商可以灵活、敏捷、按需提供包括网络能力、运营服务和各种应用的行业一站式服务。

基于 NFV、SDN 实现切片技术，加之 MEC 边缘节点，因此网络性能可定制化。原来网络换代最显著的特点就是提速，其他性能虽有提升但不明显。现在 5G 支撑三大场景的 eMBB、mMTC、uRLLC 达到多领域的应用可靠性条件，这三个维度的能力组合可满足定制化的场景需求，从单一线性的能力升级为可调配的立体网络能力组合。运营商生产模式的升级，必将带来商业模式的升级。

首先是运营商从以线下网点固定套餐销售服务为主转向用户可选购可定制的线上网络运营服务模式，在网络切片和边缘计算的共同作用下，5G 技术可以实现针对不同应用需求及场景的定制化组网解决方案，为客户提供恰到好处的网络服务，既节约网络成本，又获得充分满足需求的网络性能。这将为运营商网络服务的形式和运营模式的升级提供很多可能。原先对于 4G 用户的套餐服务、专线、云服务，逐渐从线下走向线上，掌上营业厅将变成服务超市，流量、切片、边缘计算资源、权益等内容将变成一个个商品，客户可根据需求灵活选购组合，同时提供各类标准化的打包通用套餐，供客户按需比较选购。许多网购的促销运营手段可以迁移使用，如通过各种手段提供购买周期更短的网络服务“商品”，提升线上用户活跃度，打开运营商线上渠道的局面。

其次是运营商从扁平化的管道提供商走向具备专业化网络解决方案设计能力的产业信息化服务商。随着行业数字化转型的深化，以物联网、云、大数据等为代表的新一代信息技术和新

[15] 赛迪顾问 . 边缘智能发展与演进白皮书 [N]. 中国计算机报 ,2019-05-20(008).

型基础设施需求快速爆发，国内运营商将战略目光由传统网络的普及向行业数字化应用渗透转移，并围绕关键技术、能力和基础设施持续加大战略投入力度。中国电信提出，打造以云、大数据和“互联网 +”为核心的新型 ICT（信息与通信）应用生态圈，以 NB-IoT 为核心的万物互联生态圈，以此来支撑和满足行业伙伴和社会民众的需求。中国移动则对外宣布了“大连接”战略，要由“人人互联”进一步向“万物互联”拓展，并将大网络、大能力建设作为关键战略路径，将物联网、政企市场作为发展的关键驱动力，未来将持续强化物联网、云计算、大数据的投入，服务全社会的数字化转型要求。中国联通继续深化聚焦战略，增强与各行各业的开放合作力度；加大 IDC/ 云计算设施的建设速度；聚焦车联网，推动平台类应用发展；开拓大数据市场，目前已签约服务的行业品牌客户超过 40 家。

电信运营商作为新一代信息基础设施的提供者，一直走在探索的前沿，持续推动移动互联网、云计算、大数据、物联网等与行业结合，助力智慧城市、交通、能源、教育、医疗、制造、旅游等行业的创新和发展。

「2.2　5G 成熟——数字技术全向发力」

2.2.1 AI 与 5G

（1）AI 让智能无所不及

人工智能（Artificial Intelligence，AI），可以理解为用机器不断感知、模拟人类的思维过程，使机器达到甚至超越人类的智能[16]。随着以深度学习为代表的技术的成熟，人工智能开始应用到数字经济的各个组成部分，促进产业内价值创造方式的智能化变革。传统人工智能与新一代人工智能对比如图 2-7 所示。

[16]　联通研究院 & 中兴 .2019 年“5G+ 人工智能”融合发展与应用白皮书 [R/OL].2019.

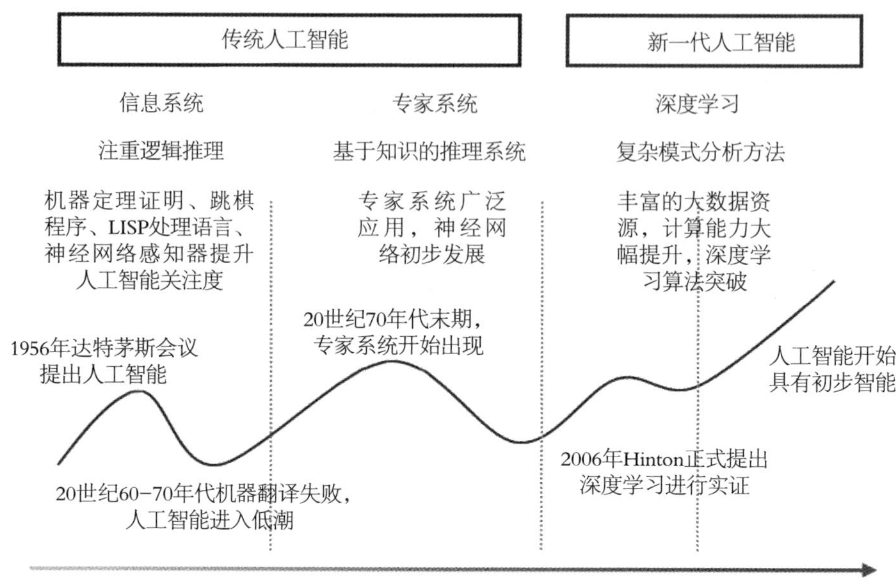

图 2-7　传统人工智能与新一代人工智能对比

人工智能应用的成熟，既催生了新的市场，也为传统产业的发展注入了新的活力。据 IDC 统计，2018 年我国人工智能市场规模为 162 亿元人民币，预计到 2022 年市场规模将接近 700 亿元人民币，年复合增长率超过 50%，具体如图 2-8 所示。

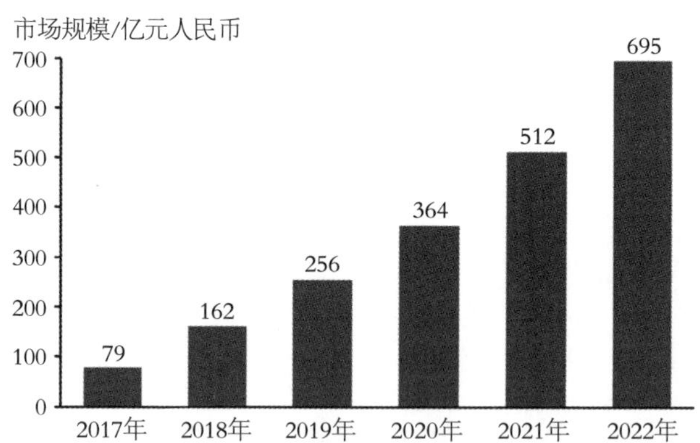

图 2-8　我国人工智能市场规模

（2）5G 和人工智能相互促进、协同发展

a.5G 网络为人工智能的引入提供基础

通信网络（3G/4G/5G）提供三种基本服务能力：设备连接（设备与设备 / 设备与业务平台之间）、数据传送（设备与设备 / 设备与业务平台之间）和服务能力递送（业务平台与设

备之间）[17]。在 5G 时代，人与人、人与物以及物与物之间实现万物互联，这些连接都将产生海量数据。在 3G/4G 时代，设备连接服务和数据传送服务都需要经过核心网协调和处理，服务能力通常都部署在外部云平台中，但这三种基本服务通常都要远距离访问，容易造成核心网压力大、灵活性不足和服务效率不高等问题。

通过引入软件定义网络（Software Defined Network，SDN）和网络功能虚拟化（Network Function Virtualization，NFV），5G 支持控制面与用户面分离。5G 核心网主要专注处理 5G 控制面的访问控制请求，5G 用户面的数据传送服务主要由接入网和承载网直接提供，从而有效减轻核心网的压力；再结合边缘计算，5G 网络支持服务能力就近部署和就近服务，从而使得支持上述三种基本服务的服务能力、服务灵活性和服务效率都得以大幅度的提升，为在 5G 网络中引入人工智能和通过 5G 网络提供人工智能提供坚实的基础，如图 2-9 所示。

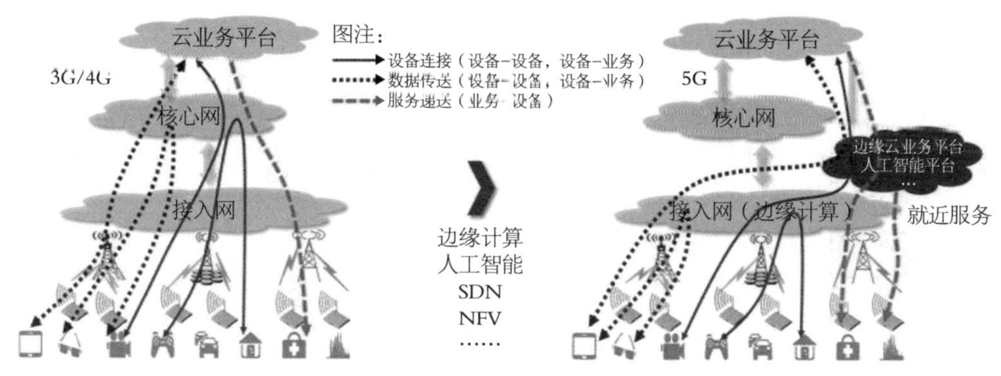

图 2-9 5G 为引入人工智能提供基础

b. 人工智能融合 SDN/NFV 赋能 5G 网络

SDN 和 NFV 解耦 5G 网络的软件与硬件，分离控制面与用户面，提升控制面集中化能力，为 5G 网络的智能化（自修复、自优化等）提供重要基础。边缘计算的引入为 5G 网络的云网一体化演进提供可能，从而使得人工智能计算和赋能无处不在。人工智能、SDN/NFV、边缘计算等技术融合，提升 5G 网络的智能化水平（如智能化的网络切片服务等）。人工智能能力可以部署到 5G 终端、5G 网络（包括 5G 边缘计算节点）或者人工智能中台；5G 网络数据通过汇聚和清洗后可用于训练人工智能能力，如图 2-10 所示。

[17] 董宏伟，程晨，袁卫平，等．AI 与 5G 的共生之道 [J]. 中国电信业，2020(4):58-61.

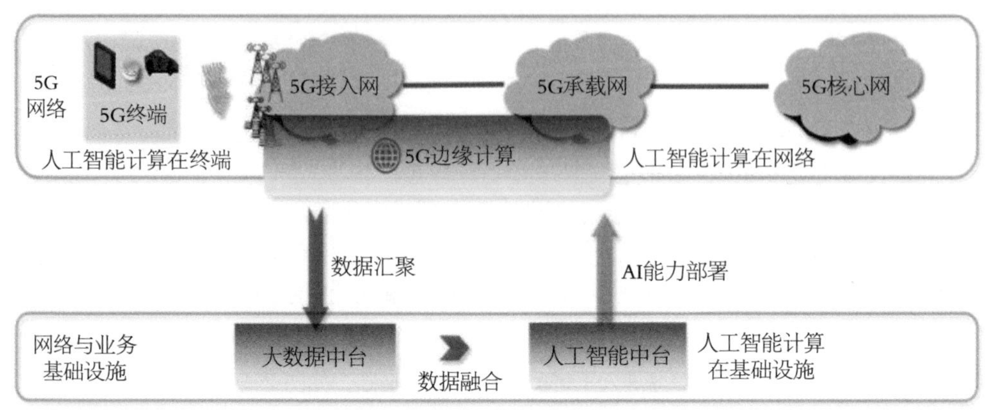

图 2-10　应用 5G 网络数据训练人工智能能力

利用人工智能可以有效地监控、预测和优化 5G 网络的各种服务资源，提升 5G 网络的服务质量与效率。这种优化是迭代升级的过程，会在数据沉淀和挖掘的过程中，在各个环节实现对性能、服务品质优化的收敛，实现 5G 网络的自我学习和自我优化。

c. 人工智能融合边缘计算赋能 5G 网络

5G 边缘计算为人工智能与 5G 网络、5G 业务融合提供天然的锚点 [18]。借助 5G 边缘计算，服务提供商（消费互联网、产业互联网、家庭互联网）可以方便、快速和有效地向用户提供5G业务，并可实现人工智能的就近部署和就近服务网络运营商根据业务类型（eMBB、eMTC、uRLLC 等）来部署 5G 边缘计算节点和设置 5G 网络切片，人工智能计算节点可以就近部署在 5G 边缘计算节点上，也可以就近汇聚到附近的计算设施中，从而使得人工智能计算可以在终端、边缘云和核心云等进行。

（3）人工智能与 5G 融合赋能各行业智能化升级

建设人工智能统一平台，可以集中解决 AI 发展中算力、能力、数据等关键问题，为应用提供载体，通过产研闭环模式实现 AI 能力快速迭代和持续优化；实现对内聚焦网络、市场、服务、安全、管理 5 大领域的 AI 规模化应用，对外实现 5G+AI 赋能教育、医疗、驾驶、工业、农业等垂直行业和实体经济。

a. 自动驾驶

5G 连接和人工智能将支持智能交通和自动驾驶中需要立即反应的场景，如无人驾驶、远程驾驶等。首先，5G 可以实现地图零误差、高精度地图的实时传导、高速状态下反馈信息的及时送达等，为无人驾驶提供低时延、高可靠、高流量的网络支持。5G 可真正实现高精度地图的实时传输，实现厘米级导航，从而实现低时延的全局路径规划导航，为自动驾驶提供坚实的基础。

[18]　《学术前沿》编者 .5G+AI：新的智能化变革 [J]. 人民论坛 · 学术前沿 ,2019(21):4-5.

其次，5G 网络可以大大缩短响应时间。响应时间对于自动驾驶汽车行业来说非常重要，0.1s 的时间差就有可能造成不可逆转的损失。5G 的高带宽、低时延、大容量数据传输特性，能够迅速将数据传输至云端，真正实现实时计算和处理，保障了车辆及其他驾驶员的安全，并且可以帮助实现汽车内部的数字服务，提高乘客的体验感。

b. 智慧新媒体

新媒体是指利用数字技术和网络技术，通过互联网、宽带局域网、无线通信网、卫星等渠道，以及电脑、手机、数字电视机、VR/AR 等终端，向用户提供信息和娱乐服务的传播形态。5G 网络为高清视频直播中的视频上传和无卡顿的收看提供了保障，同时 5G 网络恰好适配了 VR/AR 对网络的需求，使 VR/AR 得到更好的体验。

c. 工业互联网

5G 因其高速率、低时延、海量连接等优势特性，成为工业互联网的重要通信与服务基础设施，可以支持工业互联网对于工业控制、信息采集等应用需求，并且支持多业务场景、多服务质量、多用户及多行业的隔离和保护。5G 可以解决设备之间数据通信对时间要求很高的问题，实现工厂内设备与传感器等的数据实时采集及低时延无线传输、生产线全生命周期管控、车与车间的全连接、工厂内的零部件及产品的质量自动化检测。通过边缘数据处理、跟踪及聚合能力的增强，提升工业互联网业务的高可靠、低时延等性能指标，提供更好的安全和用户隐私保护，优化资源共享和用户体验。自动化控制是工业互联网中最基础的应用，核心是闭环控制系统。

d. 智慧医疗

5G 的高速率、低时延和万物互联等特点，为医疗行业在可穿戴设备、远程会诊等领域的应用发展提供了基础，为医疗行业的智能化提供了可能。在急救方面，5G 帮助建立更快更稳定的急救通信系统，保障急救工作各方面密切配合，利用 5G 传输超高清视频和智能医疗设备数据，协助在院医生提前掌握急救车上病人的病情。在疾病预防方面，5G 支持实时传输大量人体健康数据，协助医疗机构对穿戴者实现不间断身体监测。

e. 智能安防

在智能安防场景中，5G 可以实现全景高清摄像头对于智慧能源场站的实时监控及综合环境监控。5G 可以助力能源产业的智能化升级，实现能源产业中智能设备的远程监控、实时跟踪、自动修复、交互模式等服务，同时为数据和内容的传送、管理和响应提供强有力的支持。利用 5G，可以实现无人机、机器人巡检作业，电站现场无人机、机器人巡检等视频图像的实时高清回传，实现数据传输从有线到无线、设备操控从现场到远程。

2.2.2 区块链与 5G

（1）区块链技术特征和现状

a. 区块链技术特征

区块链的本质是一种数字分布式账本，它由一系列算法、技术、工具集构成的架构组合而成，以分布式、不可篡改和可信的方式保证所记录交易的完整性、不可反驳性和不可抵赖性[19]。

b. 区块链现状及市场前景

国内通信运营商在区块链标准、专利、平台及应用方面持续发力。

中国移动在 GSMA 的欺诈与安全工作组（Fraud and Security Group，FASG）立项研究区块链应用于运营商 PKI 领域的标准工作，专利数量居于前列。根据国家知识产权局统计，2019 年第一季度公开的区块链专利数量为 2,041 项，其中中国联通区块链专利数量为 154 项，在国内排名第二。中国电信打造的区块链可信基础溯源平台“镜链”，提供完备的区块链溯源基础能力；此外，基于区块链去中心化的物联网平台，整合了中国电信政企网关资源，构建共享经济平台，最大程度保证了用户数据安全与设备控制安全。

据 Tractica 预测，到 2025 年全球企业区块链市场规模将达到 203 亿美元。在电信领域，全球市场研究机构（Research and Markets，R&M）的数据显示，区块链技术将从 2018 年的 4,660 万美元的产业爆发到 2023 年的 9,938 亿美元的产业。

（2）5G 和区块链相互赋能

a.5G 和区块链相互影响

5G 与区块链相互促进、相互影响。5G 网络的高速率、低时延、高可靠特性提高区块链性能，其创造的万物互联将产生更多的可上链数据；区块链的去中心化工作模式对 5G 网络的稳定性带来挑战的同时，也对 5G 网络安全性提供保障，并提升数据价值。

①区块链的“去中心化”工作模式对 5G 网络的稳定性带来挑战

“去中心化”协作是区块链的核心工作模式。为实现“去中心化”环境下的相互协作，区块链引入点到点的通信、事件消息全域广播、数据副本存储等协作机制。当存在大量的区块链应用和海量的区块链应用节点相互通信时，5G 网络将可能面临不确定性的局部网络拥塞（如网络信令响应、网络带宽支持等），并可能难以定位和维护，影响网络整体效率和用户体验。

② 5G 将大幅度提升区块链网络的性能和稳定性

5G 拥有更快的数据传输速度，可以以 10Gbit/s 的速率传输数据。借助 5G 网络，区块链系统的交易速度将会更快，区块链中各类应用的稳定性将得到质的提升。

③ 5G 创造的万物互联为区块链带来更多可上链数据

5G 技术能够给物联网带来更广的覆盖、更稳定的授权频段、更统一的标准，从而为基于物联网的区块链应用提供有力的支持。5G 驱动智能设备大量采用，这意味着区块链将拥有比以往更多的数据，而这些数据将极大地推动技术的全球化。因此，依托高速的 5G 通信技术，以及物联网、大数据和人工智能等各项技术的发展，区块链将能为全球上万亿件商品提供稳定的跟踪、溯源能力和分布式的点对点交易功能。

④区块链为 5G 应用场景提供数据保护能力

5G 时代网络速度大幅度提升，数据量随之急速增长。更多计算和存储将由智能终端和边

[19] “5G+ 区块链”融合发展与应用白皮书 [R/OL].2019.

缘计算节点来承担，这对数据的保护能力提出了更高的要求。区块链的“去中心化”、交易信息隐私保护、历史记录防篡改、可追溯等技术特性，天然适用于对数据保护要求严格的场景。以区块链为代表的应用密码技术将为网络重构安全边界，建立设备间的信任域，实现安全可信互联。终端去隐私化的关键行为信息上链后，分布式存储在区块链各节点中，保证数据的完整性和可用性，促进构建智能协同的安全防护体系。

⑤区块链促使 5G 实现真正的点对点价值流通

5G 重点布局分布式的应用场景，如车联网、远程视频、智慧城市等。区块链可以做到在分布式部署的架构下，无须中心机构做确权，而由去中心化的节点在链上确权和分发。这就促使点对点的价值交换成为可能，而不需要通过中心化的中转和支付交换费用，大大提升终端交易的效率，降低交易成本。如 5G 带宽租赁服务、新能源电表交易等商业模式，很适合通过区块链来完成点对点的交易，实现价值交换。

b.5G 与区块链融合技术特征

① 5G 高速网络，提升区块链交易速度

区块链节点与节点间的通信一直是一个棘手的技术问题。受限于网络传输速度等因素，区块链项目的交易处理速度较低，阻碍了区块链在金融、供应链等领域的发展；为确定真实性，在区块链上进行的交易往往会有较大的时延，进一步降低了区块链的交易速度。5G 落地后，可使硬件端到端之间的网络通信速度大幅提升，在保持区块链“去中心化”程度的同时，实现更快的交易处理速度。

②区块链分布式架构，保证网络设备安全

5G 技术使得设备与设备间的通信成为可能，区块链分布式架构意味着数据特性可以被保护和确保，这解决了当前物联网设备数据容易被窃取或复制的安全风险。通过使用区块链，利用它的非对称加密和哈希算法，可以防止数据篡改，从而保护数据的安全与隐私。

③区块链“去中心化”本质，为网络资源共享提供新的解决思路

区块链分布式记账的本质及上层智能合约具有使能智能结算、价值转移、资源共享的天然优势，很适合与网络资源共享相结合，如“授权频谱”之间的相互共享、频谱拥有者之间的相互信任、频谱价值转移、资源共享等。随着未来网络的密集化，基于区块链的动态频谱共享将成为未来网络的发展趋势。

④区块链高可信特性，为业务运营提供高效解决方案

区块链系统可信高和防篡改的特性，为通信运营商业务运营提供高效解决方案。如在国际漫游结算方面，通信运营商及其漫游伙伴之间可以共享一套可信、互认的漫游协作与结算区块链，所有的漫游记录上链，实现可查可追溯，安全透明，从而提升结算工作效率，减少复杂的争端处理和仲裁机制。

c.“5G+ 区块链”典型融合应用

①贸易金融领域

目前，全球化大规模贸易合作层出不穷，传统的“中心化”金融管理机制面临着诸多挑战，

如企业信息分散、企业之间缺乏信任、企业之间无法第一时间获取所需要的信息等。5G 和区块链技术相互融合，通过提高网络能力与安全能力，可以解决“中心化”金融管理机制所面临的困境。

金融保险：保险领域主要面临两个方面的问题，一方面是缺少有效勘察定损的技术手段；另一方面是传统的“社会信任”模式已经难以适应社会发展和经济发展的需要。5G 和区块链技术融合可以解决这两个主要问题。在勘察定损方面，大力发展 5G 终端设备，在终端设备上配备 5G 高清图像传输及机器视觉智能分析功能，再结合区块链技术，使数据在 5G 网络环境下进行实时可信传递，帮助实现智能终端的可信互动。此外，区块链技术的可追溯能力让保险业务流程更加透明，有利于增强保险公司和客户之间的相互信任。

供应链管理：可以针对供应链建立一个联盟链，这个联盟链可以包括供应商、厂商、分销商、用户等所有参与者。链上的所有企业都是联盟链的会员，以会员的形式开展活动。会员之间相互信任，可以直接进行点对点的交易，取消传统的中心企业进行转发和处理的过程，减轻企业所要承担的风险。通过发挥数据追溯审核、数据真实、快速反应、链上成员管理、资产数字化、流程智能化等特性，区块链可以赋能供应链管理和供应链金融。

②物联网领域

车联网：利用 5G 低时延、高可靠、海量连接的能力，联网车辆不仅可以帮助实现车辆间位置、速度、行驶方向和行驶意图的实时沟通，还可以利用路边设施辅助联网车辆对环境进行感知。但是，5G 仍然无法解决系统安全隐患的问题，此时需要结合区块链技术。区块链将车、人、服务商都引入链中，通过其不可更改特性，保障数据信息安全，链中的用户能够分享由区块链进行保护的数据信息，从而提高驾驶的安全性和服务商管理的效率。

无人机：无人机作为一种新型的科技产品，越来越融入人们的生活，同时无人机对于移动通信网络的需求越来越旺盛。正因如此，很多人预测无人机将是 5G 网络最先商用的几大行业之一。5G 网络低时延、抗干扰、海量连接的特点可以缓解无人机在 4G 网络时代的尴尬。5G 时代下，无人机带来海量通信，原有的“中心化”处理机制很难支撑，需要区块链技术“去中心化”处理。区块链技术融合 5G 技术促使指令有效传递至各个无人机节点，无人机节点间实现实时通信。

智能家居：在 5G 时代，各类智能家居产品利用 5G 网络大带宽和低时延两大特性，通过 5G 网络接入云端，加速家居产品间的互联互通，推动智能家居行业发展，但伴随着发展，数据存储和隐私安全越来越面临巨大考验。在智能家居行业中引入区块链技术，智能家居设备在一个“去中心化”的平台上运行，所有传输数据都经过严格加密处理，从而保障用户数据和隐私安全，弥补 5G 数据传输安全性不足的缺陷。

③工业互联网领域

智能制造：5G 具有低时延、高可靠，海量连接的特性，可以将生产时延降到毫秒级别。此外，区块链可以帮助提高工作效率。区块链特有的点到点通信和“去中心化”协作机制，可以使得智能制造中的各种请求不必从中心系统一层层向外传递请求，从而提高工作效率。

智慧工厂：利用 5G 网络的大带宽、低时延特性，工程师可以实时采集工厂中车间、机床等运行数据，利用 5G 边缘计算等技术，在终端侧直接进行数据监测。在智慧工厂中还可以引入区块链技术，终端之间可以直接进行数据交互，而不需要经过云中心，实现“去中心化”操作，提升生产效率。5G 保障对整个产品生命周期的全连接。智慧工厂中所有智能单元均可基于 5G 无线组网，生产流程和智能装备的组合可快速、灵活调整，以适应市场的变化和客户需求越来越个性化、定制化的趋势。

智慧物流：物流行业大企业基本完成了以无人机配送、无人仓智能分拣为代表的“物流智能化”布局，但是 5G 的出现才真正促使“物流智能化”落地，真正实现物流智能化应用的普及。5G 低时延和海量连接特性让车、仓、人、货物之间互联互通，实现更高效的互动。通过引入区块链技术，区块链不可篡改特性可以保证链中数据的安全，促进 5G 智慧物流的稳定、健康发展。

2.2.3 云与 5G

（1）云让计算触手可及

我国公有云市场保持高速增长，私有云市场增速趋于稳定。我国云计算应用正从互联网行业向政务、金融、工业、轨道交通等传统行业加速渗透。

（2）“5G+ 云”带来新体验、新模式、新产业

5G、云与 AI 技术的碰撞和融合将为社会带来数字溢出效益[20]。从微观层面上看，“5G+ 云”技术是企业构建数字业务体验平台、政府服务模式创新的重要保障；从宏观层面上看，“5G+ 云 +AI”将加速农业、工业、服务业三大产业供应链的发展，将数字产品和服务的理念从最初的生产者传递到最终的用户。

a. 构建数字化业务体验，推动企业生产方式变革

“5G+ 云”为企业构建数字化业务体验提供了技术保障。企业实现数字化业务体验的关键是要完成企业各个要素之间的数字化打通与连接。企业各个要素之间不仅是串联关系，更是需要通过数字化各要素之间相互协调而构建的数字化业务体系。敏捷和创新是数字化业务能力的体现，5G、云计算、AI 等技术可以打破企业以往的管理体制、管理模式和生产方式，支撑业务创新和敏捷迭代，重构数字化的业务体系和运营体系，带来全新的业务体验。云计算与 AI 技术的协同应用成为企业构建数字化业务的重要选择。基于 AI 芯片的云将全面提升云主机、容器、裸金属等各种形态的服务性能，加速企业数字化转型。

b. 创新数字政务新模式，提高城市资源整合效能

“5G+ 云”正在重塑政府的服务模式，助力数字政务进入智能阶段。基于云平台和 AI 策略建设的软件化、智能化和高效化的大型数字政务系统，可以融入人脸识别、个人智能助理等创新服务，提高政务服务水平，完善政务服务环境。同时，数字政府建设充分应用 5G 等新一代通信技术，结合云计算、AI 等信息技术共同构建新一代网络基础设施，并以数据为驱动，强

[20] “5G+ 云 +AI”：数字经济新时代的引擎 [R/OL].2019.

化政府数据能力建设，打造开放平台、汇聚社会资源，提升服务和监管能力。“5G+ 云”将在城市资源整合中发挥技术优势。

（3）促进要素配置智能化，加速释放产业爆发力

“5G+ 云 +AI”将催生智能精细的生产要素配置方式，驱动产业全新变革。“5G+ 云”可以实现农业生产要素的精准测量及精细管理，最终实现农业产业智能化。“5G+ 云”将重构工业的生产模式，实现工业产业链中各要素的互联互通，加速工业产业数字化转型。5G 实现产业链上各个价值要素的互联互通，大带宽、低时延的特性满足对工业领域实时性场景的需求，连接产生的大量数据汇聚到云端，由云为工业应用提供多元算力，最后由 AI 平台对工业数据进行训练和推理。

（4）“5G+ 云 +AI”赋能千行百业智能化升级

云计算、人工智能、大数据之间是相互驱动的。当前国内人工智能的发展主要依赖于大数据、算法和计算能力，不难想到人工智能落地必须要依靠大数据和云计算。在经济飞速发展的今天，云计算正撬动各行各业的智能化变革需求。未来，随着客户数量的增加和行业范围的扩大，云计算将在各行业落地生根，进一步推动社会智能化发展。

智慧城市：智慧城市是运用信息和通信技术手段感测、分析、整合城市运行核心系统的各项关键信息，从而对包括民生、环保、公共安全、城市服务、工商业活动在内的各种需求做出智能响应，实现城市智能化工作管理。摄像头设备收集的数据，将上传到云端进行分析和处理，最终被应用于城市管理工作中。多维度、高帧率、高解析度的数据采集，势必带来海量的数据流量，这就需要以 5G 为代表的技术提供巨大带宽支持。

智能制造：智能制造融合了 5G、云计算和 AI 等技术，通过更加灵活高效的生产系统，将高质量的产品快速推向市场。5G 网络能够帮助制造企业实现多维度、细粒度的数据采集。一般来说，人力仅能做到以分钟级频率进行采集，而机器采集的频率则可以达到秒级甚至毫秒级。这些数据需要在协作机器人间不断交换分析以同步和协作自动化流程（同步实时协作机器人要求小于 1ms 的网络时延），并在云、端之间进行传输，这就需要依靠 5G 网络的低时延特性来实现。

智慧交通：以 5G 技术为核心的基础网络能够覆盖整个出行流程场景，实现多维度数据的收集、传输和处理后信息的及时推送，为人们提供更全面的信息辅助；基于云计算的核心云平台，能够对海量数据进行处理，从而对整体交通进行规划，更合理地分配海、陆、空路网资源智能应用，从而更高效地完成复杂的人工处理工作，大大提高通行效率。

智慧文娱：颠覆人机交互方式的云 VR 通过将计算能力转嫁到云端，实现终端设备的轻量化和低成本化。这不仅使得用户的体验提升，较低的门槛也使得 VR 在低端用户中普及成为了可能。云 VR 的本地设备相当于显示屏，依赖网络接收来自云计算平台的高清视频流。因此，传输网络对带宽和时延的要求更加苛刻，需要依靠 5G 网络来实现。除此之外，由于云计算平台承担了对计算的需求，每一个接入都将带来额外的资源需求。对企业而言，能否灵活地对服务器进行扩容和释放将极大影响成本。采用 AI 技术对资源使用情况进行智能分析、预测，自动化地调整和部署资源，将有效应对这种情况，帮助企业节省大量不必要的成本。

2.2.4 大数据与 5G

大数据产业是对数量巨大、来源分散、格式多样的数据进行采集、存储和关联分析，从中发现新知识、创造新价值、提升新能力的新一代信息技术和服务业态。随着移动互联网、物联网、云计算产业的深入发展，大数据国家战略的加速落地，我国大数据体量呈现爆发式增长态势。

5G 作为移动通信领域的前沿新兴技术，将推动世界数字化经济迈入新阶段[21]。

一是 5G 将推动物联网采集数据量迅速增长。通过提升连接速率和降低时延，5G 使得单位时间内产生的数据量急剧增长，单位面积内的联网设备成倍增加，海量原始数据将被收集。物联网领域的发展将被 5G 落地全面激发，当前物联网正是大数据的主要数据来源，在 5G 技术的推动下，物联网采集的数据量增长会较为显著，物与物之间的连接数据将迅速增长。

二是 5G 时代数据类型和数据维度更加丰富。4G 时代，人与人之间的互联产生更多的数据；5G 时代，物联网将得到较大程度的发展，人与物、物与物之间的连接将急剧增多，如联网汽车、可穿戴设备、机器人等的数据采集渠道将更加丰富。数据类型将更加多样化，从连接内容看，5G 催生的车联网、智能制造、智慧能源、无线医疗、无线家庭娱乐、无人机等新型应用将创造新的丰富的数据维度，VR、AR、视频等非结构化数据的比例将进一步提升。

三是 5G 将对大数据技术发展提出更高要求。一方面，数据采集渠道的丰富与数据量的膨胀，会对采集技术与大数据存储技术等提出更高要求；另一方面，随着数据量逐渐增多、数据类型越来越多样化、大数据应用场景越来越丰富等，海量、低时延、非结构化的数据特点将对未来大数据行业的算力、实时引擎、数据处理引擎提出更高的要求，将全面促进大数据分析与挖掘技术、可视化技术等的发展。

四是 5G 时代的大数据应用场景将更加丰富。5G 时代，大数据所承载的业务形式借助于 5G 大带宽、低时延的特点，将更加复杂多样，大数据商业价值将得到进一步挖掘。在华为发布的《5G 时代十大应用场景白皮书》中，如 VR/AR 的实时计算机图像渲染和建模、车联网的远程驾驶、智慧城市的 AI 视频监控、联网无人机的专业巡检等每项垂直行业应用都与大数据有关。

五是 5G 时代对大数据平台要求进一步提升。因为 5G 时代数据体量、种类和形式的爆发增长，将井喷式涌现物联网、人工智能等领域的创新应用，单一计算平台难以有效应对如此复杂、多样、海量的数据采集及处理的挑战，因此大数据平台需要大幅提升低价值密度的高效存储、网络非结构化数据的快速解析等能力，大数据处理平台的价值将进一步彰显。

六是 5G 驱动大数据与 AI 融合发展与落地应用。人工智能技术应用过程中对数据传输与存储要求较为严格，4G 时代，数据规模持续上升的同时，数据传输与存储压力较大，人工智能的发展离不开大数据，人工智能算法的实现需要借助庞大的数据量；5G 除了提升了网速，更弥补了制约大数据与人工智能发展的短板，人工智能在 5G 环境下，可以提供更快的响应速度、更丰富的内容、更智能的应用模式及更直观的用户体验。

---

[21] 通信产业网 .5G 为大数据产业带来七大影响 [OL].

2.2.5 边缘计算与 5G

5G 的三大典型应用场景对网络性能的要求有显著差异，但为了控制成本，运营商必然选择一张承载网 + 网络切片 / 边缘计算技术，在最少的资本投入下实现最丰富的网络功能。在 5G 时代，承载网的带宽、时延、抖动等性能瓶颈难以突破，引入边缘计算后将大量业务在网络边缘终结。

（1）边缘计算典型产品和业务模式

阿里巴巴、腾讯、华为、百度等推出了相应的边缘计算产品。阿里巴巴推出 Link loT Edge 平台[22]，提供安全可靠、低时延、低成本、易扩展的本地计算服务；腾讯针对边缘计算推出了 CDN Edge，降低用户数据中心的计算压力和网络负载，同时将数据中心的服务下沉至 CDN 边缘节点，以最低的时延服务响应终端用户；华为在 2018 年推出了 IF 平台，通过纳管用户的边缘节点，提供将云上应用延伸到边缘的能力，联动边缘和云端的数据，为企业提供完整的边缘和云协同的一体化服务的边缘计算解决方案。

电信运营商依托 5G 全面部署移动边缘计算（MEC）。MEC 利用无线接入网络就近提供电信用户所需的 IT 服务和云端计算功能，实现计算及存储资源的弹性利用。多接入边缘计算则是将边缘计算从电信蜂窝网络进一步延伸至其他无线接入网络。

（2）边缘计算与 5G 的融合应用

1）在 CDN 场景中的应用

CDN 通过与边缘云结合来向下一代内容分发平台升级。随着 5G 的部署，配合 AI 技术、大数据、云计算、物联网等，现阶段的 CDN 架构已经无法满足 5G 时代的应用需求。万物互联的信息时代让互联网进入一个新的阶段，CDN 将迎来边缘云 +AI 的新发展，以快速响应需求并实现服务能力、服务状态和服务质量的更加透明。

2）在工业互联网场景中的应用

云计算与工业互联网的边缘计算协同工作在边缘计算环境中安装和连接的智能设备能够处理关键任务数据并实时响应，而不是将所有数据发送到云端再等待云端响应。设备本身就像一个小型数据中心，基本分析都在设备上进行，因此时延几乎为零。基于这种新增功能，数据处理变得分散，网络流量大大减少。工业现场的边缘计算节点必须能够自主判断并解决问题，及时检测异常情况，更好地实现预测性监控，提升工厂运行效率的同时预防设备故障问题，这就对其计算能力提出一定的要求。

3）在智能家庭场景中的应用

边缘计算节点（家庭网关、智能终端）具备包括网线、电力线、同轴电缆、无线等在内的各种异构接口，同时还可以对大量异构数据进行处理，并将处理后的数据统一上传到云平台。用户可以通过网络连接边缘计算节点，对家庭终端进行控制，同时还可以通过访问云端，对长时间的数据进行访问。同时，智能家庭边缘计算基于虚拟化技术的云服务基础设施，通过整合已有业务系统，以多样化

[22] 《5G 时代的边缘计算：中国的技术和市场发展》报告 [R/OL].（2020-03-03)[2020-03-03].

的家庭终端为载体，利用边缘计算节点将家用电器、照明控制、多媒体终端、计算机等家庭终端组成家庭局域网。边缘计算节点再通过互联网（未来还会通过5G移动网络）与广域网相联，继而与云端进行数据交互，从而实现电器控制、安全保护、视频监控、定时控制、环境检测、可视对讲等功能。

2.2.6 物联网与5G

（1）5G支撑物联网落地，物联网是5G最重要的应用场景

1）5G是支撑物联网落地的基础技术

在物联网时代，数据流量倍增，用户对带宽体验有了更高要求；大量设备对网络上传、下载和时延的要求存在区别，网络必须有一定的智能性。物联网场景下，对于网络连接的承载、流量速率以及网络时延等问题的要求，是4G网络技术所不能够实现的。5G技术将是物联网整体的重要支撑和承载，其对网络的升级使“万物互联”现实化。5G主要采用包括大规模天线阵列、超密集组网、新型多址、全频谱接入和新型网络架构在内的一组关键技术，满足各种物联网场景下差异化的需求。

根据IMT-2020（5G）推进组发布的《5G网络框架设计》，用户体验速率、连接数密度、端到端时延、流量密度、移动性和用户峰值速率是5G关键性能指标。这六大核心指标共同推动物联网落地，其中低功耗大连接与低时延可靠场景两项指标实质性解决了4G互联网无法完美支持物联网及其相关垂直应用的问题，是物联网业务的核心要求，也是5G拓展物联网的核心场景。

2）物联网是5G技术的核心应用场景

根据HIS Markit市场预测，到2035年，全世界由5G拉动的潜在销售活动将达到12.3万亿美元，垂直影响整个产业生态，并地跨多个横向产业，约占当年全球实际总产出的4.6%。在2020年到2035年的15年内，预计全球实际GDP的年均复合增长率为2.9%，其中5G将会贡献0.2%的增长，合计将创造3万亿美元的经济贡献。

mMTC对于万物互联需要大量连接和自动化灵活控制的场景起核心支撑作用，当前传统基站用户接入范围仅仅数个到数十个。在5G时代一个基站通过海量连接可以实现成千上万终端的接入，仍可保证某一个区域内多终端的顺利通信；uRLLC通过超低时延保证微秒级响应时间，以极低响应时间为重要指标的无人驾驶场景和远程医疗手术场景是这项技术重要的应用场景。对eMBB而言，最重要的是可能会产生海量数据的工业物联网场景，虽然对整体时延需求不高，但会产生大量数据向云端传输。

3）物联网产业与5G产业协同效应明显

物联网的影响力逐渐扩大，在5G落地后，物联网将能改变人类生活的许多方面，并且在多个横向产业上产生百亿美元级别的产值[23]。

同时5G将对全行业产生深刻影响。到2035年，制造业有望成为5G创造最大份额经济价值的领域，有望实现约3.4万亿美元的产出，大概占5G总产出的28%。在物联网智慧城市与智慧农业的支持下，

[23] 阿里巴巴达摩院.科技白皮书：2020年十大科技趋势[R/OL].(2020-01-01)[2020-01-02].

2035 年 5G 将创造 6.5% 的公共服务产出和 6.4% 的农业产出。5G 技术发展将提升物联网渗透率，物联网又将成为 5G 理想的应用场景进而推动其技术发展。总之，物联网与 5G 技术协调效应明显。

5G 连续广域覆盖、热点高容量、低功耗大连接和低时延高可靠等特点，可以解决传统移动通信无法很好地支持物联网和垂直行业应用等问题，有利于提升物联网渗透率。具体来讲，智能家居、智能电网、环境监测等新应用需要网络支持海量设备连接和大量小数据包频发；视频监控和移动医疗等业务，对数据传输提出了很高的要求；车联网和工业控制等业务对毫秒级的时延和可靠性非常敏感；还有大量的物联网设备部署在室内角落、地下室、隧道等信号难以到达的区域，需要移动网络覆盖能力进一步增强。

（2）5G+ 物联网未来发展的三大核心方向

1）核心方向之一：NB-IoT、LoRa 推动低功耗广域物联网市场发展

物联网具体的应用场景非常多元，不同的物联网应用场景需要不同的网络连接解决方案，不同的网络连接特性决定其适合不同的应用场景。长期以来在网络层面上制约物联网产业发展的因素之一是物联网一直没有一个运营商级别的标准，NB-IoT 的出现弥补了这一短板。相比于传统的无线通信技术，NB-IoT 具有低成本、低功耗、高覆盖、大连接四大优势，是当前唯一具备大规模普及能力和高商业价值的长距离低传输速率的通信技术。

2）核心方向之二：车联网是检验物联网发展进度的重要参照

车联网并不是新概念，其发展最大的受制因素在于算法以及承载算法的硬件及网络。自动驾驶是车联网应用的终极目标，当前正处于辅助驾驶向半自动驾驶推进的阶段。通过在车辆上安装传感器，采集行车环境信息，经人工智能算法形成驾驶决策，从而实现半自动 / 自动驾驶。V2X 通信技术通过实现车 - 车、车 - 路等实时交互，能有效弥补传感技术的不足，将自动驾驶从“单车智能”提升到“智能网联”阶段。其覆盖范围广、毫秒级时延、接近 100% 的可靠性，是实现主动安全的利器。美国国家公路交通安全管理局估计，仅实现 V2V 通信可避免 76% 的事故，若实现 V2V 和 V2I 通信，可以避免 83% 的交通事故。另外，LTE-V 可重复利用现有基站，低成本推进至 5G。传感技术与 V2X 的结合将加速自动驾驶时代的到来。

3）核心方向之三：物联网技术在智慧城市中的应用

物联网在智慧城市发展中的应用关系各方各面，从市政管理智能化、农业园林智能化、医疗智能化、楼宇智能化、交通智能化到旅游智能化及其他应用智能化等方面，均可应用物联网技术。基于物联网系统，可构建城市物联网公共服务体系，构建物联网公共设施监控、医疗智能化、楼宇智能化，进而促进城市管理智能化。

「2.3　群体智能——技术背后的深度融合」

2.3.1 数字革命几何级升温

2.3.1.1 5G 撬动上游产业，助力数字经济发展

5G 建设显著加速，推动我国 5G 产业链站上全球风口。5G 作为基础设施产业，并不会像当下互联网产业一样存在爆发或者像异动一样的增速跳跃，因为 5G 产业涉及一系列真实物理世界

的建设和业务调整[24]。伴随这个基础设施建设的逐步完善，在 5G 通信背景下的社会经济业态，则可能存在飞速提升的活跃景象。2020-2030 年中国 5G 市场规模如图 2-11 所示。

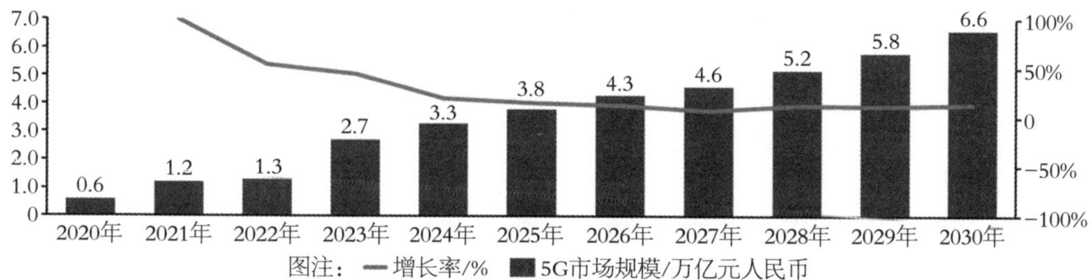

图 2-11　2020-2030 年中国 5G 市场规模

5G 产业链主要由三部分组成：5G 设备，为下游提供网络建设所需设备的环节，按照网络架构可分为核心网设备和接入网（无线基站 + 传输设备）设备，主要包括射频、光模块、光纤、芯片等设备；5G 网络，包括网络建设和网络运营两个环节，其中网络建设是指相关配套设施铺建和网络建设、维护、优化；5G 应用，利用 5G 网络提供终端应用和解决方案的环节，是 5G 最终的商业化形式，如图 2-12 所示。

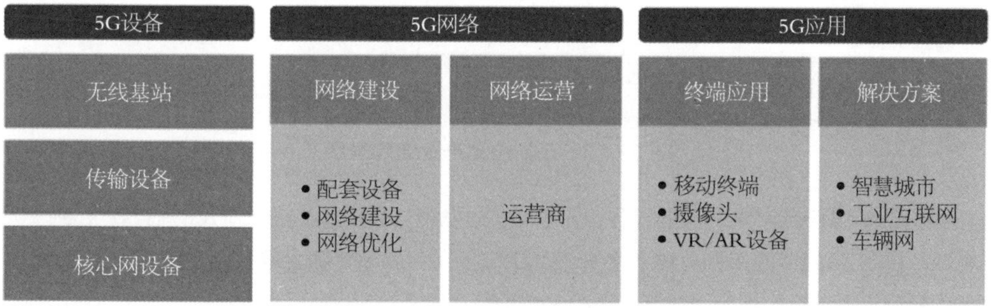

5G设备
无线基站
传输设备
核心网设备

5G网络
网络建设
- 配套设备
- 网络建设
- 网络优化

网络运营
运营商

5G应用
终端应用
- 移动终端
- 摄像头
- VR/AR设备

解决方案
- 智慧城市
- 工业互联网
- 车辆网

图 2-12　5G 最终的商业化形式

5G 商用初期，加快撬动上游产业链发展。5G 在基带技术规范和组网方式上进行了断代式的变革，几乎所有与 RAN 和核心网相关的产业链上游都需要重新设计和开发。5G 的大规模投入将强力带动广泛的产业链上游实现跨越式升级。主设备中基带芯片的数字处理按照新协议重新构建；同时需要更大带宽的前传、回传光模块以及大量光纤；大规模 MIMO 要求射频及天线轻型化和小型化以实现更高集成度；高频率和高功率密度对器件使用的复合半导体材料提出新需求；随着覆盖走向深化，小基站渗透率将持续提升。

在 5G 商用后期，5G 网络结合新技术与新场景，将全面激发数字经济。在 ICT 产业“管－端－

[24]　中国信通院 &GSMA.2020 中国 5G 垂直行业应用案例 [R/OL].（2020-03-19)[2020-03-19].

云”相互促进协同发展过程中，5G 网络不单传输和存储海量数据，更将融合云计算、人工智能等技术，促进更多场景落地，是所有新终端连接和新技术应用的综合平台；从而进一步推动新型智能终端、产业物联网和相关新业务的蓬勃发展，下游数字经济规模将受到 5G 与新技术激发而全面兴起。

5G 将在未来十年带给设备制造和信息服务强大的外部效应。5G 对于 ICT 产业的拉动结构将不断变化。预计 2030 年运营商流量收入产生的 GDP 约 9,000 亿元人民币，占当年 5G 对 GDP 总贡献的 31%，同时各类信息服务将产生 GDP 约 1.7 万亿元人民币，占当年 5G 对 GDP 总贡献的 58%。随着 5G 的广泛普及和应用，相关服务的经济带动效应将超越 5G 相关制造环节。

5G 拉动产业结构升级如图 2-13 所示。

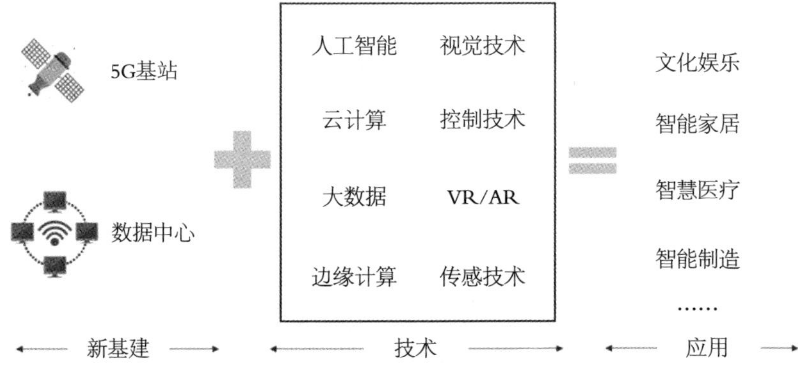

图 2-13　5G 拉动产业结构升级

根据 IDC 关于数字化转型的报告，基于 5G 的发展，数字经济进入爆发的临界点，到 2021 年全球超过 50% 的经济都将是数字化的，我国 55% 的经济将是数字经济。在数字经济推动下，数字化转型将驱动绝大部分企业 ICT 投入的增长。

2.3.1.2 5G 驱动宏观经济和社会发展

从全球来看，2020 年至 2035 年期间，全球实际 GDP 将以 2.9% 的年平均增长率增长，其中 5G 将贡献 0.2% 的增长，如果不部署 5G，全球实际 GDP 增长率将是 2.7%。同时，2020 年至 2035 年期间，由 5G 技术驱动的全球行业应用将创造约 12 万亿美元的销售额，这约占 2035 年全球实际总产出的 4.6%。

5G 时代的全球 GDP 如图 2-14 所示。

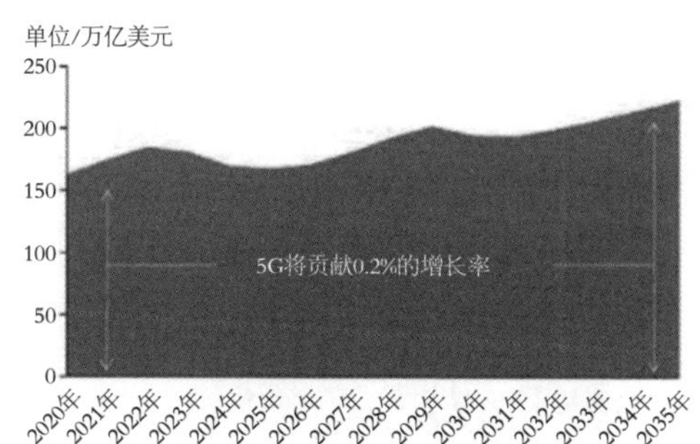

	行业	5G支持的产出
20万亿美元以上	制造	
10万亿美元以上	信息和通信	
	批发、零售和娱乐	
	公共服务和设施	
5万亿美元以上	建筑	
	金融和保险	
	物流	
	农业	
2万亿美元以上	房地产	
	教育	
	能源	
2万亿美元以下	健康	
	其他	

图 2-14 5G 时代的全球 GDP

再看中国，随着 5G 商用进程的深化，5G 技术将推动移动互联网、物联网、大视频、大数据、云计算、人工智能等关联领域裂变式发展，为交通、工业、教育、医疗、能源、视频娱乐等相关行业赋能，带动形成全社会广泛参与、跨行业融合的十万亿级 5G 大生态，为行业升级、社会转型和国家竞争力提升注入强劲动力。

中国信息通信研究院《5G 经济社会影响白皮书》对 5G 发展将显著促进国民经济的增长进行的数据预测显示，2030 年，在直接贡献方面，5G 将带动的总产出、经济增加值分别为 6.3 万亿元人民币、2.9 万亿元人民币；在间接贡献方面，5G 将带动的总产出、经济增加值分别为 10.6 万亿元人民币、3.6 万亿元人民币，如图 2-15 所示。

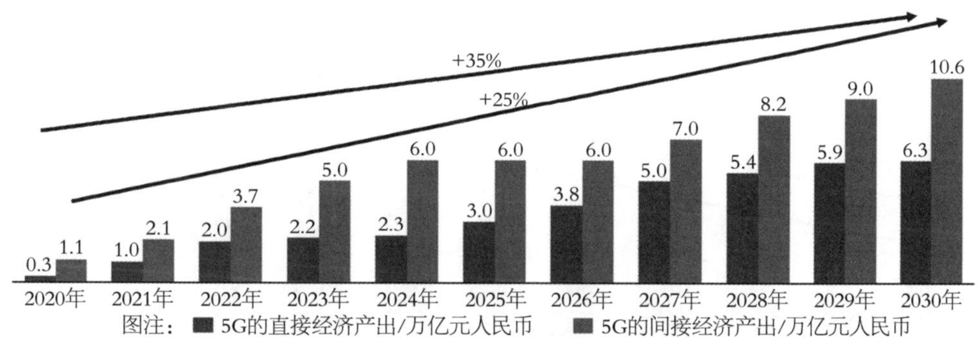

图 2-15 5G 的直接间接经济产出

其中，直接间接贡献分类如下。

直接经济产出来源：从投资端来看，在 5G 商用初期，电信运营商进行网络建设投资，为上游 5G 设备环节的设备制造商带来大量收入，其次在 5G 商用中后期，社会资本大量涌入，打造互联网企业和 5G 相关的信息服务，从而带来大量收入；从行业来看，5G 将逐步带动电信运营业、设备制造业和信息服务业的快速增长。

间接经济产出来源：5G 产业链的成熟带动垂直细分行业的同时，激活现有行业并出现众多新兴领域。

5G 商业发展阶段如图 2-16 所示。

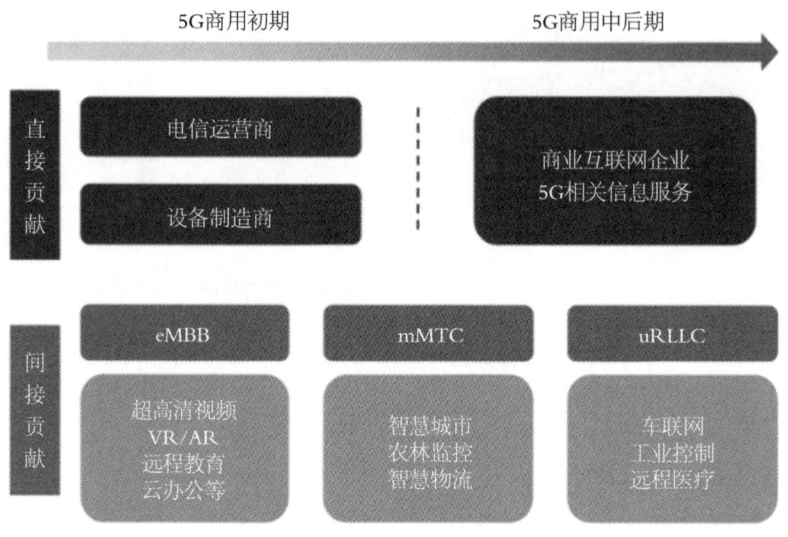

图 2-16　5G 商业发展阶段

随着 5G 的广泛普及应用，5G 相关服务的经济带动效应将超越 5G 相关制造环节的经济带动效应。5G 对 GDP 的直接及间接贡献如图 2-17 所示。

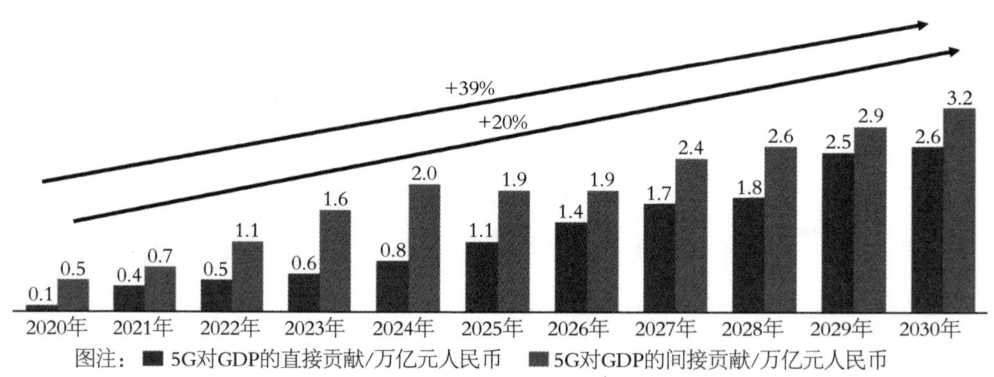

图 2-17　5G 对 GDP 的直接及间接贡献

2.3.2 网络密度与群体智能

2.3.2.1 网络密度

网络密度（Network Density）是网络中实际存在的边数与可容纳的边数上限的比值，用于刻画网络中节点间相互连边的密集程度。随着 5G 时代对移动互联网需求的不断增加，无线网络规模越来越大，网络结构越来越复杂，网络密度也越来越大。有资料显示，从 2010 年到

2020 年，全球移动数据业务总量增加 200 ~ 1,000 倍，而到 2030 年，业务总量比 2010 年将增长 20,000 ~ 100,000 倍[25-26]。在密集的无线网络中，网络节点数量和网络参数数量相应呈指数级增长。5G 移动通信系统中，每个网络节点配置需要的系统参数接近 2,000 个，是 4G 通信系统中每个网络节点需要配置系统参数数量的 1.3 倍。从梅特卡夫效应，即从网络价值与网络节点数的平方成正比来看，5G 乃至 6G 时代网络节点数量的快速增加将带来新技术推广速度和互联网价值的爆炸式增长，并且网络价值广泛向经济、社会等各领域渗透和扩张。网络节点需要配置的参数示意如图 2-18 所示。

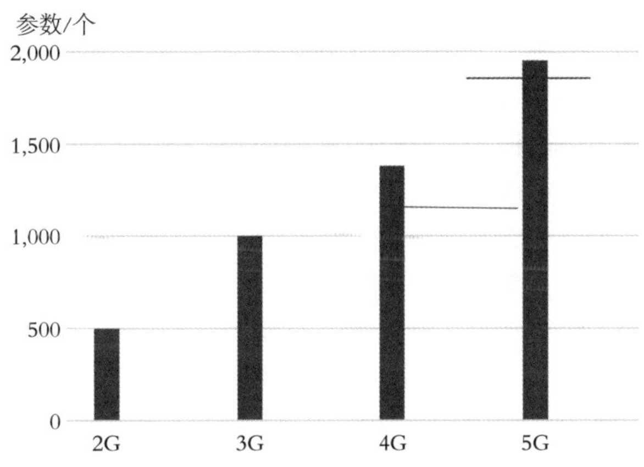

图 2-18　网络节点需要配置的参数示意

加入网络的节点越多，整体性能改善就越好，“群效应”就发挥更大。正如“一根筷子容易折，一把筷子难折断”“1+1 > 2”的道理，高网络密度所带来的整体效应将在未来形成大规模的“网络节点群”后更加显著。

2020 年 1 月 2 日，阿里巴巴达摩院发布的《2020 十大科技趋势》指出，未来 5G、IoT 设备、云计算、边缘计算等迅速发展将推动工业控制系统、通信系统和信息化系统的智能化融合；5G 通信技术的发展将带来多个智能体之间的协同——机器彼此合作、相互竞争，共同完成目标。多智能体协同带来的群体智能将进一步放大智能系统的价值；专为区块链设计的端、云、链等各类固化核心算法的硬件芯片将进一步拓展互联网的边界、实现万链互联[27]。5G 时代引领的高网络密度所驱动的群体智能长足发展，可以用《智能商业》中的一句话来概括[28]，“互联网的下半场就是不断地技术创新与传统产业融合，来提升整个传统产业的效率，创造新价值。”5G

[25]　IMT-2020 (5G) Promotion Group.5G vision and requirements[R],2015.

[26]　李建东，盛敏，刘俊宇，等 . 5G 超密集无线网络自组织技术 [J]. 物联网学报 ,2018,2(1): 24-34.

[27]　阿里巴巴达摩院 . 科技白皮书：2020 十大科技趋势 [R/OL].（2020-01-01)[2020-01-02].

[28]　陈惟彬，邹松霖 . 专访阿里巴巴学术委员会主席曾鸣：新型互联网组织，应淡化管理色彩，强调赋能思路 [J]. 中国经济周刊，2018（48）.

时代创造的巨大网络智能协同平台对企业中后台、供应链环节在线化、B2B 和 C2B 商业模式循环发展和中小企业生态赋能具有重要意义。

2.3.2.2 群体智能时代到来

群体智能是人们基于对自然群居动物的观察而提出的一种智能形态，其表现出群体涌现出超越其组成个体的智慧总和的特点。群体智能的传统含义是基于对群体行为特征规律的研究提出具备群体智能特征的算法，如蚁群优化算法、蚁群聚类算法、粒子群优化算法等。近年来，群体智能的含义随着移动互联网快速发展和在大数据的深度驱动下逐渐转移到人工智能领域，成为互联网组织结构中的一种智能形态。2017 年，国务院印发的《新一代人工智能发展规划》中明确提出了群体智能的概念，"群体智能是基于某种互联网的组织结构下被激励进行计算任务的大量独立个体共同作用所产生的超越个体智能局限性的智能形态。"[29] 在新群体智能时代，人、机、物三元融合，通过物联网、移动互联网，结合大数据、计算、通信、人工智能等技术使物与物之间、物与人之间形成共联，将智能融入万物实现无缝对接和协同计算。当前，由 5G 引领的新群体智能时代打造了新一代的工业生产模式，数字经济、智慧城市、群智空间等，都是在互联网组织框架和大数据驱动下人和机器互补共生的阶段产物。移动通信的广泛普及和群体数据的规模使用，将借助万物互联的物联网和互联网平台使人群间、人群与智能间的关系愈加紧密。人、机、物的交互紧密度增加，5G 时代人工智能、区块链、云、大数据、边缘计算的发展极大地增强人与人之间的黏性，社会作为一个共同体由各部分有序分工而构成和运行。在高网络密度的互联网环境中，网络结构、信息资源传播、资源分享等大众交互的影响力不断加大。以微博转发为例，拥有 1,000 万粉丝的微博"大 V"转发一条微博后，假设超过三分之一的粉丝继续转发，粉丝的粉丝继续浏览转发，那么该条信息的浏览传播次数将无可估计，而这些仅需要在短短几分钟之内就可以实现。这就是 5G 时代高网络密度带来的网络价值变化的一个直接方面。

一个由网络共同体牵引的社会共同体时代即将到来，这是新一轮科技革命和产业变革加速演进的时代趋势。从人才数量、智能化设备数量等量化指标考察一个大型经济体的科技创新能力，"在线化"是 2020 年开启的、渗透到各行各业和社会治理方方面面的最新生活方式。人类经历了亚细亚社会的公社所有、封建社会的男耕女织、工业社会的货币消费，已经进阶到信息社会的协作交互。曾经的人类以石头、木材作为生产工具创造人类文明的史前革命；铁、铜等金属的使用提高了人们的生产效率推动人们进入封建文明；第一次工业革命以蒸汽机为动力机器开始了欧洲地区的大工业时代；第二次工业革命在电力的引领下与世界交往与发展；第三次工业革命由信息革命主导，计算机的广泛使用开启了人类历史的新纪元。今天的我们正处于第三次工业革命向第四次工业革命的转型期，以人工智能为牵引，社会化的程度实现了飞跃的发展。

目前催生的"在线化"生活生产模式，正是群体智能在智能化时代的最好证明。《人类简史》的作者尤瓦尔·赫拉利在这次疫情期间发表了一篇长文《冠状病毒之后的世界》，他描绘

[29] 李末 . 人工智能新时代的群体智能 [N]. 中国信息化周报，2017-09-18.

了生物识别监控、跟踪应用程序等智能技术在疫情防控中的应用[30]，“恐怖的新监视系统在你看到我单击的是 Fox News 的链接而不是 CNN 链接的时候，你就可以在我观看视频时直接监视我的体温、血压和心率变化，甚至了解使我发笑、哭泣以及生气的原因。”日常生活中我们早已习惯了使用智能手机，支付时出示支付码、网课云辅导、钉钉打卡等早已成为了生活的常态。数字政府、智慧城市、无人驾驶将是未来社会的发展方向。

智慧天津 App 如图 2-19 所示。

图 2-19 智慧天津 App

在群体智能时代，看似单独自主的个体实质上都在以移动通信为中介的智能网络中相互联结，并且这种联结已经超出曾经个体间和群体间的定向联结，而是由于密集的网络节点、强大的网络传输、超级的网络存储等构造的不定向复杂网络。个人在智能“大脑”协助下有序分工的同时彰显自由，如同神经元协同发挥“群效应”，群体智能社会的进步基于大量独立个人的共同努力，超越个体的群体势能和整体效应将充分发挥。当前，全面群体智能时代还没有到来，群体智能作为一种崭新的科学技术只能小规模试验而尚未广泛应用到社会、家庭的服务中。人们已经可以使用群体智能算法如蚁群算法、粒子群优化算法等操纵 AI 机器、规划无人机路径、定位无线传感器等；各国军队积极建设无人机群执行情报收集、导弹防御、精准打击等任务[31]；

[30] Yuval Noah Harari. The world after Coronavirus[N].Financial Times, 2020-03-20.
[31] “群体智慧”时代：让简单科技变得更加智能 [EB/OL].2018.

大量电商和团购点评网站将大量点评用户视作群体感知源，面向众多点评用户消费、已评价的餐厅和评价内容寻找相似群体，根据用户的兴趣和口味进行推荐[32]。

可以预见，在群体智能时代，由我们每个人、每一台设备、每一个终端组成的群体将像一个独立的个体一样存在，群体的有序性、一致化特征越来越明显，并呈现出超越个体智慧的高级智能，这对群体内的每一个人意味着什么？人类历史从群居狩猎走向个体分工，未来的走向将如何？这些问题尚没有结论，但留给大家更多思考和想象的空间。

5G 的诞生可能成为具有历史意义的节点性事件，5G 与 ABCDEI 技术群的融合聚变方兴未艾，将逐步扩展、渗透到各行各业，驱动行业真正开启新一轮数字化变革。可以预想，为社会经济生活带来深远影响的数字化浪潮即将到来，滚滚大浪将推翻陈旧的技术、生产力、生产关系、组织形态以及赶不上节奏的企业，将滋养一批引领科技前沿、秉持先进理念的弄潮儿，创建焕然一新的生产关系、商业模式乃至组织形态，数字经济、智慧社会、群体智能等词汇或许会成为下一个 10 年的核心词汇，耳熟能详地重复在每个时代参与者的耳边、眼前和心中。

[32] 景瑶，郭斌，王柱，等．基于群体智能挖掘的个性化商品评论呈现方法 [J]. 浙江大学学报（工学版）,2017(4): 675-681.

▶▶▶ 第三章

5G 规则：产业生态 集群多赢

整体而言，5G 的发展需要各方参与者密切合作，结成生态同盟，携手推进，之所以 5G 的发展需要各界的紧密合作与共同努力，一方面是因为 5G 的发展需要通信业上下游企业共同努力，推动芯片、终端、设备及应用的成熟；另一方面是因为通信企业需要与工业、交通、能源、医疗等垂直行业充分融合，推动 5G 赋能产业数字化发展 [1]。5G 产业与应用生态示意如图 3-1 所示。

图 3-1　5G 产业与应用生态示意

由图 3-1 可知，5G 技术的应用，需要在产业链成熟的基础上进一步拓展赋能，二者缺一不可。处于产业内外部的各方将以利益一致为基石形成生态，生态集群可以说是 5G 的发展规则。下面将从技术、区域、行业、头部企业等维度分别阐述 5G 的生态集群规则。

「3.1　技术生态：全球标准落槌定音」

就技术维度而言，5G 的全球标准随着时间的推移逐步确立，领导 5G 标准制定的两大国际组织——ITU 和 3GPP，严格按照预定的时间规划表执行，一定程度上推动了全球技术生态的成熟与发展。

[1]　艾瑞咨询 .2019 年 5G 行业研究报告：未来已来 [R].2020.

3.1.1 ITU 逐步确立 5G 标准

ITU 在开发移动通信无线接口标准方面有着悠久的历史，包括制定 IMT-2000 和 IMT-Advanced 在内的国际移动通信（IMT）标准框架，贯穿了整个 3G 和 4G 行业发展[2]。

ITU 早在 2012 年年初就开始组织全球业界开展 5G 标准化前期研究，持续推动全球 5G 共识形成，确定了全球 5G 的发展目标并制定了 5G 的标准工作计划时间表。按照此工作计划，5G 研究分可为三大阶段，具体情况如图 3-2 所示。

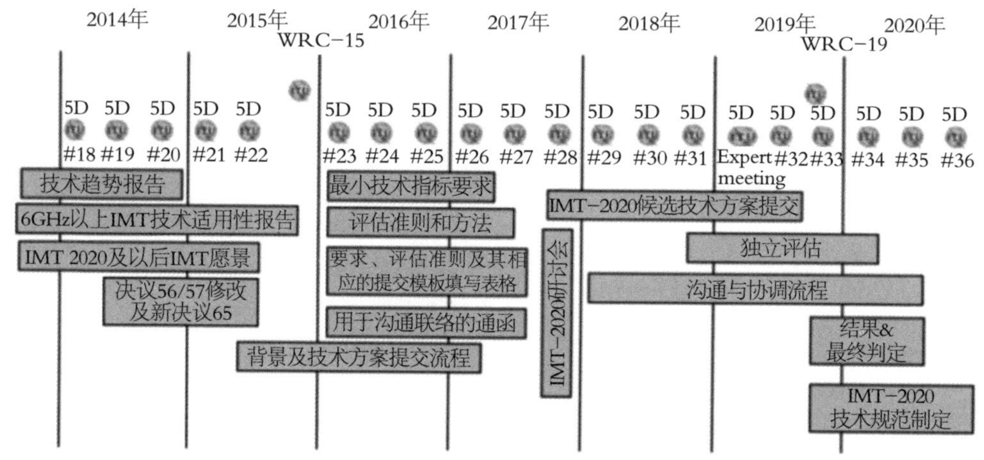

图 3-2　ITU 5G 标准制定规划

（1）阶段一（到 2015 年年底）：确定 5G 技术的宏伟蓝图

ITU 确定 IMT-2020 系统命名，完成《IMT-2020 愿景》《IMT 未来技术趋势》《面向 2020 年及以后的 IMT 流量》和《IMT 系统部署于 6GHz 以上频段的可行性研究》等多个研究项目。《IMT-2020 愿景》的发布，明确列出了 5G 的宏观需求，梳理出增强型移动宽带、海量机器间通信、超高可靠和超低时延这三大 5G 应用场景。

（2）阶段二（到 2017 年 6 月）：确定 5G 技术方案的最小技术指标要求及其对应的评估方法，为后续候选技术方案的评判服务

ITU 鼓励成员国和相关国际组织提交 5G 的候选技术方案。ITU 收到候选技术方案以后，将组织公开的技术评估。2017 年 6 月，ITU 完成了一系列支持 IMT-2020 候选技术提交以及技术评估工作的关键文件，拉开了评估工作的序幕，并为后续候选技术方案提交和独立技术评估奠定了基础。

《ITU-R M.2411 报告：IMT-2020 候选技术要求、评估准则及提交模板》主要包含业务需求指标、频谱需求指标和技术性能需求指标等。提交者需要根据 ITU 的要求对候选技术方案进行详细披露，体现候选技术方案特点及优势。

---

[2] 阿里云开发者社区 [EB/OL].

《ITU-R M.2412 报告：IMT-2020 评估方法》主要定义多个基于不同技术参数假设、基站和用户分布、业务及信道模型的评估场景，提出对应的评估方法，并通过对每个场景定义不同的技术指标要求来验证候选技术对差异化需求的支持能力。

《IMT-2020 候选技术方案提交流程》规定了全部候选技术提交及第三方评估的过程，以及后续在 ITU 关于 5G 标准化的主要流程。

（3）阶段三（到 2020 年年底）：征集 5G 候选技术方案并评估确定 5G 技术标准按照 ITU 的工作计划

2017 年 10 月（WP5D#28）至 2019 年 7 月（WP5D#32）共计 20 个月的时间窗口内 ITU 将开展候选技术方案的征集工作，各个国家和国际组织都可以提交 5G 技术方案。在提交技术方案过程中，候选技术方案的提交者需要根据《开发 IMT-2020 的要求、评估准则和提交模板》，详细披露所提候选技术的相关信息，包括技术特性、链路预算、对各种性能要求的满足程度等。表 3-1 给出了 ITU 定义的 14 项技术性能指标的评估方法及对应的测试场景。ITU 要求 IMT-2020 候选空中接口技术方案 / 技术方案集（RIT/SRIT）的完整提交必须满足全部 5 个测试场景下的测试指标，每个测试场景的仿真评估指标项至少选择 1 套配置参数进行评估。

表3-1 ITU定义的14项技术性能指标的评估方法及对应的测试场景

应用场景	技术指标	评估方法	测试场景
增强移动宽带	峰值速率	计算	室内热点、密集城区、农村
	峰值谱效率	计算	室内热点、密集城区、农村
	用户体验速率	单层：计算	密集城区
		多层：系统级仿真	
	5%用户谱效率	系统级仿真	室内热点
			密集城区
			农村
	平均谱效率	系统级仿真	室内热点
			密集城区
			农村
	区域流量	计算	室内热点
	能效	观察	室内热点、密集城区、农村
	移动性	链路级仿真+系统级仿真	室内热点
			密集城区
			农村
增强移动宽带+高可靠低时延	用户面时延	计算	室内热点、密集城区、农村、城区宏蜂窝（高可靠低时延）
	控制面时延	计算	室内热点、密集城区、农村、城区宏蜂窝（高可靠低时延）
	移动中断时间	计算	室内热点、密集城区、农村、城区宏蜂窝（高可靠低时延）
高可靠低时延	可靠性	链路级仿真+系统级仿真	城区宏蜂窝（高可靠低时延）
大规模机器连接	连接密度	选择1：链路级仿真+系统级仿真	城区宏蜂窝（大规模机器连接）
		选择2：系统级仿真	
通用	带宽	观察	全部

截止到 2018 年 7 月，全球共有 11 个独立评估组在 ITU 进行了注册，包括 5GPPP（欧洲）、WTSC（美国）、CEG（加拿大）、ChEG（中国）、WWRF、TCOE（印度）、5GMF（日本）、TTA SPG33（韩国）、TPCG/ITRI（美国）、ETSI（欧洲）、EEG（埃及）。各独立评估组于 2018 年 10 月（WP5D#31）至 2020 年 2 月（WP5D#34）共计 16 个月的时间内向 ITU 输出独立评估报告，评估征集到的候选技术方案是否满足 ITU 对于 5G 的最小性能要求。

2019 年 12 月至 2020 年 6 月 ITU 对满足最小性能要求和评估流程的候选技术进行评判，2019 年 12 月至 2020 年年底 ITU 将开展 5G 技术标准建议书的制定。ITU 的 5G 标准最终将在 2020 年年底发布。

3.1.2 3GPP 联盟细化国际标准

3GPP 是一个成立于 1998 年 12 月的标准化组织，其成员包括来自中国、日本、韩国、欧洲、北美及印度的 7 个合作伙伴（OP），包括 ETSI（European Telecommunications Standards Institute，欧洲电信标准化协会）、日本的 ARIB（Association of Radio Industries and Business，无线行业企业协会）和 TTC（Telecommunications Technology Committee，电信技术委员会）、中国的 CCSA（China Communications Standards Association，中国通信标准化协会）、韩国的 TTA（Telecommunications Technology Association，电信技术协会）、北美的 ATIS（The Alliance for Telecommunications Industry Solution，世界无线通讯解决方案联盟），以及印度的 TSDSI（Telecommunications Standards Development Society,India，印度电信标准开发协会）。独立成员超过 550 个，分别来自 40 多个国家，包含网络运营商、终端制造商、芯片制造商、基础制造商以及学术界、研究机构、政府机构。

3GPP 成员示意如图 3-3 所示。

图 3-3　3GPP 成员

在 3GPP 的组织结构中，项目协调组（PCG）是最高管理机构，负责全面协调工作，如负责 3GPP 组织架构、时间计划、工作分配等。技术方面的工作则由技术规范组（TSG）完成。3GPP 包括 3 个 TSG，分别负责核心网和终端（Core Network and Terminal，CT）、系统和业务方面（Service and System Aspects，SA）、无线接入网（Radio Access Network，RAN）方面的工作。其中，每一个 TSG 又进一步分为多个不同的工作组（Work Group，WG），每个 WG 分别承担具体的任务，目前有 16 个工作组。如 TSG RAN 分为 RAN WG1（无线物理层）、RAN WG2（无线层 2 和无线层 3）、RAN WG3（无线网络架构和接口）、RAN WG4（射频性能）、RAN WG5（终端一致性测试）和 RAN WG6（GERAN 无线协议）6 个工作组。

3GPP 制定的标准规范以 Release 作为版本进行管理，18 ~ 21 个月就会完成一个版本的制定，从建立之初的 R99，到 R4，目前已经进展到 R16。

3GPP 本质上是一个代表全球移动通信产业的产业联盟，其目标是根据 ITU 的需求，制定更加详细的技术规范和标准，规范产业的行为。在 5G 标准化开始之前，各主要公司均希望推动全球形成统一的 5G 标准，并确定 5G 国际标准化在 3GPP 的具体开展。因此，不同于 3G/4G，3GPP 制定的 5G 新空口（New Radio，NR）标准将成为 5G 的主流国际标准。

3GPP 组织最早提出 5G 是在 2015 年 9 月召开的 RAN workshop on 5G 会议上，这次会议旨在讨论并初定一个面向 ITU IMT-2020 的 3GPP 5G 标准化时间计划，目标是根据 ITU 时间规划最终向 ITU 提交 3GPP 5G 技术标准。随后，3GPP 规划了 R14 到 R16 三个版本的时间表，其中 R14 主要开展 5G 系统框架和关键技术研究。R15 作为第一个版本的 5G 标准，满足部分 5G 需求。R16 完成第二版本 5G 标准，满足 ITU 所有 IMT-2020 需求，并向 ITU 提交。

根据 3GPP 的工作程序，3GPP 总体规范可分为 3 个阶段。第 1 阶段：业务需求定义。第 2 阶段：总体技术实现方案。第 3 阶段：实现该业务在各接口定义的具体协议规范。5G 标准化依然是采用该工作程序，其中 3 个阶段的时间安排计划见表 3-2。

表3-2 3GPP的5G标准化阶段时间安排

对比项	R14	R15	R16
第1阶段完成时间	2016/3	2017/6	2018/12
第2阶段完成时间	2016/9	2017/12	2019/6
第3阶段完成时间	2017/3	2018/6	2019/12
标准冻结	2017/6	2018/9	2020/3

3.1.3 中国参与标准的制定

5G 将成为推动国民经济和社会发展、促进产业转型升级的重要动力。2014 年 5 月，我国 IMT-2020（5G）推进组面向全球发布《5G 愿景与需求白皮书》，详述了我国在 5G 业务趋势、应用场景和关键能力等方面的核心观点。5G 关键性能指标应主要包括用户体验速率、连接数密度、端到端时延、流量密度、移动性和用户峰值速率。在 5G 典型应用场景中，考虑增强现实、虚拟现实、超高清视频、云存储 、车联网、智能家居、OTT 消息等 5G 典型业务，并结合各场景未来可能的用户分布、各类业务占比及对速率、时延等的要求，可以得到各个应用场景下的 5G 性能需求。

为了实现可持续发展，5G 还需要大幅提高网络部署和运营的效率，特别是在频谱效率、能源效率和成本效率方面需要比 4G 有显著提升。从未来最具挑战场景的流量需求出发，结合 5G 可用的频谱资源和可能的部署方式，经测算得到 5G 系统的频谱效率相对 4G 大约需要提高 5 ~ 15 倍。从我国移动数据流量的增长趋势出发，综合考虑国家节能减排规划和运营商预期投资额增长情况，预计 5G 系统的能源效率和成本效率有百倍以上的提升。

综合来看，性能需求和效率需求共同定义了 5G 的关键能力，中国提出了“5G 之花”来表征 5G 关键能力，如图 3-4 所示。红花绿叶，相辅相成，花瓣代表了 5G 的六大性能指标，体现了 5G 满足未来多样化业务与场景需求的能力，其中花瓣顶点代表了相应指标的最大值；绿叶代表了 3 个效率指标，是实现 5G 可持续发展的基本保障。

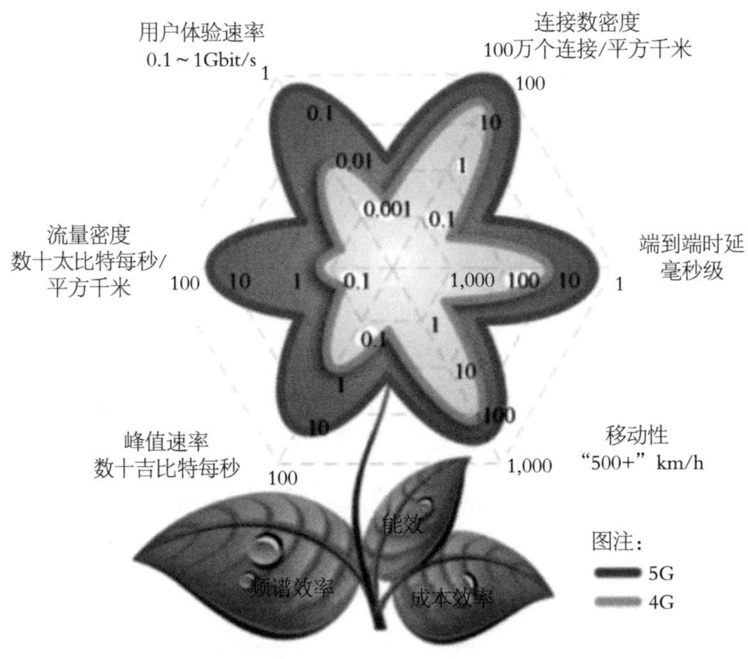

图 3-4　中国提出的 5G 关键能力——5G 之花

随后，我国逐步将各项研究成果提交至 ITU。在 5G 关键能力及取值方面，除成本效率外，我国主推的 5G 关键能力均被 ITU 采纳，且取值与我国的建议值基本一致。在应用场景方面，我国提出的连续广域覆盖、热点高容量、多连接大功耗和低时延高可靠等四大 5G 场景与 ITU 结论基本相符，而且可操作性更强。

从企业的角度来看，我国企业在 5G 国际标准中占据领先地位。国际知名专利数据公司 IPLytics 发布了最新的 5G 行业专利报告。从报告中可以看到，中国企业和科研机构表现出色，华为以 3,147 件排名第一，中兴通讯以 2,561 件排名第三。排名前 10 的企业和机构中，三星以 2,795 件排名第二，第 4 到第 10 分别是 LG、诺基亚、爱立信、高通、英特尔、夏普、NTT DoCoMo[3]。

值得注意的是，排名第 11、第 12 的是中国企业 OPPO 和中国信息通信研究院。此外，还有 vivo、联想、鸿颖创新、紫光展锐等企业上榜。中国企业最新 5G 标准必要专利披露数量超过三分之一，实力强劲。

「3.2　区域生态：政府引领产业集聚」

大至国家层面，小至区域和城市，无不积极参与到 5G 的建设和布局竞赛中。政府层面的集中领导和推动，有利于企业快速形成生态联盟，帮助企业抓住技术升级的风口，实现地区经济的腾飞。

3.2.1 全国统一部署推进

2013 年，工业和信息化部（以下简称“工信部”）、国家发展和改革委员会（以下简称“发改委”）与科技部成立 IMT-2020 推进组，主要职责是推动我国第五代移动通信技术研究和开展国际交流与合作。2015 年到 2018 年，国家政策密集出台，主要从技术标准、网络建设及产业应用三方面强化我国 5G 布局。2019 年 1 月，各省区市积极响应国家大力发展 5G 的政策，26 个省区市的政府工作报告将 5G 列为发展重点。在国家政策大力支持及各省区市政府积极推动下，我国 5G 实现了快速的发展 [4]。国家政策推动 5G 发展如图 3-5 所示。

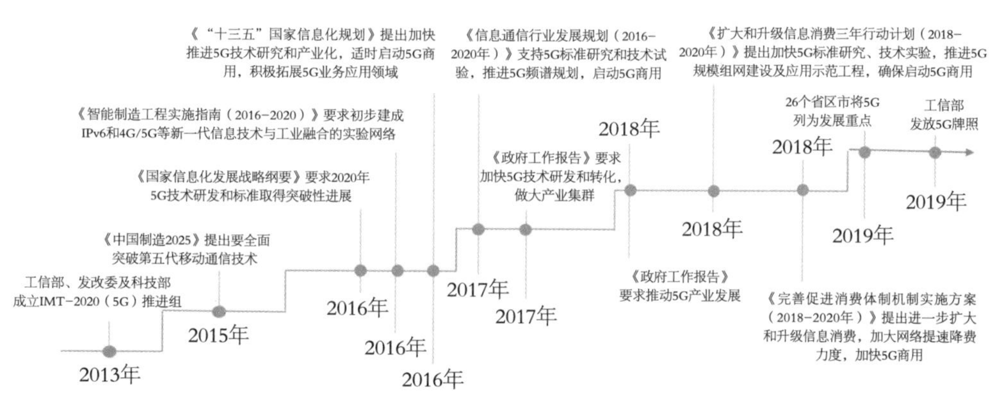

图 3-5　国家政策推动 5G 发展

3.2.2 大湾区 5G 产业联盟

2019 年 4 月，广东移动联合产业伙伴在广州举办“移启 5G 智领湾区”5G 产业联盟成立

[3]　专利数据公司 IPLytics.5G 行业专利数据报告 [EB/OL].

[4]　艾媒咨询 .2019 年 5G 行业研究报告：未来已来 [R].

暨 5G+ 行动计划发布会 [5]。中央经济工作会议明确提出“加快 5G 商用步伐”，并将其列为 2019 年重点工作任务。广东省政府工作报告提出“在珠三角城市群启动 5G 网络部署，加快 5G 商用步伐”。广东移动联合近百家 5G 产业链合作伙伴成立 5G 产业联盟。这也是广东省内首个以推动 5G 产业发展、加快 5G 商业进程为目标的产业联盟。在 5G 产业联盟成员单位中，不仅有各大通信设备厂商、芯片和终端厂商，还有来自能源、汽车、银行、家电等各垂直行业的单位，包括南方电网、广汽集团、中国农业银行、浦发银行、TCL 电器、韶关钢铁等。

广东移动致力于做 5G 规模商用的先行者、5G 行业应用的创新者、5G 产业链的赋能者、5G 网络安全的守护者，将以打造 5G 产业联盟为契机，扩大 5G“朋友圈”，促进广东省 5G 产业加速成熟，助力粤港澳大湾区打造万亿级 5G 产业集聚区，为广东省实现高质量发展做出更大贡献。

广东移动 5G 测试进度位居全国前列。2019 年 3 月打通了 2.6GHz 频段下 5G 手机之间的首次通话，4 月率先实现了 5G 手机与 4G 手机之间的 VoLTE 语音及视频电话，并完成对多个品牌 5G 终端的测试。

广东移动发布的“5G+”行动计划提出，广东移动近 3 年将投入 200 亿元，按照“2019 年实现广州市、深圳市规模试商用，2020 年实现全省规模商用”的目标，在全省范围启动 5G 网络规模化部署。其中，2019 年规划建设 5G 基站近 1 万个，打造高速、移动、安全、泛在的无线网络；推动 5G 与人工智能、物联网、云计算、大数据、边缘计算等技术融合。广东移动已设置人工智能中心、智能物联中心、大数据中心等实体机构，并正筹建边缘计算实验室，相关平台及研发投入超过 15 亿元，大力推进新技术应用探索。

广东移动表示，将坚持开放合作的理念，携手工业能源、金融、交通、教育、医疗、农业、商业、互联网等垂直领域的合作伙伴，加速推动 5G 产品和 5G 应用落地，共同构建能力互补、资源共享、互利共赢的 5G 产业生态。

3.2.3 浙江省 5G 产业联盟

联盟名称是浙江省 5G 产业联盟 [6]，标志如图 3-6 所示。

图 3-6　浙江省 5G 产业联盟标志

[5]　中国新闻网 .5G 产业联盟在粤成立，打造大湾区规模最大 5G 网络 [EB/OL].
[6]　浙江省 5G 产业联盟官网 .

该联盟立足于搭建 5G 产业的合作与交流平台，开展多领域、跨产业的交流融合，服务会员，对接政府，通过开展产业赋能、产业交流和产业推动，积极构建浙江省 5G 产业生态圈。

3.2.4 苏州市 5G 产业联盟

为加快苏州市 5G 网络建设、创新应用及产业发展，促进信息共享与合作，形成优势互补，推进产学研用生态发展，有效推进苏州市 5G 商用工作，苏州市工业和信息化局筹建了苏州市 5G 产业联盟。苏州市 5G 产业联盟作为省 5G 产业联盟的分联盟以及苏州市工业互联网产业联盟专委分会，业务指导单位为苏州市工业和信息化局[7]。

5G 产业联盟致力于搭建起 5G 产业应用创新合作与促进平台，聚集 5G 产业中坚力量及相关机构；联合开展 5G 行业标准、技术规范、产业研究，共同探索 5G 创新产业应用的新模式和新技术；推进技术、产业与应用研发，组织开展试点示范，构建合作共赢的 5G 生态圈。

「3.3 行业生态：行业协作共同推进」

3.3.1 智能终端行业联盟

2019 年，华为、荣耀、小米、OPPO、vivo、海信、小天才等品牌厂商，中移物联网 、爱奇艺、涂鸦、阿里巴巴等互联网厂商，苏宁、迪信通、乐语、国美等渠道经销商共同启动“和机汇——5G 泛智能终端产业”联盟，推动终端产业链多方合作，开启 5G 泛智能终端新纪元[8]。

5G 泛智能终端产业联盟汇集了全国 30 多家主流终端品牌厂商、万余家核心渠道经销商、新零售商等手机终端上下游产业链，融合互联网新零售理念，整合各方产品、资源及权益，打造多方位、多功能、开放性的产业链联盟，旨在拓展终端业态，力争满足客户智能终端需求，为广大客户提供更优质、更前沿、更实惠的泛智能终端产品和服务。

3.3.2 汽车行业联盟

2016 年 9 月，奥迪股份有限公司、宝马集团、戴姆勒股份有限公司、爱立信、华为、英特尔、诺基亚及高通成立“5G 汽车联盟”[9]，标志如图 3-7 所示。联盟将着眼于开发、测试、推动用于自动驾驶、业务泛在接入、智慧城市整合及智能交通等应用的通信解决方案，助推标准，促进产品的商用化发展与全球市场渗透，以满足人们对社会移动互联与道路安全的需求。

图 3-7　5G 汽车联盟标志

[7] 腾讯网 . 让 5G 赋能苏州！苏州将成立 5G 产业联盟 [EB/OL].
[8] 齐鲁晚报 . 山东移动携手产业链伙伴成立 5G 泛智能终端产业联盟 .
[9] 5GAA 官网 .

随着下一代5G移动网络，LTE演进及蜂窝车联通信的发展，信息和通信技术的焦点将逐渐向物联网与产业数字化转型领域转移。新的解决方案为汽车行业与信息通信技术产业带来了重大技术发展和商业契机。5G汽车联盟部分成员如图3-8所示。

图3-8　5G汽车联盟部分成员

为充分激活新一代网络的价值，5G汽车联盟成员将密切合作，共同促进端到端解决方案的部署与发展。联盟主要着眼于技术与政策法规问题，借助下一代移动网络，为车辆平台提供连接、互通及计算解决方案。联盟主要活动包括：定义及规范化应用场景、技术要求与部署策略；辅助标准化组织与政策法规制定监管机构聚焦车联网与通信领域的挑战及各种技术要求，诸如安全、隐私、认证、分布式云架构等；进行包括互通测试的大规模试点及外场试验。

3.3.3 游戏行业联盟

2019年12月，5G云游戏产业联盟第一次全体会员大会暨联盟成立大会在北京成功举办[10]。5G云游戏产业联盟（5GCGA）是在中国互联网协会、中国音像与数字出版协会、电信终端产业协会共同指导下，由国内外信息通信、互联网、文化娱乐、高校和科研机构等领域的领军企业和单位共同发起成立的联盟组织。协会着力凝聚产业生态各方力量，联合开展5G云游戏相关技术研究、标准制定和产业推进，共同培育5G云游戏的新生态，探索新模式和新机制，推进技术、产业与应用创新发展，开展试点示范及国际合作，打造世界化的合作平台。

5G云游戏产业联盟着力凝聚产业生态各方力量，联合开展5G云游戏相关技术研究、标准制定和产业推进，解决产业界面临的难点和障碍，共同探索5G云游戏的新生态、新模式和新机制，推进技术、产业与应用创新发展，开展试点示范，开展国际合作，打造全球化的合作平台。

[10] 中国信息通信研究院.5G云游戏产业联盟启动组建，为5G商用提速[EB/OL].

3.4 头部企业生态：龙头企业谋篇布局

3.4.1 5G 芯片布局

3.4.1.1 华为

2019 年 1 月，华为在北京发布了全球首款支持 SA、NSA 双模的 5G 基带芯片，单芯片支持 2G/3G/4G/5G 网络制式，Sub-6GHz 频段下行峰值速率达到 4.6Gbit/s，而在毫米波频段最快达到 6.5Gbit/s[11]。

2019 年 7 月，华为正式发布了旗下首款量产上市的 5G 智能手机——Mate 20X（5G），定价为 6,199 元。不过这款手机以 Mate 20X 为原型打造，通过外挂巴龙 5000 基带芯片实现了对于 5G 的支持。同年 9 月，华为在德国 IFA 展会上正式发布了全球首款集成 5G 基带的 5G SoC——麒麟 990 5G。官方的资料显示，在 5G 网络速率方面，麒麟 990 5G 在 Sub-6GHz 频段下可实现 2.3Gbit/s 下行峰值速率，上行峰值速率达 1.25Gbit/s。叠加 LTE 后，下行峰值速率可达 3.3Gbit/s，上行峰值速率 1.32Gbit/s。显然，相比巴龙 5000 来说，麒麟 990 5G 在上下行速率上有所下降。

3.4.1.2 高通 Qualcomm

高通很早推出骁龙 X50 基带芯片，很多厂商推出了众多基于骁龙 855/855 plus + X50 基带芯片的 5G 手机，但骁龙 X50 基带芯片并不向下兼容 2G/3G/4G 网络，且仅支持 NSA 5G 组网。根据中国移动的要求，自 2020 年 1 月 1 日起不再允许只支持 NSA 的 5G 手机入网。这意味着骁龙 X50 只是一款过渡性产品。随后，高通很快推出了同时支持 NSA/SA 的双模骁龙 X55 基带，可支持 Sub-6GHz/ 毫米波频段、DSS（动态频谱共享）、载波聚合，下行峰值速率可达 7.5Gbit/s，上行峰值速率为 3Gbit/s；同时，还向下兼容了 2G/3G/4G 网络，如图 3-9 所示。

图 3-9 骁龙 X55 示意

3.4.1.3 联发科

在 2018 年的台北电脑展（COMPUTEX 2018）上，联发科推出其首款 5G 基带芯片——

[11] 新浪财经 . 全球五大 5G 芯片厂商全面开打！ [EB/OL].

Helio M70，可支持 NSA/SA 双模，在 Sub-6GHz 频段下支持最高 5Gbit/s 的下行峰值速率。在 COMPUTEX 2018 期间，联发科联合 ARM 预告了其首款 5G SoC 将首发 Arm 最新的 Cortex-A77 GPU 内核和 Mali G77 GPU 内核。2019 年 11 月，联发科在深圳正式发布了旗下首款 5G SoC 芯片——天玑 1000。

3.4.1.4 三星

2018 年 8 月，三星通过官网发布了旗下首款 5G 基带芯片——Exynos Modem 5100，采用 10nm LPP 工艺打造，支持 Sub-6GHz 以及毫米波频段，向下兼容 2G/3G/4G。在 Sub-6GHz 可以实现最高 2Gbit/s 的下行峰值速率，在毫米波频段可以达到 6Gbit/s 的下行峰值速率，同时，4G 的速率提高到 1.6Gbit/s。

2019 年 2 月的 MWC 展会上，三星发布的 Galaxy S10 5G 版就有两种版本，一个是搭载高通骁龙 855，外挂骁龙 X50 5G 基带芯片的版本；另一个就是搭载 Exynos 9820 处理器，外挂 Exynos Modem 5100 5G 基带芯片的版本，不过直到 4 月才正式发售。

需要指出的是，Exynos Modem 5100 发布之时，仅支持 NSA 5G 单模。不过，在 2019 年 9 月，三星在华为麒麟 990 5G 正式发布之前，公布了其首款集成 5G 基带芯片的 5G SoC——Exynos 980，实现了对 NSA/SA 双模的支持，在 Sub-6GHz 频段，下行峰值速率为 2.55Gbit/s，上行峰值速率为 1.28Gbit/s。当时三星只是在纸面上发布了这款芯片，实际的量产时间则是在 2019 年年底。

三星为加快其 5G SoC 的商用，将 Exynos 980 的首发给了我国手机品牌厂商 vivo。2019 年 11 月，vivo 携手三星，在北京举行发布会，共同展示了三星最新的 Exynos 980 5G 双模芯片，并称在 12 月推出基于 Exynos 980 5G 双模芯片的手机新品——vivo X30 系列 5G 版。

3.4.1.5 紫光展锐

在华为、高通、三星、联发科这 4 家 5G 芯片厂商加速推进商用的同时，搭载紫光展锐 510 的 5G 样机已经通过了中国信息通信研究院泰尔实验室的全面验证，低调进入可商用状态。

这款通过全面验证的 5G 手机采用的是高性能处理器虎贲 T710 + 春藤 510 5G 多模基带芯片的组合，支持 N41、N78 和 N79 等 5G 主流频段，全面通过 SA 和 NSA 两种组网模式下的测试，并支持 2T4R、SRS 天线选择和高功率等技术。

春藤 510 是展锐在 2019 年 2 月的 MWC 展会上推出的首款 5G 基带芯片，基于台积电 12nm 制程工艺，支持 SA 和 NSA 双模，支持 Band 78、Band 79 和 Band 41 三大主流 5G 频段，同时支持向下兼容 2G/3G/4G 网络。不过展锐并未公布春藤 510 的理论上下行峰值速率。中国信息通信研究院对于春藤 510 的实测数据显示，其下行峰值速率为 1.6Gbit/s。

虎贲 T710 则是展锐在 2019 年 8 月发布的一款高性能的 AP 芯片，其采用了 4 颗主频 2GHz 的 Cortex-A75 核心 +4 颗 1.8GHz 的 Cortex-A55 核心的架构，同时还集成了异构双核 NPU，AI 性能非常出色，在 2019 年 8 月曾以 28,097 分的高分超越骁龙 855 Plus 和麒麟 810，位居 AI Benchmark 排行榜的榜首。

展锐 5G 芯片进入商用状态，无疑会让智能终端厂商的选择更为多样化，推动 5G 手机的真正普及，更利于推动 5G 在更广范围、更多领域中的应用，促进更多层次的产业深度融合。

3.4.2 运营商布局

从全球 5G 计划推出的时间来看，中国、美国、韩国将成为首批部署 5G 网络的国家，欧洲紧随其后。中东地区部分国家也有快速部署 5G 网络的需求，非洲大多数国家 4G 普及率仍较低，5G 部署计划将相对滞后[12]。

3.4.2.1 AT&T

（1）广泛合作

AT&T 与产业链上下游众多实力强大的企业开展了广泛和深入的合作。合作对象不仅有下游的一众主流汽车企业，还包括上游的 GE、IBM、埃森哲、爱立信、 Jasper Wireless 等知名科技企业。合作的领域广泛，涵盖了硬件设备、自然语言技术、云平台、设备平台和解决方案等方方面面的内容。

（2）建立平台

AT&T 打造了 AT&T Drive 平台，包括安保、诊断软件、声控、安全固件更新、应用商店、计费系统等一切必需的软件和服务。

（3）连接服务和内容资源

AT&T 与奥迪、宝马、福特、通用、日产、沃尔沃、特斯拉等 15 家主流汽车厂商以及 Uber 等网约车企业达成合作协议，为其在美国的汽车用户提供无线连接服务。为通用、奥迪以及福特等 8 家车企的车联网用户提供免费或付费的内容服务，包括视频节目、游戏以及儿童教学等应用。

（4）商业解决方案

AT&T 与 IBM 结成全球联盟，专注于为交通主管部门和企业客户提供信息化解决方案，帮助政府实时监控街道、交通信号灯和交通流量等情况，帮助物流公司监控卡车的运行状态。与埃森哲、Amdocs、爱立信等机构进行合作，共同面向客户提供连接车辆的服务和解决方案，定制计费解决方案、应用交付架构等。

（5）生态合作

AT&T 建立了战略联盟，与芯片模组制造商、设备制造商、应用开发商、集成商等均建立了良好的合作关系。合作案例：AT&T 和 IBM 合作。两家公司在数据分析平台、云方案以及隐私保护技术等方面进行横向合作。合作中，AT&T 主要负责管理传感器连接、追踪以及数据收集，IBM 则贡献其分析平台来处理获得的数据。经过合作，两家公司意在发掘出物联网的大数据，来帮助地方进行公共事务的决策，并减少公共事业的开支。

3.4.2.2 Verizon

Verizon 5G 技术论坛成员如图 3-10 所示。

[12] 德国电信管理咨询 .5G 专题研究 .

图 3-10 Verizon 5G 技术论坛成员

（1）在生态合作方面

Verizon 联合多个厂商成立“Verizon 5G 技术论坛”，制定 5G 规范技术标准；在车联网部署方面，通过收购 TSP 服务商建立平台能力，积极与汽车厂商、内容服务商合作，成功打造车联网生态圈。

（2）收购建立平台

Verizon 基于资本和网络资源优势，投资收购 TSP 服务商休斯，构建专业车联网平台，获得车联网生态圈价值网关键能力。

（3）与汽车厂商合作

Verizon 与奔驰、大众等整车厂商合作分成，扩大接入平台服务规模。

（4）与内容服务商合作

Verizon 与内容服务商合作提供装载丰富应用功能的后装车载 OBD 设备，在扩大后装用户接入规模的同时提升用户黏性，最终成功打造车联网生态圈。

3.4.2.3 KT

为了迎接 5G 通信时代，迎合互联车辆和自动驾驶车辆的需求，KT 计划从单纯的移动运营商向提供“车载娱乐”服务的汽车软件公司转型，积极寻求与汽车公司合作开拓车联网市场，如图 3-11 所示。

移动运营商向提供“车载娱乐”服务的汽车软件公司转型

• KT从2018年开始，从单纯的移动运营商向提供“车载娱乐”服务的汽车软件公司转型，预计2022年车联网部门营业收入5,000亿韩元；
• KT集团与6个国家的13家国际汽车公司签订合作谅解备忘录，建立KT车联网GIGA Drive平台，合作重点聚焦车载信息、车载娱乐、车载安全方面，致力于打造汽车产业生态系统

与地方政府合作

无人驾驶试点：KT已加入韩国京畿道板桥的自动驾驶试点城市，在2018年打造了一套5G试点网络

与汽车企业合作

• 汽车企业合作：与现代汽车合作互联车辆系统Blue Link，使驾驶员采用无线通信网络，通过智能手机或智能腕表与车辆实现网络互联；
• 与梅赛德斯奔驰韩国分公司合作新型互联服务——“Mercedes Me Connect”，提供互联及地图搜索技术，其特点是提供道路辅助及人工智能支持等

与金融机构合作

金融：与金融机构乐天信用卡、BC信用卡等合作构建车联网电子商务平台，开发车辆结算服务，共同展开营销、宣传、开发等相关合作

图 3-11 KT 向提供“车载娱乐”服务的汽车软件公司转型

3.4.2.4 SK 电讯

SK 电讯通过与企业和政府合作，发展车联网技术和相关服务，合作重点聚焦高清地图和车辆控制两个领域，全力发展 5G 在汽车互联领域中的应用，如图 3-12 所示。

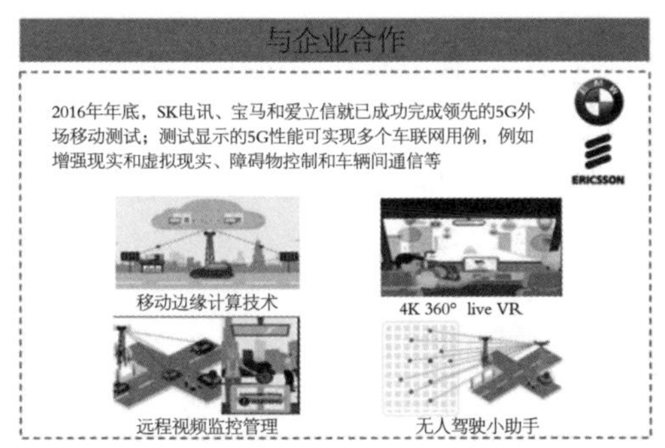

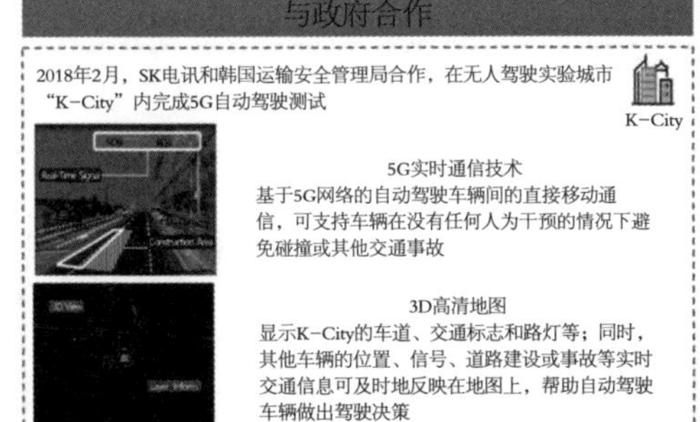

此外，SK电讯的车辆技术实验室一直在与首尔国立大学和LG电子等多个合作伙伴密切合作，开发与自动驾驶相关的技术，如人工智能计算机、传感器、通信和路线确定/跟踪等

图 3-12 SK 电讯与企业和政府合作

3.4.2.5 NTT DoCoMo

为了创建卓越的 5G 服务， NTT DoCoMo 正在与许多垂直行业的合作伙伴合作，开展了“DoCoMo 5G 开放合作伙伴计划”，共同创建新业务；在典型垂直行业中，NTT DoCoMo 与汽车、火车 / 旅游、工业、医疗、图像视频、运动游戏、内容、安全等行业合作发展 5G 业务，如图 3-13 所示。

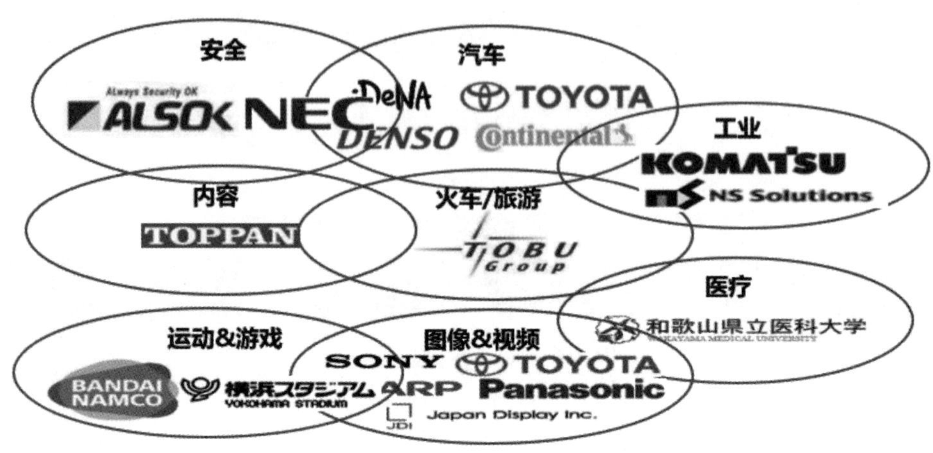

图 3-13　DoCoMo 5G 开放合作伙伴计划

与汽车厂商合作：与丰田合作研发车联网应用，丰田公司将侧重于研发车载终端系统，而 NTT DoCoMo 的各个子公司将在各种基础设施上开展研发工作。

成立汽车边缘计算联盟：和丰田、英特尔、爱立信（Ericsson）、日本汽车零件商电装（Denso）成立汽车边缘计算联盟（AECC），共同研发车联网技术，目标是在 2025 年，让边缘计算技术上可处理的数据量提高 10,000 倍。

开展蜂窝车联网测试：与大陆、日产、INC、OKI、爱立信和高通展开合作，2018 年在日本进行首次蜂窝车联网（C-V2X）测试。C-V2X 被设计用于与先进驾驶员辅助系统传感器互补，比如雷达、激光雷达和摄像系统，以将车辆的情境感知扩展到视线之外，甚至是不易看清的十字路口。

3.4.2.6 中国移动

中国移动始终坚持开放合作、互利共赢的原则，建立健全功能互补、良性互动、协同攻关、开放共享的新型合作机制，携手打造 5G 新生态。推进 5G + Ecology，打造资源共享、生态共生、互利共赢、融通发展的 5G 新生态。

（1）全面构建 5G 开放型生态体系

中国移动 5G 发展规划如图 3-14 所示。

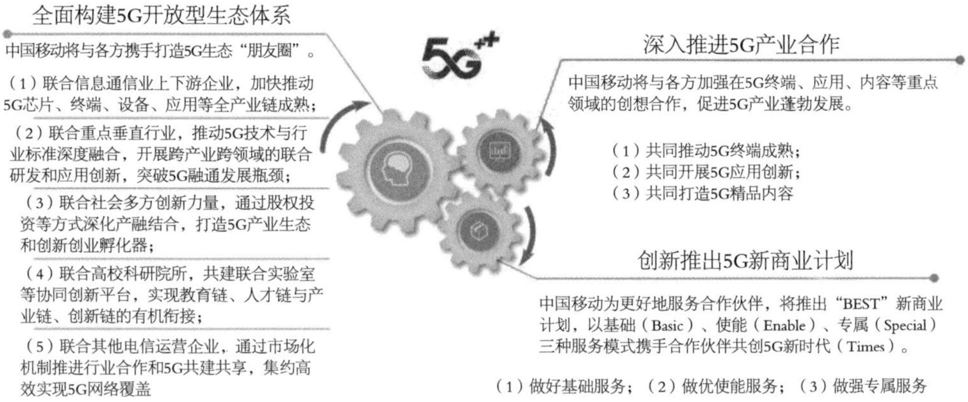

全面构建5G开放型生态体系

中国移动将与各方携手打造5G生态"朋友圈"。

（1）联合信息通信业上下游企业，加快推动5G芯片、终端、设备、应用等全产业链成熟；

（2）联合重点垂直行业，推动5G技术与行业标准深度融合，开展跨产业跨领域的联合研发和应用创新，突破5G融通发展瓶颈；

（3）联合社会多方创新力量，通过股权投资等方式深化产融结合，打造5G产业生态和创新创业孵化器；

（4）联合高校科研院所，共建联合实验室等协同创新平台，实现教育链、人才链与产业链、创新链的有机衔接；

（5）联合其他电信运营企业，通过市场化机制推进行业合作和5G共建共享，集约高效实现5G网络覆盖

深入推进5G产业合作

中国移动将与各方加强在5G终端、应用、内容等重点领域的创想合作，促进5G产业蓬勃发展。

（1）共同推动5G终端成熟；
（2）共同开展5G应用创新；
（3）共同打造5G精品内容

创新推出5G新商业计划

中国移动为更好地服务合作伙伴，将推出"BEST"新商业计划，以基础（Basic）、使能（Enable）、专属（Special）三种服务模式携手合作伙伴共创5G新时代（Times）。

（1）做好基础服务；（2）做优使能服务；（3）做强专属服务

图 3-14　中国移动 5G 发展规划

（2）5G 智慧教育合作联盟

中国移动联合 40 家通信、互联网、教育等领域的企事业单位、高校和科研机构成立 5G 智慧教育合作联盟。联盟首批成员包括北京师范大学、华为、科大讯飞、好未来、网龙、戴尔、拓维等，中国移动任联盟首届理事长单位[13]。

该联盟以打造 5G 网络下智慧教育"教""学""产""研""投"合作体系为宗旨，以推动 5G 与智慧教育技术发展和融合为目标，共同开展 5G 环境下的智慧教育标准制定、关键技术研究、业务试点示范、交流合作、创新孵化等方面的工作，实现各方协同创新、融合共赢。

中国移动作为联盟首届理事单位，将致力于推进联盟日常运行、深化联盟内部合作、加速优秀成果孵化工作，打造一个大规模、高活跃、有成效的产业合作平台。

中国移动还在会上发布了《5G+ 智慧教育白皮书》，与 35 家合作伙伴签署了联盟备忘录。

中国移动 5G 产业数字化联盟体系是中国移动全方位推进 5G 发展，实施"5G+"计划，构建 5G+Ecology（生态）体系的具体举措之一。目前，5G 产业数字化联盟已经在交通、能源、教育等领域打造了多个专业领域联盟。

3.4.2.7 中国联通

（1）5G 应用创新联盟

2019 年 4 月 23 日，中国联通成立 5G 应用创新联盟并启动 5G 领航计划[14]。

5G 应用创新联盟将组织百亿元资金用于孵化 5G 项目，打造"200+5G"示范项目，建立"50+5G"开放实验室，孵化"100+5G"创新应用产品，制定"20+5G"应用标准。5G 应用创新联盟的成员来自新媒体、工业互联网、车联网、医疗、教育、旅游等领域的数十家前沿公司。

[13] 新华网 .5G 智慧教育合作联盟成立 [EB/OL].
[14] 澎湃新闻 . 中国联通联合 32 家优质企业成立 5G 应用创新联盟 [EB/OL].

1）联盟概况

2019 年 9 月 6 日，世界物联网博览会期间，5G 应用创新生态大会暨中国联通 5G 应用创新联盟会员大会举办。大会以“共建新生态，共赢新未来”为主题，全面呈现了中国联通 5G 应用创新联盟 2019 年 4 月 23 日成立以来的丰硕成果。此次大会也是中国联通 5G 应用创新联盟成立后的第一次会员大会。

中国联通 5G 应用创新高峰论坛同期举行。中国联通表示将通过持续推动 5G 应用创新联盟的运营，与联盟成员及社会各界在网络技术、业务创新、商业运作等多个方面展开深入合作，实现与产业链、垂直行业的无缝连接，构建合作共赢的新生态。60 家来自新媒体、工业、教育、医疗等行业的企业与中国联通签署“5G 行业应用协议”。

2）首批发起成员

5G 应用创新联盟首批发起成员涵盖政府研究机构、垂直行业、互联网、合作伙伴等产业链知名单位，中国信息通信研究院、中央电视台、中国电科、航天科工、一汽集团、东风汽车、上飞、中国信科、百度、阿里巴巴、腾讯、京东、华为、中兴、爱立信、诺基亚、高通、科大讯飞、东软等均在其列。

（2）5G 国际合作联盟

2019 年 4 月 23 日，中国联通在上海举办了“2019 上海 5G 创新发展峰会暨中国联通全球产业链合作伙伴大会”。会上中国联通与 8 家国际运营商共同成立 5G 国际合作联盟[15]，分别是西班牙电信集团（Telefonica）、德国电信亚太全权代理公司（MarvelTec）、日本电报电话公司（NIT）、法国电信集团（Orange）、英国电信（British Telecom）、中信国际电讯集团有限公司、美国信宇科技公司（Syniverse）、BICS 公司。此次，中国联通率先发起 5G 国际合作联盟，旨在与联盟各个伙伴共同开发 5G 技术，推进 5G 发展速度，同时，将助力中国自主品牌 5G 终端走向全球。中国联通表示，未来将与更多的国际运营商展开更丰富场景的合作，共同见证 5G 在漫游场景的高速率、低时延、大带宽优势，同时将与更多的国际合作伙伴携手，推动 5G 漫游产业链的发展。该联盟的成立表明中国联通 5G 正式进行全球化布局。

MWC19（2019 世界移动通信大会）上海展会期间，中国联通邀请了来自全球各地的 12 家电信运营商加入 5G 国际合作联盟，截至 2019 年年底该联盟已拥有 16 家会员单位。

3.4.3 互联网厂商与 IT 软件厂商布局

3.4.3.1 京东

2019 年 8 月 16 日，第三届京东手机金机奖评选终于落下帷幕。本届金机奖吸引了华为、Apple、OPPO、vivo、荣耀、小米等 13 大顶尖品牌、共计 28 款热门手机提名产品共同角逐。京东还与合作伙伴共同宣布了京东 5G 生态联盟正式成立，为消费者提供更优质的 5G 产品和服务[16]。

经过深入思考和科学调研，京东手机正式宣布 6 大项针对 5G 的专属服务体系，包括零元

[15] 观察者网 . 中国联通联手 8 家国际运营商，成立 5G 国际合作联盟 [EB/OL].
[16] 光明网 .5G 生态联盟成立 [EB/OL].

信用购机、以旧换新补贴、30 天无忧试用、京东 5G 体验官、积分膨胀得 5G E 卡、京东 5G 套餐办理。

为了向消费者提供更优质的 5G 产品和更好的 5G 服务，京东手机与合作伙伴一起，在金机奖颁奖典礼上正式宣布成立京东 5G 生态联盟。作为国内最强的以消费者市场为导向的 5G 智能手机行业组织，5G 生态联盟将对 5G 生活的普及贡献强大的助推作用。

2019 年的金机奖评选，不仅是一次智能手机行业的大阅兵，更担负着从 4G 时代走向 5G 时代、为行业发展承上启下的作用。京东手机希望依托 5G 生态联盟这个新起点，与众多合作伙伴一道，为消费者提供更优秀的手机产品，为行业探索一条新的发展道路。

3.4.3.2 腾讯

腾讯十分重视在 5G 上的布局，5G 可以说是腾讯探索产业互联网跨界融合的一个突破口。腾讯致力于打造一个 5G 网络和应用之间的连接器，基于这样的连接器，能给上层腾讯的应用和第三方合作者的应用提供更好的用户体验和开发运行环境。目前重点观察的业务领域包括智慧出行、云化多媒体、智能制造、智慧医疗等的布局[17]。

对于腾讯来讲，一方面专注于 5G 网络的应用，比如通过入局汽车产业，腾讯将自己定位于智能网联连接者的身份，从平台、核心技术、产品服务等方面打造合作共赢的生态；另一方面会投入力量来推动 5G 网络自身的发展，腾讯已在包括 3GPP、IETF、5GAA 等国际标准组织及国内 IMT-2020 推进组、CCSA、CSAE 等方面开展了一些 5G 标准化工作。

腾讯从 2017 年年底开始发力 5G 的技术创新和应用探索。腾讯成立的未来网络实验室，是中国互联网公司第一支专注于 5G 技术和应用的研究团队，目前已经建立了互联网公司首个 5G 商用实验网和业界首个规模化边缘计算平台，探索基于 5G 的智能网联汽车和智慧交通、云游戏、高清视频直播、工业互联网等典型业务场景。

3.4.3.3 百度

百度在 5G 的布局上具有一定优势。首先，百度定位于一家未来的人工智能公司，AI 在落地各行各业的过程中，必然需要 5G 的实验环境和信息载体支撑。百度的一系列提前布局，在 5G 正式商用到来之前，与产业链中的领先者进行协同创新，在 5G 研发底层取得先机[18]。

其次，百度技术优势明显的无人驾驶领域，其实是中国 AI 与全球领先的 AI 技术的直接对话舞台。要做到并提高无人车驾驶可靠性，降低无人车感知成本和提升研发效率，需要在 5G 环境中提前进行研发。

最后，5G 的高信息带宽使移动边缘计算成为可能。百度云在推动“5G+ 云”的布局，如虚拟移动边缘计算 vMEC，由 5G 提供大带宽低时延的网络使设备就近在基站服务器上执行数据处理等计算任务，无须承担基站到云数据中心的时延消耗，在商场、园区、农地、矿山等任何不易于安装固定网络的场所应用场景广阔。

---

[17] 网络传播 . 揭秘，腾讯如何布局 5G[EB/OL].

[18] 阿里、腾讯、百度都在布局 5G, 为什么说百度要更领先一步 [EB/OL].

3.4.4 智能终端厂商布局

3.4.4.1 华为

早在 2013 年，华为公司就已正式挺进 5G 技术领域的研发；2016 年，华为 Polar 方案被 3GPP 确定为 5G 控制信道 eMBB 场景编码的最终标准；2017 年，华为公司又发布了全世界首个面向 5G 商用场景的 5G 核心网解决案例。至此，华为公司已经在 5G 基础标准、解决方案以及终端产品多个领域进行了完整布局，几乎涵盖整个通信产业链[19]。

华为公司的 5G 工作不仅聚焦在研究上，更为重要的是进行了多项商业测试工作。华为公司已经在全世界进行了不少于 15 个 5G 核心网的 POC 测试工作，其商用版本已经能完全匹配 5G 商用网络的进程。更为重要的是，2018 年 3 月，华为公司与中国移动、腾讯公司、德国电信、通用电气等公司在巴塞罗那联合成立了 5G 切片联盟，意在将切片应用到更多 5G 垂直行业应用市场中，例如 VR/AR 方面的创新。同时，中国信息通信研究院、中国电信、华为公司等产研组织共同组建了网络 5.0 产业和技术创新联盟。该联盟的目的是通过探讨网络领域中长期需求，共同推进新技术研发与部署，以便于在 IP 领域打造一个网络架构及协议标准前组织。

3.4.4.2 小米

依托 5G 布局 AI 和 IoT 是众多企业的战略选择，而说到 AI 和 IoT，目前布局最深、范围最广的可能就是小米了。小米财报数据显示，截至 2019 年 9 月 30 日，小米 IoT 平台支持设备近 2,000 款，智能设备连接数超 1.32 亿台，AI 智能助理小爱同学累计激活设备约 1 亿台，累计唤醒次数超 80 亿次，月活跃用户数超 3,400 万名。相关第三方市场调研数据结果显示，在消费类 IoT 用户规模上，小米早已超过亚马逊、谷歌成为全球第一。在第二届 MIDC 2018 小米开发者大会上，小米更是与宜家、全季酒店、车和家等达成了 AIoT 领域的战略合作，同时还与金山云优势互补开发 “2B”领域，以小米在 AIoT 上的“B+C”计划，才是 5G 时代最具优势的杀手锏布局[20]。

3.4.4.3 OPPO

早在 2015 年年初，OPPO 已经成立了 5G 研究团队，迅速参与到 3GPP 5G 标准的设计和制定中。在 3GPP 中，OPPO 提交了超过 2,000 篇技术文稿，文稿数量位居全球终端企业前列。在 2018 年 4 月，OPPO 正式成立 OPPO 研究院，总部设立于深圳，下设北京研究所、上海研究所、深圳研究所、东莞研究所、日本（横滨）研究所和美国（硅谷）研究所，在软件、硬件及标准三大领域展开研究工作。

---

[19] 内联外合，华为组建两个 5G 联盟应对（高通 + 大唐）联合体竞争 [EB/OL].

[20] 数字中国 . 不比不知道：5G 生态卡位布局，小米早已走在行业前端 [EB/OL].

第四章

5G 玩法一：定位颠覆 战略重构

5G 技术所带来的影响不仅是对于消费者日常生活的影响，更深刻地影响着 5G 产业链的上下游。5G 技术将实现“零”时延的体验，将连接数以亿计的设备，具备超高流量密度、超高连接数密度和超高移动性，提升能效和降低比特成本，最终实现“信息随心至，万物触手及”的总体愿景。

5G 已然开启一个万物“智联”的新时代。我们用“4G 改变生活， 5G 改变社会”来形容 5G 所带来的重大影响。展开来看基于高速率、低时延、广覆盖等 5G 技术特性，5G 开启万物互联、人机深度交互的新时代，成为新一轮科技革命和产业变革的驱动力，同时 5G 对经济社会的转型发展起到战略性、基础性和先导性作用。

5G 将从技术到应用场景到商业模式再到行业生态，全方位、全覆盖地进行定位颠覆和战略重构。

首先是在技术层面，5G 技术的革新使得 5G 宏基站部署规模发生革命性变化。4G 时代主流基站形态是 BBU+RRU+ 天线的形式，而 5G 时代主流基站演变成 BBU+AAU（有源天线）的形态[1]。说到 5G 硬件的变化，也要提到 5G 软件方面的革新，这就是 5G 时代的网络架构。根据 IMT-2020（5G）推进组中的报告可知，在 5G 的基础设施平台中，5G 引入网络功能虚拟化（NFV）和软件定义网络（SDN）技术，设计实现基于通用硬件的新型基础设施平台，解决 4G 时代基于专用硬件的设施平台成本高、资源配置能力弱和业务上线周期长等问题。而在网络架构方面，5G 是基于控制转发分离和控制功能重构的技术设计新型网络架构，提高接入网面向 5G 复杂场景的整体接入性能；简化核心网结构，提供灵活高效的控制转发功能，支持高智能运营，开放网络能力，提升全网整体服务水平[2]。

其次是应用场景，目前移动物联网场景是基于 5G 技术的创新应用场景。根据工业和信息化部的相关报道，我们可以看到 5G 让万物“互联”走向万物“智联”。可见的 5G 技术推动重量级物联网应用主要包括高速率传输支持“万屏互联”、边缘计算推动物端智能、云计算及大数据技术支持海量物联网应用、低时延网络提升人机交互体验。正是因为这些 5G 时代全新的应用场景才会催生新的商业模式和产业形态[3]。

再次是商业模式，5G 在业务种类、用户主体以及收费模式等方面产生颠覆性变化。不同于 4G

[1] 资料来源于 C114 以及中国信息通信研究院 5G 相关研究 .
[2] IMT-2020（5G）推进组 .
[3] 工业和信息化部相关报道 .

时代单一的 B2C 模式，5G 时代是多元化的商业模式。运营商可以利用“切片技术”面向 B 端叠加多元业务，提高利润空间。这样就会产生例如 B2B、B2B2B、B2B2C 等多元化商业模式。同时，用户主体逐渐由“个人用户”转变为医疗、制造、交通等“垂直行业用户”。运营商可根据不同用户对网络品质、稳定性、速度等方面的需求提供定制化解决方案，通过收取差额服务费达到增收目的[4]。

4G 和 5G 时代商业模式对比见表 4-1。

表4-1　4G和5G时代商业模式对比

时代	商业模式	特点
4G	B2C	面向个人用户，提供满足用户需求的不同等级的套餐资费和服务
5G	B2B	聚焦垂直行业，运营商向政企用户提供差异化的带宽前向切片服务
	B2B2B/B2B2C	运营商向政企用户提供定制的、差异化的后向切片服务，再由企业结合自身的专业服务内容，向企业或个人用户提供“特定网络服务+专业应用”的融合产品

最后是产业形态，5G 建设投资周期长，各行各业均无力独自承担投资压力。运营商、设备商、标准组织、产业机构、终端厂商以及互联网企业等各行业均采取生态化模式打造新生态的万物智联新时代。值得注意的是，掌握技术的互联网企业与掌握硬件设备的设备商和运营商开展深度合作，这体现了汇聚各垂直行业的优势资源从而赋能各个行业的一种新兴产业形态。

正是 5G 在技术、应用场景、商业模式以及行业生态 4 个方面产生颠覆性变革，才使得参与到 5G 产业链中的各方无论从自身企业发展战略还是产品定位均随之进行优化或者进行方向性调整。处于 5G 变革浪潮的各方已经闻风而动，各家均在业务、组织、技术、渠道以及资本等多个方面基于 5G 做了相应的预期研究或者前期布局，成效如何，我们拭目以待。

「4.1　运营商的 5G 战略」

4.1.1 中国三家运营商

2019 年 6 月，工业和信息化部正式向中国移动、中国联通、中国电信和中国广电发放 5G 商用牌照。本次发牌展现出我国推进 5G 商用的决心和信心，标志着我国正式迈入 5G 时代。

2020 年 2 月 21 日，中共中央政治局会议强调，推动 5G 网络、工业互联网等加快发展，将“强调推动 5G 网络加快发展”上升到中共中央政治局会议这一层级。该举动是史无前例的，将 5G、工业互联网两个领域专门提出，与生物医药、医疗设备并列，在很大程度上凸显了中央对 5G 和工业互联网的高度重视和寄予的厚望，以及 5G、工业互联网对国民经济的重要性。2020 年 2 月 22 日，工业和信息化部召开“加快推进 5G 发展、做好信息通信业复工复产工作”电视电话会议，会议强调要加快 5G 商用步伐，推动信息通信业高质量发展，此次会议对全国 5G 建设的加速和应用的落地进行了有力的指导和催化。

[4]　国信证券经济研究所 .

中国运营商 5G 战略和规划见表 4-2。

表4-2 中国运营商5G战略和规划

运营商	5G 战略	示范城市或区域 / 个	城市部署计划
中国移动	5G+共赢未来 融合创新和生态共建	5+12	2019年完成“50+”城市任务
中国电信	Hello 5G 赋能未来	17	2019年完成“40+”
中国联通	$5G^n$让未来生长（n代表无限可能）	16	7+33+*N*
中国广电	建设高起点的现代传播网络	–	–

中国运营商 2019 年 5G 建设完成情况及 2020 年建设目标如图 4-1 所示。

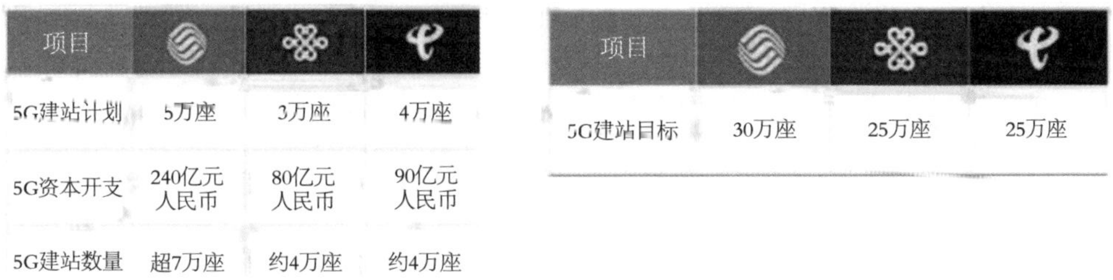

项目	中国移动	中国联通	中国电信
5G建站计划	5万座	3万座	4万座
5G资本开支	240亿元人民币	80亿元人民币	90亿元人民币
5G建站数量	超7万座	约4万座	约4万座

（a）2019年三大运营商5G建设完成情况

项目	中国移动	中国联通	中国电信
5G建站目标	30万座	25万座	25万座

（b）2020年5G建设目标

资料来源：C114，国信证券经济研究所整理

图 4-1 三大运营商 2019 年 5G 建设完成情况及 2020 年建设目标

4.1.1.1 中国移动：面向 5G 提出“5G+”计划

中国移动针对 5G 提出的是“5G+”计划，同时对核心观点和战略目标给出了具体的阐释。

“5G+”是中国移动在对 5G 连接万物、聚合平台、赋能产业深刻解读基础上的重大创新，是社会信息流动的主动脉、产业转型升级的加速器、数字社会构建的新基石，是助力综合国力提升、经济高质量发展和社会转型升级的新手段，是构筑第 4 次产业革命竞争新优势的关键所在[5]。

“5G+”计划核心观点体现在 4 个方面。第一，5G+4G。即推动 5G+4G 协同发展，打造 5G 精品网络。5G 和 4G 共同构成网络基础设施，4G 仍将长期存在，其中语音部分更多在 4G 上承载，数据、视频等大流量业务将在 5G 和 4G 上共同承载。第二，5G+AICDE。即推进 5G+AICDE，深化融合创新，打造以 5G 为中心的泛在智能基础设施。5G 和人工智能、物联网、云计算、大数据、边缘计算紧密融合，将创造出很多新应用、拓展新空间。第三，5G+Ecology（生态）。即推进 5G+Ecology，携手打造资源共享、生态共生、互利互赢、融通发展的 5G 新生态。5G 成功离不开成熟完整的产业链，通过良好健康的生态圈，共同推进 5G 的发展。第四，通过上述三个“+”，真正实现 5G+X。X 包括教育、医疗、工业制造、智慧城市等众多领域，通过

[5] 李正茂 .5G+：5G 如何改变社会 [M]. 北京：中信出版社 ,2019.

5G 赋能加速推动这些领域实现更新换代，实现高质量发展。总体而言，应以 5G+AICDE 为根基，推动 5G+4G 协同，打造 5G+Ecology，从而构筑共赢的 5G+X 行业格局。

中国移动“5G+”战略目标如下。

- 双亿目标：2020 年发展 5G 终端用户 1 亿户，发展商用套餐用户 1 亿户。
- 构建全球领先的 5G+AICDE 新一代智能基础设施。
- 力争 2020 年年底 5G 基站数达到 30 万个。
- 联合产业共同打造 100 个 5G 应用场景，实现 5G 融入千行百业。
- 打造开放共享的新型合作生态，创新合作模式：2020 年将推出“双百亿计划”，引入生态权益价值超 35 亿元人民币，引入家庭泛智能终端超 15 亿元人民币，引入大屏内容价值超 50 亿元人民币；“百亿分享计划”，移动云业务 40 亿元人民币，DICT 集成和应用 50 亿元人民币，行业智能硬件 10 亿元人民币。
- 中国移动 “5G+”战略，特别强调了 5G 与边缘计算技术紧密融合。中国移动 “5G+”战略中的关键为融合创新，而 5G+MEC（边缘计算）是融合创新中的重要环节之一。

中国移动表示将加快建设边缘数据中心，提供电信级边缘公有云服务和定制化边缘私有云服务。同时，中国移动与行业标杆企业联合成立边缘计算联合开放实验室，后续将为行业提供典范性边缘计算产品和解决方案。中国移动已在现网储备 300 余个可部署边缘计算业务的节点机房；已构建集成 4 类垂直行业边缘计算 API（应用接口）能力集解决方案，覆盖智慧建筑、智慧楼宇、车联网、云游戏等领域。

4.1.1.2 中国电信：面向 5G 提出“Hello 5G”计划

2020 年中国电信计划提前一个季度完成 25 万个基站建设目标。2020 年 2 月，中国电信与中国联通就加快推进 5G 网络建设召开专题会议，就加快 5G 网络建设达成高度共识，确保 5G 建设目标不降低。

中国电信推出的“Hello 5G”计划，强调 5G 不仅仅是一次信息通信技术的升级换代，更是一场影响深远的全方位变革。首先，5G 将成为关乎未来社会治理、产业升级和人民美好生活的重要基础设施；其次，5G 催生融合互促的新生态；第三，5G 为社会进步注入活力。“Hello 5G 赋能未来”旨在利用 5G 的发展，深入推进网络智能化、业务生态化、运营智慧化，致力于打造 5G 智能生态，为企业转型升级赋予新的内涵 [6]。

战略目标：中国电信计划实现 5G 基站 30 万个，5G 终端 6,000 万台、VR 终端 300 万台、智慧家庭终端 3,600 万台、NB 模组 2,000 万个的终端发展目标。

4.1.1.3 中国联通：面向 5G 提出“$5G^n$ 让未来生长”

2020 年中国联通计划提前一个季度完成 25 万个基站的建设目标。2020 年 2 月，中国联通与中国电信就加快推进 5G 网络建设召开专题会议，就加快 5G 网络建设达成高度共识，确保 5G 建设目标不降低。2020 年 2 月，中国联通召开全国疫情期间投资建设工作推进视频会，明

[6] 柯瑞文 . 创新开放，赋能未来 [R].2019.

确要求各省公司突出重点、加快 5G 建设，上半年与中国电信力争完成 47 个地市、10 万个基站的建设任务，第三季度力争完成全国 25 万个基站建设，较原定计划提前一个季度完成全年建设目标。2020 年 2 月，中国联通已累计开通 5G 基站 6.4 万个，中国联通与中国电信达成 5G 共建共享协议以来，已在全国 31 省份开通 5G 共建共享，实现了全国 50 多个城市的 5G 正式商用。

中国联通对 $5G^n$ 品牌标志及口号进行了详细的阐述：$5G^n$ 中的小 n，是 number 数字记录时代，是 near 拉近距离，是 need 满足需求，是 new network 全新网络，是 new dream 全新梦想，是 more 创造更多可能，是 now 就是现在。$5G^n$ 寓意着无限可能，“让未来生长”的口号则体现中国联通 5G 作为新生事物所焕发出的勃勃生机[7]。

中国联通始终致力于在信息化建设中发挥基础性作用，积极着手 5G 相关准备，高起点规划和建设 5G 新网络，大力推动 5G 技术与应用的创新融合，探索 5G 商业模式。中国联通 5G 发展将秉承“新蓝海的试验场，独角兽的孵化器”的合作理念，共建创新联盟，共筑商业范式，共享优质资源，共赢广阔市场；坚持开放共享，从设备、行业应用、技术、资本、5G 专网等多个维度与产业链开展不一样的建设和运营合作，为产业链合作伙伴提供最灵活的合作方式。中国联通将同合作伙伴一道共同努力推进 5G 网络的演进成熟，早日实现手机 5G 化、手机通用化、价格民众化及终端泛在化，共创 5G 价值，通过 5G 赋能，共创共赢 5G 新生态。

中国联通 5G 战略目标：到 2021 年，在北京、上海、广州、深圳、南京、杭州、雄安 7 座城市核心区域连续覆盖；2020 年上半年与中国电信力争完成 47 个地市、10 万个基站的建设任务，第三季度力争完成全国 25 万个基站建设，较原定计划提前一个季度完成全年建设目标；中国联通 5G 应用创新联盟计划在 2020 年年底，打造“200+”5G 的示范项目，建设“50+”5G 联合开放实验室，孵化超过 100 个 5G 应用的优质创新产品，制定 20 多个 5G 行业应用标准。

中国联通和中国电信的 5G 基站建设目标如图 4-2 所示。

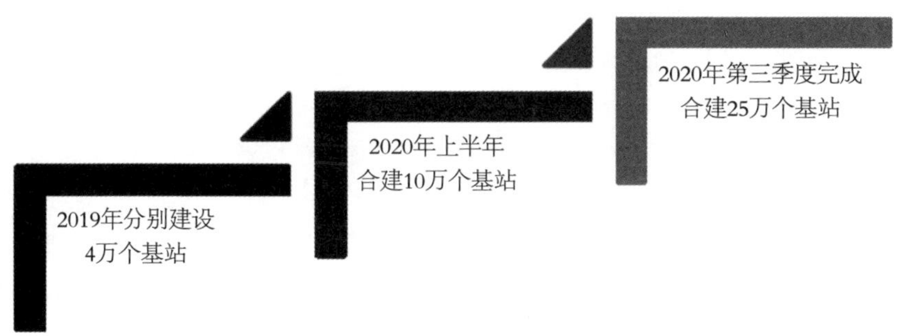

资料来源：中国电信和中国联通官方表态，国信证券经济研究所整理

图 4-2　中国联通和中国电信的 5G 基站建设目标

[7]　王晓初 .2019 上海 5G 创新发展峰会暨中国联通全球产业链合作伙伴大会 .

4.1.2 韩国运营商

SK Telecom（SKT）提出四大 5G 价值定位：超高网速、超低时延、超稳定和绝对安全。具体而言，超高网速：SKT 合计拥有带宽为 1,035MHz 的频率资源，其中 4G LTE 频段带宽为 135MHz，5G 3.5GHz NR 频段带宽为 100MHz，5G 28GHz 毫米波频段带宽为 800MHz。SKT 认为，采用 LTE 与 3.5GHz NR 双连接以及 3.5GHz NR 与 28GHz NR 双连接的架构，将不同的频率资源连通，可为用户提供超高的网速。超低时延：SKT 正在积极部署分布式的移动边缘计算，使能计算、存储和 AI 能力以及内容和服务更接近用户侧。超稳定：在 SKT 看来，超稳定的网络服务来自于AI驱动的自动化运维和运营平台。在2017年10月，为了面向5G时代，SKT 发布了 TANGO OSS 平台，该平台基于 AI 驱动，具有大数据分析和机器学习能力，支持 2G/3G/4G 传统网络，也支持 5G 时代的虚拟化网络架构，可自动检测网络故障、修复网络问题和自优化网络性能。SKT 花了两年时间开发出 TANGO，最初应用于宽带固网，后来再应用于移动通信网络。SKT 的 TANGO 平台不仅自用，还对外出售。绝对安全：SKT 表示将基于量子密码学来保障其 5G 网络绝对安全，绝不会有被窃听的可能性。

5GX 品牌内涵有 6 点，具体而言，压倒性的速度（Xceed）：5GX 超过现有无线网的极限速度，通过韩国最好的频段，提供极速网络体验。采用邻接对接技术确保频段内没有干涉，可以提供韩国最快速度的通信服务。卓越的网络管理（Xtraordinal）：为了完美的 5G 服务，需要与目前截然不同的网络管理体系。SKT 从规划设计到构建和运营维护建立了全新的 5GX 定制化网管体系。通过 3D 地图选定最适合 5G 网络传输的基站位置，引入 AI 技术确保在突发情况下保持网络的弹性和稳定性，使网络永远保持最佳状态。独一无二的安全性（Xclusive）：SKT 在 2017 年研发了世界上最小的（5cm × 5cm）量子生成器（QRNG）。2018 年 2 月又收购了量子密码通信企业 IDQ，具有世界最高水平的技术能力。SKT 以独立的量子密码为基础，构建了更严密的网络安全系统。将黑客封锁在网络之外，并将安全管理范围覆盖客户认证服务器，全网升级为全球最高水平的安全级别。为了加强安全服务能力，SKT 收购了 SK Infosec 这一韩国排名第一的信息公司，该公司近年来一直保持两位数的增长。这一整合将有助于帮助 SKT 在基于 5G 的物联网安全方面实现实质性突破，并在融合中发展新的商业模式。目前 SK Infosec 公司已经将目标锁定在智慧家庭和智慧政企领域，既包括物理安全又包括信息安全。日常生活变得愉快的技术（Xciting）：通过 5G 和 VR 技术相结合，实现咫尺天涯，让远在天边的人和物瞬间近在眼前，无论何时何地都可以将想象变成惊险刺激的现实。如 360° 视频电话、社交 VR、VR 游戏等 5G 时代的娱乐应用。通过 5GX 的 Cloud 游戏，不仅是智能手机和电脑，也可以用智能电视在任何地方都享受相同的游戏、生动的 VR 偶像演唱会等。创造社会价值的技术（Xpand）：5GX 在社会各行各业都有广泛应用，如应用在工业互联网领域提高生产率。在灾难现场，5GX 会成为守护生命的技术。在灾难发生时，通过操控无人机到达人员无法到达的地方尝试救援，或在人力到达之前先监控险情为人员进场创造条件。SKT 已经实现了通过 T live caser 在灾难现场进行超清画质视频实时传送等应用。对可能性的探索（Xplore）：SKT 将通过 5GX 进行机器人、交通、教育、制造等产业互联网未知可能性的探索。

SKT 认为 5G 的核心竞争力是“稳定性和安全性”，为此大力推进 AI 与 5G 技术融合。鉴于 5G 高速超低时延的特点，稳定的数据传输和无缝服务提供至关重要。为此，SKT 计划将其用于人工智能网络的 TANGO 解决方案应用到 5G 网络中。TANGO 是一个大型的基于数据分析和机器学习的 AI 网络管理系统，该系统能够发现和解决网络问题并自优化网络。

SKT 在 2015 年开设了致力于 5G 技术协同研发的 5G 全球创新中心。在 2018 年 11 月初，为扩大 5G 生态系统，SKT 设立了 5G 终端测试实验室 (Device Test Lab)，与合作伙伴广泛开展 5G、AI 生态系统合作。实验室为中小终端制造企业提供免费的测试设备和环境支持，而这些实验器材都是非常昂贵的。5G 不仅有智能手机，还有车载通信终端、物联网模组、各垂直行业多场景下的多形态终端等，这些都需要通过苛刻的测试才能入网，从而确保最高的通信质量。

4.1.3 日本运营商

4.1.3.1 NTT DoCoMo：“连接梦想，5G 创造更美好的未来”

NTT DoCoMo 打出“连接梦想，5G 创造更美好的未来”的口号，通过实施 2020 年中期战略“超越宣言”，为客户传递超越期望的惊喜和启发，与合作伙伴携手创造新的价值，向未知领域的探索旅程永不停歇[8]。其内涵是分别面向客户与合作伙伴。

面向客户——传递价值与惊喜。“好处 + 便利”：致力于成为为客户带来好处和便利的市场领导者。“享受 + 惊喜”：致力于增强下一代人生活的移动性和共享性，提供顺心的生活方式及充满活力与创造的工作方式。“满足 + 安心”：致力于广泛拓展客户触点，为客户提供最佳解决方案。

面向合作伙伴——价值共创。“行业贡献”：扩大合作伙伴的业务范围，为全国各行业发展做出贡献。“解决社会问题和区域活力”：为经济增长做出贡献，并以创建繁荣社会为目标，推动“ + d”倡议解决社会问题和实现地区活力。“合作业务拓展”：充分利用资源能力以发展业务平台，为业务及商业交易提供支持。

4.1.3.2 KDDI

KDDI 在电信和生活设计的集成方面取得了进一步进展，以扩大围绕电信的外围业务，在日本和全球 5G / IoT 时代实现新的价值创造，并努力为客户提供超越其期望的新体验价值。在新的 KDDI 品牌口号“明天，在一起”和新的 au 品牌口号“探索非凡”的情况下，KDDI 将通过促进实现三个方面的 7 项业务战略，为富裕的通信社会做出贡献[9]。

KDDI 积极发展 5G 作为下一代社交基础设施，通过与各种合作伙伴公司共同创造业务来发展业务，通过结合初创公司的新思想和先进技术的开放式创新来创造新的体验价值，并在区域内积极利用 5G 振兴活动。

4.1.4 美国运营商

Verizon 认为 5G 机遇主要在于移动网络领导力、ARPU 市场地位以及融合能力三个方面[10]。

[8] NTT DoCoMo 官网 .
[9] KDDI 官网 .
[10] Verizon 官网 .

首先在移动网络领导力方面要有竞争意识，在两个巨大的市场领导者的领导下，网络经验是美国竞争激烈的领域，要想获得领导地位，很大程度上将取决于从 4G 中汲取的经验和教训。其次在 ARPU 的市场地位方面则是要加强。Verizon 的高级服务方式是短暂的，其现在具有竞争力的价格意味着当主要竞争对手 AT&T 推出全面的商用 5G 服务时，对 5G 用户的竞争很可能取决于覆盖范围和成本。最后是在融合能力方面要进行强化。长期以来，Verizon 的弱点一直是其在美国部分地区的固定网络，其固定无线接入（FWA）的推出很大程度上是因为它推出得很早，但却未能实现使用 5G 来巩固其地位的目标。

「4.2　互联网公司的 5G 战略」

4.2.1 百度

百度与中国联通建立“5G+AI 联合实验室”[11]。2018 年 6 月，百度与中国联通正式揭牌 5G+AI 联合实验室。研究领域主要集中在 5G、车联网、人工智能（AI）、边缘计算、翻译、语音、地图、大数据等方面的产品和商业模式创新。目前，百度和中国联通围绕 5G 网络进行相关实验，并完成网络 / 业务试验总体方案、测试场景、测试资源以及 MEC 边缘节点服务器形态和部署等内容。同时，双方针对 5G 组网与网络架构，比如 CDN 节点部署、数据中心对接等展开深度技术合作。双方 5G+AI 联合实验室首个创新产品将是百度翻译机和中国联通漫游网络的商业产品。

百度与中国电信达成全面战略合作[12]。双方主要在 5G、智慧家庭、智能云、智能连接及搜索、智能驾驶等领域展开深度战略合作。目前，百度与中国电信在云、智能音箱、边缘计算、流量、IDC 等方面的具体合作已经展开。同时，百度与中国电信共同推进智能音箱技术对接、产品创新、渠道推广、营销配合，共同拓展智慧家庭业务增量，加快智能硬件产品进入千家万户。目前，基于小度系列智能音箱的销售渠道合作已覆盖中国电信的大部分省公司。

百度与华为战略合作，共同打造兼容电信 5G MEC 领域的平台。2018 年 10 月，百度和华为在 MEC 平台技术、MEC 典型应用场景验证等方面开展合作，打造兼容电信 MEC 功能和互联网边缘计算应用需求的开放平台。百度 OTE 平台兼具 5G 网络无缝对接和平台的高度自动化，能够做到 5G 网络边缘的精准定位，具备大带宽、低时延的能力。百度在不断优化 OTE 平台的同时，实际上也在推动 5G 产业的发展，扩展 5G 的布局版图。

4.2.2 腾讯

面向 AI 以及即将到来的 5G 时代，腾讯将以技术为驱动引擎，探索社交和内容融合的下一代形态[13]。腾讯将充分激活 5G 网络、技术、应用、产业的能力实践，以科技向善为指引，融

[11]　中国联通官网消息 .
[12]　百度官网和中国电信官网新闻消息 .
[13]　腾讯官网 .

合人工智能、大数据、云计算、区块链等核心的研发创新，赋能数字经济，深度融合实体经济，并积极关照社会治理和安全问题，与合作伙伴合力进行产业互联网转型升级。

腾讯从 5G+ 数字、智能 + 关键基础设施和产业互联网转型升级核心驱动出发，结合软件定义网络、服务化架构、网络切片、边缘计算等先进技术特征，分享了腾讯 5G 未来实验室在应用驱动网络、服务虚拟化定制化、网络设备白盒化、车联网生态和车路协同、产业互联网赋能连接、切片按需调取、专利标准开源生态等方面的深刻积累、前瞻探索及创新实践。

微信小程序就是连接一切的利器，在 5G 时代将颠覆所有行业。腾讯基于微信小程序针对 5G 时代进行了一系列文创尝试，比如，故宫博物院与腾讯地图、腾讯云小微联合打造的“玩转故宫”。

除了与中国三大运营商、华为的合作外，腾讯还在 2018 年与诺基亚、大唐电信签署了 5G 战略合作框架，并与中兴正式签署 5G 合作备忘录，这些都会涉及 5G 技术与应用方面的合作。

腾讯与英特尔成立 5G & MEC 联合实验室，加速推动 5G 应用落地。2019 年 5 月，腾讯未来网络实验室与英特尔成立 5G & MEC 联合实验室，双方将在 5G 与边缘计算领域深入合作，通过合作创新模式驱动 5G 应用快速落地， 助力发展新的产业生态。目前他们已经在车路协同项目、边缘计算平台以及 5G & MEC 的技术和应用发展等方向开展了合作。

腾讯与中国铁塔、互联智慧（广州）科技有限公司达成合作，推动“5G 智慧灯杆数字化”战略落地。2019 年 7 月，腾讯与中国铁塔以及互联智慧（广州）科技有限公司签署三方战略合作协议，三方共同推动“5G 智慧灯杆数字化”战略合作项目落地。

腾讯视频与中国电信签署 5G 业务战略合作协议。腾讯视频将与中国电信共同成立 5G 联合实验室，结合中国电信 5G SA 试验网，开展 MEC 典型场景的应用示范，推进基于 5G 边缘计算（MEC）的网络能力和运算能力开放的研究和合作，最大程度简化组网复杂度，支撑 App 轻量化上线。此外，腾讯与中国电信签署 5G 业务战略合作协议，双方基于中国电信自主研发的 MEC 平台，开展提升 5G 高清视频业务体验的合作。

4.2.3 阿里巴巴

阿里巴巴 IoT 步伐加快，在技术、产品、服务、行业解决方案和生态上不断完善[14]。 技术层面重点布局定位、数字孪生、5G、IPv6、时空信息、微内核、物联网安全等 IoT 核心技术，现已形成覆盖物联网开发各环节（云管边端），满足各类开发者产品开发需要的基础产品和应用产品，同时形成针对智慧城市、制造、生活、园区、农业、物流、商业、医疗、体育、校园、社区诸多特色行业的解决方案。在 2019 年云栖大会上，阿里云正式推出了物联网边缘计算服务，帮助物联网用户低成本、更便捷地使用边缘计算能力。 阿里云 IoT 还形成了繁荣的 IoT 生态，搭建了物联网解决方案库、应用中心、硬件商城、需求广场、服务广场，牵头组建 IoT 标准联盟组织 ICA，连接 IoT 软硬件开发商、系统集成商和电子元器件合作伙伴。阿里云 IoT 开发者社区已聚集 100 万开发者，IoT 市场则上架了“10,000+”应用方案。

---

[14] 阿里巴巴官网 .

阿里云与中国联通签署合作协议聚焦 5G 时代的超高清视频发展。2019 年 4 月，阿里云与中国联通签署合作协议，聚焦 5G 时代下的超高清视频发展。阿里云与中国联通将发挥各自在 5G 和视频技术上的优势，重点针对 5G 环境下 4K/8K 超高清节目的多路传输等进行全面测试和应用研究，开展 5G 环境下的视频制作和产品创新，为消费者提供全新的视听体验。

阿里巴巴联手苏宁易购启动“5G 生态战略合作”。2019 年 10 月，苏宁易购联手天猫、三大运营商和各大手机品牌厂商，共同启动“猫宁 5G 生态战略合作”，成立 5G 生态联盟。联盟将对 5G 手机智能硬件厂商提供一系列支持，进一步优化零售效率，针对 5G 换新消费者，通过线上线下的融合提升 5G 换新体验，降低 5G 换新成本。双方的进一步合作，将打造完整的 5G 生态链，成为线上线下 5G 产品首发的主阵地，双方联手为消费者带来非凡的 5G 购物体验。未来，苏宁易购和天猫线上线下的全场景渠道优势，以及庞大的用户群体基础，将为品牌厂商提供包括大数据 C2M 反向定制、渠道链路优化以及产品上市全渠道营销推广等一系列支持。而对消费者来说，苏宁易购与天猫的 5G 战略合作，将带来更划算、更方便、在身边、一站式的 5G 换新渠道，通过以旧换新、分期付款等政策，降低 5G 换新的成本，同时有最全最新的 5G 产品供用户充分体验和购买。

「4.3　制造商的 5G 战略」

4.3.1 爱立信

爱立信已经与全球 75 家运营商签订了 5G 商用协议及合同，已与 29 家运营商客户达成可公示的商用 5G 合同。在全球已经正式商用的 5G 网络中，爱立信在 14 个国家为 22 个正式运行的 5G 商用网络提供设备。

2019 年 4 月，在德国汉诺威工业博览会上爱立信与瑞典技术和工业企业 ABB 签署了一份谅解备忘录，以使用 5G 和工业物联网来提高工厂自动化程度。此外，这两家公司已经在爱立信爱沙尼亚塔林工厂就自动化 5G 制造展开合作，为爱立信的生产流程增加了机器学习（ML）和人工智能（AI）能力。作为最新协议的一部分，ABB 将为 5G 无线电的最终组装提供全自动机器人单元解决方案。与此同时，爱立信已与瑞典运营商 Telia 和 Volvo Construction Equipment 合作，共同开发工业用 5G 网络。Volvo 研发中心的网络使用了爱立信商用硬件和软件，包括 5G 新无线电（NR）和核心网络产品等。

爱立信推动 5G SA 向前发展。2019 年 12 月初，爱立信与联发科成功进行了 5G VoNR 互操作性测试，此次测试使用了来自爱立信的端到端解决方案，以及来自联发科 3.5GHz TDD 频段的天玑 1000 商用芯片。

通过 SA NR，支持 5G 的终端设备无须依赖 4G 技术就能够进行 5G 语音 (VoNR) 呼叫通话。使用 SA 架构上的 VoNR，电信运营商将能够在支持 5G 语音的终端设备上提供语音服务，并为消费者和企业用户提供增强型移动宽带 (eMBB) 服务。爱立信与联发科合作进行了跨 SA NR、5G 核心网和 IMS 的互操作性测试，从而确保电信运营商在由 4G 网络演进至 5G 网络时能够实现对语音服务的支持。

爱立信与中国战略合作布局。在研发方面，持续加大 5G 市场投资，致力于 5G 产品和解决方案相关的研发工作；建立最新的无线电波测试暗室，为 5G 设备研发做准备。在生产供应方面，则是自动化智能工厂正式投入运行，主要生产 5G 和 4G 无线技术产品，其中大部分都用于助力中国市场的运营商扩大网络容量，为中国 5G 的商用和快速部署做好准备。爱立信与中国三大运营商签署了 2020 年移动通信设备和服务合作框架协议以及相关采购意向，5G 商用网络建设是爱立信与中国三大运营商合作的重点。

• 签约中国移动：联合发布全球首款 4.9GHz 新型室内分布等方面的新产品。爱立信与中国移动共同签署了《中国移动通信集团有限公司与爱立信有限公司关于 2020 年度移动通信设备及服务合作项目的框架协议》。双方本着平等互利的原则友好商定：2020 年度中国移动与爱立信公司将在移动通信领域继续开展友好合作，中国移动拟向爱立信公司采购包括无线网主设备（5G、4G）、核心网主设备、各类网络优化及专业技术服务。

• 签约中国电信：联合发布多项 5G 关键技术及行业应用创新成果。爱立信与中国电信共同签署了《中国电信集团有限公司与爱立信有限公司采购意向书》，双方本着平等互利的原则友好商定：2020 年度中国电信与爱立信公司将在移动通信领域继续开展友好合作，中国电信拟向爱立信公司采购通信设备及服务，采购设备内容将包括移动核心网及无线网主设备（4G LTE、4G EPC、VoLTE vIMS、VoLTE SBC、5G）、DCP 平台应用、5G 试点建设、5G 网络建设、5G 国内外高级技术培训、各类网络优化和专业技术服务。

• 签约中国联通：联手积极推进共建共享现网试验。爱立信与中国联通共同签署《2020 年度移动通信设备及服务合作项目的框架协议》。双方本着平等互利的原则友好商定：2020 年度爱立信与中国联通将继续在通信领域开展友好合作，合作范围涉及 5G 商用网络建设，企业专网及垂直行业业务拓展，人工智能和自动化技术在网络中的试验及规模推广、LTE 扩容和演进、物联网、专业服务等。中国联通（包括其分公司、关联公司）拟向爱立信（包括其关联公司）采购移动通信设备及服务。

4.3.2 诺基亚

诺基亚于 2018 年年底成立企业事业部，希望拉动整个 5G 生态链，借助于 5G 拉动垂直行业的用户加入到 5G 生态系统中，让诺基亚及其合作伙伴可以共同探索适合行业的 5G 解决方案。诺基亚正在持续不断地将 5G 带入到更多的行业当中，帮助运营商、行业用户更好地进行 5G 应用。

在芬兰，诺基亚与博世、Telia、英特尔等合作，利用完整的端到端智慧工厂解决方案，自建了一座有思维、全自动化的智慧工厂。不仅在应用上实现了基于 5G 的 AR 培训与巡检、机器人远程操控及协作机器人场景验证、5G 环境下基于智能视频分析的生产质量控制等操作，同时还在生态上拉动了当地上下游产业。在德国，诺基亚与德国电信、SAP 等一起，通过智慧路灯、智慧环保、远程巡检等应用，为德国汉堡港成功构建起了一整套智慧物流与智慧交通解决方案。在国内，诺基亚贝尔携手上海联通，共同打造了 5G 智慧空港，让公众能够体验到超高速移动环境下的超高速数据交互服务。河南移动采用诺基亚贝尔的 5G 商用 AirScale 基站解决方案，将 5G 加持的智慧医疗服务落地，为郑州大学一附院 5G 东西院区、国家重点实验室的连片规模覆盖实验网，实现院内移动信息化、院间协同化及院外远程医疗等“5G+ 医疗”项目。

在自动驾驶方面，诺基亚与 Uber 联合开发的全新诺基亚 AVA 驾驶员行为分析系统，通过 5G 及 LTE 演进网络，可以更好地理解驾驶模式，从而实现道路感知、路况预判等相关技术应用。

诺基亚与德国联邦铁路达成合作，将测试世界上第一个自动化铁路运营的独立 5G 系统。诺基亚已经向 22 个国家的铁路运营商提供 GSM-R 系统，并为 110 多家运营商（包括干线和地铁）提供了网络安全、物联网和分析解决方案等。

4.3.3 中兴

在 2019 年世界移动大会期间，中兴通讯宣称已在全球获得 25 个 5G 商用合同，覆盖中国、欧洲、亚太中东等主要 5G 市场，并与全球 60 多家运营商展开 5G 合作，包括国内三大运营商、Orange、Telefonica、意大利 Wind Tre、奥地利 H3A、MTN、印度尼西亚 Telkomsel 等。鉴于 5G 发展推动投资趋势，海外市场因贸易摩擦而被压制的需求有望释放，中兴有望凭借技术领先的优势，收获更多订单，实现市场重估[15]。

连接筑基，做好基础的网络连接。例如中兴通讯推出 5G 商用基站、网络切片，通过 4G、5G 协同，让网络效益更高、用户体验更好。控制护航，在核心网等层面，通过引入 MEC、核心网虚拟化等技术，让核心控制更加简便，网络设备管理更加简单，网络运作效率更高。全业务运营，在连接筑基、控制护航的技术上拓展行业业务，通过业务中台，为行业用户带来更多价值。运营商网络业务：在无线领域将持续加大 5G 研发力度，加强与国内外高端运营商的战略合作，确保 5G 主营产品竞争力保持在第一阵营；在有线领域继续聚焦主流运营商市场和价值客户，持续优化承载、固网等领域的市场格局，加强与垂直行业合作，加大芯片及关键技术投入，确保商业可持续和产品安全；积极参与中国 5G 网络的商用部署和建设，与行业合作伙伴紧密合作，积极推动 5G 业务应用和实践，助力垂直行业数字化转型。政企业务：将继续聚焦公共安全、交通、能源、金融等重点行业，专注自研产品，同时积极布局行业新领域。消费者业务：在继续布局 5G 多形态终端产品之外，将与运营商积极开展 5G 终端合作，同时拓展多市场渠道。

中兴通讯在 5G 网络及应用两方面持续引领创新。中兴通讯在全球获得 46 个 5G 商用合同，与全球 70 多家运营商展开 5G 深度合作。中兴通讯推出了支持极简站点的 5G 端到端解决方案，包括全场景系列化 5G 基站、融合核心网、统一 5G 承载网、5G 终端等，帮助运营商快速建设极具竞争力的 5G 网络。中兴通讯聚焦云视频、泛在物联网、机器人 AI、安全和高精度定位五大使能平台，与 200 多家合作伙伴开展行业解决方案联合创新，与 300 多家行业头部客户开展 5G 应用创新。

终端计划：2020 年至少推出 15 款 5G 终端，布局物联网。中兴终端紧抓硬件布局、电磁兼容、天线设计、功耗及散热四大核心技术，并推出新一代 5G 双模手机——中兴天机 Axon

[15] 中兴官网.

10s Pro。除了 5G 手机，中兴终端还将推出物联网全系列解决方案，包括 5G CPE 与 5G 行业模组，以此助力制造企业灵活布置工业智能网。

4.3.4 华为

华为公司从 2009 年开始进行 5G 技术研究，已经累计投资 40 亿美元，5G 网络侧整体投入人力超过 10,000 人。未来，华为将会加大 5G 方面的投入。截至 2019 年 12 月，华为已经获得 70 多个 5G 商用合同，500,000 多个 5G AAU 已发往世界各地，这个数字每天都在增加。已经商用的“40+”张 5G 网络中，27 张由华为承建。华为向 3GPP 贡献超过 2.1 万件提案。5G 基本专利提案，占比超过 20% 为全球第一，包揽行业关键奖项，包括 5G 演进杰出贡献奖、最佳基础设施奖、5G 研发杰出贡献奖、世界互联网领先科技成果奖、最佳行业解决方案奖、技术创新奖、全球电信大奖[16]。

华为业务布局全景如图 4-3 所示。

运营商业务	5G规模部署	AI使能自动驾驶网络	无线网络&固定网络	云核心网及IT	网络能源	全球服务
	•5G终端芯片 •5G基站 •端到端解决方案 •5G CPE	•能源效率方案 •性能提升方案 •运维效率解决方案 •智能会议智能客服	•WTTx无线宽带 •LTE-Advanced Pro •CloudFabric方案 •移动承载解决方案	•5G极简核心网 •大翼云全栈IoT平台 •AI时代云数据中心 •Atlas智能计算平台	•5G电源解决方案 •数据中心PUE测试	•智能运维解决方案 •品质家庭宽带解决方案

消费者业务	创新创造价值	高端手机创新	科技美学结合	全场景布局	智慧生态布局	销服体系升级
	•麒麟980芯片 •手机智慧摄影 •流畅游戏体验 •三大充电黑科技	•P20/Mate20/Mate10 •人工智能、性能、续航、拍照、外观设计创新	•女性和青年群体 •极光色渐变配色 •创新自拍理念 •新一代极点全面屏	•PC品牌 •平板业务 •智能穿戴设备	•“1+8+N”全场景 •生态战略 •HiLink智能家居平台 •车联网服务	•智能运维解决方案 •品质家庭宽带解决方案

企业业务	智慧城市	平安城市	金融领域	能源领域	交通领域	企业生态
	•城市数字平台 •城市智慧大脑项目 •华为电子海关解决方案	•平安城市解决方案	•全闪存解决方案 •金融大数据解决方案 •金融双活解决方案	•智能电网解决方案 •“光随电走”电力通信网络增值解决方案 •油气领域	•智慧机场2.0解决方案 •城轨云行业生态建设 •智慧公交云平台 •全流程可视物流体系	•“平台+AI+生态” •Global生态 •智能化服务平台 •行业云使能服务

云服务	华为云使能行业+智能		创新领域	共建开放合作云生态	终端云服务体系
	•华为云EI •一站式AI开发平台	•海量重复场景 •专家经验场景 •多域协同场景	•中国全栈公有云平台 •智能运维和服务平台 •公有云、混合云 •云+网+数字业务	•沃土AI开发者使能计划 •华为云合作伙伴体系	•推行“耀星计划” •创建DigiX创新工作室

数据来源：华为年报，广发证券发展研究中心

图 4-3 华为业务布局全景

「4.4 终端商的 5G 战略」

4.4.1 天音：坚持“一网一平台”战略，深化“1+N”产业格局

天音将坚持以手机业务为核心，继续聚焦产业互联网战略，以建设“一网一平台”为抓手，逐步形成“1+N”产业发展体系和“重点业务海外发展布局”的发展策略，致力于打造中国最

[16] 华为官网 .

大的手机产业一站式综合服务网络，以渠道下沉和新零售业态为契机，形成以赋能为核心的产业共享平台[17]。

2020 年天音将继续贯彻“一网一平台”战略，以手机分销为核心业务，以彩票为重点业务，进行产业聚焦，同时深化“1+N”的产业格局，并形成产业链的深度协同与联动。面对国内手机市场的形势，天音将加强与一线手机品牌的深度合作，尝试拓宽营销业务的模式和范围，为 5G 换机潮的到来做好充分的准备。天音专注主业、发力 5G，凭借自身行业优势，在 5G“换机潮”中迎来新一轮快速发展。天音作为华为全系列产品代理商，随着可穿戴设备市场的快速增长及 5G 换机潮的到来，凭借自身强大的渠道网络和分销能力，以及和国内外知名手机制造商的良好合作关系，核心业务将持续保持强劲增长势头。同时，天音将加大布局新零售业务，依托于合作手机品牌强势引流，采用多业务模式赋能零售客户，通过二手手机销售业务、运营商增值服务业务等零售升级服务，形成了自营 + 平台模式，集品牌、增值服务赋能，会员经营管理、线上线下 O2O 为一体的新零售服务平台。

4.4.2 华为：在创新迭代过程中推动国产自控

华为以“消费者业务的起点和终点都是最终消费者”为核心理念，积极推进国产自控技术的研发，重视自身产品的用户体验感，通过技术创新迭代和供应链效率提升产品性能，产品市场份额逐步提升。

改写高端手机新格局。2019 年上半年，华为 Mate20X（5G）取得首张中国 5G 进网许可证，华为 5G 手机正式进入市场，并以华为 P30 系列、华为 Mate20 系列为代表的旗舰手机，带动华为智能手机业务整体增长。

智慧生态布局。整个产业即将进入万物互联的“全场景智慧生活时代”，华为提出了“1+8+N”全场景智慧化生态战略。在智能家居领域，华为 HiLink 智能家居平台已经与全球 150 多家厂商合作，荣耀智慧屏将成为家庭中心，为行业带来巨大想象空间；在智能车载领域，以 Ocean Connect 物联网平台为核心，并与汽车厂商进行合作提供相关服务，通过其在通信网络设备中的影响力，从硬件底层起实现车联网应用，已与奥迪、奔驰、大众、丰田、通用等汽车厂商合作。

华为 5G 生态沃土。作为 5G 的领先者，华为率先推出了业界标杆 5G 多模芯片解决方案巴龙 5000，是全球首个提供端到端产品和解决方案的公司。2019 年是 5G 商用元年，也是华为在 5G 领域的又一个推进。华为 Mate 20X 5G 手机、5G CPE Pro 已经获得了中国 5G 终端电信设备进网许可证，并即将推出 5G MiFi、5G 车载模组、5G 电视等多种形态的 5G 终端，加速 5G 规模商用。

4.4.3 小米：竞逐“5G+AIoT”战场

2020 年是小米 5G 业务的冲锋年，小米明确“5G+AI+IoT”下一代超级互联网的战略方向。

[17] 天音官网 .

“5G+AIoT”是贯穿小米集团全产品、全平台、全场景的服务能力，是小米互联网基因在新时代全面爆发的关键。

2020 年，“5G+AI+IoT”战略加码升级。在“5G+AIoT”战场上，未来 5 年小米将至少投入 500 亿元人民币，把 AIoT、智能生活的持续优势转化为智能全场景的绝对胜势，彻底确立智能时代的领先地位。

小米的 5G 未来智能工厂大规模使用自动化生产线、5G 网络、机器人、大数据、云服务平台等技术，效率比传统工厂提升 60% 以上。通过对供应链的整合，让 5G 终端售价下降，这为 5G 手机的快速普及奠定了坚实基础。小米计划 2020 年推出 10 款以上 5G 手机，利用核心技术助力家居产业升级，推进智能家庭的建设。

4.4.4 OPPO：深耕手机业务，布局物联网

在技术研发方面，未来 3 年，OPPO 将投入超过 70 亿美元，除了持续关注 5G 和 6G、人工智能、AR、大数据等技术，还将构建底层硬件核心技术以及软件工程和系统能力，不断探索万物互融时代的无限可能[18]。

OPPO 加快全球化布局，现在已经进入 40 多个国家及地区，其中包括英国、法国等多个重要的欧洲市场，利用技术投入、产品创新、核心企业的联手，在欧洲运营商 5G 初期的产品匮乏阶段迅速打开市场与用户品牌知名度。OPPO 未来将通过亚太中心，持续强化亚太市场运营能力，在本地人才招募、区域重要渠道、运营商客户服务、定制化产品开发、品牌联合营销等方面给予充分的支持，更紧密地携手包括运营商伙伴在内的产业链上下游合作伙伴，共同为亚太用户带来领先的 5G 体验。

此外，OPPO 深耕手机业务，产品侧 OPPO 将全球首发高通支持 SA 与 NSA 的 5G 芯片手机。2020 年，OPPO 将推出搭载最新骁龙 865 移动平台的旗舰手机，但未来 OPPO 会推出智能手表、智能耳机和智慧屏等全场景产品。OPPO 将会聚集核心入口，注重高频率场景，向其他合作伙伴开放，打造跨行业生态。OPPO 计划打造一个以人为本的，多终端、多场景的智慧生活服务，面向个人、家庭、办公、出行四大场景，聚焦强交互、重体验的产品。同时，持续开放互联能力，共建服务网络，为用户打造怦然心动的新体验。

4.4.5 vivo：重视技术布局，构建 5G 生态

在技术研发上，vivo 将继续参与 5G 后续重要标准（如 NR-Lite）的制定，为 SA、毫米波技术提供技术指导，并推动 5G 省电、单设备多卡等全球 5G 标准的建立。

在 5G 应用上，基于 5G 智慧手机，vivo 正在布局“一主三辅”的发展战略，逐步将 5G 场景入口拓展到 AR 眼镜、智能手表、智能耳机等更多设备，而使 vivo 5G 智慧终端在连接上拥有更加宽广的空间[19]。vivo 在 2020 年 2 月正式宣布“5G 性能先锋”——全新 vivo Z6 发布。

[18] OPPO 官网和年报 .
[19] vivo 官网 .

2019年年底，vivo宣告将组建“5G舰队”，vivo Z6的推出将是vivo实现5G终端覆盖全价位段的重要一环。vivo还将在2020年上半年推出多款能够满足消费者需求的优质5G手机，和iQOO Pro、NEX 3、X30系列一起，组成一支“vivo 5G舰队”，以覆盖更多价格，满足更多消费者的选择。

在生态合作商方面，vivo与三星“联合研发”5G芯片，将积累的无形资产400多个影像等方面的功能特性和技术补充到了三星平台中，联合三星在硬件层面攻克了近100个技术问题，与三星一起提前完成产品的联合设计研发。同时，与三星一起对5G场景不断优化，提供国际漫游优选解决方案，针对5G场景的耗电解决方案，游戏延时解决方案等。同期，vivo与三星分享了自身对终端使用的洞察，在系统资源整合调度框架和建立游戏性能测试标准等方面提供支持，提升高频使用场景下的用户体验。

「4.5　芯片商的5G战略」

4.5.1 高通Qualcomm：5G规模化部署

高通Qualcomm大举普及5G的大旗，持续推动5G的规模化部署，携手运营商扩大5G的网络覆盖，积极推动5G与汽车、Wi-Fi、RAN等行业深度融合，加速5G在不同行业拓展，增加消费者对5G网络的感知[20]。

推动手机终端通信设计模式的转变。高通对手机元器件设计方面偏于“离散”，终端设计模式通常专注于元件而非整体性的问题解决方案，集成5G基带（也称调制解调器）、射频收发器、射频前端、毫米波天线模组和软件框架，以全球独一份的从调制解调器到射频到天线的完整系统，切实降低手机厂商产品设计的复杂度和成本。2019年9月，在IFA 2019德国柏林国际电子消费品展览会上，高通对解决方案再次进行了升级，将集成基带、射频收发器和射频前端的商用芯片组解决方案命名为骁龙5G调制解调器及射频系统，着力为手机厂商打造真正的系统级解决方案。这一整体解决方案体系，全面覆盖了5G的移动通信能力需求，并且因为高通自身的产品都在进行模块化设计，这种能力还能根据不同的移动通信需求进行修改。更专业的高通来完成移动通信部分的任务，让各种终端设备厂商能够花更多精力在终端的形态、交互、新硬件新功能上，这其实是智能终端产业在5G时代即将迎来的一次产业分工升级。

骁龙865助力2020年第一波5G手机潮。骁龙865移动平台作为先进的移动平台，旨在为新一代旗舰终端提供无与伦比的连接与性能表现，已有华硕、黑鲨、富士通、iQOO、联想、努比亚、OPPO、realme、Redmi、三星、夏普、索尼、vivo、小米和中兴等全球多家OEM厂商及品牌与高通成为战略伙伴。自骁龙865移动平台在2019年12月发布之后，超过70个已启动或正在开发中的设备用上了骁龙865芯片。此外，搭载骁龙8系移动平台已发布或正在开发中的终端设计已经超过1,750款。

[20] 高通官网.

高通还开发了第二代 5G 芯片平台——骁龙 XR2 平台。通过骁龙 X55 5G 基带及射频系统，骁龙 XR2 首次实现了通过 5G 解决方案让 XR 头显实现完整的端到端无界 XR，为 OEM 厂商面向全球网络快速开发 5G XR 终端提供支持。该产品支持 5G 毫米波和 6GHz 以下频段，已经在爱立信 5G 基础设施提供的低时延网络中完成测试和验证。此外，歌尔股份参与了该产品的开发设计。全新的 XR 设备将提供出色的性能、沉浸感和交互性，成为新一代旗舰级的增强现实（AR）、虚拟现实（VR）和混合现实（MR）终端。

此外高通还积极布局 PC 端。众多全球领先的移动运营商将支持搭载骁龙计算平台的 5G PC。预计随着 2020 年首款搭载骁龙计算平台的始终在线、始终连接 5G PC 的推出以及 5G 网络在全球范围的快速扩展，运营商正通过在零售场所和企业进行试点与部署，重新定义消费类和企业级应用的移动计算体验。已经有超过 115 个国家和地区的运营商及全球原始设备制造商正积极投身于 5G 网络部署和 5G 终端研发，与此同时，骁龙正在不断推动 PC 生态系统的发展，以满足用户对于更快速、更高效、更强大的移动计算体验的需求。

4.5.2 英特尔："以数据为中心"转型战略

英特尔聚焦于生产世界上一流的半导体芯片，引领人工智能与"自能"革命，做全球领先的云到端平台提供商，致力于和生态伙伴一起推动人工智能、自动驾驶、5G 等转折性技术的创新与应用突破，驱动智能互联世界。

作为 5G 的重要参与者和关键推动者，英特尔携手产业伙伴推动 5G 在垂直领域的应用创新落地。通过融合通信和计算，英特尔正在引领 5G 转折性技术的变革，以驱动未来智能互联世界。此前英特尔退出手机 5G 基带业务，正在把重点转向网络和边缘基础设施等领域，英特尔提供从云、核心网、边缘、接入网，到无线技术以及智能设备的 5G 网络解决方案；同时，不断提供领先的创新技术与平台，携手行业合作伙伴，共同定义、设计原型、测试和交付 5G 产品、解决方案和应用场景，推进网络向智能、灵活和全面云化转型，加速 5G 应用创新在垂直行业的探索。

此外，英特尔助力 5G 赋能产业，促进应用落地。2019 年，英特尔发布了《5G 典型应用案例分析白皮书》，其中重点选取"5G+ 直播""5G+ 云游戏""5G+ 工业视觉"以及"5G+360° 全屏"4 类场景展开研究，给出了场景应用的背景、典型网络架构及网络需求，提出 5G 时代 4 类场景中面临的网络压力。基于英特尔在 5G 应用方面的探索，《5G 典型应用案例分析白皮书》从硬件和软件平台等方面提出了一系列应用解决方案，为加速 5G 在行业应用的成熟提供了可行条件。

2020 年英特尔面向 5G 基础设施，发布了四大新品。

（1）第二代至强可扩展处理器。英特尔第二代至强可扩展处理器是目前全球唯一一个内置 AI 加速集成能力的处理器，在 AI、虚拟化方面都有提升。根据英特尔内部估算，第二代至强可扩展处理器在全球已经出货了 3,000 万片。

（2）凌动 P5900 平台。基于英特尔 10nm 工艺的凌动 P5900 平台在功耗方面完全符合基站的要求，包括高效的虚拟化计算环境、超低时延、加速吞吐量和精确的负载均衡。计算能力方面，凌动 P5900 延续了至强的计算基因；连接能力方面，凌动 P5900 内置的交换速度可以达到 440Tbit/s 的 inline；加速能力方面，加密部分都在加速，动态负载均衡能力提升很多。

（3）英特尔 5G 加速方案 Diamond Mesa。此外，英特尔此次推出的结构化 ASIC 中的 5G 加速方案 Diamond Mesa，为 5G 网络提供所需的高性能和低时延。Diamond Mesa 在 ASIC 和 FPGA 的部分，跟 CPU 本身是互补的，对接前端的无线通信。

（4）以太网 700 系列网络适配器。具有硬件增强精确时间协议的英特尔以太网 700 系列网络适配器 Edgewater Channel，提高了 5G 网络的传输速度。

近几年英特尔与国内三大运营商均有不同侧重的合作，加快实现 5G 更快更好落地。英特尔与中国电信和中国移动两家运营商在开放、虚拟的 RAN 上展开合作。2019 年推出的第二代至强可扩展处理器 N 系列跟中国移动展开深度合作。5G 视频边缘计算业务方面，英特尔与中国联通、腾讯共同开展商业部署。可见，从传统的 NVF 到 5G 虚拟基站，再到边缘计算，英特尔在中国将继续开展全线合作。

2019 年 4 月，英特尔与中国联通签署战略合作备忘录。面向 2022 年北京冬奥会，在 5G 基础设施技术和智慧场馆方面展开深度合作，打造全新的 5G 体验，为冬奥会带来前所未有的改变，共创精彩、非凡和卓越的“智慧冬奥”。双方还将在智慧场馆的潜在 5G 应用落地方面合作，包括智慧场馆直播技术、360° VR 直播、8K 转码技术以及下一代 CDN 技术；还包括体育分析及运动员智能辅助训练系统的潜在应用、基于英特尔人工智能技术的体育运动视频分析，以及用人工智能技术与新一代 VR 编解码技术提升奥运观赛体验等方面。

第五章
5G 玩法二：业务重塑 能力开放

5G 时代，消费者的需求在不断变化和动态调整。伴随着消费需求的迁移，业务价值发生了转移，评估业务价值的标准也随之变化。为了追求业务价值的最大化，5G 业务的创新如潮水般滚滚而来。业务的创新突破，必然带来产品品类的创新突破，进而推动智能经济时代商业模式的全面颠覆。作为智能经济的参与者，包括传统电信运营商、设备制造商、互联网企业等，都必须遵循智能经济时代的商业合作法则：生态化运营，能力开放和合作。

5.1 新价值主张在兴起

洞察消费者需求、提供个性化服务是企业生存和发展的根本，可以说一切商机都是从理解消费者需求中来。随着智能经济时代的到来，消费者的需求和偏好发生了怎样的变化，这是每个企业都迫切想了解的重要问题。一方面，企业必须更加深入地剖析消费者的真实需求，才能最大限度地创造出满足消费者需求的业务、产品和服务；另一方面，消费者对产品或服务的期望，推动企业在业务、产品和服务领域的不断创新。

产品与服务蕴含的价值要素，即是给客户的价值主张。企业是通过产品和服务向消费者提供价值，消费者是通过购买产品和服务来满足自身的价值期望。客户价值主张的本质会影响到客户购买的决策，体现在客户选择产品或服务时实际考量的几项关键指标。如客户在购买大型设备时主要关注性能、质量、售后服务、品牌等多方面，那么客户在选择产品时也将从这几个方面进行考量，同时其满足程度将直接影响客户满意度。显然，消费者的需求是复杂的，影响消费者购买的决策点也是多维度的。企业只有充分感知或创造市场需求并及时调整产品和服务状态，才能够迎合消费者的价值主张。

5.1.1 客户需求迁移，价值要素理论兴起

马斯洛需求层次理论（Maslow's Hierarchy of Needs）是亚伯拉罕·马斯洛（Abraham Harold Maslow，1908-1970 年）于 1943 年提出的，其基本内容是将人的需求从低到高依次分为生理需求、安全需求、社交需求、尊重需求和自我实现需求。

进入智能经济时代，消费者的需求发生了哪些变化？2019 年贝恩公司（Bain & Company）在名为“在消费品中传递价值要素的力量”（The Power of Delivering Elements of Value in Consumer Products）的报告中延伸了马斯洛需求层次理论，提出了消费者最看重的四大类共 40 种“价值要素”，分别是：功能型要素、情感型要素、改变生活型要素、影响

社会型要素。这四大类 40 种“价值要素”从低到高构成一个金字塔的形式体系，我们可以称之为价值要素四层金字塔，如图 5-1 所示。

图 5-1　价值要素四层金字塔

智能经济时代消费者需求的价值主张将由马斯洛需求层次理论向价值要素金字塔理论过渡。在价值要素四层金字塔理论中，4 类价值要素分别包含不同的价值主张，例如功能型要素包含节省时间、省力等价值主张；情感型要素包含健康、娱乐等价值主张；改变生活型要素包含积极性、自我实现等价值主张；影响社会型要素包含自我超越价值主张等。显然，价值要素越多且表现越优异的企业，越能满足消费者的价值主张，将拥有越多的忠诚客户，企业的经营将实现快速增长、后劲增强。

价值要素金字塔理论是对马斯洛需求层次理论的延伸，是一种侧重于实践的启发式模型，这种层次结构将要素重点放在消费者，描述消费者与企业产品和服务的相关行为。不同行业影响消费者价值主张的前五大因素见表 5-1。

表 5-1 不同行业影响消费者价值主张的前五大因素

电信运营商	质量	避免麻烦	降低成本	节省时间	娱乐
智能手机	质量	降低使用精力	多样	组织	联网效果
电视服务提供商	质量	多样	降低成本	设计/美学	娱乐
移动互联网企业（在线教育）	质量	多样	节省时间	徽章的价值	吸引力
零售	质量	多样	降低成本	节省时间	奖励自己
服装零售	质量	多样	避免麻烦	设计/美学	节省时间
食品饮料	质量	感官吸引力	多样	设计/美学	治疗价值
杂货店	质量	多样	感官吸引力	降低成本	奖励自己
信用卡	质量	奖励自己	财富传承	避免麻烦	提供渠道
银行	质量	提供渠道	财务传承	避免麻烦	减少厌恶
汽车保险	质量	减少焦虑	降低成本	提供渠道	多样
经纪公司	质量	赚钱	财务传承	多样	提供渠道

可以看出，智能经济时代的典型企业：移动互联网企业、电信运营商等，可为消费者提供更多的价值主张。通过设计开发完善的在线业务和服务，为消费者提供更容易的互动和便利，因而许多企业有望凭借“节省时间”和“避免麻烦”等价值主张要素上的良好表现在市场经营中脱颖而出。2019 年 8 月，韩国运营商 SKT 在 5G 商用后的短短 140 天内 5G 用户数突破 100 万户，其提出的 5G 价值定位包括超高网速、超低时延、超稳定和绝对安全四大方面，比较准确地满足了消费者对 5G 的价值主张。

贝恩公司在总结近 30 年的调查与研究后指出，全球超过 65% 的消费者愿意为可持续性的产品多支出费用；在同等质量和价格的情况下，90% 的消费者会选择购买绿色环保生产出来的产品；企业在发展中考虑产品的可持续性并努力满足客户金字塔情感需求，这样的企业获得的回报更大。在智能经济时代，企业是否能获得业绩增长，更加取决于消费者是否认可企业提供的产品和服务。而企业必须崇尚创新、倡导绿色，具备不断改进自身价值主张的能力，才能确保业务与服务的创新能与消费者价值主张相一致。

5.1.2 5G 通信消费的新趋势

伴随着 5G 时代的到来，消费者的通信消费需求呈现智能化、融合化、多触点三大特征，具体表现为消费体验智能化、消费方式逐渐走向融合化和体验化、消费触点呈现“5 个迁移”特点。

特征一：通信消费需求的智能化体验，表现为以智能手机等泛智能终端为媒介，融合大数据、云、AI 和 XR 等智能技术，寻求个人工作与生活中的智能化体验全面提升。可见，5G 时代消费者的通信需求具备人物交互、大小屏多终端、多产品、多场景、全时全域、深度社交、实时响应（即刻性、迅速性）、高度定制化、垂直定制弹性等特点。

智能手机仍将是数字世界的中心，且紧密地融入生活和工作方式之中。未来焦点是通过多种智能设备的互联来整合和优化居家、购物、出行、健康和工作，使生活变得真正智能；AI 智能语音正成为全新的人机交互方式，消费者更快更广泛地接受语音助手，期望人工智能很快应用到家居、健康医疗、汽车交通、安保和运动健身等领域；VR 和 AR，半数消费者希望通过虚拟现实和增强现实设备体验期望购买的商品，消费者的体验将在模糊的现实和虚拟界线之间获得全新定义；数字安全和数字信任，在 5G 时代下，中国消费者越来越注重个人数据隐私，同时对数据安全和商业机构数字信任提出新要求，数字信任和数字道德的公民意识逐渐觉醒。

特征二：消费方式的融合化和体验化，表现为消费者期待精准、智能、定制化的购物方式。一方面，消费者对精准、智能推荐类购物方式兴趣浓厚。消费者期待“智能管家”协助购物、推荐个性化产品以及定制化方案。人工智能将改变消费者的消费行为，由消费者为购物主体向未来人工智能为购物主体进行转变。另一方面，线上线下相融合的全渠道购物成为主流消费方式。消费者全渠道购物需求普遍化，对虚拟现实体验和在线定制服务期待度更高，将引发全渠道高级购物服务需求增长。

麦肯锡在《2017 中国数字消费者研究》中指出，基于对 2,350 名受访者的全渠道购物体验访谈来看，消费者对全渠道基本服务（如线上购物线下取货、线上查询线下门店库存等）的需求越来越普遍。2017 年 68% 的受访者“希望”或“非常希望”在线下门店取货，57% 的受访者希望在实体店扫二维码上网查看商品，56% 的受访者希望能线上查看门店库存。同时更高级的全渠道体验开始触发消费者需求，58% 的受访者期待门店的虚拟现实体验服务，49% 的受访者希望提供在线定制服务。中国数字消费者拥有全渠道购物体验的占线上购物者的百分比，如图 5-2 所示。

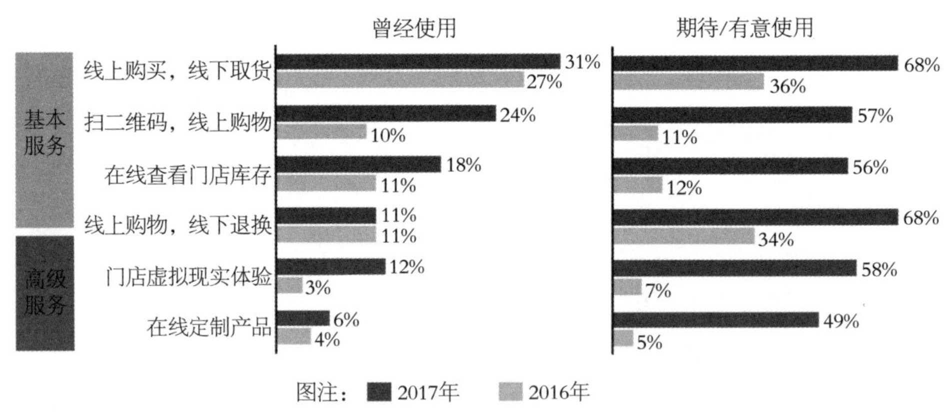

图 5-2 中国数字消费者拥有全渠道购物体验的占线上购物者的百分比（受访者：2,350 人）

后续研究中，麦肯锡在《2019 中国数字消费者趋势》中指出，基于对中国 4,300 名数字消费者的访谈，中国消费者正在越来越多地将实体店购物体验与线上购买相结合，2017 年至 2019 年，在实体店内用手机搜索商品的消费者比重从 31% 提升到 63%。对于在店内用智能手机研究商品的消费者来说，只要店内体验良好，81% 的消费者最终会购买该品牌商品，50% 以上甚至会直接在门店购买。令人振奋的是，尝试过全渠道购物的受访者比例从 2017 年的 17%

飙升至 2019 年的 43%。

特征三：消费触点呈现“5 个迁移”特点，表现为线下消费场所由现在典型的城市商圈、城市社区、乡镇、农村、流动性场所 5 种模式逐步向商业综合体、大型会所 / 会馆、特色小镇、田园综合体、流动五区迁移。城市商圈的功能持续扩张，演变为商业综合体业态，基于消费者需求满足模型由原有的单一、垂直需求满足模型升级为一体化、场景化需求满足模型，商业综合体可满足消费者消费升级需求。城市社区的功能不断填充，演变为大型会所 / 会馆业态，基于日常生活消费的高频次社区消费场景方兴未艾，快消、生鲜、教育、社区团购等各行业纷纷抢滩社区市场，消费者通过消费获得本地生活服务。乡镇演变为特色小镇，房地产、汽车、建材、电商等行业纷纷下沉乡镇市场，满足乡镇市场消费者消费升级需求，乡镇市场已然成为新的市场增长极。农村演变为田园综合体，农业、文化旅游、地产三个产业互融互动，消费链条会进一步做深、做透，未来会囊括进科技、健康、旅游、养老、创意等丰富多元的维度。流动性场所演变为机场、高铁站、汽车站、地铁站、高速路休息站的流动五区，消费者在短期驻留时形成消费。总体趋势是消费者的逗留时间进一步向商业综合体、大型会所聚集，触点从功能型向生活服务型转变。消费触点“5 个迁移”特点如图 5-3 所示。

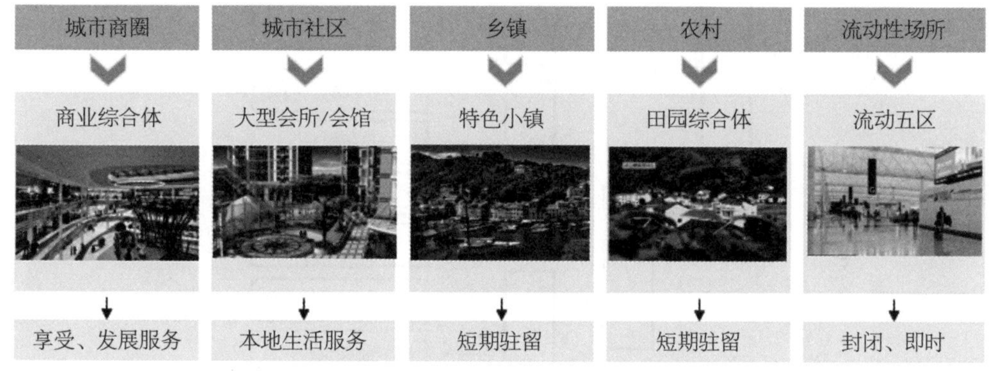

图 5-3 消费触点“5 个迁移”特点

「5.2 把握业务价值转移特征」

何为业务价值，站在企业的角度就是业务带来的收益。由于企业提供业务和服务的复杂性，对业务价值的评估同样不能简单地按照某单一业务或服务的投入、产出来进行核算，企业需要建立自身业务的价值评估体系。伴随着消费者需求迁移的大背景，业务价值也产生了转移。这就需要我们把握智能经济时代业务价值迁移规律，寻求全新的业务价值评估模式。

5.2.1 业务价值评估的方法与模型

国际上通行的业务价值评估方法为收益法、成本法和市场法三种。收益法是指通过估算企业的未来预期收益来确定企业价值的一种方法；成本法是指在被评估企业现时重置成本的基础上，扣减其各项损耗价值，从而确定企业价值的方法；市场法也称现行市价法或市场价格比较法，是指通过比较企业与最近售出（交易）的类似企业的异同，将类似企业的市场价格进行调整，从而确定被评估企业价值的一种资产评估方法。综合来看，收益法以企业未来收益作为计价尺度，成本法以重置成本作为计价尺度，市场法以市场价格作为计价尺度。

基于现金流的收益法，被广泛认为是最具可操作性的企业价值评估方法，通过考量时间价值、风险及成长性，被看作理论上评估企业价值最有成效的模型。显然企业价值评估方法的选取是业务价值评估的核心问题，将直接影响业务价值评估的结果。当然，在这里不具体讨论业务价值评估的方法，我们针对业务价值评估设计一个评估框架，可以在具体的业务价值评估中进一步细化和调整，如图 5-4 所示。

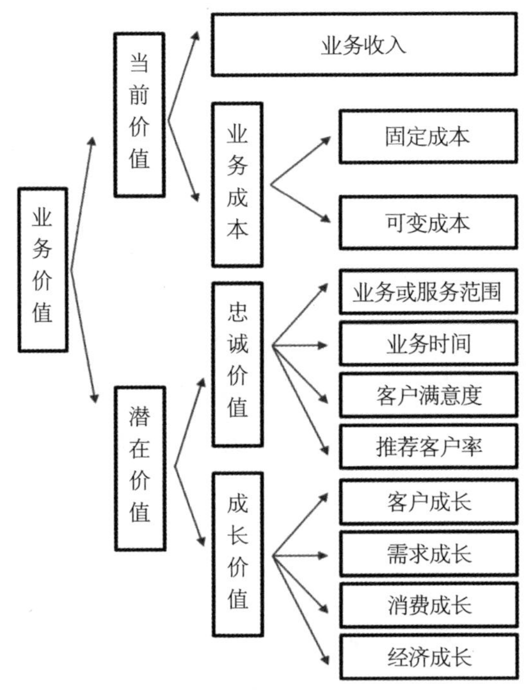

图 5-4　业务价值评估框架示例

业务价值包含当前价值及潜在价值两个方面。当前价值表示的是业务或服务现阶段能够带来的直接利润收入（具有可见性），潜在价值则不可见但可预测。在确定了业务或服务带来的收入后，业务成本即是为此付出的相关成本。忠诚价值是指业务或服务伴随着时间、满意度等的提升被重复购买产生的价值，也包括被推荐购买等。成长价值则是指随着消费者自身以及社会、经济的成长带来的业务或服务价值的购买增长等。

智能经济时代的业务价值评估同样遵循这个框架，但是由于5G业务是颠覆性的重大创新，包括产品形态、功能、结构、定价和商业模式都发生了根本性变化，业务价值评估的指标有必要进行一定的拓展和扩充。我们建议在 5G 业务推出初期，要评估 5G 业务的目标市场规模，要关注其潜在价值，这将对业务的营收、成本、产业链等带来决定性的影响。

5.2.2 智能经济时代的业务价值迁移

只有掌握了业务价值评估的方法与模型，我们才能在智能经济时代业务价值迁移下有效发掘有价值的产品和业务。从产业发展的角度来看，随着技术的进步和消费者需求结构的变化，整个产业的价值会产生“价值迁移”。例如计算机行业就是价值迁移最典型的例子，计算机行业起源于硬件，硬件市场经历了从主机（大型机）到微型计算机再到个人计算机的价值转移。目前计算机行业价值重点逐渐从硬件转移到软件方面，价值迁移的特征显著。通信业的价值迁移，伴随着移动通信技术每 10 年一次的转型升级，每一次转型升级除了速率上的革命以外，运营商也会实现价值的动能转换。

研究智能经济时代的业务价值迁移，我们引入二八定律，又名 20/80 定律，是 19 世纪末 20 世纪初意大利经济学家帕累托（Pareto）发现的。他认为，在任何一组物品中，最重要的只占其中一小部分，约 20%，其余 80% 尽管是多数，却是次要的。原本被广泛应用于社会学及企业管理学的二八定律，在智能经济时代，呈现反转二八定律的情况，我们将这种情况可看作业务价值迁移的结果。

通过研究通信运营商在 5G 时代的业务价值特征发现，4G 时代的二八法则（确定性业务占 80%，探索性业务占 20%）将迁移为 5G 时代的八二法则（确定性业务仅占 20%，探索性业务占 80%），如图 5-5 所示。何为通信运营商的确定性业务？即传统业务，包括固定电话、移动语音、宽带等。何为探索性业务？即新业务，包括 IDC、云计算、物联网等。从业务价值特征看，4G 时代的确定性业务以个人客户为切入点，寻求业务的规模优势，通过投资驱动，获得人口和流量红利；而 5G 时代的探索性业务，以企业客户为关注点，寻求为企业客户创造价值，与各类行业交织交融，为智能经济社会赋能。

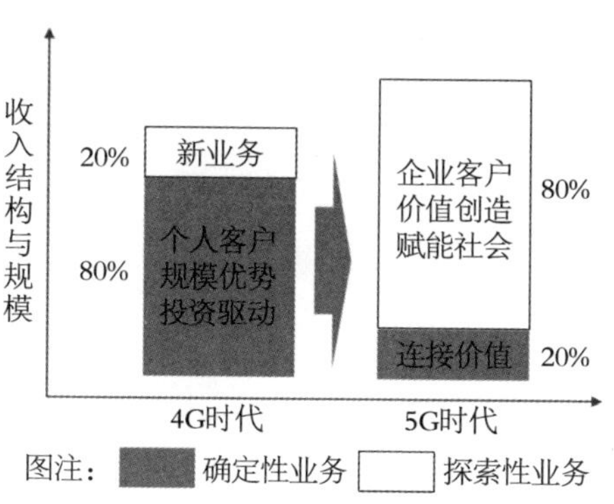

图 5-5　5G 时代的八二法则示例

智能经济时代，各种行业都将面临业务价值转移的挑战。随着市场日渐饱和，行业竞争日益激烈，来自行业传统核心业务或服务的收入（盈利能力）正在下降，必须通过拓展新的业务或服务获得新的收入来源。基于业务价值评估框架，还需要降低成本，提高成长价值等，获得业务和服务价值的增长。

随着新型基础设施建设概念的提出，以及近期“新基建”被广泛提及，这也可以视为国家经济发展过程中产业价值发生了迁移。与传统基建主要指铁路、公路、桥梁、水利工程等不同，新基建具有鲜明的科技特征和科技导向，以现代科技特别是信息科技为支撑，旨在构建数字经济时代的关键基础设施，推动实现经济社会数字化转型。即由传统产业和传统经济模式，向创新产业和智能经济模式转变，我们也可以理解为，借助技术进步和产业升级，新的产业形态或模式将成为促进经济社会发展的新动力。2018 年年底的中央经济工作会议提出“加快 5G 商用步伐，加强人工智能、工业互联网、物联网等新型基础设施建设”，新基建的概念由此产生，并被列入 2019 年政府工作报告；2019 年全国“两会”期间提出除了传统基建外，新基建将承担更为重要的角色；2019 年 7 月中共中央政治局会议提出要加快推进新型基础设施建设；2020 年是全面建成小康社会和“十三五”规划收官之年，新基建作为重要的逆周期调节手段，在多次会议中被频繁提及。

根据 2018 年中央经济工作会议要求，“新基建”主要包括 5G、人工智能、工业互联网、物联网等。2020 年 3 月 1 日，央视中文国际频道指出，“新型基础设施建设是指发力于科技端的基础设施建设，主要包含 5G 基建、特高压、城际高速铁路和城际轨道交通、新能源汽车充电桩、大数据中心、人工智能、工业互联网七大领域”。

通信行业是“新基建”重要的方向之一，通信新基建主要包括五大重点方向：5G 基建、云计算基建、车联网、工业互联网、卫星互联网（北斗组网基本完成）。其中通信网络 5G 基建是“新基建” 最重要的信息基础设施；云计算基建得益于传统 IT 向云迁移带来云计算广阔的市场空间；车联网已成为国家战略，政策持续加码；工业互联网是物联网在工业领域中的应用，目标是智能制造；卫星互联网布局下一代星空互联网，发射提速在即。通信行业“新基建”五大方向如图 5-6 所示。

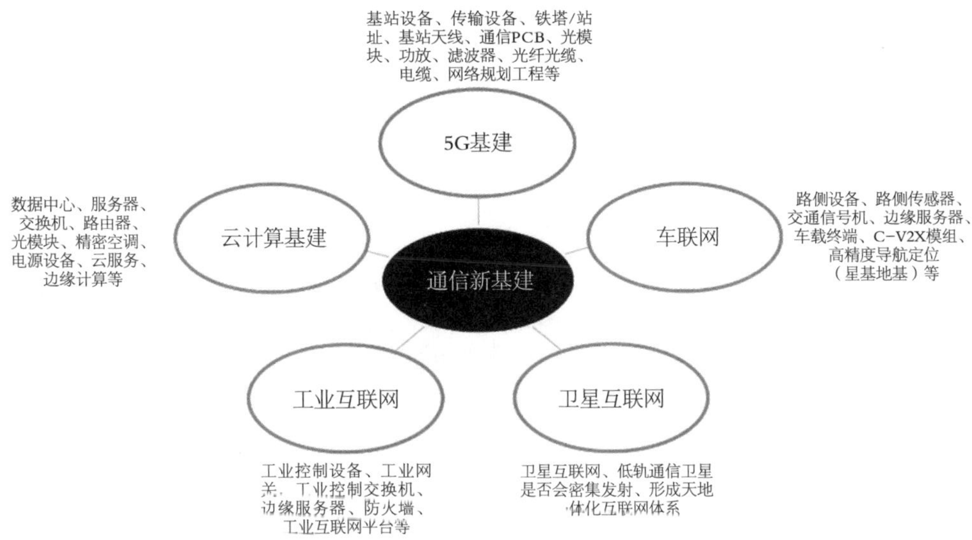

图 5-6　通信行业“新基建”五大方向

电信运营商近两年提出针对行业客户大力发展的“DICT”业务，也可以看成是业务价值从传统 CT（通信）业务向 CT、IT（信息技术）和 DT（大数据）深度融合的 DICT 业务转移。电信运营商针对行业客户，在通信时代主要提供电话、专线和托管等电信服务；在信息化时代，主要提供行业信息化应用及 CT 和 IT 融合的 ICT 解决方案；在智能经济时代，运营商通过“互联网 + 行业应用”的探索，主要提供数字化转型解决方案，推动行业客户迈向智能信息化。可见，运营商行业客户的业务价值向数字化、智能化、生态化等方面转移。

「5.3　重构产品品类」

随着客户需求的迁移，业务价值的转移，企业提供的业务或服务必须随之变化，才能最大限度地获得消费者认可，赢得市场先机。企业的业务或服务，最终以产品的形式展现在消费者面前，消费者购买心仪的产品获得需求的满足。随着智能经济时代的到来，市场参与者众多，各类全新的产品层出不穷，必将导致产品品类的全面重构。

5.3.1 品类管理的实践

何为品类？从字面理解，品类即商品种类，可形象地描述为消费者眼中的一组产品或服务。市场研究公司 AC 尼尔森（AC Nielsen）对品类的定义是：确定什么产品组成小组和类别与消费者的感知有关，应基于对消费者需求驱动和购买行为的理解。大卖场业态首创者家乐福对品类的理解是：品类即商品的分类，一个小分类就代表了一种消费者的需求。可见，品类是产品或服务的一种属性、类别或种类。一方面品类是企业根据消费者头脑中的概念进行的塑造，另一方面是企业发现了消费者的潜在需求而创造出来的。

何为品类管理？站在企业的角度，是基于消费者的需求和购买行为，以通过相关举措提升产品或服务销售表现为目的的一系列品类优化活动。品类管理经营模式包括三大环节，一是构建目标消费者价值主张模型；二是定义品类及确定其管理流程等；三是开展品类评估及创新。品类管理来源于国际知名的零售商和生产商（沃尔玛、宝洁等）并取得了显著的效果。目前，我国的品类管理实践从传统的连锁、零售、餐饮行业向互联网、电商等领域拓展。品类管理经营模式如图 5-7 所示。

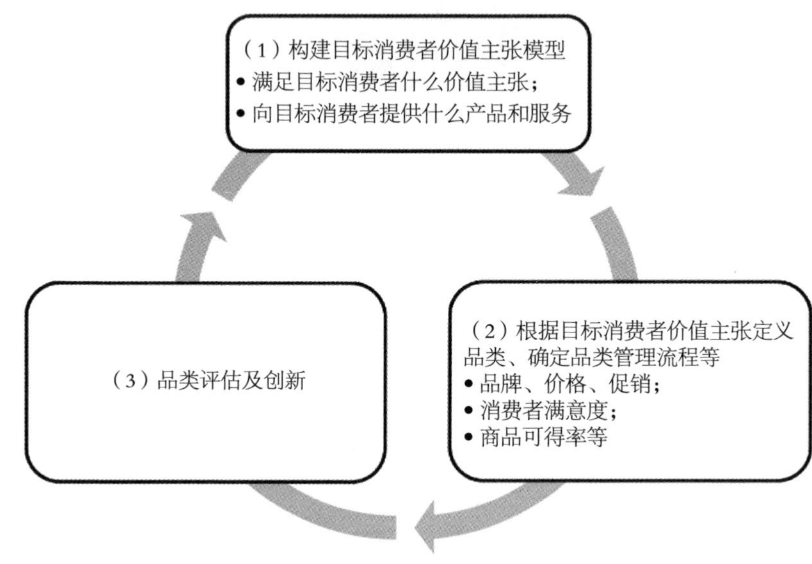

图 5-7　品类管理经营模式

具体来看，品类管理流程一般包括以下 8 个步骤，即高层决策、品类定义、品类角色、品类评估、品类策略、品类战术、实施执行和品类回顾，如图 5-8 所示。

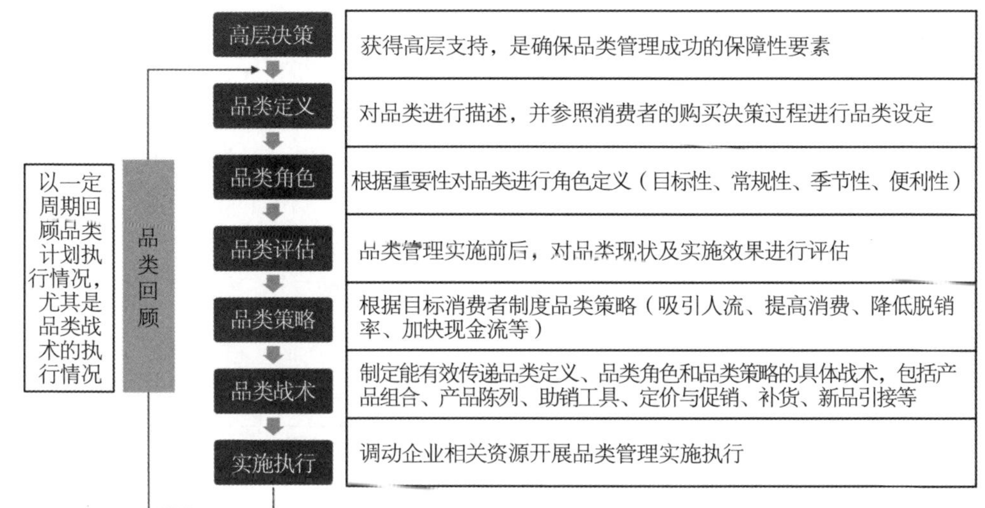

图 5-8 品类管理的流程

5.3.2 智能经济下的品类创新

社会发展的趋势、经济发展的情况、技术发展的走向，这些都与品类创新密切相关。显然，经济发展速度快，新技术不断涌现，品类分化的速度就越快，品类创新的机会就越多。综合已有的品类创新案例，我们可以将品类创新方法归纳为三种典型模式：第一种是在原有产品品类中进行创新，即在现有的产品体系中推出一种新产品，这个新产品具有全新的用途或功能，而且目标消费者与行业原来的目标市场有所不同，可称之为增补式品类创新；第二种是对产品或服务的原有属性、产品特征进行创新，为其注入全新的产品属性，创造全新的产品价值，将新产品与行业原有产品或服务进行显著的区隔，从而成为行业内的新品类，可称之为实质式品类创新；第三种是从技术或概念上完全颠覆原有产品或服务的形态，开发出全新的产品属性，可称之为颠覆式品类创新。

随着智能经济、5G 时代的到来，必将催生大量新品类。作为深度参与者的运营商，其品类创新将集中出现在 VR、AR 等领域，2C 和 2B 的大视频类业务将构成 5G 第一波基础通用业务。2020 年 4 月，三大运营商联合发布《5G 消息白皮书》，推出第一个 5G“杀手级”应用“5G 消息”，区别于传统的短信业务，“5G 消息”能够融合文字、图片、音频、视频、位置等综合信息，具有颠覆传统 App 分发模式的潜力，有望成为海量轻应用、即发即用的战略入口。可见，运营商传统通信增值业务在 5G 功能加持下，将有望形成新的价值增长。预计今后更多交互式 VR/AR 游戏、超高视频远程驾驶、基于数据的行业 AR 等新业务将逐步推出。作为互联网企业，例如阿里巴巴、腾讯等，其品类创新将集中出现在 VR、AI、智慧城市等领域，阿里巴巴在城市、工业、零售、金融、汽车、家庭等多个场景都推出了 ET 大脑等“产业 AI”方案。作为设备制造商，例如中兴、华为等，其品类创新将伴随着 5G 技术的发展而自然演进，表象最明显的将是手机、智能终端等终端产品的不断推陈出新，引发市场的高度关注。

针对不同的用户群，运营商的品类创新呈现差异化的特征。例如针对线上和家庭用户，运营商通过设计 5G 与泛终端、宽带、跨域和生态化权益组合的产品实现品类创新；针对分众市场用户，运营商通过设计 5G+ 宽带的互联网化和物联网化分众市场标准化解决方案，实现品类创新；针对政企用户，运营商通过设计商企云 + 网 +X 产品组合、校园 5G+ 平台 + 教育类应用产品组合、行业 ICT 解决方案 +5G 套餐和终端产品，实现品类创新。

从生活需求角度，围绕人类生活中的七大主要需求：衣、食、住、行、乐、教、健，可以勾勒出智能经济下的品类创新趋势，具体见表 5-2。

表 5-2 智能经济时代品类创新特征

领域	品类创新特征
衣	AR定制 AR试穿 AR导购 AR服装秀
食	厨房机器人 AR厨房 无人机外卖 AR美食点评
住	AR看房 AR家具商城 AR住宅测评
行	自动驾驶汽车 载人无人机 AR汽车交易 AR交易
乐	AR旅游 AR游戏 AR演唱会、音乐会 AR互动电影、游戏
教	AR课堂 AR面试 AR考试 AR设计师
健	VR健身 护理机器人 VR体育赛事直播

从应用类型角度，我们预测智能经济时代会出现几个超大品类。在资讯方面，出现云搜索引擎、云新闻、云告示牌等大品类；在社交方面，出现 VR 社交大品类；在购物方面，出现 VR 网络商城大品类；在出行方面，出现无人驾驶汽车、无人机大品类；在游戏方面，出现 VR 游戏大品类。在 5G 开启的智能经济时代下，我们建议运营商进一步加速场景化、差异化产品供给和会员生态运营，创新并推出"基于会员模式的 XR 泛智能终端 + 超大带宽流量 + 超高清泛娱乐内容 + 消费互联网和产业互联网应用 + 综合权益"的品类体系，推动产品向一体化、融合化、

数字化、生态化转变。

「5.4 突破商业模式」

产品品类与商业模式的关系紧密。如果产品定位的核心是创建“品类第一”的产品，那么商业模式就是寻求在行业、品类、领域内的持续成长。企业所选择的产品品类，就是企业所选择的目标市场和发展方向。而商业模式就是发现消费者尚未被满足的某种需求，设计某一品类的产品与服务。一种健康的商业模式，既能为消费者创造价值，也能真正为企业带来盈利。随着产品品类的重构，商业模式必将出现全新的突破。

5.4.1 商业模式选择路径

如何选择正确的商业模式，是企业经营的重点和难点。由于现实中各类企业所采用的商业模式的复杂性，我们只有通过厘清企业的价值创造逻辑，挖掘出企业的创新依据，才能选择理想的商业模式。一个成功的商业模式应该至少包含 3 部分的内容：盈利模式，回答如何赚钱的问题；服务模式，回答如何服务消费者的问题；组织模式，回答如何扩大用户规模的问题。以下对这 3 个部分进行简要解释。

盈利模式，就是以企业从哪里赚钱作为判断依据，从企业客户赚钱就是 2B，从终端消费者赚钱就是 2C。华为在做手机业务 2C 之前，其客户主要来自企业 2B。随着全球各国面临 5G 升级，其客户扩大至一个个政府组织，也有所谓的 2G，其实 2G 也可归为大的 2B 之中。

服务模式，就是向消费者提供的产品或服务，满足消费者的价值主张。有的是产品（华为手机、苹果电脑），有的是内容（优酷会员、万门网上大学），有的是保障（平安保险），有的是解决方案（比如汇桔网为中小微企业提供的知识产权一站式解决方案，科大讯飞为企业提供的智能语音识别系统等），有的是销售平台（天猫、京东是为实体品牌搭建的线上销售平台）等。

组织模式，是商业模式之中最难摸清楚门道，也是最难模仿的。传统企业的组织模式一般是金字塔式的，需付出巨大的管理成本和沟通成本。随着移动互联网时代的到来，互联网企业采用跨区域、扁平化的组织模式，对传统企业的组织方式带来了巨大的冲击和变革。例如教育培训行业，传统教育培训机构如好未来、新东方等曾经无法下沉到三四线城市，而借助互联网教育平台的方式却能够实现跨区域覆盖。

商业模式的选择之中，组织模式的重要性高于服务模式，服务模式的重要性高于盈利模式。如果前两个环节的基础打得牢，盈利模式将是水到渠成。随着智能经济时代的到来，商业模式将从传统有限的商业模式，向多种商业模式混合运用转型。例如中国联通在广东打造的工业物联网平台 WoLink，在传统平台模式的基础上，通过运用基础平台模式、增强型商业平台模式和联合平台模式等多种商业模式，实现了对传统有限商业模式的转型。从单边基础平台，向双边增强型商业平台，以及多边联合平台持续转型，实现了最大化发挥同边效应和跨边效应的目的，如图 5-9 所示。

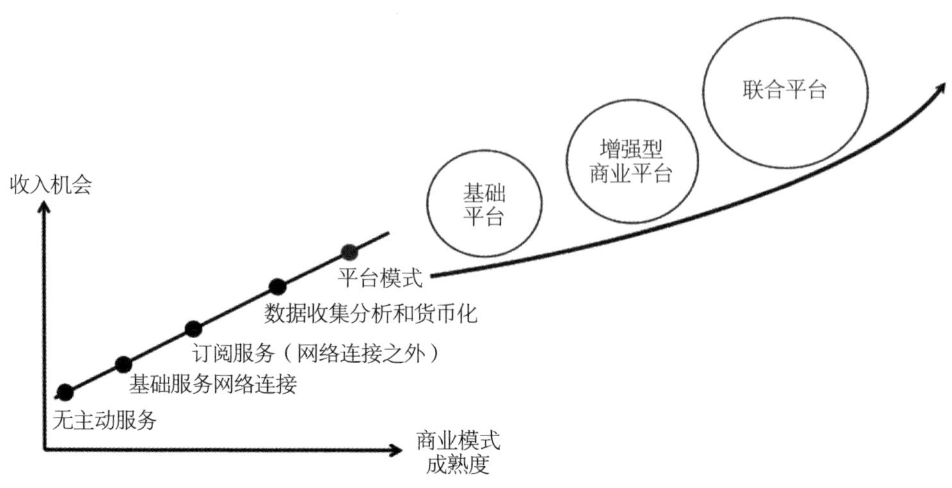

图 5-9　传统商业模式的转型模式

可见，商业模式存在升级、演进的可能，随着企业经营环境的不断变化，企业必将通过商业模式的改进获得盈利能力的不断提升。

5.4.2 多量纲计费模式颠覆

智能经济时代商业模式颠覆的最突出特征是什么？是多量纲计费模式的出现。多量纲计费源自 5G 商业模式的颠覆。4G 及以前的时代，运营商的主要客户群体是个人用户，其主要资费模式是流量，例如包月流量包、包天流量包、时段流量包等，流量可以认为是当时运营商定价的单一量纲。5G 技术凭借高速率、低时延、大连接的特性，对垂直行业的赋能越发显现。运营商把目光投向企业用户，围绕产业需求创新发展 5G 商业模式。企业用户成为新兴群体，他们如何使用 5G 网络？运营商如何给新兴的 5G 应用进行定价？这正是"多量纲计费"所能解决的问题。因此，5G 计费模式会和 4G 计费模式有较大差别，不再是从流量使用量这个单一维度进行计费。运营商改变 4G 计费模式（主要以流量单一量纲计费），由单一量纲转变成多量纲、多维度、多模式的"流量 + 多量纲"计费，从而使 5G 能实现更大的利用价值，在方方面面能实现更广范围、更多领域的应用，推动从"连接"到"连接应用"的企业经营模式转型。这就是多量纲计费的重要特征。

为什么会出现多量纲计费模式，是因为进入 5G 时代，出现了众多新量纲的业务内容。比如在原有基础业务量纲的基础上，出现了云业务、数据业务量纲，出现了服务量纲、体验量纲、结果量纲等。基于这些新量纲，需要设计相应的业务模式、商业模式，所以就出现了新的连接和体验计费模式量纲、服务交付计费模式量纲、平台计费模式量纲等。

换一个角度，运营商通过结合 5G 网络的多量纲计费能力，还能设计出更多的多量纲计费产品或应用服务，将 5G 网络能力通过多量纲计费实现客户价值的快速变现，推动 5G 市场快速发展，如图 5-10 所示。

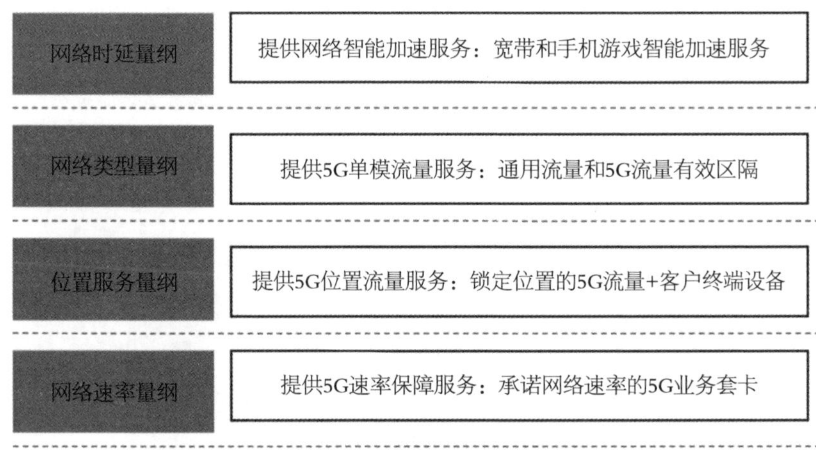

图 5-10　5G 多量纲计费模式框架

运营商对“多量纲”进行了一定的阐述。中国移动提出，将采用多量纲资费设计，采用“基础套餐 + 多场景计费”的方式；中国联通提出，会根据客户需求，一客一策，推出基于场景的多元化收费模式；中国电信提出，将从单一量纲转为多量纲，以 2G/3G/4G 的使用量到 5G 的使用量 / 切片量 / 连接量 / 时延等级 / 速率等级为衡量标准。从目前运营商推出的 5G 资费套餐情况看，“流量” + “速率” + “体验”都成为“价值量纲”之一。例如在速率方面，中国移动、中国联通在套餐中体现为 500Mbit/s（“优享”）和 1Gbit/s（“极速”）。运营商 5G 多量纲计费情况如图 5-11 所示。

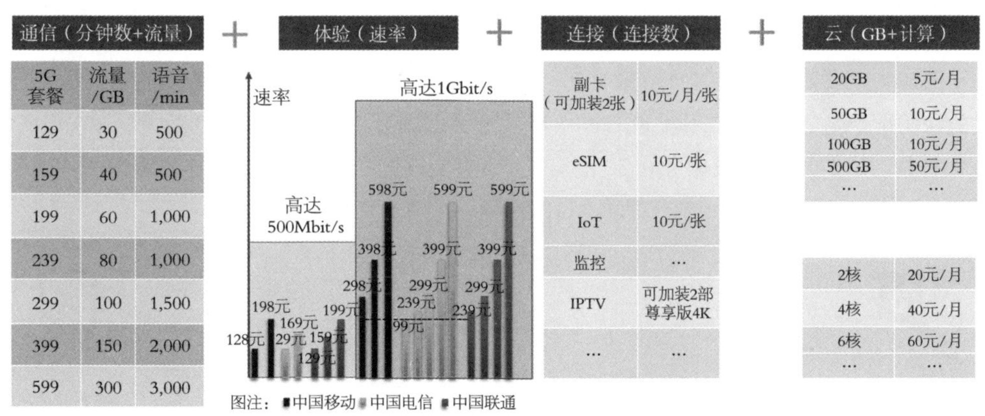

图 5-11　运营商 5G 多量纲计费情况

5.4.3 5G 时代商业模式的四大转变

站在运营商的角度，以往的商业模式被称为 B2X 模式。例如，B2C（Business to Consumer，面向消费者提供的服务）、B2B（Business to Business，面向企业提供的服务），就是通过向消费者及企业提供通信服务，运营商获取通信费作为其酬金的商业模式。进入 5G 时代，运营商通过构建

B2B2X 的全新商业模式，推进各产业高速向 5G 迈进，如图 5-12 所示。通俗来讲，运营商在其所构建的 5G 环境中，将某项具有附加价值的服务 α 提供给其他产业的公司即所谓的服务提供商，服务提供商向最终用户（End User）提供该公司此前无法提供的新服务。通信运营商拥有与大量最终用户的接点，让服务提供商和最终用户实现对接，或者将有关最终用户的信息及知识提供给服务提供商。

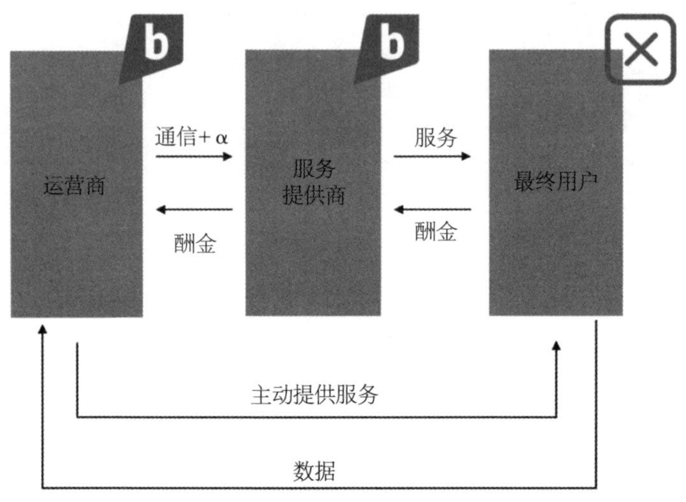

图 5-12　B2B2X 商业模式概况

目前 B2B2X 理论上有两种模式，这两种模式的主要区别在于 B 的选择，比较被市场推崇的一种是 B 为直接面对用户业务场景的商户，另外一种是手握流量的合作平台。从某种程度上看，为了保证 2B 的转化率，第二种流量 B 和公司本身有一定的竞争关系。而在 5G 时代，2B2C 模式的深层转变就是基于第二种流量 B 的改造，比如 5G 时代更多贴近生活的数据掌握在设备制造商手中，所以过去只需要服务好 2C 的模式，就转变成首先要服务好这些 B 的新 2B2X 模式。5G 时代 2B2C 模式深层转变示意如图 5-13 所示。

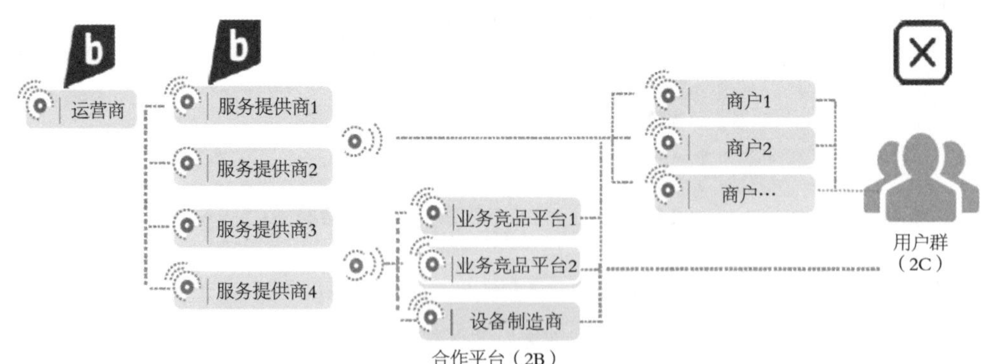

图 5-13　5G 时代 2B2C 模式深层转变示意

5G 时代的商业模式呈现四大转变特征，包括从用户思维到场景思维、从 2C 思维到 2B 2C 思维、从水平思维到垂直应用思维、从产品思维到整体解决方案思维的四大转变。从用户思维到场景思维，是指早期营销看中影响力和流量，现在的思维已经从流量为王进入场景营销思维，着眼于用户怎样跟商业连接，消费者个性化的业务场景是怎样的，需要用精细化的思维去考虑，场景即商业。从 2C 思维到 2B 2C 思维，是指面向个人客户的消费级互联网即 2C，自 2019 年以来消费级互联网发展势头已经放缓，产业互联网即 2B，产业互联网连接的对象包括人、设备、软件、工厂、产品及各类生产要素，2B 2C 意味着更广泛的连接和更广阔的市场。从水平思维到垂直应用思维，是指基于 5G 网络切片技术可以在原有面向所有用户提供一张平面网络的基础上，现在可以动态调整网络资源，通过垂直网络切割出不同的网络能力，向客户提供差异化的垂直网络应用服务，实现网络能力的差异化定价。从产品思维到整体解决方案思维，是指 5G 已经不是单一产品的运营模式，而是需要针对特定的业务场景去开发整体解决方案，满足用户多样化、体系化的需求。

智能经济时代到来，我们认为数字化时代的本质是实物的虚拟化、信息化、数据化以及连接的广泛覆盖，用互联网技术连接世界中的大部分实物。所以，商业模式的本质可以说是在进行有效连接的前提下，数据价值进行的交换。智能经济时代的商业模式创新，正在颠覆几乎所有的行业，并形成以下趋势。一是价值颠覆，只有高效的模式才能存在，低效模式被高效模式淘汰，高效模式创造价值，并颠覆原有的价值评估标准；二是平台模式，目前存在三种基本的平台模式，B2C 平台、C2C 平台、B2B 平台。在数字化时代，平台模式继续畅通无阻，而且呈现出赢者通吃的趋势；三是跨界融合，构筑生态圈。跨界融合是数字化时代的必然趋势，生态圈战略的背后，是不同行业的多元化融合。当数据成为行业的基本要素之后，行业间的壁垒和边界会被数据击穿，数据和算法变成了每个行业共同经营的核心要素。

「5.5 能力开放是生态化运营基础」

智能经济时代的参与者众多，主要可归纳为五大类参与主体，分别为网络设备制造商、运营商、应用服务提供商、终端设备制造商和用户。每类参与主体都有众多竞争企业，这些企业共同构成了 5G 的产业生态系统。虽然运营商和应用服务提供商之间存在一定程度的竞争关系，但为了实现产业生态系统的高效运转和主体成员利益最大化，更多地表现为合作共生的共赢关系。可见，为了有效整合产业资源，提升产业生态系统的竞争力，智能经济时代促进互利共赢的生态化运营是关键。

如何开展生态化运营，核心的是五大参与主体之间的自身能力开放与共享。我们看到，自 2014 年以来，伴随着移动互联网的迅速发展，在“大众创业，万众创新”的大环境中，原有生态化运营参与者之间的能力开放体系和商业模式再也不能适应“互联网 +”时代的业务需求。智能经济时代已经到来，能力开放是潮流也是趋势，五大参与主体必须通过进一步开放自有核心能力，支撑应用创新，从而构建生态化运营圈，才能实现自身资源的价值转换。

5.5.1 智能经济运营特征：生态化运营

2018 年，生态共创、生态化运营已成为业界共识，信息产业各类参与者通过开放合作实现快速发展。2018 年，中国电信在智能连接、智慧家庭、互联网金融、新兴 ICT、物联网五大业务领域全力开展生态圈建设，成功实现了智能连接生态快速发展，智慧家庭生态夯实基础，新兴 ICT 生态势头迅猛，物联网生态初具规模，互联网金融生态加速发展。中国移动在 2018 年开展全产业链、跨行业、跨领域的生态圈建设，召开全球合作伙伴大会，全国建立 18 个开放实验室，5G 联合创新中心吸引超过 200 家合伙伙伴加入。中国联通在 2018 年持续推动“混改”，进一步突破运营商传统业务运营路径，全力开拓移动互联网商业新模式，开展跨界合作、融合发展新生态。

2019 年中国进入 5G 元年，中国电信、中国移动、中国联通、中国广电获得 5G 商用牌照。我们可以通过建立生态化运营评估体系，从生态合作涉及的产业联盟、实验室、专项业务基地等角度评估生态化运营的情况，具体见表 5-3。

表5-3　运营商5G生态化运营情况合作评估（数据截至2020年3月）

运营商	类型	数量 / 个	详情
中国电信	产业联盟	2	5G终端研发联盟（1个） 5G应用创新联盟（1个）
中国移动	产业联盟	22	垂直行业数字化联盟（10个） 省公司产业数字化联盟（10个） 5G联合创新中心（1个） 5G终端先行者计划（1个）
中国联通	产业联盟	5	5G应用创新联盟（1个） 沃家云游产业联盟（1个） 国际合作联盟（1个） 应用创新联盟（1个） 泛终端产业联盟（1个）
中国电信	实验室	30	省级实验室（5个） 市级实验室（3个） 企业合作实验室（22个）
中国移动	实验室	60	5G联创中心分省开放实验室（22个） 其他省级以上实验室（11个） 市级/分支/骨干客户合作实验室（27个）
中国联通	实验室	75	省级实验室（8个） 市级实验室（15个） 企业合作实验室（52个）

我们看到，在 5G 商用伊始，三大运营商的 5G 套餐中都不约而同地包含了一定的品牌权益、业务权益、会员权益、服务权益，可以说运营商在 5G 时代全面开启了权益运营，将权益运营作为了拉高新增保存量的主要抓手，权益运营能力成为了运营商重要的软实力。显然，权益运营是生态化运营的重要特征，需要运营商在原有通信内容的基础上，叠加优酷、腾讯、爱奇艺等互联网应用会员权益。此外，还包括云盘、VR、5G 游戏等自带的应用权益，根据套餐的档次用户可以享有对应的权益内容和服务。运营商权益生态化运营特征见表 5-4。

表5-4　运营商权益生态化运营特征

运营商	权益内容	权益内涵
中国移动	网络权益	5G优享服务 5G极速服务
	品牌权益	全球通银卡 全球通金卡 全球通白金卡 全球通钻卡
	业务权益	咪咕5G畅玩包 视频彩铃等
	服务权益	热线优先接入服务 延迟停机服务
	会员权益	6大权益礼包 5G PLUS会员优惠购权益
中国电信	会员权益	黄金会员 白金会员
	网络权益	黄金会员 白金会员
	生态权益	黄金会员任选1个；白金会员任选2个（首批生态权益清单：爱奇艺、腾讯视频、优酷视频、QQ音乐等）
	应用权益	黄金会员任选2个；白金会员任选3个（首批应用权益清单：天翼云盘、天翼云VR、天翼超高清、天翼云游戏等）
中国联通	视频会员权益	5G视频会员包（VR、4K超高清播放、5G彩铃、AR多视角直播、5G游戏等）
	随心选	阅读&音乐三选一（沃阅读、沃留言、沃音乐）
	优惠购	每月优惠购5次（优酷视频会员12元、饿了吗会员11元、百度网盘超级会员25元等）
	任性领	哈罗单车礼包；蜻蜓FM 7天超级会员；淘票票随机代金券等

在移动互联网企业中，阿里云构建了合作伙伴生态体系，建成了生态合作伙伴系统（APS），推出多项合作伙伴计划，携手两类合作伙伴实现能力引入与输出。阿里云通过设立准入门槛、分级管理及管理组织等标准化机制，构建分类分级的高质量合作伙伴体系，如图 5-14 所示。

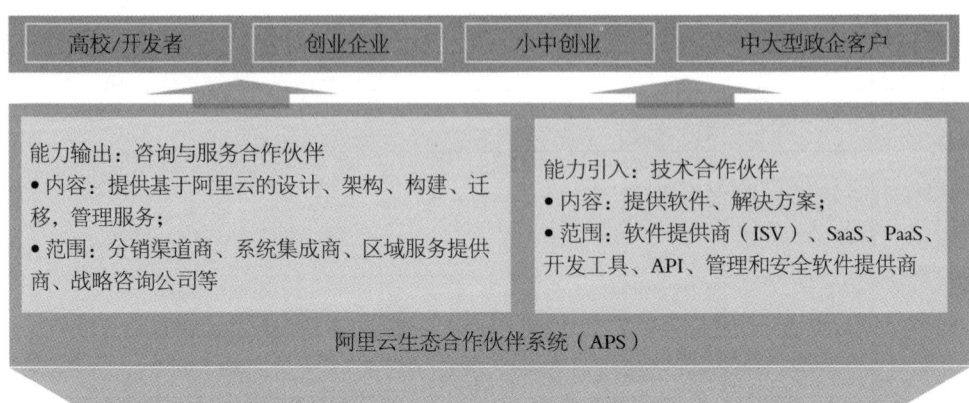

合作伙伴计划	云市场	实现软件及服务的交易与一体化交付
	云安全	提供专业、快速、优质的安全服务
	阿里云大学	打造学、练、赛、考、就业人才培养全方位体系
	创新中心	为创业者提供对接与扶持、技术培训和上云指导等
	建站	提供域名、主机、邮箱、网站、企业应用等服务
	云效	提供一站式协同研发平台，助力企业研发效能升级
	Apsara Aliware	与阿里云合作构建具有丰富开放功能的PaaS平台
	阿里巴巴小程序繁星	向小程序开发者等提供“云+端”的技术、商业赋能
	其他	云存储、数据库、零售云、城市服务商等

图 5-14　阿里云合作伙伴生态体系

在设备制造商企业中，华为不但在传统设备制造领域开展生态圈建设，还面向开发者构建生态体系，提升自身对相关产业链的有效延伸和布局。华为开发者大会 2020（Cloud）是华为面向 ICT 领域全球开发者的年度盛会。华为还推出开发者“沃土计划”，为开发者赋能，帮助开发者基于华为产品、平台进行技术与商业创新。2015 年，华为首次发布“沃土计划”，针对开放能力、平台工具、培训赋能、成果孵化、创新基金 5 个方面，帮助开发者获得技能、加速创新、持续发展。2019 年，“沃土计划”推出 2.0 版本，从产品、赋能、联盟、社区、激励五大方面全面升级，并针对高校与科研机构、开发人员、初创企业、合作伙伴分别制定发展计划，差异化地提供扶持资源。新的“沃土计划”投入 15 亿美元，开发者的规模扩大到 500 万人。

其中，沃土高校教研扶持计划，帮助高校及科研院所使用华为 AI 技术及算力资源，开展高校人工智能学科建设，助力科研院所开展学术研究和科研创新，培养新时代科技人才；沃土开发人员成长计划，帮助个人开发者学习和构建基于华为产品的技术能力，以获得持续的职业发展，成为领域专家；沃土初创企业扶持计划，通过降低开发者创业创新门槛，扶持初创企业基于华为技术，快速打造产品，帮助企业获客增收，为“大众创业，万众创新”搭建技术分享和机遇共创的平台；沃土合作伙伴发展计划，支持商业伙伴基于华为系列产品与设备，进行系统软件、应用产品或行业方案的开发构建、移植调优、商业孵化。

腾讯在 2020 年 4 月公布了 5G 生态计划成绩单，首批 45 家 5G 合作伙伴已经正式加入，覆盖 12 个 5G 场景，包括多媒体内容、音视频技术、虚拟或增强现实、交通出行、工业互联网、生活民生、能源管理、城市管理、智能交互、智能物联、未来网络、通信感知等。腾讯 5G 生态计划联合运营商、终端设备厂商、上游芯片厂商、创新公司等合作伙伴，打造并整合行业应用成熟的 5G 技术及行业解决方案，打通内外部 5G 能力与应用之间的连接。

生态化运营还可以通过跨行业合作建设企业的方式，高效切入全新的业务领域。例如 2020 年 4 月，由中国移动牵头组建的联仁健康医疗大数据科技股份有限公司，被视为健康医疗大数据领域的“国家队”。这是中国移动深入实施“5G+”计划，加速技术融合和产业融通，持续深耕重点垂直领域和通用场景，推动 5G 在医疗行业应用创新的重要探索，也是落实健康中国战略、推动大数据在医疗卫生领域普及应用、促进保障和改善民生的重要实践。下一步，联仁健康医疗大数据科技股份有限公司将整合行业资源，发力“5G + 健康医疗”，通过与国家级平台、权威医疗机构尤其是上海的权威医疗机构，以及产业合作伙伴的广泛合作，共同探索和推动健康医疗服务新模式、新业态的形成。

由此可见，智能经济时代的参与者，均已投身于生态化运营的大潮中。通过全力、有效、持续地整合产业链相关资源，寻求获得整个生态系统的最佳竞争力，推动互利共赢的生态化运营。

5.5.2 能力开放与共享：生态化运营的必然选择

如果说生态化运营是对运营结果的描述，那么能力开放与共享则是开展生态化运营的前提条件、必然选择和唯一路径。咨询公司 Ovum 开展的对“未来 2025 年数字经济”和“未来最能收益的应用”进行的相关调研结果显示，物联网、大数据和 5G 被认为是 2025 年最重要的数字技术，而物联网、云服务和电子健康是 2025 年能获得高收益的应用。综合二者我们认为，物联网、大数据和云服务极具潜力。从全球领先运营商的发展情况来看，大部分领先运营商正在大力发展物联网、大数据和云服务等能力，并紧密结合用户需求，向用户提供一定的数字化能力服务。

进入智能经济时代，各行各业的头部企业、龙头企业都在尝试并具体开展能力开放实践。大数据、人工智能等技术手段就是阿里巴巴的能力开放，将赋能所有线上线下的中小店铺。在 2019 年阿里巴巴 One 商业大会上，阿里巴巴发布其商业操作系统，系统地帮助全球零售业全面重构商业运营要素，首先实现在线化，进而实现全面数字化，这也是阿里巴巴全面开放数字化能力的又一重要举措。

腾讯开放平台，是腾讯进行能力开放的对外服务平台。该平台集合了应用开放平台、微信开放平台、AI 开放平台、创业服务平台、内容开放平台和 QQ 开放平台六大类的能力开放内容。以微信开放平台为例，开放的能力包括移动应用开发（微信分享、微信收藏、微信支付）、网站应用开发（微信账号登录）、公共账号开发（微信公众号）、第三方平台开发（运营服务和行业解决方案）4 种开发能力。

在 2019 京东 618 全球品牌峰会上，京东提出了零售开放战略。京东将通过 Integrated（整合营销）、Data-driven（数据驱动）、Effective（品效合一）、Access（开放平台）、Link（场景连接）5 位一体的手段，全面开放京东核心的数据和营销能力。京东零售全面的开放战略，核心思想是运营流程的透明化以及核心能力的开放。在保护用户隐私的前提下，京东将把大数据、供应链等最核心的能力开放给合作伙伴，让合作伙伴在生态化运营中共享核心能力。这也是继京东 2018 年年底全面开放物流能力之后，其核心能力的又一次开放，标志着京东商城由互联网渠道商正在转型成为泛零售的服务提供商。

在整个通信行业产业链乃至整个智能经济时代，运营商作为“网络与业务服务提供商”位于整个产业链的中游，通过能力开放进行产业链上下游资源整合，形成敏捷的业务运营、领先的创新能力、更好的用户体验。

早在 2011 年中国联通就提出了“能力共享”的概念，在 2011 移动互联应用产业峰会上中国联通发布了“Wo+ 开放体系”战略，这是中国联通为产业合作所打造的“平台的平台”。该战略体系由产品聚合能力、能力共享、渠道能力、智能管道 4 部分组成。其中能力共享平台提供了中国联通的短信、彩信、语音、IVR、统一账号以及云通讯录等能力调用，同时汇聚互联网各类资源，输出给应用服务提供商。可见，能力共享包括三个方面：短信、彩信、账号、云通讯录等；资源置换；标准 API 调用。这也是能力开放与共享的最初形式。

能力开放一般是指运营商将自身优势与特色资源以平台、产品、API 等形式开放给不同企业和行业的合作伙伴及开发者，这些能力包括基础通信能力、网络能力以及物联网能力等。一方面，相关企业通过调用运营商开放的能力，保证自身的各类业务场景顺利运转；另一方面，运营商可以基于对企业和行业各类需求的把握，将其自身优势和资源封装为相应的能力开放产品，使得自身能力可以嵌入到具体的业务场景中，获得业务收入并实现产业生态化运营。能力开放生态圈如图 5-15 所示。

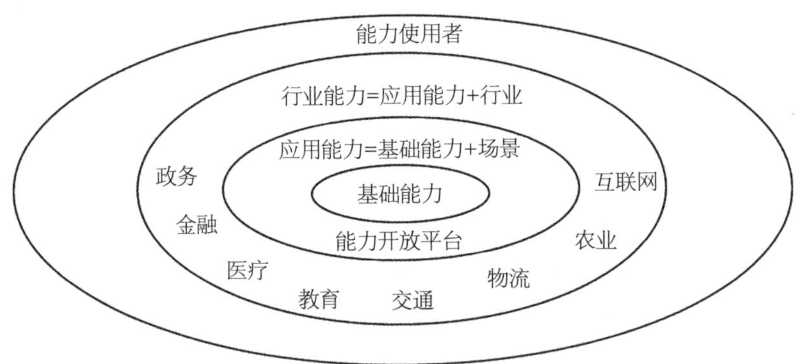

图 5-15　能力开放生态圈

5G 商用以来，中国联通将自身通信服务、网络策略、安全认证、大数据分析、5G 和物联网这六大核心能力进行整合，已经开始向合作生态圈提供语音、云通信、视频会议、流量加速、统一认证等能力开放，后续还将向 5G 网络能力、大数据分析、物联网等更加广泛的能力开放迈进。通过开发标准化能力部件和统一开放接口，为产业生态企业和用户提供通信能力 API 及综合行业应用解决方案。用户只需注册并通过认证，即可轻松体验丰富的通信能力，并进行在线购买和开发使用，形成多样化的产品。

中国移动能力开放实行“1+*N*”总体架构，“1”即能力开放平台综合门户（能力开放商店），是各专业垂直开放平台“*N*”的集中入口，以提供优质服务为目标，对外展现中国移动能力开放整体的品牌形象、服务理念、能力开放图谱和重点应用推荐，面向互联网合作伙伴提供完善的能力支撑服务。同时在运营过程中逐步完善，持续优化，实现统一账户、统一计费结算以及能力组合。我们看到，中国移动目前提供多个能力开放平台，包括通信能力开放平台、能力开放商店、互联网能力开放平台、IT 能力开放平台、物联网开放平台、物联卡能力开放平台。早在 2018 中国移动全球合作伙伴大会上，中国移动提出坚定不移地推进开放合作，明确合作标准、优化合作服务、创新合作模式，让开放更给力，让合作更密切。深化推进“139 合作计划”，搭建线上线下立体化能力开放平台，激发国内外产业链创新潜力，共同构建能力互补、资源共享、融通发展、互利共赢的新型数字化产业生态，努力实现 5G 时代的协同创新和共同发展。

「5.6　能力开放四部曲」

智能经济时代，如何有效开展并实现能力开放？通过总结目前开展生态化运营的龙头企业，以及具体实施能力开放的头部企业后，我们总结出能力开放的 4 个关键点，包括能力清单化、清单产品化、产品超市化、交易市场化，也可以称之为能力开放四部曲。

5.6.1 能力清单化：识别可开放能力

能力清单化，这个概念可以说来源于“清单式管理”。所谓清单式管理，是指针对某项管理活动，对工作内容进行细化、量化、清单化，最终形成清晰、明确的工作清单表，并严格按照工作清单表来执行考核、督查的管理制度。显然，清单式管理就是借助清单这种有效的工具，让流程的事情工具化，还可以对清单进行细化分类，对不同的流程设置不同的要求，实现管理的精细化。

如何定义能力清单化，我们认为是智能经济参与者通过对自身可开放能力的梳理、评估、识别，将可开放的能力细化、量化、清单化、分层级，形成可开放能力清单表，并对企业自身内部和外部合作方进行具体化的展现。

能力清单化的作用一般体现在两个方面，一方面通过对企业自身能力的梳理，企业体系内单位能够明确企业的能力职责，可以在企业核心能力领域有目标地打造相关能力，也有助于企业集团内部单位间，避免重复开发、重复推广类似能力；另一方面，借助能力清单，生态化运营的相关外部企业合作方，能够明确地找到业务合作的切入点，这既包括企业集团内部可以明确地按照能力清单去寻找合作方，也包括体系外的合作参与者明确合作领域。

能力清单化需要具备哪些要素？以运营商为例，运营商可以开放的能力众多，例如计费能力、位置服务能力、大数据能力、渠道分发能力、安全管控能力等。这些能力有些是大能力，有些是小能力，要通过清单化的方式形成一个目录树。这个目录树要根据能力的不同进行分层分级，例如计费能力是一个比较具体的能力，但大数据能力就是一个很笼统的能力，这里面又包括位置数据、客服数据、交易数据、支付数据等，这就形成了能力目录树的二级目录。所以，能力清单化需要具备的要素是对能力的分类、分级定义，这才是真正的清单化。

中国移动围绕核心能力顶层设计，打造战略支撑、技术创新、产品开发、创新应用、产业构建五大研发核心能力。在创新研发管理机制上，强化研发统筹管理，加强一体三环协同机制，实施自主研发核心能力清单，打通自主研发在立项、预算、采购、转资、实施的端到端流程，推动自主核心产品进入生产运营。面向不同主题，中国移动还制订了一系列激励政策，双向鼓励研究机构和运营单位，加强研发成果内部流动和转化，2020 年实现公司新增收入中自主研发成果相关的贡献率不低于 50%。

围绕中国电信战略转型 3.0 的目标，实现“网络智能化、业务生态化、运营智慧化”，打造“智能连接、智慧家庭、互联网金融、物联网、新型 ICT”五大生态圈，中国电信面向网络智能化、业务生态化、运营智慧化，构建了核心能力清单，提出了七大领域 17 项核心能力。中国电信的核心能力指围绕企业转型发展需建立的重大的、可以自主掌控或者主导引领的、关键的差异化能力，包括网络能力、平台能力、产品能力、运营能力和服务能力等，具体见表 5-5。

表5-5 中国电信核心能力清单

序号	领域	核心能力
1	（一）固移融合、多网协同的网络	高速率、广覆盖、低时延网络和基础设施资源整合能力
2		网络智能管控及智慧运营能力
3		网络及业务能力的灵活开放能力
4	（二）基于云和大数据的共享平台	支持资源集约、云网协同的云能力
5		面向智慧运营的多源异构数据分析和应用能力
6		聚合视频内容及应用的固移媒体业务平台能力
7		物联云平台生态服务能力
8	(三)智慧家庭与大视频	高质量、差异化、智能开放的固移视频统一分发和服务能力
9		固网与移动网视频等重点业务感知质量的评测优化能力
10		集约、开放、自主的智慧家庭基础能力平台
11		深度定制、智能连接的智能终端能力
12	（四）物联网	多网融合的规模化全连接能力
13	（五）互联网金融	互联网金融与运营商协同运营能力
14	（六）互联网+	行业专属云平台能力
15		行业专属数据服务能力
16	（七）安全	安全服务能力
17		多业务多网络多终端的账号经营能力

能力清单化是进行能力开放的第一步，是进行能力开放的基础性工作。只有通过清单式的能力识别，才能建立起分层级的能力目录清单，摸清自己的能力家底，为下一步的清单产品化打好基础。

5.6.2 清单产品化：能力包装和定义

能力清单建立之后，我们发现这个清单还不具备与开发者进行交易置换和调用的条件，因为能力清单没有定价，所以我们提出能力开放的第二步：清单产品化。清单产品化，就是要把所有的能力清单元素，进行可交易、可置换的产品型包装和定义。因为能力清单一定要转化为能力清单型产品，才能让开发者从内部技术元素的清单中，找出需要进行能力交易的有价产品。可见，能力必须包装成产品，清单产品化后才能进行交易，才能进行商业化操作。

如何进行能力包装？从智能经济时代产业化运营的角度看，能力包装就是从业务功能、应用场景、解决方案、技术优势等角度出发，将能力清单中的能力要素包装成能力产品，进而提供给需求方可选择的产品清单，也可以是针对某一特定行业的解决方案。中国移动清单产品化举措（2020 年）见表 5-6。

表5-6　中国移动清单产品化举措（2020年）

能力清单化		清单产品化
通用能力	通信服务	• 中间号 • 挂机彩信 • QoS加速 • 拨打验证 • 模板短信 • 视频短信 • 语音通知/验证码 • 语音会议 • 点击拨号 • 来/去电身份提示
	移动认证	移动认证
	和包支付	• 资金归集 • 和包支付能力
智能连接	AndLink家庭开放平台	AndLink
	物联网OneNET平台	• 中移和物 • OneNET视频能力 • 物联网应用开发
	物联卡OneLink平台	物联卡管理
大数据	信用服务能力	信用服务能力
	位置能力	• 地图搜索导航SDK • URI地图能力 • 统一地图JSAPI能力 • 智能终端定位能力
	分析能力	• 中移舆情 • 智能问答（知了） • 大云搜索引擎 • 中移商情
云服务	智能语音云	语音识别处理
	视频云	视频云点播/直播
	公有云服务	公有云服务
	云空间	云空间
	云客服	中移云客服

（续表）

能力清单化		清单产品化
行业服务	电商一点对接	• 选号入网 • 宽带办理 • 基本业务订购
	营销推广	• 互联网消息推送 • 互联网广告平台
	行业视频+	• 视频会议 • 视频对讲 • 视频监控
	物流能力	智慧物流

从中国移动的清单产品化典型案例中我们可以看出，在能力清单化的基础上，通过梳理业务功能和应用场景，相关的能力清单被包装成产品清单，并通过命名、定义、规范等成为能力清单产品，可以直接提供给需求方（开发者）使用。我们也看到，中国移动的清单产品化工作需进一步完善，部分能力清单还停留在清单化层面，还未能实现清单产品化。这是由于清单产品化不可能一蹴而就，各种能力产品化的步伐也不尽相同，需要持续对清单产品化进行更新、升级，不断向能力产品注入研发创新活力。

阿里云的清单产品化工作卓有成效，目前已经形成了庞大的清单产品化体系，具体见表5-7。

表5-7　阿里云清单产品化体系示例（2020年3月版）

产品分类	产品二级分类	产品三级分类	清单产品
云计算基础产品	弹性计算	云服务器	• GPU 云服务器
		高性能计算 HPC	• 弹性高性能计算 E-HPC
		其他	• 图形工作站（公测中）
	存储服务	云存储	• 文件存储 NAS
		个人存储	• 内容协作平台（公测中）
		存储数据迁移	• 闪电立方
		智能存储	• 智能媒体管理
		混合云存储	• 混合云容灾 HDR
	CDN与边缘		• CDN
	数据库	数据库专属集群	• 云数据库专属集群
		关系型数据库	• 云数据库PolarDB
		NoSQL数据库	• 云数据库 Redis 版
		数据仓库	• 分析型数据库 MySQL版
		数据库生态工具	• 数据传输服务 DTS
		数据库专家服务	• 数据库专家服务（公测中）
	云通信		• 语音服务
	网络	云上网络	• 专有网络 VPC
		跨地域网络	• 云企业网
		混合云网络	• VPN 网关

（续表）

产品分类	产品二级分类	产品三级分类	清单产品
安全	云安全		• DDoS高防
	数据安全		• 数据库审计
	安全服务		• 安全管家
	安全解决方案		• 企业上云安全建设
	业务安全		• 游戏盾
	身份管理		• 访问控制
大数据	飞天大数据平台	大数据计算	• MaxCompute
		大数据开发	• DataWorksHOT
		大数据搜索与分析	• 交互式分析
	数据可视化		• DataV
	大数据分析		• Quick BI
	数据构建与管理		• Dataphin（公测中）
	大数据应用		• Quick Audience（公测中）
	营销场景解决方案		• 精准营销
	大数据基础设施解决方案		• 大数据仓库
	大数据智能应用解决方案		• 人地关系数据智能
人工智能	智能语音交互		• 录音文件识别
	机器翻译		• 通用版翻译引擎
	遥感影像智能解译		• 卫星及无人机遥感影像分析产品
	图像搜索		• 图像搜索
	图像识别		• 图像识别
	视觉计算		• 视觉计算服务VCS（公测中）
	视觉生产		• 智能视觉生产
	印刷文字识别		• 通用型卡证类
	自然语言处理		• NLP自学习平台NEW
	三维视觉		• 三维空间重建（临云镜）
	人脸识别		• 人脸识别
	智能语义理解		• 文本相似度（公测中）
	视觉智能开放平台		• 视觉智能开放平台
	机器学习平台		• 机器学习平台 PAI
	多媒体AI		• 视频内容分析（公测中）
	城市视觉		• 城市视觉智能引擎（公测中）
	内容安全		• 图片风险人物识别
	解决方案		• 图像自动外检
	数据智能		• 城市大脑
物联网	设备服务		• AliOS Things（物联网操作系统）
	物联网云服务		• 物联网平台
	边缘计算		• 边缘计算服务
	网络服务		• 物联网网络管理
	物联网安全		• 物联网安全运营中心
	生态		• 物联网市场
	相关云服务		• 智联车管理云平台
	标准解决方案		• 人脸识别门禁一体机解决方案
	行业场景解决方案		• 全域停车

（续表）

产品分类	产品二级分类	产品三级分类	清单产品
开发与运维	备份、迁移与容灾		• 迁移工具
	开发者平台		• 云效
	移动研发平台 EMAS	测试	• 移动测试
		运维	• 移动热修复
		运营	• 移动推送
		网络	• HTTPDNS
	Teambition软件开发平台		• 所思 知识库
	测试		• PTSHOT 移动测试
	仓库服务		• Maven 公共仓库服务
	企业IT治理		• 访问控制
	API与工具		• Cloud Toolkit
	开发与运维		• 云监控
	解决方案		• DevOps解决方案
企业应用	域名与网站		• 云解析 DNS
	注册公司		• 公司注册
	知识产权服务		• 商标注册
	应用服务		• 机器人流程自动化 RPA
	智能设计服务		• 鹿班（公测中）
	视频云		• 视频直播
	专有云		• Apsara Stack
	消息队列		• MQ 消息队列 RocketMQ 版
	微服务		• 企业级分布式应用服务 EDAS
	智能客服		• 云呼叫中心
	区块链		• 区块链服务
	SaaS加速器		• 宜搭
	企业服务解决方案		• 专属钉钉
行业引擎	智能交通		• 智能出行引擎
	智能工业		• 工业视觉智能
	新零售		• 货架商品识别与管理（公测中）
	数字政府		• 政务钉钉
	数字金融		• 金融分布式架构 SOFAStack

从阿里云的清单产品化体系中可以发现，其清单产品划分为云计算基础产品、安全、大数据、人工智能、物联网、开发与运维、企业应用和行业引擎八大类，成熟的产品进行了二级、三级分类，只进行了二级分类的清单产品也有很多，说明了清单产品化是一个渐进的过程，需要根据产品的成熟度进行逐步完善。

清单产品化的另一个重要举措是进行产品定价。外部开发者调用相关清单产品时，每次需要支付相应的费用。阿里云对旗下 16 款热卖产品提供免费试用服务，如图 5-16 所示，这是吸引开发者尝试使用产品的营销举措。

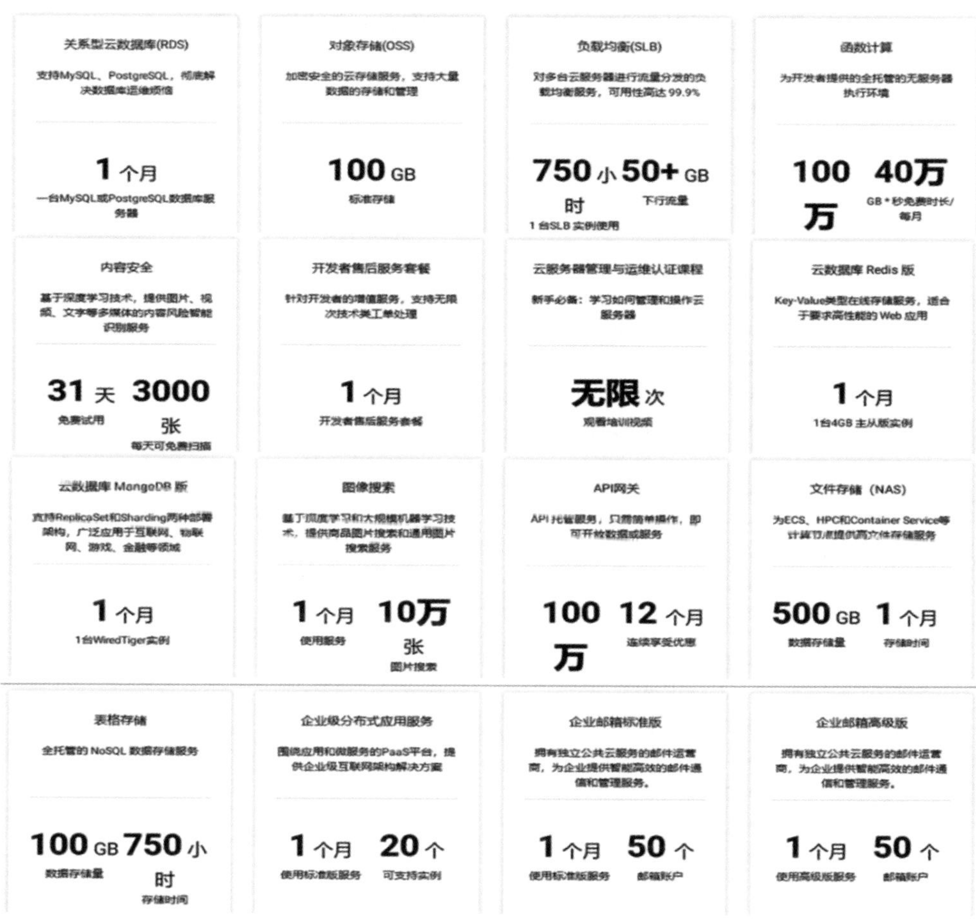

图 5-16　阿里云 16 款产品免费试用

百度智能云支持多种计费方式，包括包年 / 包月计费（预付费方式）以自然年 / 月为计费周期支付订单；按需计费（后付费方式）按分钟计费、按小时计费；按量计费（后付费方式）根据所选服务的实际使用量（如流量、个数、日峰值、带宽等）计费，具体见表 5-8。

表5-8　百度智能云清单产品化计费模式（2020年3月版）

计费模式	适用产品
包年/包月计费	• 云服务器BCC • 专属服务器DCC • 应用引擎BAE-专业版 • 弹性公网IP EIP • 云磁盘CDS • 内容分发网络CDN • 百度MapReduce BMR • 云数据库 RDS for MySQL • 云数据库 RDS for SQL Server • 云数据库 RDS for PostgreSQL • 云数据库 DRDS • 云数据库 SCS • 云虚拟主机BCH • 域名服务BCD • 物联网接入IoT Hub • 时序数据库TSDB
按需计费	• 云服务器BCC • 应用引擎BAE-基础版 • 应用引擎BAE-专业版 • 负载均衡BLB • 弹性公网IP EIP • 对象存储BOS • 云磁盘CDS • 百度MapReduce BMR • 百度Kafka • 百度OLAP引擎Palo • 百度Elasticsearch • 音视频直播LSS的转码计费 • 云数据库 RDS for MySQL • 云数据库 RDS for SQL Server • 云数据库 RDS for PostgreSQL • 云数据库 DRDS • 云数据库 SCS
按量计费	• 内容分发网络（CDN）：按流量计费、按日峰值带宽计费 • 百度Kafka：按实际使用量实时计费 • 音视频直播（LSS）：按流量计费、按日峰值带宽计费、按月峰值带宽计费 • 音视频点播（VOD）：按流量计费、按日峰值带宽计费、按月峰值带宽计费 • 简单邮件服务（SES）：按邮件数量和流量计费 • 简单消息服务（SMS）：按短信数量计费 • 百度搜索推广实况（API）：按关键词个数计费 • Referer关键词数据服务：按关键词个数计费

5.6.3 产品超市化：能力上架销售

清单产品化工作完成后，可开放的能力已经转化为能力产品，还进行了产品定价，那么可以进行能力交易了吗？我们认为还差一步，需要产品超市化，才能实现能力上架销售。通俗地说，清单产品要通过上架，进入能力产品销售市场，才能有人去买卖。所以，我们要建立能力产品的交易超市，将可提供的各种能力开放产品，在这个交易市场销售。

何谓产品超市化，就是通过建立能力交易市场，构建一个清单产品的交易平台，促成能力产品买卖双方实现能力产品的交易。

中国移动能力开放商店，是中国移动秉承开放合作理念，汇聚中国移动集团内部专业能力资源，面向移动互联网时代业务创新生态环境和能力合作价值链，推出的能力开放及资源共享服务平台，是中国移动推动实施“大连接”战略的重要组成部分。中国移动能力开放商店将公司的系列核心能力（基础通信、物联网、统一认证、数字家庭等）进行标准化封装，以 API、SDK 等形式实现各项能力的可视化呈现，使各类底层资源变得透明易用。合作伙伴不必了解复杂的底层网络，无须必备专业的编程能力，即可任意挑选各类能力资源，快速打造优质移动互联网应用。截至 2020 年 4 月已经为 458,196 家企业提供了 13,673.31 亿次服务。

中国电信天翼开放平台，基于“合作、创新、共赢”的理念建设，为广大互联网开发者提供一站式、标准化、规模化的开放能力服务。目前该平台已接入数以亿计的中国电信天翼账号用户，借助于中国电信优质的推广渠道，以及强大的运营商级“自然人”用户管理能力，天翼开放平台将帮助亿万用户体验到开发者的产品，并实现有效的用户群转化。天翼开放平台同时期望与合作伙伴携手共筑一个更为开放的能力合作生态价值链。中国电信不仅鼓励互联网开发者通过天翼开放平台了解和使用开放能力，同时也鼓励广大互联网能力提供商在其之上加载特色能力，以帮助能力合作伙伴专注于自身核心技术优势，依托真正的运营商级基础云平台，轻松服务于数十万创新应用，并从中获得丰厚回报。天翼开放平台非常愿意为广大互联网合作伙伴提供一个更加便捷的能力合作门户。通过一站式合作门户以及规范化的全电子签约方式，整合多种能力合作流程，极大降低运营商合作成本，秉承服务至上的合作理念，让开发者尽享运营商级标准能力服务所带来的价值增值与便利。中国电信天翼开放平台架构如图 5-17 所示。

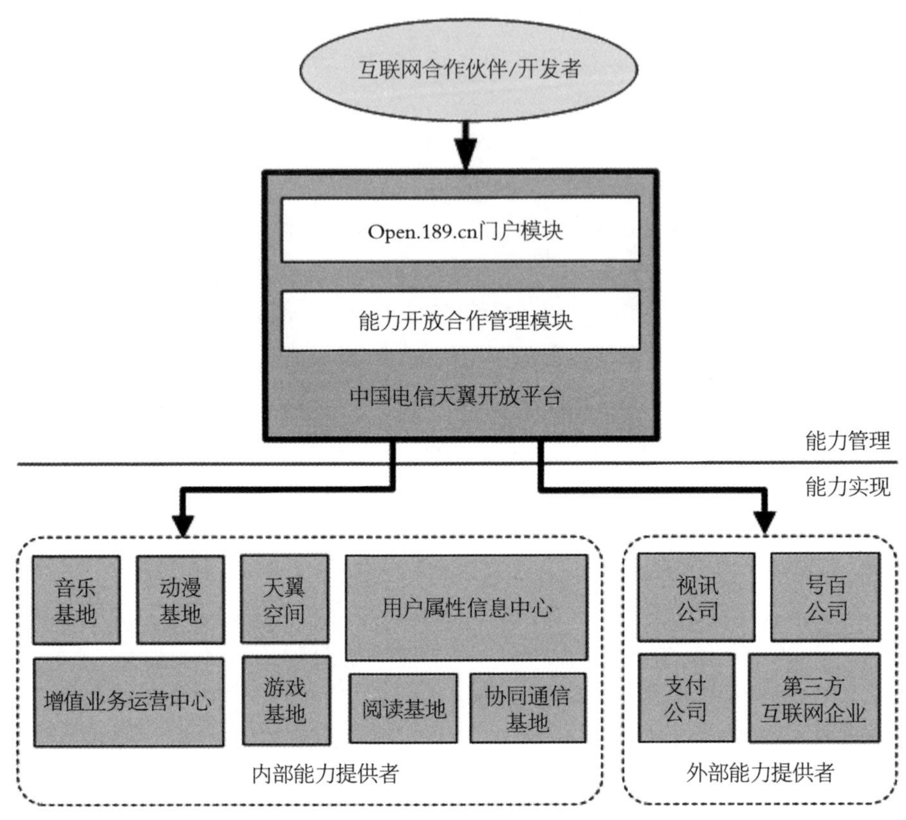

图 5-17　中国电信天翼开放平台架构

中国联通通信能力开放平台，旨在将智能化终端、运营商定制化网络资源、移动互联网、物联网等业务进行整合，为用户带来云化部署、一点受理、服务全国、灵活定义的网络能力服务。基于通信服务、网络策略、安全认证、大数据分析、5G 和物联网六大核心能力，提供包括目前热门的语音通话、云通信、云视频会议、云加速等通信能力，未来还将涵盖 5G 网络能力、大数据分析、物联网等广泛的通信能力。通过标准化能力部件和统一开放接口，为企业用户便捷地提供通信能力 API 及综合行业应用解决方案。用户只需注册并通过认证，即可轻松体验到丰富的通信能力，并进行在线购买和开发使用，形成多样化的产品。中国联通通信能力开放平台，将运营商全国级通信能力开放给业务合作伙伴，融合内外部能力创造各种新型通信应用，聚合业务开发者、OTT 业务提供商、行业服务集成商，打造新型的产业生态链，实现创新合作共赢。

腾讯开放平台，致力于打造高效、可靠的企业服务平台。依托腾讯 20 年技术沉淀，整合腾讯内部核心资源，在研发、设计、推广、营收转化、产品体验上全方位赋能合作企业。腾讯开放平台整合了应用分发平台、微信开放平台、AI 开放平台、腾讯云和 QQ 互联等业务能力，还将生态扶持计划纳入其中，开发者可以通过青腾大学、腾讯 AI 加速器、游戏扶持计划、腾讯云创业扶持计划、双百计划等获得来自腾讯的支持和资源。

阿里巴巴开放平台，依托 B2B 海量用户资源以及强大的平台优势，是为阿里巴巴商家提供基础服务的重要开放途径，帮助商家提升经营能力、拓宽生意渠道、提高办公效率。阿里巴巴开放平台将向合作伙伴和广大第三方开发者逐步开放会员、公司库、类目、产品、交易、资讯等一系列接口。

在智能经济时代，能力交易平台不但可以面向外部开发者，在企业内部同样可以借助能力平台实现对创新成果的内部交易，促进企业内部相关能力的开放和共享。例如中国电信灯塔大数据行业平台，面向企业外部的市场研究、广告、汽车、金融、人力资源等诸多行业领域，提供零售研究、消费者研究、店铺选址、精准营销等服务。同时，面向企业内部，各个省、市分公司也可以调用灯塔大数据行业平台的相关资源，实现能力开放和共享在企业内部的交易。

5.6.4 交易市场化：实现科学定价

为了实现能力开放，前面我们已经完成了能力开放四部曲的前 3 个重要动作，现在就要进行能力的公平交易了，因为只有进行符合市场规则的市场化交易，才能实现市场化的科学定价，推动能力开放事业的健康、有序发展。

我们认为，进行能力开放交易的市场化必须充分发挥市场的供求机制、价格机制和竞争机制等功能。所谓供求机制，就是调节能力开放市场的产品供给与需求矛盾，使能力开放产品的供求相互平衡的市场机制。价格机制，就是通过能力产品价格的涨落，来调节能力产品的需求量与供给量，进而指导能力开放产品与消费的运行机制。竞争机制，是指在市场化交易条件下，反映能力开放产品的提供者与开发者之间为利益驱动而产生的竞争行为和相互竞合的关系。

交易市场化，是智能经济时代实现技术成果交易的重要途径。通过政府搭台、企业唱戏的形式，组建起了有一定影响力的技术交易平台。例如浙江网上技术市场，是国内开办最早的技术交易平台，目前这个网上技术市场已构建了由 1 个省级市场、11 个市级市场、94 个县（市、区、高新区）分市场，29 个专业市场的网上技术市场体系架构，形成了覆盖浙江全省、辐射全国的技术市场平台。截至 2017 年 9 月底，浙江网上技术市场已累计发布技术难题 8.1 万项，征集并发布科技成果 16.2 万项，在线企业近 10 万家，高校、科研机构 3 万多家，中介机构约 1 万家，网站访问人数达到 1,450 万人次，累计签约技术合同 4.14 万项，成交金额 447.27 亿元人民币。

2009 年，我国首家全国性技术交易机构中国技术交易所诞生，是经国务院批准设立，由科技部、国家知识产权局、中国科学院和北京市人民政府联合共建，定位为立足北京、服务全国、具有国际影响力的技术交易中心市场，为技术交易提供价值评估、交易对接、公开竞价、项目孵化、科技金融、政策研究等专业化服务。2014 年，国家级技术交易网络服务平台“技 E 网”正式上线运营。该平台可提供信息披露、路演推介、在线竞价、挂牌交易、成交信息公示等服务。到 2016 年年底，技 E 网已在全国 20 多个省市联网运行。从实践看，“技 E 网”在为科技型企业、高校院所、科研机构、地方科技管理部门提供科技成果转化服务方面，发挥了重要的支撑作用。

在运营商开展能力开放交易的过程中，我们发现有些能力产品，开发者不愿意调用，很大原因是定价不合理。一种情况可能是运营商定价过高，开发者购买的意愿不强；另一种情况可能是运营商认为市场定价过低，甚至于低于成本，不愿意开放。怎么才能达到合理的定价，那就需要交给市场这只看不见的手。买卖双方相互达成共识，那就是可接受的市场均衡价格。所以，一定要通过公开的市场交易，来实现科学定价。

纵观运营商开展能力开放运营的实际过程，我们认为要实现科学定价有两个关键步骤。首先是进行全面、系统的内部定价，可以通过 6 种内部定价模式实现。一是基于能力开发成本投入的定价模式；二是基于能力合作目标的定价模式，如果能力合作的目标是扩大收入，那么和以扩大应用规模为目标的定价存在显著差异；三是基于能力核心竞争优势的定价模式，显然具备领先优势、稀缺的能力在定价时具有高溢价的可能；四是内部机构决策的定价模式，即由产品管理委员会集体决策确认定价；五是基于竞争对手价格的定价模式，由于运营商提供能力开放产品的相似性，参考竞争对手定价成为运营商之间常用的定价模式；六是基于意向采购企业询价的定价模式。内部定价完成后，即进入第二个关键步骤：外部调控。在内部定价完成后，应建立价格的外部调控机制，可根据能力开放交易情况实施价格调控，比如交易活跃、需求旺盛，说明能力需求紧俏或者定价偏低，可以适当提高价格；交易清淡、需求不振，说明能力需求寡淡或者定价偏高，可以适当调低价格。

中国电信的能力开放平台明确表明，根据平台能力所含的 API 价格进行销售，采用后付费的方式。也就是说中国电信能力开发中心采集整体开发者的能力接口调用量信息，作为开发者能力结算单的信息输出，也作为开发者与 PaaS 平台结算的依据，但具体的价格并未公开，估计采用商务谈判签订价格。从计费模式来看有以下两种模式： 一是按使用量计费，包括按调用条数、使用次数、使用时长三类；二是按 PaaS 平台采集能力平台提供的业务清单根据能力 API 的定价做一次计费批价。

例如中国移动的移动认证能力开放，是中国移动面向移动互联网应用提供的登录及认证服务，采用按登录次数提供折扣价格的市场化定价模式，具体见表 5-9。中国移动的移动认证能力，是基于运营商独有的数据网络认证 + 数据能力，为企业提供全面的用户账号使用和数据管理一站式解决方案，将手机号码从单一的通信行业账号打造成服务于“通信、互联网、物联网、银行”等多行业的账号体系，目前应用案例包括支付宝、爱奇艺、小米等企业。

表5-9　中国移动的移动认证能力定价

折扣信息	价格	折扣要求
标准价	0.05元/次	登录次数>2,000次
7折	0.035元/次	登录次数>50,000次
6折	0.03元/次	登录次数>300,000次

第六章

5G 玩法三：组织变革 流程再造

时代的发展与进步总是伴随着饱含激情的创新和难以遇见的颠覆。从工业经济到知识经济，再到创新型经济，不断变迁的生产方式推动着企业管理模式的变化，组织形态随之不断变形、被重构与再定义。

6.1 数字化驱动下的组织变革

随着 5G、物联网、大数据、云计算、移动互联网、人工智能、区块链等技术的全面突破与逐项应用，社会经济中的生产、消费方式发生了极大的变化。从宏观层面来看，改变了产业结构和经济结构，极大提升了社会生产力；从微观层面来看，改变了企业的管理模式，提升了组织运行的效率。智能时代已经到来，尤其是随着全球 5G 标准建设的快速推进和相关应用场景的不断落地，5G 通信开始进入实质商用阶段；5G 商用牌照提前发放，标志着我国正式进入 5G 时代。5G 作为开启万物互联智能新时代的新一代基础生产力，势必带动相关产业的新一轮变革；运营商将改变自身业务经营模式，超越现有管道商角色，从组织、业务、能力、生态多个层面进行变革，协同全社会共同推进产业互联进程，驱动数字化转型实现。

在数字化背景下，社会资源的配置在数字技术的推动下打破了时间和空间的限制，行业的边界正在不断的模糊化和动态化，跨界合作正在不断深化。顺应数字化时代的组织大多呈现以下特征。

扁平化：在数字化技术的推动下，企业和外部合作沟通的信息成本大大降低，端对端的直接联系成为可能，减少不必要的中间环节而降低交易成本成为企业构建核心竞争力的途径。在组织内部，通过物联网、大数据、移动互联网等技术的应用，信息自动采集、实时传输，信息屏障正在被逐步打破。信息可以在组织不同层级之间快速流畅地传递和共享，而不必像传统组织那样自上而下地层层下达或自下而上地逐级汇报，同时规避了信息在层层传递过程中的失真现象。数字化技术的应用让组织扁平化既成为原因，也成为结果。

模块化：数字化的组织要实现标准化和灵活性的统一，那么组织模块化将是必由之路，打破各业务环节的强耦合关系，使之成为一个个可拆分、可配置、可组装的插件。组织模块突出功能化，将组织模块的内部流程封装。通过组织模块的接口向外部输出标准化的服务。共享中心的建立是组织模块化的典型方式，共享中心可提供标准化的服务，而服务的需求者在标准化服务的基础上根据自身特点制定个性化的方案。

柔性化：数字化时代，由于外部环境的动态变化，企业需要灵活轻巧地应对外界变化，因此企业需要将有限的资源投入到自身的核心或战略性业务上。将非核心和非战略性业务通过外包或建立战略联盟的方式来使得自身的组织边界柔性化，从而降低经营成本，提升对外部环境的快速应对能力和核心竞争力。

平台化：数字化时代组织和个体的关系将不再是命令式的管控关系，而是赋能式的合作关系，“企业将平台化，而员工将创客化”，这样更有利于充分发挥个体的创业意识和创新能力。稻盛和夫的“阿米巴”、海尔的“小微”、华为的“铁三角”、北大纵横的“全员合伙制”等模式都是企业平台化实践，实现了平台与个体之间赋权赋能、利益共享的合作关系。

6.1.1 运营商组织变革强调扁平化、集约化、市场化

组织架构是企业组织内部将不同的职能模块按一定要素有机构成的生产或管理实体，涉及决策权的集中程度、管理幅度、组织层次、管理权限、职责分配等。组织架构变革则是指组织根据内外环境变化，对组织架构进行调整、改进和革新的过程。在数字化转型时期，越来越多的运营商传统组织架构开始显露出专业化服务能力不足、对市场和业务反应速度慢、后端支撑及部门间协同能力较弱等问题。具体而言，前台呈现出场景化能力弱、客户体验较差问题。针对个人、家庭、政企三大业务场景区隔不明显，专业化营销服务能力弱，导致前端客户体验差。中台呈现出专业化能力弱、响应速度慢问题。产品研发和运营未形成标准化、可封装的能力，对前端市场和业务需求响应慢。后台呈现出集约化能力弱、资源消耗大问题。IT 侧集约化程度低、支撑能力分散，网络运维侧传统的烟囱式运维架构导致资源消耗大，职能部门分工界面不清、部门间协同能力弱，对前端业务支撑不足。运营商面临的前中后台转型发展问题如图 6-1 所示。

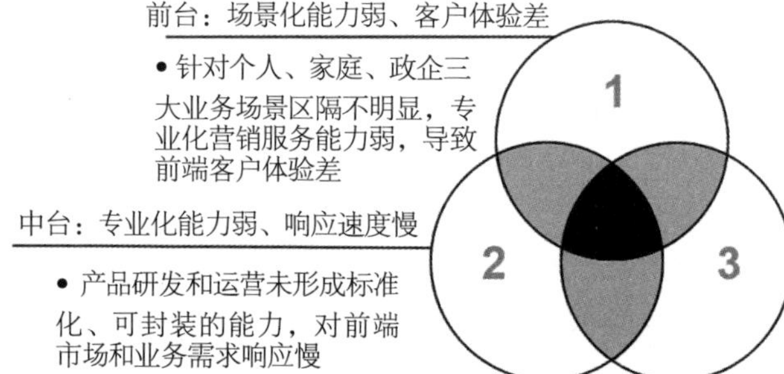

图 6-1　运营商面临的前中后台转型发展问题

除此之外，当前国内三大运营商网格化 / 划小运营机制仍存在微单位划分标准不统一、公众与政企营销组织协同性不足、政企划分过粗，行业市场拓展力不足，以及基层营销组织层面协同联动不足、考核激励导向不统一等问题。

因此，在 5G 时代，运营商组织变革势在必行，需要更加敏捷和扁平的组织架构，以更好地适应由业务内容和运营模式转变带来的业务变革、能力重构、生态完善等多方面的挑战。其

价值意义体现在以下三个方面[1]。

一是保障业务变革。运营商的多业务运营将从单量纲模式转变为多量纲模式，实现“企业对企业对第三方”（B2B2X），其中 X 可以是消费者（2C）、企业（2B）或公共机构（2G），并且此模式将广泛适用于一系列不同业务场景；组织架构变革将围绕业务客群和场景服务差异化、个性化转变进行针对性调整，以更好地满足“以客户为中心”的业务发展需求。

二是推进能力重构。运营商的技术能力将从当前的 CT 向 IT、DT 不断扩展，除了稳定传统通信、互联的价值定位，还要基于专门构建的场景化服务打造能力进一步对多维能力进行聚合，向产业价值链的上游延伸。组织架构变革将驱动各个条线的专业能力打通，革新运营商技术体系，升级运营商技术能力，打破价值链技术壁垒。

三是完善生态合作。运营商的 5G 业务发展需要由通信行业内部的开放合作来推进能力共建共享，由产业链上下游的协同合作来实现价值升维，这些均对生态构建能力提出了更高要求；组织架构变革将有助于合作向专业化、精细化的方向演进，使生态内的企业能够加深协同治理，创造更大的生态价值。

在数字化转型背景下，运营商的组织变革需要具备以下 6 个核心特征。

一是强调事业群整合。近年来中国三大互联网公司出现了由一些散乱的小事业部聚合形成的、以客户或者入口为导向的大事业群，其背后是为了适应解决方案演进的需要，以在组织部门内解决多单品协作或者融合的问题。按照科斯的组织理论，机构内的协作一定比相互之间的协作管理更高效、成本更低。

二是深化前中后台模式。前台实现任务包干的小团队化，即网格经营；中台强调独立凸显和明确定位，中台有业务中台、数据中台和技术中台等多种类别。业务中台指的是运营集中支撑中心，数据中台指的是大数据部门，技术中台指的是研发中心。

三是后台强调共享服务单元化，主要涉及人、财、物三方面。因为后台需要为所有的前台和中台提供服务，所以人力资源要强调全面赋能，财务强调集中集合，供应链强调战略性供应链管理，还有集中采购。例如，在人力资源方面的新提法“人力资源业务合作伙伴”，强调整个机构去中心化和自适应组织建设以及某个业务单元内的人力资源管理。

四是强调混改和市场化激励机制的引入。混改方面需要特别注意国务院国有资产监督管理委员会（以下简称“国资委”）国企改革“双百行动”，以及 2020 年政府工作报告中提出的“抓行动、提成效”国资国企改革主题，完善国资监管体制，深化混合所有制改革；同时指出，国企要聚焦主责主业，健全市场化经营机制，提高核心竞争力。专家通道和薪酬激励体系的市场化则是对公司传统职能体系的打破，引入市场化机制，是有效提升国企核心竞争力的主要抓手。

五是管理和业务流程扁平化。组织中包含流程，当组织体系发生激烈变化后，原有管理和业务流程的串接关系就发生了变化，需要更加强调扁平化。中台部门的出现导致传统命令链条

[1] 龚思兰，崔文昌 . 浅析 5G 时代下的运营商组织架构变革 [J]. 通信企业管理 ,2019(7):32-34.

的缩短，这是扁平化的主要原因。

六是全面风险管理。大量的数字化创新业务带来了新领域的公司经营风险，所以强调全面风险管理。

目前，国内运营商组织架构多以“集团—省公司—地市公司”加多个专业公司共存的形式为主，集团与省市公司之间如何高效运作，专业公司与省市公司之间如何协同，省市公司各部门的权责范围如何划分，运营商各层级、各部门的运作机制如何适应新形势下的发展要求等诸多问题均已成为 5G 时代下运营商组织架构变革需要考虑的重点问题。

6.1.2 运营商组织架构变革实践

5G 应用逐渐落地催生业务创新，产业链各方为推动业务创新加速实现，抢占 5G 业务发展先机，逐步开始实施组织架构变革，以更好地适应新技术、新形势发展背景下的发展机遇。

6.1.2.1 国内运营商组织架构变革

国内运营商均已面向 5G 成立了专门的创新业务研发中心，基于 5G 开展的组织架构变革还处在初步的尝试探索阶段，呈现出由以 2C 为主向 2C、2B、2X 并重的演进趋势。中国移动发起成立 5G 联合创新中心，以合作共赢为核心，促进 5G 创新应用发展，为各类创新应用提供定制化的 5G 端到端技术服务，已在全国开展了面向 14 个重点行业 74 个场景的 5G 应用创新。中国电信成立了 5G 开放实验室，并以此为依托推动与设备商、垂直行业合作，推进新技术商用以及产品的孵化。中国联通面向 5G 成立了智能网络中心和 5G 创新中心，目标是实现新型网络规建维研一体化，以及建设迭代化、运营集约化、研发自主化、业务电商化，聚焦十大行业，开展业务创新。

总体来看，无论是联创中心、开放实验室还是创新中心，依旧处在专业公司的角色定位下，主要是为集团 5G 业务发展起到战略牵引和支撑作用。5G 研创中心与区域公司之间的支撑协作机制还未明确，相关业务的权责划分未清晰界定，这一系列问题势必将驱动运营商围绕 5G 业务发展需求进一步开展全面的组织架构变革，以保障 5G 业务发展稳步推进。

（1）运营商网格化 / 划小运营机制

1）中国电信：构建“三维联动”，增强组织效能

2014 年中国电信率先在央企名单中推进企业全面深化改革，在基础业务领域的改革重点是推进“划小承包与倒三角服务支撑体系” 。2019 年中国电信集团工作重点中提出构建“三维联动”，明确各队伍定位、理顺队伍间联动关系，落实五级划小责任田、建立专业化运营团队、强化倒三角支撑等，打造一支能打硬仗、高素质的渠道队伍，如图 6-2 所示。

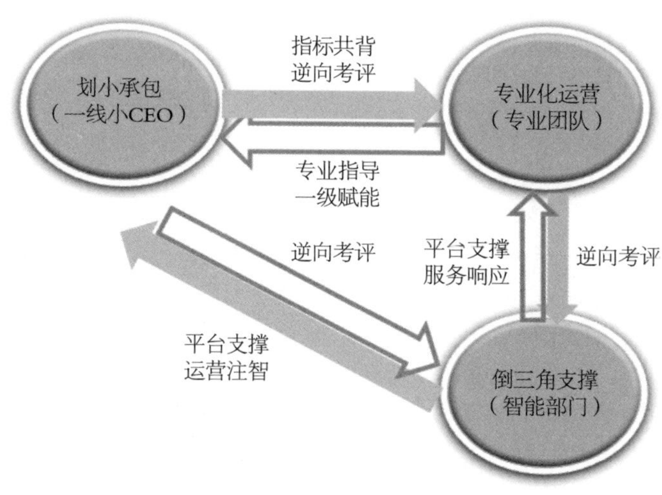

图 6-2　中国电信“划小承包与倒三角服务支撑体系”

a. 划小承包成为员工创造价值的首选舞台

划小承包为员工创业、与企业共创价值搭建了舞台，让想干事的有机会、能干事的有平台、干成事的有价值，得到了广大基层员工的积极响应。数据统计显示，2015 年中国电信集团共有近 5 万个划小单元实施了承包经营，包括支局、自营厅、开放渠道、行客、商客、校园、电子渠道、后端装维等，小 CEO 竞争性选拔率超过 80%，基层员工收入与其创造的价值实现了同步增长，平均增幅明显高于管理层级的薪酬增长水平，基层员工获得感得到提升，凝聚力和向心力不断增强。此外，全集团吸引了数万名管理支撑岗位员工下沉一线，进行“内部创业”。借助划小承包的平台，很多小 CEO 取得了优良业绩，个人能力迅速提升。

以中国电信安徽公司为例。在中国电信统一部署下，中国电信安徽公司从企业最基层营销单元入手，系统落实“瘦身健体、提质增效”，将中国电信“划小承包”创新举措推向纵深，有效破解了大型央企在改革过程中面临的从业人员内生动力不足、体制机制不灵活、资源配置效率低等难题，倒逼企业运营管理模式发生了深刻变化。

2015 年 10 月以来，中国电信安徽公司充分借鉴互联网企业的运营经验，从实际出发，按照“坚决干、坚持干、实心干”的总体思路，将四级单元划小承包纵身推向五级包区划小，从 6 个方面探索构建基层一线人员自主创业的市场化机制。为了使“划小承包”落地生根，中国电信安徽公司科学划分五级包区。由小 CEO 主导，结合地域范围、客户规模、收入规模等因素，在 1,400 多个四级单元内划分了 9,759 个五级包区，明确了各包区与所属网格清晰的对应关系和包区收入、发展、维系与服务责任，推动中国电信安徽公司划小承包从“包干到组”迈向“包产到户”，基层一线人员拥有了自己的“一亩三分地”和干事创业的平台，从“为电信干”真正转变成“为自己干”。

同时，为了解决用户对前台人员服务的即时性和灵活性要求较高，而内部流程制度难以高效满足用户需求的问题，中国电信安徽公司创新打造了小型、敏捷、自治的团组化组织。

b.倒三角支撑改革推进企业管理向互联网化转型

为高效响应自下而上市场化改革的需求，2015年中国电信集团公司全面启动倒三角服务支撑体系建设，目的是推动各级管理部门从目标分解者和管理考核者，转变为规则制定者、资源提供者和服务支撑者，构建“一线围绕客户转、部门围绕一线转”的新型运营管理模式。

不少领域取得了显著成效，搭建了面向小CEO和基层单元的综合服务支撑体系，一线的问题和需求可以扁平化提交到各级支撑和管理部门，由上级部门一点响应、闭环解决，贯穿市公司、省公司直至集团总部相关部门和管理层。过去员工反映比较多的“一件事情需要向多个部门请示汇报、流程审批环节多、响应效率慢、执行过程无法跟踪”等问题得到初步解决，基层满意度达到90%以上。基层经营单元非生产性工作负担明显减轻，会议、报表、通报等工作量大幅减少，承包单元考核指标普遍从原有的10～15项精简到3～6项，更加专注于收入、营销和服务等关键工作。管理部门的服务支撑意识显著提升，各专业部门纷纷下沉一线、对口帮扶、精准指导基层承包单元，打造利益共同体，提升了承包经营业绩。

以中国电信浙江公司为例。杭州电信启动了“事权下放”工作，相关职能部门通过自我梳理、征求经营单元意见和再完善三个环节，历时一个半月，共梳理确定各项事权295项，其中已有60项事权下放到位。值得一提的是，在放权过程中，杭州电信做到了五级穿透，将权力下放到网格经理层级，且一改传统的“事前清单”办法，即可根据基层的需求弹性配给预算。事权下放是倒三角支撑的重要抓手之一，选人用人、团队收入分配、资源直接支配、合作伙伴选择、网络建设、码号选择、退费处理等权力被下放到小CEO层级，让其充分当家做主，打造真正的自主经营体。

除此之外，中国电信浙江公司加大省市县纵向联动、前后端管控部门横向协同，实行管操分离，推进网络投资、运行维护、客户服务、IT等的集约支撑服务，大幅度减少一线非生产性工作量，真正做到“能集中的不分散、能上面做的不让下面做、能电子的不人工、能无线的不有线、能远程的不现场。”

中国电信浙江公司成立了11支专项支撑团队提供帮扶，重点解决资源配置、队伍建设、支撑服务、能力提升等问题，并建立了内部考核机制、领导挂钩机制、帮扶响应机制、问题限时解决机制、综合评估机制，让一线全身心地将精力投入到销售服务中。同时，人力资源向一线大力倾斜，中国电信浙江公司鼓励“坐在楼里办公”的人员下沉到一线。在配套的收入激励方面，中国电信浙江公司提出，要让客户接触点高于非客户接触点人员收入增长，生产单位高于职能部门人员收入增长，市、县（市）分公司高于省公司人员收入增长。

2）中国联通：持续推进“微组织”高质量发展

中国联通以激发基层为试点，逐渐演进为统一集约的一体化，对生产运营模式进行全方位的改革。其主要涉及范围有前端、职能部门和后端，前端以条为主，条块结合，职能集约，后端优化投资，强化支撑，设计组织、考核激励、资源配置等机制，强化基于大数据的互联网化和信息化手段支撑。具体而言，一是“一把手”总负责，抓紧抓精抓细。摒弃只讲原则不问细节的做法，既要做总司令又要做前线指挥，更要亲赴一线发现问题，指导工作。二是做精做细考核与激励机制。面向微组织建立物质与精神激励并行、以物质激励为核心的激励体系。三是提升“微组织”综合服务能力。高效承接家庭客户服务体系，以及互联网化经营的最基层触点。四是坚持实施聚焦、创新、合作战略。聚焦需求量大的重点区域实施资源重点投放，努力在创新领域立于行业发展的潮头，进一步加强与友商、战略合作伙伴以及广大互联网企业的合作。

3）中国移动：在集中化体系下推广网格模式

中国移动 2018 年开始以网格化经营为试点，对一线生产运营模式进行局部性探索改革，主要改革范围涉及前端和后端，前端以块为主，条块结合，后端集约支撑，以内部人员在职承担网格经营为主要手段，对现有体制冲击较小，辅以集约化的网格支撑系统。

在渠道集中化的体系下，以属地化看管为职责，以“全业务覆盖”“多岗位人员复用”“灵活激励机制”为核心，打造一支一线营销队伍，确保区域个人、家庭、政企三大市场融合发展。整体按照“1-3-1”的架构开展网格化运营。“1”指划网格，划好一个网格，奠定网格化运营的基础；“3”指选模式，选择自有人员承包、社会渠道承包、自有人员离职承包 3 种模式之一；“1”指建系统，建好 1 个支撑系统，确保各类信息入格，全面支撑一线网格运营。

（2）创新业务发展组织结构变革：柔性项目制

随着 5G 技术的不断发展，5G 应用逐渐落地，将催生出新的业务，实现业务的创新发展。针对创新业务，运营商要构建适应其发展的组织形态，实现专业化运营，同时不断完善创新业务运营模式，构建省市两级支撑架构。

首先成立匹配创新业务发展的专业组织形态，即事业部 / 群与公司化，明确新型业务组织的职责，根据战略指引与业务发展规划，匹配相应资源。例如针对大视频业务，成立视频业务运营中心；针对智慧家庭业务，成立家庭业务运营中心，根据业务发展，必要时成立家庭运营一级部门；针对物联网业务，成立物联网运营中心；针对云计算 +IDC 业务，政企成立负责对外云业务的运营管理机构；针对大数据业务，强化大数据中心的一体化运营职责。

省市两级支撑架构。省一级层面，做强创新中台、聚焦行业与专业、整合职能部门，做强创新业务的运营支撑能力，做强管理中台的生产运营调度能力；地市层面成立专业团队或专业机构，支撑能力下沉、能力穿透、高效支撑创新业务发展，新设“新型业务运营中心”，设置“新型业务运营总监”，采取市场化职级薪酬。

紧紧围绕做大创新业务收入、做强创新业务能力的目标，搭建适应新型业务发展的机制体制，以创新项目组织运作机制、创新人才激励体系及保障体系激发创新人才自成长活力，实现创新业务领域的规模化效益突破。

根据创新业务发展定位，建立区隔化、矩阵式、弹性制的项目型组织，主要分为三大类：提升行业收入的项目组织（行业型项目组）、强化自有核心能力培育的项目组织（产品 / 平台 / 研发型项目组）、强化专业能力的能力中心（功能型项日组 / 能力中心）。具体而言，区隔化指项目型组织区隔于传统行政化组织层层设置的方式，在三大中心中，除综合行政类型的组织保留科室外，其余组织均采用灵活的“项目制组织”方式组建。矩阵式指建立一纵一横两大队伍：纵向按行业依据客户需求成立行业型项目组，为客户提供完整解决方案，拉动收入增长；横向按专业细分由相关人员自发组建各类研究型项目组，促进能力提升。弹性制指项目型组织改变传统行政化组织可扩张性不足的问题，按照实际需求（项目拓展需求、能力培育需求、业务发展阶段）成立或解散。

（3）中国联通：网络线运营组织体制变革

为加快全面数字化转型进程，中国联通启动网络线运营组织体系改革工作。中国联通集团公司于 2020 年 4 月审议通过了《网络线运营组织体系变革方案》，明确建立网络部、云网运营中心、智网创新中心"一部两中心"架构，在部门内部机构设置上，网络部内设 11 个室，云网运营中心设 13 个室，智网创新中心设 8 个室，共下设 32 个室。

网络部、云网运营中心、智网创新中心形成一个有机整体，通过机制流程调整、考核调整等，建立连带责任体系，促使两大中心目标一致、利益趋同、责任共担。其中，网络部强化网络线整体统筹作用，实现资源配置、网络演进、网络竞争力的提升；云网运营中心主要负责基于网络分层的建维营一体化，满足公众、政企和内部 IT 等的资源需求，全力以赴提高云网资源效率；智网创新中心聚焦提高网络创新能力，打造智能网络中台，提升网络产品研发和交付运营能力。

此次网络线运营组织体系改革是中国联通纵深推进混合所有制改革的持续突破，是全面数字化转型的持续推进，是"聚焦创新合作"战略和建设"五新"中国联通的持续深化，是前后端改革一体化联动的持续延伸，更是顺应网络技术发展趋势，加快自身变革、创新转型的迫切需要。网络本身的技术分层变化和管理分工的变化，对现有网络运营体系的组织流程、运营方式、人员技能、支撑手段等提出了新的要求，传统的条块式网络必须向端到端一体化的"规建维营"体系演进，必须加快推进网络运营模式转变，强化云网一体、CT 与 IT 融合，解决轻成本运营能力、自主实施交付能力和流程自动化能力，提高后端组织对前端需求快速响应的适应性，助力打造"体验领先、高效运营、良性增长"的数字化服务能力。

在问题导向、目标牵引的大原则下，中国联通通过大量深入细致的调研工作，归纳总结出网络运营现状与目标要求间存在的短板差距，梳理出网络线改革需要重点解决的"5 个痛点问题"，即"网业协同不足""云网协同不紧密""CT 与 IT 融合不够""规建维营一体化不深入""队伍结构和机制不适配"；着力打造"九大能力"，即面向客户、面向未来、面向生态，聚焦打造"资源精准高效配置""网业联动协同化""云网一体化""CT 与 IT 融合""网络规建维营一体化""集约化开放网络管理运营""敏捷高效交付""自主研发""生态合作"九大能力，形成差异化优势；旨在实现"三个转变"，通过努力，以客户为中心，使得网络运营实现"由面向网络视角转向面向客户视角的转变""由静态的物理资源管理向 CT 与 IT 融合的转变""由提供连接向提供资源能力整合的转变"，从而进一步提升网络运营效益和效率。

通过此次网络线运营组织体系变革，进一步强化了集团对全网、云基础设施、研发队伍的统筹，逐步上收集约化运营管理职能，建立"统筹管理，集约运营"的敏捷性组织体系，促进云网一体、CT 与 IT 融合、网业协同和规建维营一体化，让生产关系适应生产力发展。具体措施如下。

一是明确网络线定位，承担全网网络运营统筹指挥、资源配置、生产调度、集中运营与客户交付、生态合作等工作，推进“资源能力化”向“能力价值化”转变，全面赋能市场前端，为公司全面数字化转型提供新动能。

二是优化组织机构设置，在总部层面，建立“一部两中心”的运营组织体系，网络部统筹云网运营中心、智网创新中心形成一个有机整体，并以“总监制”支撑机构优化平稳落地；在省公司层面，原则上设立“一部两中心”，部分省级分公司可以根据实际情况进行调整；地市分公司和末梢网格进一步聚焦生产交付。

三是推进大区集约运营，打破按行政区划建网的传统模式，以 5G 核心网布局切入，设置相对独立的 6 个大区 5GC 运营中心，充分发挥集约优势，实现网络建维的集约化，促进新业务的迭代开发和全网快速部署，人员总量随着集约化的推进而减少。

四是强化资源统筹布局共享，统一云资源池管理，实现统一规划布局、统一投资建设、统一资源调动和统一维护，机房、动力环境、服务器、磁盘阵列、防火墙、网络设备等资源实行统一管理与监控，面向“三朵云”需求，资源复用，实现一站式受理，线上化、自服务化。

五是核心流程优化再造，按照“扁平化、短流程、宽层级”的要求，明确职责界面，对核心主流程进行梳理、再造、数字化重构以及持续迭代，逐步建立与网络“四化”发展趋势相匹配的端到端的流程型组织。

1）推行总监制

总部“一部两中心”优化方案中明确以“总监制”支撑网络线运营组织体系改革机构优化的平稳落地。“总监制”指的是为纵深推进混合所有制改革，推进总部去“机关化”，在总部试点单位构建部门负责人领导下的总监负责制。

“总监制”要求建立宽层级、弱壁垒、动态化的流程型组织，从业务流程需要和“事”的角度出发，构建职责明确、快速响应、执行有力的端到端流程型组织体系。总监负责专业模块或业务团队工作，带领团队完成专业任务、解决专业问题，实行职级岗级分离、职级动态管理，实现“能上能下”“能进能出”“能增能减”。

“总监制”赋予用人部门更大的人事管理权限，有利于激活力、强能力、提效率，发挥总监负责制在流程型组织中的优势和作用，充分调动总监的主观能动性和积极性，助力实现网络线运营组织体系改革目标。

2）配套保障机制

为顺利推进组织改革，中国联通从顶层设计谋划机构布局，从机制建设聚焦解决突出问题，出台若干改革政策，打出一套当下“改”、长久“立”的组合拳，主要包括以下 6 个方面。

一是加强网业协同，探索推进网络资源市场化结算。从市场消费需求出发，建立和完善分网、分专业的毛利核算，探索网络资源市场化结算机制，倒逼网络侧积极做好市场发展支撑，优化投资、提质增效，全面提升网络资源的投入产出。

二是优化网络线运营支撑流程。围绕核心主流程进行梳理、再造、数字化重构及后续迭代，逐步建立与“网络云化、网元虚拟化、网络 SDN 化、网络运营智能化”发展趋势相匹配的端到端的流程型组织。

三是迭代推进网络线划小改革。建立责权利对等的微组织，完善增量收益分享机制，激发网络线人员活力，持续推动网络效能、网络质量、服务支撑的提升，实现企业和员工的共赢发展。

四是探索项目制运作机制及网络线市场化合作新模式。坚持目标导向，面向重点领域建立项目制运作机制，同时完善联合创新实验室合作机制，持续研发合作，推进网络不断迭代演进，实现创新成果共享、技术人员复用与培养。

五是推进网络人才结构调整。加快网络线队伍转型，以“智慧家庭工程师、智慧网络工程师、云网工程师”三支队伍建设和培养“CT+IT”复合型人才为目标，实现人才结构调整、质量提升、效率优化和队伍良性循环。

六是加快网络人才培养和认证，实施“418”人才工程。通过明确专业能力标准、建立培训课程体系、梯队培训组织实施、建设内训师队伍等方式加强人才培养，同时对人才进行能力认证，培养一批高质量人才队伍。

（4）中国联通：大市场统筹运营组织体系改革

2020 年 3 月，中国联通集团公司审议通过了《大市场统筹运营组织体系改革方案》，并正式启动运营组织体系改革，按“统筹”“产品”“运营”三大板块，整合市场线资源，让生产关系适应生产力发展。

按照中国联通的部署，在总部层面，中国联通建立以“一部两中心”为核心的运营组织体系，将“一部”市场部作为大市场体系的规划者和资源协调者，负责市场前后端的统筹协调组织，“两中心”即建立大市场统筹下的“产品中心”和“渠道运营中心”。具体到操作层面，总部设立市场部、产品中心、渠道运营中心。

大市场统筹组织体系下的市场部，未来其主要职责是负责集团营销模式的建立，并尽快转型成为公司运营发展中的“新六者”：一是在战略上，要做大市场体系的规划者；二是在协同上，要做大市场资源的协调者；三是在执行和变革上，要做领先营销模式的打造者；四是在担当上，要做互联网化运营的驱动者；五是在品牌上，要做智慧品牌的创造者；六是在合作上，要做生态合作的构建者。

其中，大市场组织体系下的产品中心，将整合市场、电子商务相关业务，负责产品的统筹管理研发，落实产品全生命周期管理，加快推动产品转型。大市场组织体系下的渠道运营中心，将整合实体渠道、电子商务相关业务，负责产品在各类触点的销售，以实现增量与存量、销售与服务、营销与交付、产品与触点之间的高效运营协同。

在省公司层面，实现“管”“办”分离。市场营销部负责规则与策略制定、统筹资源等，可设置独立的产品、运营板块；地市公司设营销部，负责客户运营与末梢支撑；区县公司以末梢生产组织为载体，负责落地执行。

在改革节奏上，实行分阶段推进。由于大市场统筹对现有组织的承载能力、团队的支撑能力、人员的专业能力都提出了新要求，公司将根据现实情况分为两个阶段有序推进。第一阶段，重点补全大市场统筹职能，迅速提高公众市场产品能力，推进线上线下一体化，打造大统筹全运营的公众市场体系；第二阶段，通过对产品、能力的进一步统筹整合，未来集约共享、赋能渠道条件成熟后，建立“市场部 + 公众 BG（Business Group）”的市场与运营解耦模式。

在改革的力度上，通过线上线下一体化进一步强化电商在发展中的作用。毫无疑问，从改革本质内容来看，电商的作用不仅不会削弱，而且会进一步增强。过去，电商可能作为公司的一个部门而单独存在，或者代表一类产品，或者代表一类渠道。这次改革后，全公司上下都将进一步按照互联网化的方式运作，推进整体性的数字化转型，实现线上线下的一体化融合。

此次改革之前，中国联通运营组织体系几经变动。2016 年前后，中国联通将市场营销部重组为市场部、实体渠道部，形成了市场部 + 实体渠道部 + 电子商务部的运营组织体系。事实上，这种体系缺乏对线上线下两个渠道的市场统筹能力。

中国联通通过运营组织体系改革，重点解决了“三个痛点问题”，化解了“三对突出矛盾”、加快了“三个转型”。一是解决“三个痛点问题”，具体来讲，就是通过运营组织体系的调整优化，重点解决“统筹不足”“产品竞争力不足”“线上线下割裂”三个痛点问题；二是化解“三对突出矛盾”，具体来讲就是化解“增量与存量”“营销与交付”“销售与服务”三对突出矛盾，加强产品与渠道触点间的协同，实现效率的提升；三是加快“三个转型”，通过上述努力，最终本次改革将以客户为中心，加快产品、渠道、创新三个转型，在转型需求的牵引下，厘清总部管控方式和功能定位、明确统筹内容、强化能力建设以支撑大市场统筹体系建设，有序推进大市场统筹运营体系和组织体系改革工作，建立“匹配转型、责权清晰、协作高效”的组织体系。

此次大市场统筹下的运营组织体系改革，是纵深推进混合所有制改革的再突破，是互联网化运营转型的再推进，是中国联通“聚焦创新合作”战略和“五新”中国联通建设的再深化。

此次改革的意义主要体现在以下三点。

首先，是中国联通纵深推进混合所有制改革的实际行动。中国联通作为央企混改的先行者，在“混”的任务完成后，“改”的探索始终没有停歇。这次改革希望在企业治理模式、治理结构与治理能力的现代化等方面进一步有所突破。

其次，是中国联通全面落实“去机关化、去行政化、去层级化”的实际行动。按照央企“总部机关化”问题专项整改工作部署，中国联通正在全面梳理总部和各级本部功能定位，优化职能、机构、岗位设置，建立更加符合公司化、市场化的组织运营体系。政企 BG 改革、大市场统筹改革都是落实这一部署的具体体现。

最后，是中国联通助力全社会数字化转型变革、打造数字化服务能力的实际行动。当前，电信业正处于新旧动能转换的关键时期，过去以成本驱动的发展模式难以为继，传统业务增长缺乏动力。从行业外来看，加快 5G 建设发展带来的数字化转型大潮风起云涌，线上线下一体化、集约化的消费与运营模式成为必然选择。面对新形势、新任务，需要加快推进公司运营模式转变，强化市场和资源的统筹与协同，提高市场前端组织变革的适应性，打造“体验领先、高效运营、良性增长”的数字化服务能力。

中国联通运营组织体系改革的主要目标是，聚焦客户价值经营、品牌塑造与传播、产品创新、全渠道运营、中台、大数据、生态合作、金融八大能力建设，形成差异化优势。为顺利实施本次改革，公司将在以下方面提供配套保障机制：

一是人才队伍建设的配套保障，中国联通将通过培养、评价、选拔、考核、激励等一系列机制建设，实现“能上能下”“能进能出”“能增能减”，打造一批“素质优良、能力突出、凝聚力强、富有活力”的市场前端人才队伍；

二是 IT 能力建设的配套保障，中国联通将通过持续加强业务与 IT、网络协同，建立以市场牵引后台资源的协同保障机制，由市场来决定。

（5）中国移动：构建 T 型结构和“1+3+3”的政企体系

随着 5G 正式商用，5G 加速赋能各行各业。在 2019 中国移动全球合作伙伴大会的政企论坛上，中国移动表示，加快数字化转型已经成为各行各业的共同诉求，政企市场将迎来更加广阔的发展空间；并指明了中国移动政企市场发展的新定位、新应用、新生态，以“三新”推动政企市场的新发展。其中，“新定位”是指深入推进政企领域组织机构调整和布局优化，构建 T 型结构和“1+3+3”的政企体系，增强政企发展的内生动力；“新应用”是指深耕 14 个垂直行业，发布 100 个应用场景；“新生态”是指升级战略合作、联合研发、参股并购、采购供应 4 类合作模式，共建 5G 产业生态，做大“朋友圈”。

中国移动此次政企改革推翻了之前独立的政企分公司，构建横向指挥、纵向一体、集中运营、融合服务的 T 型政企业务经营体系和“1+3+3”的政企体系。具体来看，T 型结构是按照“集团总管、区域主战、专业主建”的思路，构建的集团、省公司、地市公司纵向一体化的政企体系；“1”是成立政企事业部，负责集团政企市场发展，统筹能力建设，指挥协调省公司市场拓展、相关专业机构运营支撑以及推动与大市场融合发展；整合、界定政企领域专业机构的业务定位，理顺政企事业部、省公司、专业机构之间的运行机制，构建横向指挥、纵向一体、集中运营、融合服务的政企业务经营体系；第一个“3”是指 3 个非常重要的专业公司，云能力中心（苏州研发中心）、中移物联网有限公司以及中国移动系统集成公司；第二个“3”是指 3 个产业研究院，上海产业研究院、成都产业研究院和雄安产业研究院，具体如图 6-3 所示。

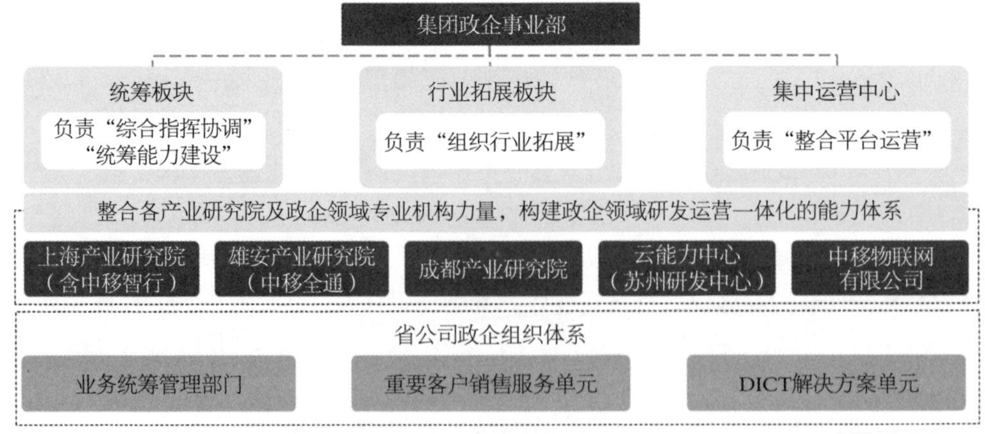

图 6-3　中国移动集团政企事业部组织架构

通过政企市场的调整，实现了资源的高效配置、业务的深度融合。2019 年，中国移动政企市场确实取得了不错的成绩。数据显示，截至 2019 年年底，中国移动政企客户达到 1,028 万家，同比增长 43.2%。DICT（大数据时代下 DT 与 IT、CT 的深度融合）收入同比增长 48.3%，达人民币 261 亿元。

此外，加强联合创新，拓宽了政企发展的合作领域；牵头成立全球 5G 联合创新中心，设立 23 个开放实验室，促进 5G 核心技术和重点应用的创新突破；设立产业投资基金，成立产业数字化联盟，打造 100 个 5G 应用示范场景，聚焦重点领域，体系化增强政企市场的研发、运营、支撑、销售和服务能力，为做大政企市场“蛋糕”打牢基础、提供保障。

6.1.2.2 国际运营商组织架构变革

国外运营商为抢占 5G 发展先机，占据创新业务增长的战略制高点，实施了多层面的组织架构变革，呈现出服务专门化、支撑集中化的特征。

Verizon 为推进网络转型和智能边缘架构落地以更好地服务于客户，按照面向的客户服务领域将运营架构调整为 Consumer Group、Business Group 和 Media Group 三大运营组织。其中，Consumer Group 包括无线、有线消费者业务和无线批发业务；Business Group 包括中小企业、企业和政府的有线和无线服务，以及有线批发和连接业务；Media Group 包括媒体、新闻、娱乐、游戏、商业和其他相关业务。Verizon 全球网络和技术部门负责为全公司组织运营提供支撑。

NTT DoCoMo 通过组织架构变革，推进以 5G 应用为代表的全球业务创新和数字化转型战略落地，包括对旗下 NTT Communications、Dimension Data、NTT DATA、NTT Security 和 NTT i3 公司进行整合，在 NTT Corporation 旗下成立一家专注于全球业务的新控股公司 NTT Inc.，创建新的全球创新基金 NTT Venture Capital L.P，帮助推进全球创新；同时还成立了专门从事采购工作的新公司，该公司就 NTT 旗下子公司共同购买的硬件、软件和服务与全球供应商进行集中的价格谈判和全面协议的执行，以集团的总成本为客户提供低价、创新的服务。

SKT 为主动地迎合瞬息万变的 ICT 产业环境，应对人工智能、5G 等技术带来的挑战，成立了服务委员会和技术委员会。其中，服务委员会旨在强化各子公司间的信息共享与协作，提升顾客感知，提升相关企业的竞争力，为用户提供更好的综合性 ICT 服务；技术委员会作为技术研发机构，将以未来技术为先导，促进各子公司之间的合作研发与应用。同时 SKT 还对旗下子公司事业版图进行重新规划，将业务重合度较高的子公司进行整合，将子公司下属的重点业务部门进行分拆，为未来集中于客户服务革新和核心技术研发提供强有力的支撑。

前中后台运作模式见表 6-1。

表6-1　前中后台运作模式

	客户经营部门融合	渠道和终端部门融合
大前台 融合重组	个人家庭融合：鉴于FMC进程加速，成立消费者客户部/个人业务部，将个人和家庭市场整合成为一个部门进行运营； SME（中小型企业）向大市场融合：中小企业客户划拨至类公众市场进行管理	线上线下渠道整体统筹：线上与线下紧耦合，统筹管理实体门店和线上电子/多媒体渠道； 终端与渠道紧耦合：渠道运营部门/子公司统筹管理智能终端在渠道的加载与销售
	运营中台统一支撑	研发、产品紧耦合
中台集约化 运作	统一技术成立集约化的运营中台，为前端提供统一的技术支撑和赋能	数字化转型下新业务平台与产品研发、业务运营紧密相关，与客户需求零距离交互，产品平台的开发与运营直接归入前台部门
	职能前置响应	网络统一运作
大后台 前置响应	常态化职能嵌入：对前台事业部/事业群形成直接职能对接、标准化支撑服务的输出，降低组织决策重心、减少管理层级	成立网络子公司，对内促进网络集中化生产，统一化运作，对外提供网络服务提升收入

总体来看，国外运营商主要基于 5G 及其他创新数字服务业务发展需求，按照客群类型或能力专业线条开展组织架构变革，并将 5G 业务融合到创新业务或相应的专业服务组织实现，以实现从传统直线职能、矩阵架构，走向“大前台融合重组——中台集约化运作——大后台前置响应”的前中后台运作模式转型。

6.1.3 运营商组织架构变革策略建议

6.1.3.1 开展持续化、体系化、深层次的变革

随着数字化转型的推进和 5G 业务应用不断落地，未来 5G 将覆盖更广泛、应用更深化，运营商组织架构必将根据行业发展趋势，进行持续性、体系化、深层次的变革，实现具备以客户为中心、专业化的产品管理和集中化的网络管理等优势特征的组织架构，以适应发展需求。

首先，要从顶层树立自上而下的组织架构变革信念。5G 时代来临，要充分关注外部环境变化对行业发展以及自身竞争力的影响，并思考如何通过实施组织架构变革来更好地适应新时代发展背景下的机遇和挑战。

其次，要以业务需求为导向加快组织架构革新。5G 时代下，万物互联的实现势必带动行业通信应用服务场景覆盖激增，运营商的业务重心将向行业服务转移。当前 5G 应用落地大多是在 2B 领域，超越带宽和速率以外的 2C 应用服务还未完全明晰，这意味着组织架构变革也将优先围绕 2B 业务开展。因此，组织架构变革应基于客户需求，决策企业内部流程和资源的走向，围绕定位和核心职责优化组织，纵向减少组织层级，重构以客户为中心的扁平化组织模式。

再次，要以能力建设为支点创新组织架构运作。5G 的多场景服务能力要求组织能够应对业务多样性、技术复杂性和客户需求多变性等多重挑战。目前运营商组织架构中各层级、各专业组织间的协同效应还未充分发挥，这需要构建更加清晰的专业化分工组织模式，强化组织间或组织内部的协同配合机制，能够随时形成项目式、创业团队等的柔性组织团队，以实现多维

能力打通和聚合。

最后，要以生态合作为驱动助力组织架构进阶。5G 业务多由以场景为核心的多维服务模式实现，运营商现有能力难以覆盖多维的技术、渠道、服务等需求，在垂直行业的融合应用创新方面面临挑战，需要引入生态伙伴能力解决非核心和非优势业务需求。目前运营商面临内部合作权责界限模糊，对外合作专业化程度和集约化程度不高等问题，需要由以合作方式的灵活性、合作内容的技术性、合作范围的广泛性以及对外部环境的高度适应性等优势著称的虚拟化的组织形式来解决，实现 5G 业务的融合创新和高效实现。未来组织模式将打破传统的正向金字塔结构，从扁平化、倒三角的组织机构，逐步向开放式、网络化组织转型。运营商组织架构演进路径如图 6-4 所示。

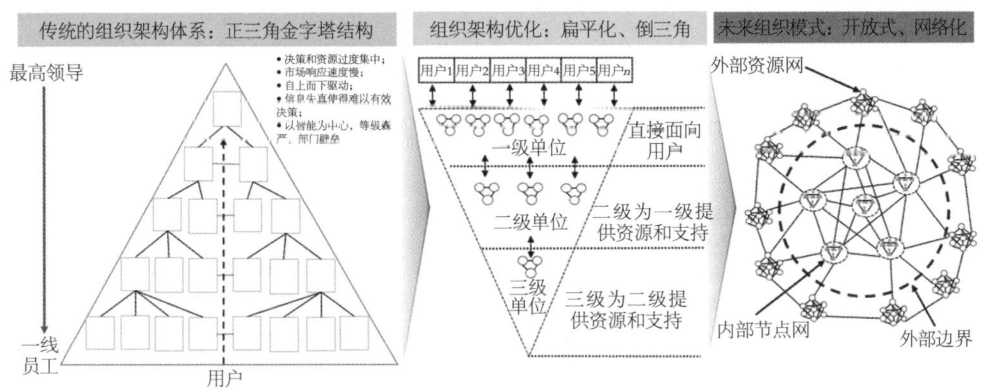

图 6-4　运营商组织架构演进路径

6.1.3.2 中台专业化、规模化、集约化支撑前台

运营商不断深化改革，组织架构变革将以全面性和持续性的方式开展。中国电信深化改革，提出转型 3.0，实行“融、专、柔、精”组织体制变革、三维联动，明确三大目标、三大任务、三化转型，即实现“建设网络强国、打造一流企业、共筑美好生活”三大目标，肩负“加强信息基础设施建设、深化四个融合、提高全要素生产率”三大任务，推进“网络智能化、业务生态化、运营智慧化”三化转型。中国移动提出创世界一流“力量大厦”战略总体思路，以高质量发展为主线，围绕转型升级、改革创新两个着力点，打造基于规模的价值经营体系，实现融合、融通、融智；构建高效协同的组织运营体系，塑造能力、合力、活力；与时俱进，全面实施“5G+”计划，持续做大连接规模、做强连接应用、做优连接服务，统筹推进“四轮驱动”融合发展。中国联通聚焦创新合作战略，提出“瘦身健体 2.0”机制体制和人员队伍瘦身健体，同时深入推进全生产场景划小承包改革，搭建内部“双创”平台，把中国联通从大公司回归到创业公司，让基层员工率先有更多获得感。

概括来说，一是前中后台一体化。通过“大平台 + 小团队”的方式，打造高效智慧的一线作战体系；聚焦高价值客户，探索销售支撑运营一体化；推行强中台（一体化解决方案中心）、优后台（一体化运营交付中心）强有力地支撑销售运营一体化。二是大中台集约化。财务共享集约、法务集约、运维集约、采购集约、IT 支撑集约、存量经营服务集约等。三是组织流程简约化。全面梳理各项内控审批流程，例如投资审批流程、物资采购流程、资源审批流程等，通过全面梳理和简政放权，实现流程的再造，从而全面提升一线支撑能力。四是使瘦身健体常态化。职能管理部门数量、管理职数、人员编制刚性管控，人员占比进一步精简。

「6.2 数字化驱动下的流程再造」

6.2.1 数字化时代，传统企业流程优化将走向智能化

数字化时代已经来临，数字信息技术正在加速重构我们的现实世界。5G 商用的落地，加快了全球数字化转型的进程，推动了智能化流程（Intelligent Workflow，IW）的落地。

传统的企业流程优化（BPR）逻辑是以“人是流程的执行者”为前提的。一般是基于公司战略与管控模式，按照企业完成一项业务的跨角色、跨组织的过程进行优化与改变，流程优化通常会以价值为导向、采用全局思维进行思考，并通过信息系统固化。整个流程优化的方法、过程是通过对以往工作过程的回顾，从工作过程的协同性、合规性、时效性、高效性等方面，改善做事的过程，从而使做事过程更能体现其业务价值和全局效果。这个优化逻辑背后，始终是以“人”（流程中的各角色）按照更加合理的方式开展工作为基本出发点。

传统的企业流程优化，通常着重强调通过信息系统来“固化”流程。从企业的角度，信息系统“固化”流程的主要原因首先是要增强流程执行的刚性，流程“上墙”，虽然有标准化文档的约束，但在执行过程中“人”的操作往往出现走样、不规范的现象，通过系统固定流程的步骤与规则，能让流程严格按照既定的路径执行下去；其次，流程固化在信息系统中可以使流程执行的信息更加自动地传递到下一个环节，提高流程流转的效率。这个过程背后也是以“人”为根本点，系统将流程的角色、权限分派给具体的员工，让“人”在系统中完成流程各环节的活动。

从管理的角度出发，传统的企业流程优化是优化管理，提升工作效率，提高业务协作性和合规性的重要手段，通过信息系统的固化，使业务被数据化，而且非常有效地实现了业务信息数据流转与共享，使数据成为企业的公共资源 / 资产，并让业务过程透明化（被监控、被考核、被推动）成为可能，因此通过流程优化与流程固化，实现了“业务数据化”和“数据公共化”，也为“数据业务化”奠定了基础[2]。

数字化时代的到来，特别是 5G、云计算、物联网、移动互联、大数据、AI、图像识别、语音识别等技术的蓬勃发展，将为企业流程带来更深入的变化。流程本身的优化与固化背后“人是流程的执行者”这个前提如果能被颠覆与改变，那么，就应该是“机器与人共同成为流程的执行者”，这就意味着流程在被优化和固化后，能进一步被智能化。

利用大数据和 AI 技术，实现流程中的分析判断与辅助决策，是流程环节中重要的场景应

[2] 潘春晖 . 对流程优化再思考及对智能化流程的理解 [EB/OL].

用。例如销售流程中市场预测分析环节，以历史数据和外部市场数据为基础，建立数学模型进行分析预测；在采购流程中进行供应商选择，可以根据采购的历史数据和供应商评级数据，分析判断后推荐最优的供应商；在物流运输流程中，通过对路线数据、气象数据的预测判断，推荐最优的物流路线等；在运营商线下实体门店拉新促活过程中，利用大数据精准定位消费人群、目标用户（年龄、性别、偏好、区域等）。除此之外，利用物联网和视频、图像技术，实现对流程中位置的跟踪、识别、判断，例如 4S 店车辆维护调度流程，通过视频图像识别车辆车牌，用物联网定位车辆位置，通过扫描确定工作进度；在大型水电施工管理流程中，通过物联网定位大型设备的施工位置并控制进度，通过 5G 定位施工面的轨迹从而分析施工的质量等。

因此，“机器与人共同成为流程的执行者”，就是将流程从传统的数据传递延伸到数据应用。这个数据应用包括通过机器人自动处理，包括利用大数据和 AI 技术进行数据分析与决策建议，也包括利用物联网动态捕捉流程进度状态。总之，通过互联网新技术实现流程的自动化或智能化，其本质上就是让机器参与到流程中工作。

在以往的信息化建设中，通常流程固化到系统，更多是考虑通过流程实现数据的传递和共享（数据公共化），而数据的应用通常不会在系统的流程功能中实现，而是建立统一的数据中心，将数据进行汇聚后，按照数据仓库技术进行整体的、综合的展现和应用。这确实是一个更专业的方式，在确保了数据数量、数据质量、数据完整性的基础上，基于应用场景进行监控、分析、预测、判断，具有更高的整体性、全局性。在实际应用中，对于数据仓库的需求，往往业务管理人员会认为完全是企业决策层的顶层应用，设计与实施中容易变成升级版的报表系统或仅仅高层领导用的看板系统，而具体的业务，往往会因为场景太小或与具体业务 / 流程结合太紧密被忽略。因此，在数据仓库的建设中，专业分析往往因为缺乏场景（或认为场景太小）而成为建设的短板与遗憾，制约了数据深入应用给专业工作、具体业务流程带来的价值。

IBM 近年提出的认知型企业中，包含了智能化流程的概念与框架，其旨在整合技术和资源，提供标准化、集成化、智能化的整合服务。换言之，就是将信息新技术与管理优化结合、与流程优化及固化结合，让新技术通过企业具体的业务流程发挥出更大的价值，实现“机器与人共同成为流程的执行者”的目标，从而将人从烦琐的流程事务中释放出来产生更大的价值。这也是 IBM 提出的实现认知型企业的重要手段之一。

智能化流程采用的技术仍然是云计算、物联网、移动互联、大数据、AI、图像识别、语音识别等技术。其中用到的数据汇聚、数据交互、数据建模分析等方法、工具、平台，是典型企业流程平台 BPM 和数据仓库（BW）用到的技术，当然也引入了物联网技术、图像识别、语音识别等。通过智能化流程来推进企业新技术与数据深化应用，这与传统通过数据仓库来进行数据深化应用相比，它的优势首先是更加贴近具体的业务和业务流程，而且这些流程环节都是相对底层的四五级流程中的环节，如识别发票、识别合同、扫描工单等。这些环节的新技术应用和数据应用，在具体业务点上能发挥效能，解决了传统数据仓库建设中缺乏具体业务场景的问题。其次是因为流程是业务管理的载体，并上接企业战略，又直接影响企业组织与绩效，通过流程与新技术的结合，能真正且具体地推动企业新技术下的数字化转型。第三是这些流程中的新技术应用可多可少、可粗可细、可深可浅，让企业变革与数字化转型灵活度大、柔性高、易控制，让数字化转型效果更加具体、聚焦、可控。需要注意的是，这些新技术对流程点上创新效果效益与新技术投入的性价比，应在具体实施中认真评估与选择。

6.2.2 数字化时代，“以客户为中心”重构流程系统

6.2.2.1 “用户体验”越来越受到人们的关注

运营商的主导地位在移动互联网时代被迅速弱化，在激烈的市场竞争中面临来自内外部的多重压力和挑战。从外部来看，OTT 业务的快速发展，运营商自有业务在应用市场中竞争乏力，运营商管道化趋势日益明显。与此同时，快速增长的移动应用，竞争加剧带来的客户意识觉醒，使得市场对运营商的网络承载和服务能力都提出了更高的要求。从内部来看，外部市场变化带来业务结构的巨大变化，内部创新和机制灵活性上的欠缺造成响应速度和多变市场的不匹配，现有服务难以满足新时期的客户需求。数字化时代来临，企业正面临着前所未有的挑战，5G、大数据、云计算、虚拟化、AI 与机器学习、区块链等技术飞速发展，业务模式焕然一新，如 IaaS、PaaS、SaaS 等，这些都是应用和网络架构演进及商业化的驱动力。

在经历数字化转型的过程中，用户体验管理已成为企业管理的重中之重。每个用户的体验不是单一的因素可以决定的，而是很多方面集合而成的，原则上网络质量有问题，或计费出现任何问题，都会导致最后用户体验不完美。影响用户体验管理的主要因素如下。

（1）IT 环境和应用急剧复杂化

随着移动互联、虚拟化、云计算的迅猛发展，加之企业自身业务需求的不断增加，应用程序的开发、架构及部署都在发生着颠覆性的改变，随之而来的是，IT 部门运维的复杂度水涨船高。企业 IT 需要保障应用可靠、稳定和安全运行，包括任何环境下应用的支持，应用按需快速扩展，跨区域的 7×24h 快速响应，新应用与传统应用的对接，以及实现终端用户和客户与发生过基础架构改变的老业务的持续交互。

（2）企业内团队各司其职

在企业内部，多数 IT 部门与业务部门之间缺乏一致性，这是由于他们各自需求不同所致，进而导致他们对用户体验的看法不一。例如，企业 IT 内部一般分为多个小的单元或团队，有负责基础网络设施的，有负责信息安全的，有负责应用和数据库的，也有负责终端用户的，每个小团队只精通自己的管辖范围和领域。

（3）监测工具繁多且数据不统一

通常情况下，企业 IT 部门会采用多种监测工具来监控网络、设备、应用及服务器，试图了解访问其业务的最终用户体验。然而，这些监测工具彼此之间是无法交互的，无法及时发现性能问题导致的用户体验下降，很难第一时间找到影响性能的潜在问题和问题根本原因。

因此，这些企业的 IT 部门无法及时、主动了解到用户体验情况，在现实环境中，往往都是由最终用户反馈或投诉，IT 部门才发现问题的存在，尤其是类似访问速度慢或交易执行不成功的故障。运营商手中的所有系统必须协同工作才能带来良好的客户体验。不仅如此，在数字化时代运营商面临越来越苛刻的挑战，软件解决方案需要考虑如何满足：业务激活从 2 ～ 3 天

减少到 5min；订单执行从 10 ~ 15min 降到 10s；网络效率提升 3 倍；统一的产品目录。

现在大数据已经成为营销部门提升客户体验的利器，通过客户数据的收集分析了解客户的需求以指导决策。澳大利亚电信企业团队的内部有一个全新的技术顾问角色——“客户体验首席技术专家”，该角色将致力于增强与客户的交互度。客户体验首席技术专家将与高级客户负责人合作，共同推动并影响企业战略的制定与实施，确保从项目设立之初，便将交付有价值的客户参与计划纳入企业的目标考量。

2019 年 7 月初，青岛海尔公司股票简称由“青岛海尔”变更为“海尔智家”，不仅向外界释放出了全面进军物联网智慧家庭生态的信号，更传递了海尔颠覆式创新的管理模式与组织文化，实现自身的数字化重组转型、“产品”再造。

2013 年，海尔将研发、设计、生产、销售等全流程所有部门分拆成几千个自主创业、独立运营的小微。这些小微之间自由流动、横向交流，并与外部贡献者建立双向创造性的联系，形成一个充满活力因子的非线性网络。小微将用户作为价值链的中心，自主并联为生态链小微群（链群）。在链群组织模式下，用户需求与反馈可同步抵达研发、设计、制造、销售等全流程各环节的小微。小微们可形成合力迅速响应，链接资源满足用户需求。此外，海尔旗下的顺逛商城通过首创的“需求宝”精准抓取“同时兼备低能耗和自清洁于一体的空调”这一用户需求，并联了从研发、设计，到制造、销售全流程的小微和节点，一款还在生产线上每台机器就有对应用户的“爆款”产品就此诞生，从研发到制造，全程无一签字，完全自驱动高效运转，诠释了海尔“三个零”，即“用户零距离、体验零延误、流程零签字”的理念。

同时在数字化时代，开放式创新连通上下游与用户，创造协同价值，与用户及合作伙伴共同打造一个向全球开放、多边共创共赢的物联网生态系统的生态圈思维成为企业发展的必然选择，在生态思维的驱动下，海尔打破边界，借助数字技术打造了引入用户全流程参与体验的 COSMOPlat 工业互联网平台。COSMOPlat 可实现设计研发、生产制造、物流配送、迭代升级等环节全流程和用户的零距离，提供大规模定制解决方案。

6.2.2.2 流程方法论：流程对标

流程对标即通过梳理流程的关键活动，分析同一流程的不同活动安排，推断不同公司同一流程的不同流程要求倾向，并通过流程绩效指标验证流程活动安排的有效性，以此促进公司流程设计能力的持续提升。

一般而言，流程对标无外乎以下 4 个目的：一是提供一个大视野、较短比长的对标平台；二是建立一个标准化、求同存异的对标方法；三是沉淀一个开放式、日积月累的对标数据库；四是形成一个持续化、你追我赶的对标习惯。

PEM 是一个持续改进、不断追求卓越绩效的管理体系，其过程管理包括识别、设计、实施、改进 4 个环节，这一过程正是流程管理和持续优化的过程。基于 PEM 过程管理思想，流程对标同样包括这 4 个环节，识别环节确定关键流程以及流程的要求；设计环节分析公司如何设计流程关键环节和操作标准，以及流程关键指标；实施环节分析流程的资源投入、流程控制措施，并通过指标来衡量实施效果，以实施结果为依据提炼亮点做法推广学习。流程对标从设计和实施环节切入，推断流程体现的要求，验证流程要求的实现效果，不涉及改进环节。基于PEM四大环节的流程对标如图6-5所示。

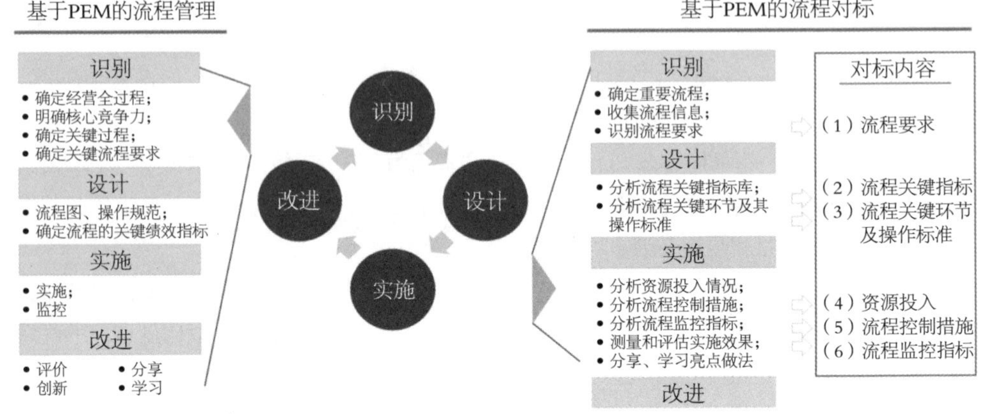

图6-5 基于PEM四大环节的流程对标

（1）识别环节。流程对标从识别开始，通过识别确认产品和服务提供的全过程。识别环节的主要工作有：通过问卷、表格、面谈等方式，收集流程信息，形成标准化流程图；根据收集的流程信息推断流程的要求，并形成要求全集。

（2）设计环节：不同的公司对流程要求的关注点会有所不同。要求上的差异，则会转化为流程设计上的不同，体现为设计环节的差异、操作标准的差异、关键指标的差异等。因此，在设计环节，需要做的工作有：收集各分公司流程指标，形成各分公司的不同指标要求；梳理流程环节及其操作标准差异。

（3）实施环节：流程对标工作中，实施环节主要测量实施过程，判断实施的效果，包括以下3个方面：资源投入情况，流程实施投入的组织、人员、信息和系统、物料、设备等；控制措施情况，实施中采取了哪些监控方法、干预措施；监控指标情况，过程实施的监控需要有可测量的指标。

（4）改进环节：流程对标的最终目标是通过各分公司亮点做法的分享学习，促进共同提升。因此，改进环节的主要工作是：提炼亮点做法，进行分享和学习。4个对标环节，共形成了6个对标点，分别是：流程要求、流程关键指标、流程关键环节和操作标准、资源投入、流程控制措施、流程监控指标。

6.2.2.3 打造流程型组织是企业回归客户的必经之路

20世纪80年代初到90年代，西方许多规模庞大的企业结构臃肿，运行效率低下，难以适应市场生态的变化，出现了所谓的“大企业病”。为了改变这种状况，美国学者迈克尔·哈默与詹姆斯·钱皮提出了企业再造理论，系统阐述了企业流程再造思想，提出只有通过流程再造才能使企业彻底摆脱传统管理模式的弊端。这一全新的思想一经提出，立刻震动了西方管理学界。

流程决定组织，流程是企业实现客户价值的唯一连接点。流程型组织就是企业的客户价值形态，主要采取流程型组织结构，只有业务流程才能把企业价值创造与客户价值需求链接在一起。

所谓业务流程是由一组价值创造活动构成的一个相对完整的价值创造过程。这组活动有一个或多个输入，输出一个或多个价值成果，而这些价值成果对业务流程上的客户来说是一种增值。业务流程始于客户价值需求，终于客户价值需求的满足，使命就是为客户创造价值，因此客户价值形态的企业就是以流程型组织结构支撑其有效运行，充分体现客户价值。

业务流程的出现为企业创建了一种新的运行秩序，实现了对传统组织运行秩序的颠覆，彻底改变精英价值形态的管理模式，开启组织管理的新篇章。

流程型组织具有以下特点：

- 客户需求力与团队创新力相结合为企业创造主要价值；
- 股权相对分散，分散型股东，员工将持股；
- 实现以客户为导向，体现客户价值优先原则；
- 流程型组织结构，从垂直管理转型为水平管理；
- 独立统一创造价值形式，可能根据市场变化进行灵活调整；
- 职位等级消失，部门团队化，以能力为基础的满意度管理；
- 橄榄型人才结构，人才边界模糊，能力差异成为人才标准；
- 产业进入成熟期，市场变化莫测，客户需求发散且多变；
- 为客户提供多元化、创新型产品，产品寿命缩短；
- 以创新为核心的客户文化，组织文化逐渐稳定。

流程型组织运作示例如图 6-6 所示。

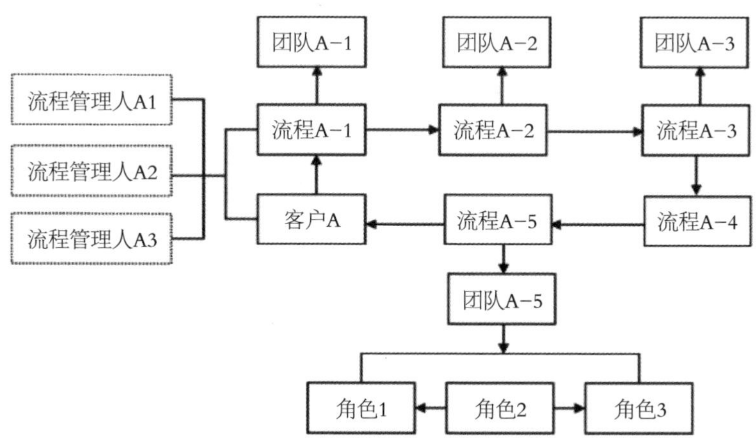

图 6-6 流程型组织运作示例

在流程型组织结构中，固定的经营管理团队被流动的流程管理者所取代，相同的业务流程可以有不同的流程管理者，使流程管理者与价值创造活动结合的更加紧密，灵活性更加明显。

流程型组织结构通过业务流程把不同的职能统一起来，解决了由于客户价值需求不断分散而出现的职能部门之间的协作不畅的问题，同时流程型组织结构能够使业务流程依据市场的变化而灵活调整，企业与市场生态的契合度加强，因此流程型组织结构是一种开放型的组织结构。

通过打造流程型组织，实现责任下移和迁移，用流程解放了管理者；从管控到服务，用流程创造了价值；从本位到全局，用干部轮岗机制实现了人才辈出，用流程打造敏捷和专业的组织，实现了组织的做大做强。

第七章

5G 玩法四：云网融合 智能运维

云网融合是智能经济时代曝光率很高的热门词汇，但参与云网融合的各方对其定位并不相同。对于电信运营商来说，云网融合是运营商网络转型的趋势之一，是网络重构的核心方向；对于云服务提供商来说，云网融合是一种全新的商业模式，是为需求方提供一体化云网应用解决方案的基本能力；对于移动互联网企业来说，云网融合是切入网络运营领域，开展云网相关业务运营的重要机会。

随着中国步入 5G 商用时代，云网融合的趋势由"简单互联"向"云 + 网 + 企业应用"过渡，以实现云网和垂直行业具体业务的高度融合为目标。可以说 5G 时代是云的时代，也是云和网相互融合的时代，5G 加速云网融合，云网融合为 5G 赋予更多内涵。

伴随着云网融合带来的运营商网络重构，网络及 IT 系统的运维难度越来越高，对智能运维提出了更高的要求。

7.1　技术驱动下的云、数、网一体化

进入 5G 时代，"大带宽""大连接""低时延"的 5G 技术特性加速了智能经济时代智能化应用的发展，新型数字化业务不断涌现，各类智能终端、设备通过智能连接后产生海量的数据，这时更加需要一个安全可靠的云计算平台。只有通过云网融合，深度整合 5G 与云计算的能力，推动云、数、网一体化的社会数字化基础设施建设，才能获得各行业数字化转型与智能经济发展的成功。

7.1.1 智能经济时代的云计算

云计算概念是 2006 年由谷歌首次提出的，早期的云计算是解决任务分发，并进行计算结果的合并，因而云计算又称为网格计算。目前所说的云计算，其内涵已经大大扩展，现在是分布式计算、并行计算、效用计算、负载均衡、网络存储、容灾备份和虚拟化等 IT 技术混合演进并跃升的结果。云计算可归纳为 5 个基本特征、4 种部署模式和 3 种服务模式，如图 7-1 所示。

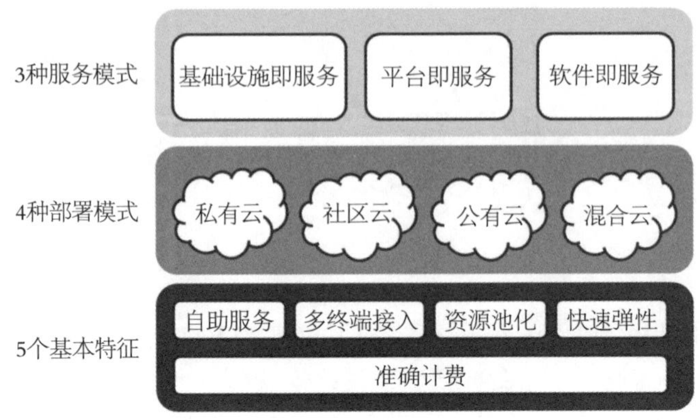

图 7-1　云计算可视化模型概况

云计算的 5 个基本特征：一是自助服务，用户可自行获取云端的计算资源，不需要或很少需要云计算提供商的协助；二是多终端接入，用户可随时随地使用智能手机、平板、笔记本电脑和台式机等终端设备接入网络使用云计算资源；三是资源池化，云计算资源被池化后共享给多个用户，池化资源可根据用户需求动态分配；四是快速弹性，用户可快速按需获取云计算资源，一方面在需要时可快速获取资源从而扩展计算能力，另一方面不需要时能迅速释放资源降低计算能力，从而减少资源的使用费用；五是准确计费，可根据某类资源（如存储、CPU、内存、网络带宽等）的使用量和使用时长进行计费，也可根据使用次数来计费，做到价码清楚，计量方法明确。

云计算按部署模式可分为 4 类，分别为私有云、社区云、公有云和混合云，具体见表 7-1。

表 7-1　云计算按部署模式分类

部署模式类型	部署模式特征
私有云	企业自有、专用的云环境，主要由企业使用，也被视为一种企业云，云计算服务和基础结构维护始终在私有网络上进行，硬件和软件专供企业组织使用
社区云	专门给固定的几个企业内的用户使用，而这些企业对云服务具有相同的诉求（如安全、规章制度、合规性要求等）。云服务的所有权、日常管理和操作主体可能是本社区内的一个或多个企业，也可能是社区外的第三方机构，还可能是二者的联合。云服务器可部署在本地，也可部署于他处
公有云	由第三方的公有云供应商提供，用户购买云服务器、数据存储和其他与云相关的公有云服务，所有硬件、软件和其他支持性基础结构均为公有云供应商所拥有和管理
混合云	企业通过安全连接（VPN连接或专线连接）将本地基础架构与私有云、公有云相结合，企业的数据和应用程序可在私有云和公有云之间移动，从而获得更大的灵活性和更多部署选项，在不同云环境之间共享数据和应用程序，在私有云使用高峰时自动在公有云环境中获得额外的按需容量

计算服务是指基础设施即服务（Infrastructure as a Service，IaaS）、平台即服务（Platform as a Service，PaaS）、软件即服务（Software as a Service，SaaS）3 个层面中的某类服务，这

3 类也是目前公认的云计算架构划分模式。一是，基础设施即服务是云计算主要的服务类型，云计算提供商购置服务器、硬盘、网络设施等并搭建基础服务能力，向个人或企业提供虚拟化计算资源，如虚拟机、存储、网络和操作系统；二是平台即服务，平台可理解为中间件，这类云计算提供商在基础设施上进行开发，搭建操作系统，提供一套完整的应用解决方案，开发大多数所需中间件服务等，为开发人员提供网页应用管理、应用设计、应用虚拟主机、存储、安全以及应用开发协作工具等；三是软件即服务，任何一个远程服务器上的应用都可以通过互联网提供按需软件付费应用程序，云计算服务提供商托管和管理软件应用程序，允许其用户连接到应用程序并通过互联网访问应用程序。云计算服务类型（基于 IT 系统 4 层架构的示例）如图 7-2 所示。

		如：阿里云、腾讯云、Amazon EC2	如：Google App Engine、Microsoft Azure	如：Cisco WebEx、Salesforce CRM
数据信息层	数据信息	IaaS	PaaS	SaaS
应用软件层	应用软件			应用软件
平台软件层	中间件		中间件	中间件
	数据库		数据库	数据库
	操作系统		操作系统	操作系统
基础设施层	服务器　虚拟机	服务器　虚拟机	服务器　虚拟机	服务器　虚拟机
	磁盘阵列	磁盘阵列	磁盘阵列	磁盘阵列
	计算机网络	计算机网络	计算机网络	计算机网络
	机房基础设施	机房基础设施	机房基础设施	机房基础设施

图 7-2　云计算服务类型（基于 IT 系统 4 层架构的示例）

如图 7-2 所示，云计算本身仍然是 IT 系统，可以划分为基础设施层、平台软件层、应用软件层和数据信息层 4 层，系统底部的 3 层就是云计算服务商提供的服务，也是云计算资源出售的 3 种模式，分别满足云服务消费者的不同需求。形象地看，云服务提供商负责出售应用软件层及以下各层的部署、运维和管理，而购买云服务的用户则负责更上层次的部署和管理，两者负责的相关逻辑层合起来，就构成一个完整的 4 层 IT 系统。

随着智能经济时代的到来，云计算的发展呈现几个显著特征。一是政府、金融、医疗等行业云需求旺盛，行业云是重点发展方向；二是云计算中的数据价值得到发现，大数据的价值通过流通和交换得到体现；三是物联网的发展带来更多云计算需求，推动云计算相关功能升级。

7.1.2 大数据拥抱云计算推动“云数融合”

大数据，又称巨量资料，呈现数据体量巨大、数据类型繁多、数据价值密度低、商业价值高、处理速度快等特点。海量数据通过收集、传输、存储和分析，成为帮助企业实现经营决策等更具有积极目的的有价值的数据信息。这里不仅是掌握规模庞大的数据信息，而在于对这些含有各种意义的数据信息进行专业化、系统化的处理。

大数据和云计算之间的联系十分紧密，从技术层面来看，大量结构性和非结构性的数据构成大数据，对大数据的处理必须使用大量的计算能力，也就是说必须依托云计算的网络（云）存储、并行计算、分布式计算、虚拟化处理等技术，对数据进行收集、传输、存储和分析，实现数据向信息、知识乃至智慧的升华，从而完成大数据的加工增值。可以说，大数据和云计算具有不可分割性。

云计算与大数据的融合发展已经成为必然的趋势。随着智能经济时代的到来，我国经济社会发展、生产生活诸多领域的数据信息量以几何级的速度不断增长。大数据发展日新月异，我们应该审时度势、精心谋划、超前布局、力争主动，深入了解大数据发展现状和趋势及其对经济社会发展的影响，分析我国大数据发展取得的成绩和存在的问题，推动实施国家大数据战略，加快完善数字基础设施，推进数据资源整合和开放共享，保障数据安全，加快建设数字中国，更好服务我国经济社会发展和人民生活改善。国家发展和改革委员会发布《产业结构调整指导目录（2019 年本）》，将云计算、大数据列入鼓励发展类条目。

海量数据信息的爆发式增长，一方面给数据处理性能带来前所未有的压力，另一方面多样化的数据信息也对数据处理手段提出新的要求。大数据技术在各个领域的广泛应用，使人们得以挖掘海量数据信息的商业价值。而云计算作为大数据技术应用的前提，特别是在存储和计算等方面的飞速发展，为大数据的发展提供了坚实的基础。中国信息通信研究院在《大数据白皮书（2019 年）》中指出，融合成为大数据技术发展的重要特征。当前，大数据体系的底层技术框架已基本成熟，大数据技术正逐步成为支撑型的基础设施，由提升效率逐步向个性化的上层应用聚焦，技术的融合趋势愈发明显。大数据和云计算的融合即“云数融合”，一方面表现为大数据通过搜集、整理信息后，交付云计算来进行分析、处理；另一方面大数据基础设施向云上迁移也是一个重要的趋势。目前各大云计算厂商通过提供各类云上大数据产品来满足用户需求，例如 Amazon Web Service（AWS）、Google Cloud Platform（GCP）的 MapReduce 和 Spark 服务，以及国内阿里云的 MaxCompute、腾讯云的弹性 MapReduce 等。如果说早期的云化产品大部分是对已有大数据产品的云化改造，现在则是越来越多的大数据产品从设计之初就遵循了云原生的概念进行开发，生于云长于云，更适合云上生态。

2019 年以来，三大运营商都已经完成了全集团大数据平台的建设，均成立了专业的大数据运营部门或公司，开展数据价值释放的全新尝试。运营商通过对外提供 4G/5G 网络服务能力、大数据平台架构和大数据融合应用能力、可靠的云计算基础设施和高效的云服务能力，寻求打造数字化生态运营体系，加速推动非电信业务的变现能力。运营商大数据平台框架如图 7-3 所示。

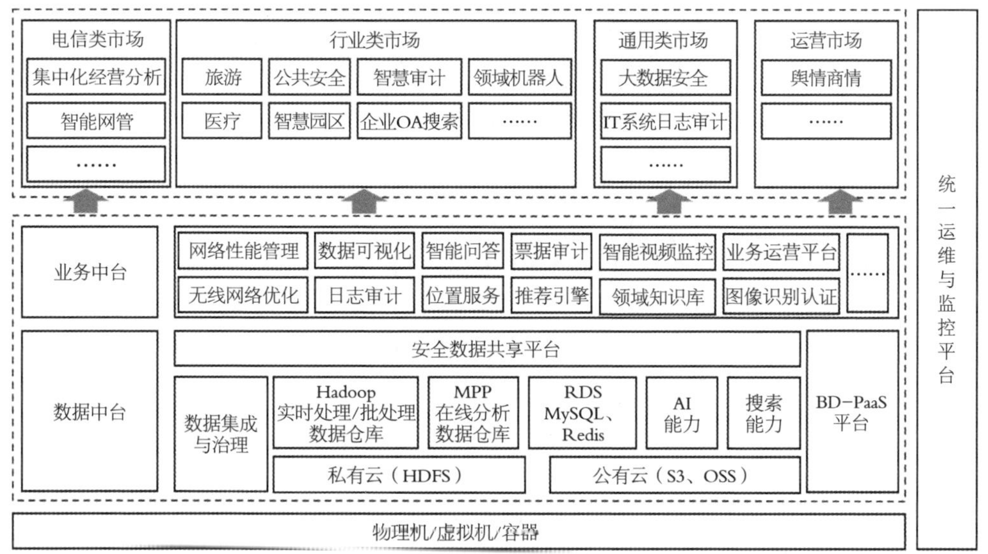

图 7-3 运营商大数据平台框架

中国电信布局天翼云产业助力大数据发展，天翼云的两项核心能力一个是云计算，另一个就是大数据。借助大数据技术，云计算从简单的云，逐步走向融合发展，从云走向云网，从云网走向云数、云物、云智。2017 年，中国电信首次确定“2+31+X”的数据中心建设总体布局，2 就是 2 个大规模的数据中心；31 是 31 个省（不含港澳台地区，下同）都有一个大规模的数据中心来承接全网数据结构；X 是接入层面，把内容和存储放到离用户最近的地方，形成一个云网融合、云网联动数据中心的特点。目前中国电信已经完成“2+31+X”资源池的整体布局。整体来看，在 31 个省均有核心节点和数据中心，IDC 数量超过 550 个以及“2,000+”边缘数据中心节点，机柜数量超过 36 万个，CDN 节点超过 250 个，资源出口总带宽超过 21THz。中国电信在大数据领域形成了五大能力：一是大数据咨询能力，发布了《数据资产管理实践白皮书》；二是大数据治理能力，日处理量达到 500 多 TB；三是大数据产品能力，具备了依托用户数据为用户解决问题，输出相关产品的能力；四是大数据运营能力，建设数据中台，开展数字资产管理；五是天翼云基础资源服务能力，大数据资产管理超 6,500 节点。中国电信提供的大数据服务包括飞龙大数据 PaaS 服务（私有模式、共有模式和专享模式）、鲲鹏大数据 SaaS 服务（终端智慧运营服务平台、房地产大数据平台、旅游大数据平台）。

7.1.3 5G 时代的云网融合

云网融合，从字面理解，云指的是云计算，网指的是网络。网络一般指运营商的基础网络，包括固定接入网络（FTTx）、专线、移动网络（4G/5G）、千兆光纤以及物联网等，两类解决方案融合到一起就是云网融合，如图 7-4 所示。

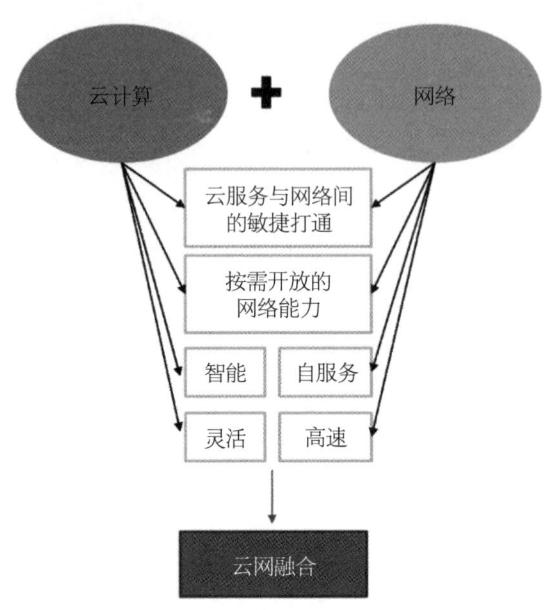

图 7-4　云网融合示意

运营商、云服务提供商以及科研机构对云网融合有着不同的认识。中国电信在 2018 年发布的业界第一个云网融合白皮书中指出，云网融合是以云为核心，打造 B2B 业务统一平台和入口，重构运营商 B2B 服务方式及商业模式。借助全新 B2B 服务能力，实现政企从转售到云服务、产品从单一到融合的转型，提供一站式服务能力。对云服务提供商来说，云网融合是帮助用户进入自身产品生态的一个入口。云服务商基于运营商的基础网络建立自己的云专网，基于云专网向用户提供各种场景下的互联产品（如阿里云的高速通道和云企业网，鹏博士的云网交换平台云专线、云互联），并以此为入口，将包括计算、存储等各类型的云产品推荐给用户。中国信息通信研究院发布的《云网融合发展白皮书》（2019）中指出，云网融合是业务需求和技术创新并行驱动带来的网络架构深刻变革，使得云和网高度协同，互为支撑，互为借鉴的一种概念模式，同时要求承载网络可根据各类云服务需求按需开放网络能力，实现网络与云的敏捷打通、按需互联，并体现出智能化、自服务、高速、灵活等特性。运营商云网融合产品框架如图 7-5 所示。

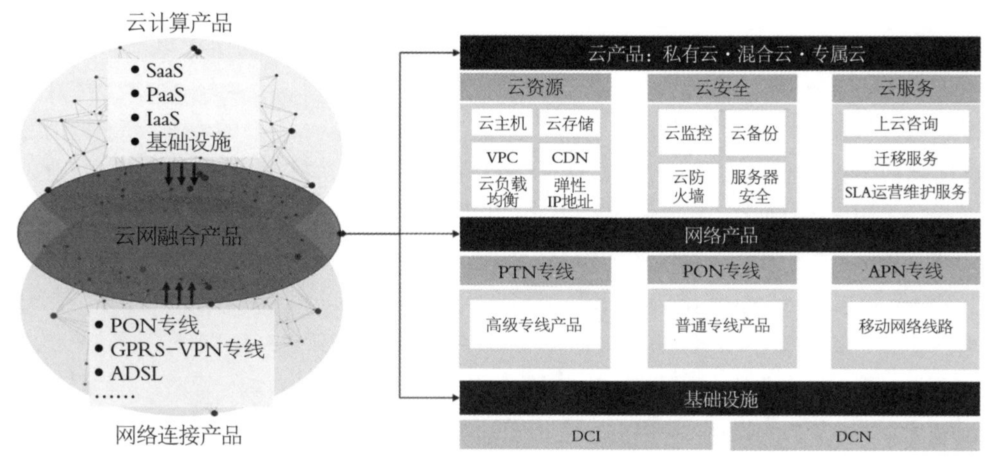

图 7-5 运营商云网融合产品框架

随着中国步入 5G 商用时代，云网融合的趋势逐渐由“简单互联”向“云 + 网 + 企业应用”和“云 + 网 + 基础服务能力”过渡，原来的网络连接只是过程，现在最终目的是达成云网和实际业务的高度融合。可以说，5G 时代是云的时代，也是云和网相互融合的时代，5G 加速云网融合，云网融合为 5G 赋予更多内涵，两者共生共长、互补互促。

人类迈入“万物感知、万物互联、万物智能”的智能经济时代，物联网、大数据、人工智能、智能终端技术应用在驱动云网融合。5G 与物联网、大数据、人工智能、智能终端等技术深度融合，进一步渗透到各行各业，加快生产经营向数字化、网络化、智能化方向演进升级，激发出智能物联、智能网联汽车、远程医疗手术等各类创新应用。与此同时，5G 的新型应用如物联网、VR、AR、人工智能、智能终端等会产生海量数据，导致对于这些数据的集中计算和存储能力的需求剧增，同时由于对时延的要求，计算的边缘化、内容的分布化、应用的本地化趋势不可避免。为了解决集中计算和边缘计算的协同，更好地满足应用场景需求，必须要实现云和网的协同统一，实现平台化、生态化以及数据的智能化。可见，5G 相关技术应用加速了行业应用的发展，同时海量数据和应用又需要一个安全可靠的云平台。通过云网融合可以深度整合云计算与 5G 的业务能力，提供更加灵活的网络部署方式。所以说，技术应用推动了云网融合的发展，云网融合对 5G 技术应用的发展起到进一步的促进作用。

从另一个角度来看，边缘计算、IDC、区块链、IPv6 等技术又促进了云的发展。边缘计算实现了云端能力的外延与互补，其发展使更多数据端设备具备更完善的运算、储存和分析能力，并将其发送到云端。边缘计算专注于局部，聚焦实时、短周期数据的分析，能够更好地支撑本地业务的实时智能化处理与执行。IPv6 技术扩大云计算网络的延展性。IPv6 令云计算拥有几乎无限大的地址空间，并且表现出更好的移动特性。IPv6 包头种类的扩展能够适应云计算网络不断扩大的需求，IPSec 为云计算的安全性提供了可靠保障。区块链技术提升云计算存储、安全、应用流程等方面的效率。区块链的存储作为各节点的存储空间，其价值在于相互链接的不可更改的块，云计算可以借鉴其存储方式。IDC 为云计算的发展提供优质的资源基础，可为云计算提供大规模、高质量、安全可靠的专业化服务器托管、空间租用、网络带宽等相关增值业务。

华为早在 2016 年就提出了“全面云化”战略，其核心是从设备、网络、业务、运营 4 个方面全面升级基础网络，将整体网络全面转型为“以数据中心为中心”的架构，所有的网络功能和业务应用都运行在云数据中心上，通过统一开放的架构满足客户公有云、私有云、行业云、混合云等不同场景的业务转型需求。2017 年，华为发布了全面云化网络架构，从无处不在的连接、开放的云平台和社交化的行业应用这 3 个层次构建，六大云化解决方案在具体场景落地为 CloudFabric、CloudCampus、CloudEPN、EC-IoT、CloudDCI 和 Security，覆盖场景分别是云数据中心、云管理园区、云化企业专网、边缘计算物联网、云数据中心互联和网络安全。“超融合云”是面向云中业务与应用的全新一代云网络架构，全面开放、统一管理、自动调度，相比传统云运营效率大幅提升，完美地解决了当前云网络方案所面临的诸多挑战。华为全面云化网络架构如图 7-6 所示。

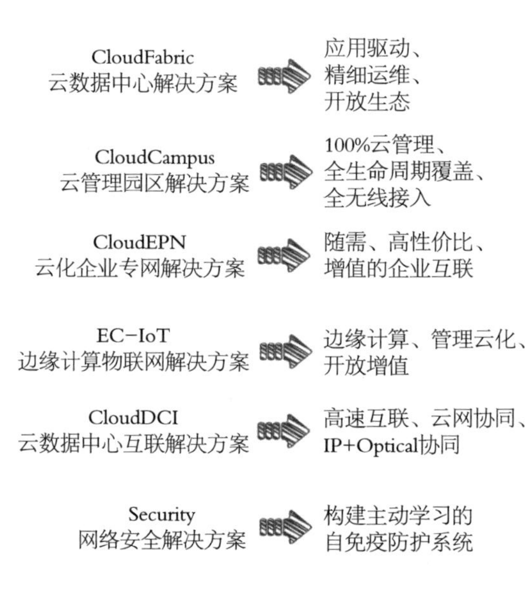

图 7-6　华为全面云化网络架构

「7.2　NFV、SDN 推动 5G 网络云化」

电信运营商的传统网络架构，构成复杂，资源难以协同，缺乏灵活性、可拓展性。在传统网络架构下，业务难以融合，新业务开发成本高，难以适应市场多样化的需求。传统网络规划、建设和运维复杂，运营成本高。因此，重构网络架构，实现网络的软化、云化、智能化，是电信运营商满足市场需求，应对市场竞争，成功实现企业数字化转型的核心路径。

伴随着智能经济时代的到来，业务 / 数据需求爆炸决定了运营商 5G 网络必然采用云化部署，而5G最关键、最核心的技术应用就是网络的可扩展技术。可预见的连接终端数量超过1,000亿台，数据大爆炸的5G时代，采用融合开放的云化基础架构成为了运营商数字化转型的必然选择。云化网络能显著提升网络的灵活性、降低部署成本以及提升网络效率，5G网络的云化部署已经成为业界的共识。

运营商纷纷推出NFV/SDN重构计划，如德国电信PAN-EU计划、西班牙电信UNICA架构、中国移动Novonet 2020、中国电信CTNet 2025、中国联通CUBE-Net 2.0、NTT Arcstar Universal One架构、AT&T Domain 2.0架构、法国电信Cloud4Net架构、沃达丰One Cloud架构、Verizon SDN转型等，这些运营商的网络重构方向大同小异，其核心都是网络云化、NFV、SDN与开源。2019年12月AT&T公告称，过去5年通过软件定义网络、网络功能虚拟化和自动化，实现了每年节约网络成本6%～8%。

中国电信在《CTNet 2025网络架构白皮书》中提出，以数字化、网络化为基础，以云计算、大数据、移动互联网、物联网、人工智能等智能化技术的广泛应用为主要驱动，以网络软件化、功能虚拟化、硬件通用化、能力平台化的云网深度融合为重要前提，以企业内外部数据资源的深度挖掘、价值呈现为常态，以多元智能化终端为载体，实现跨界拓展。可见，网络云化是驱动云网融合的重要因素。具体来看，构建基于多接入边缘计算的边缘云架构是5G网络全面云化的关键。因此，5G天然就是构建在云计算上的通信技术，只有云网深度融合，才能推动5G健康快速发展；5G的发展也推动云网深度融合。5G具有的高速、大容量、低时延以及核心网全面云化的特点，是推动云网深度融合的重要力量。

NFV/SDN技术都是目前先进的5G技术，也是5G通信技术的基础，能够有效地完成控制层、管理层和应用层的构建，实现应用程序之间的相互调用，实现自动调控取代了人工配置操作的工作内容，不断地进行网络优化。借助NFV/SDN技术，可以推动运营商5G网络的云化。通过引入NFV/SDN技术，5G硬件平台支持虚拟化资源的动态配置和高效调度。在广域网层面，NFV编排器可实现跨数据中心的功能部署和资源调度，SDN控制器负责不同层级数据中心之间的广域互连。城域网以下可部署单个数据中心，中心内部使用统一的NFVI基础设施层，实现软硬件解耦，利用SDN控制器实现数据中心内部的资源调度。NFV/ SDN技术融合将提升5G进一步组大网的能力：NFV技术实现底层物理资源到虚拟化资源的映射，构造虚拟机（VM），加载网络逻辑功能（VNF）；虚拟化系统实现对虚拟化基础设施平台的统一管理和资源的动态重配置；SDN技术则实现虚拟机间的逻辑连接，构建承载信令和数据流的通路；最终实现接入网和核心网功能单元动态连接，配置端到端的业务链，实现灵活组网。5G网络平台视图如图7-7所示。

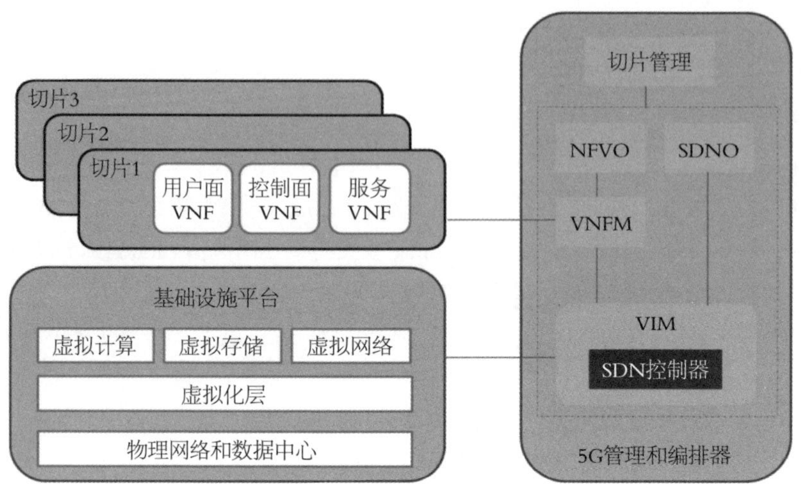

图 7-7　5G 网络平台视图

5G 基础设施平台将更多地选择由基于通用硬件架构的数据中心构成支持 5G 网络的高性能转发要求和电信级的管理要求，并以网络切片为实例，实现移动网络的定制化部署。

7.2.1 NFV 技术：5G 核心网云化部署的基础

NFV 是指采用虚拟化技术和通用硬件实现电信功能节点的软件化，是 5G 网络的基础技术。NFV 的本质是重新定义网络设备架构，将传统的软硬一体的物理网元从逻辑上拆分为硬件、虚拟层和上层网元 3 层，并引入了 MANO 端到端管理编排系统。通过重新定义网络设备结构，该技术能够在网络设备结构与专业硬件之间的耦合关系中对网络服务进行分离。通过使用 x86 等硬件设备并采用虚拟化的技术来实现多功能软件处理的目的，让运营商的网络设备成本得到有效控制，同时可提升电信云实时处理能力，加快网络部署速度，提升新业务上线效率，有效降低网络运营和建设成本。未来 5G 网络将以通用架构的数据中心为基础设施实现云化部署，因此采用 NFV 技术推动电信核心网重构，实现未来网络的平滑演进。

NFV 源于运营商在通用 IT 平台上通过软件实现网元功能来替代专用平台的尝试，从而降低网络设备的成本。NFV 系统通常包括虚拟网络功能（VNF，即实现网络功能的软件）、NFV 基础设施（NFVI）、NFV 管理与协同（NFV-MANO）3 个部分。具体来看，5G 核心网云化部署关键技术包括 NFV 平台解耦、容器技术引入、切片友好运营、NFV 运维配套和 x86 通用硬件性能这 5 个方面的关键技术。一是 NFV 平台解耦：包括实现软硬件分离的二层解耦方案和实现硬件、虚拟化层和上层应用分离的三层解耦方案。二层解耦方案采用通用化的硬件设备，建设统一的标准化硬件资源池，由网络设备厂商完成虚拟化平台，虚拟化网络功能和编排系统的整合。三层解耦方案是 NFVO（NFV 编排器）作为 NFV 系统相对独立的模块，由运营商统一部署；VIM（虚拟化基础设施管理器）+ 虚拟化平台与 VNF+VNFM（VNF 管理器）解耦支持采用不同厂商方案进行集成；硬件层采用通用硬件设备。二是容器技术引入：5G 核心网服务架构基于微服务设计，网络服务的粒度更细，容器技术是实现业务灵活编排和按需功能调用所必需的云化 NFV 平台能力，在 5G 核心网部署初期，可采用虚拟机容器方案。三是切片友好运营：面向部署的网络切片需具备按需设计、自动部署、SLA 保障、智能化分析预测、安全隔离以及租户可管可控等关键运营能力，切片运营最终形成以网络切片为单位的信息基础设施运营模式，充分发挥 5G 核心网和云化 NFV 平台敏捷服务提供的能力。四是 NFV 运维配套：IT 设计需要通过构建 VNF 系统多级容灾、备份体系来构建电信级高可靠性，应对运营挑战。五是 x86 通用硬件性能：NFV 系统需要针对 5G 核心网业务需求提供全面的加速能力，包括软件加速和硬件加速。

传统电信网络向 NFV 演进过程中，NFV 部署将是一个渐进的过程，传统网络将和 NFV 长期共存。NFV 的部署范围将覆盖核心网、承载网、接入网等全领域，是“需求导向，业务驱动，效率优先，从易到难” 循序渐进的过程，如图 7-8 所示。

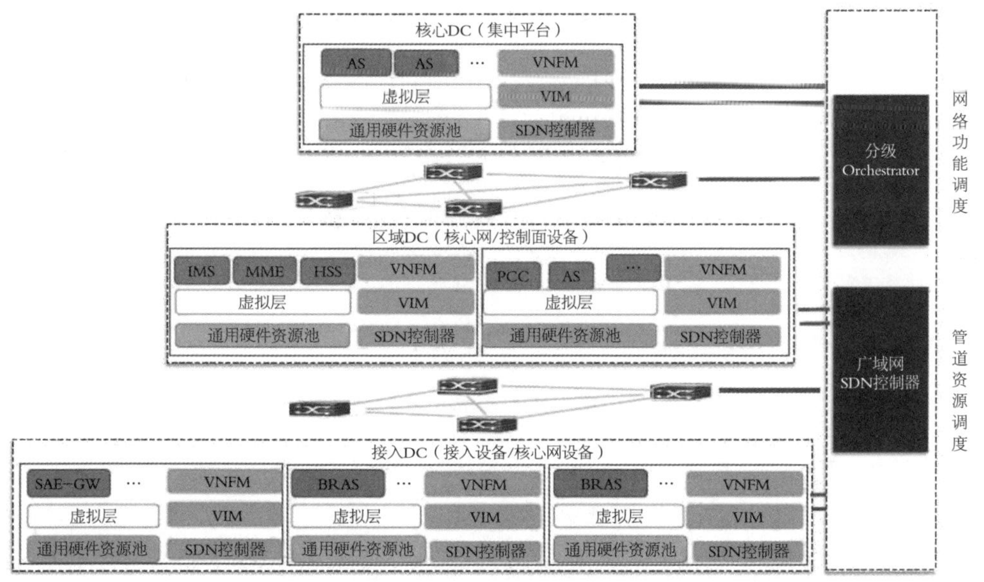

图 7-8　NFV 网络目标部署示例

图 7-8 中 NFV 网络目标部署是一个全虚拟化的 3 层数据中心架构。每个 DC 均采用标准化的设计，包括标准化的基础设施、组网和统一的编排管理体系。标准化的基础设施在硬件方面采用通用商用成品（Commercial Off-The-Shelf，COTS）硬件架构（如 x86），并辅以增强型的硬件性能要求和电信级的管理要求；在虚拟层方面需满足标准统一的电信级要求，支持统一的虚拟层指标参数等。标准化的组网包括以电信标准为基准的更为严格的网段隔离和网络平面划分，数据中心内部业务、管理、存储平面相互独立。统一的管理编排体系包括以整合的 NFV 编排器和 SDN 编排 / 控制器作为统一管理编排体系，以电信级增强的 OpenStack/ 虚拟化基础设施管理器（Virtualisation Infrastructure Management ，VIM）实现云资源的管理和分配。

7.2.2 SDN 技术：网络架构重构的主要技术路径

SDN 技术理念是将网络控制平面和数据转发平面进行分离，从而方便地对网络流量进行控制，即实现可编程化的集中控制，为核心网络的应用创造一种全新的网络平台。SDN 架构是为了实现云计算在计算虚拟化后应对网络虚拟化需求的基础上产生的，同时也是智能经济时代信息通信技术产业软件化趋势的具体体现。网络 SDN 化可以满足云计算等业务发展的需要；实现对超大型数据中心网络的管理、网络虚拟化，按需分配网络资源，大幅度缩短业务部署的周期，减少设备的数量；通过规模采购标准服务器来降低采购的价格；大幅减少运营商的资本投入，显著降低公司设备运营成本，快速推动新业务的开展和网络的建设。SDN 架构的本质属性如图 7-9 所示。

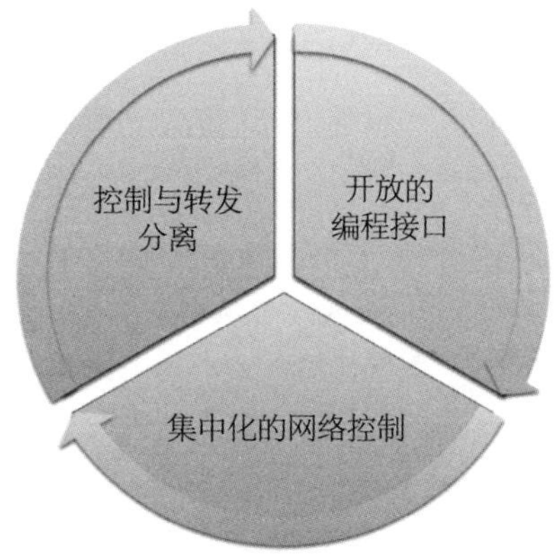

图 7-9　SDN 架构的本质属性

从层次上看，SDN 包含应用层、控制层和基础设施层。其中，应用层包括各种不同的业务和应用；控制层主要负责处理数据平面资源的编排，维护网络拓扑、状态信息等；基础设施层也叫数据转发层，负责基于流表的数据处理、转发和状态收集。SDN 典型体系架构如图 7-10 所示。

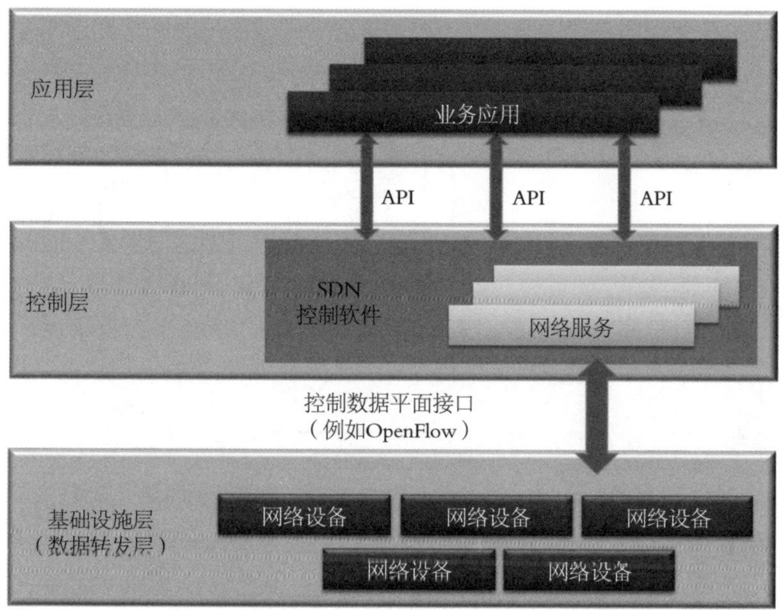

图 7-10　SDN 典型体系架构

结合运营商的 5G 网络建设目标来看，中国电信提出的 5G 目标网络逻辑架构构建在 NFV/SDN 及网络云化的技术基础之上，包括接入云、转发云和控制云 3 个逻辑域。接入云具备多拓扑形态、多层次类型、动态变化的特点，可针对各种业务场景选择集中式、分布式和分层式部署，实现更灵活的组网部署和更高效的无线资源管理；转发云聚焦数据流量的高速转发与处理，配合控制云和接入云，实现业务汇聚转发功能，实现增强移动宽带、海量连接、高可靠低时延等不同业务数据流的高效转发与传输；控制云以网络虚拟化技术为基础，通过模块化技术重新优化了网络功能之间的关系，实现了控制与转发分离、网络切片和网络功能虚拟化等，整个架构可以根据业务场景进行定制化裁剪和灵活部署。SDN 支持面向业务的网络能力开放和按需的网络编排管理功能；提供面向业务场景的网络能力开放接口，满足业务差异化需求；提供了在云化场景下的 5G 网络可管、可控、可运营的服务能力，提高业务部署效率。中国电信 5G 网络总体逻辑架构如图 7-11 所示。

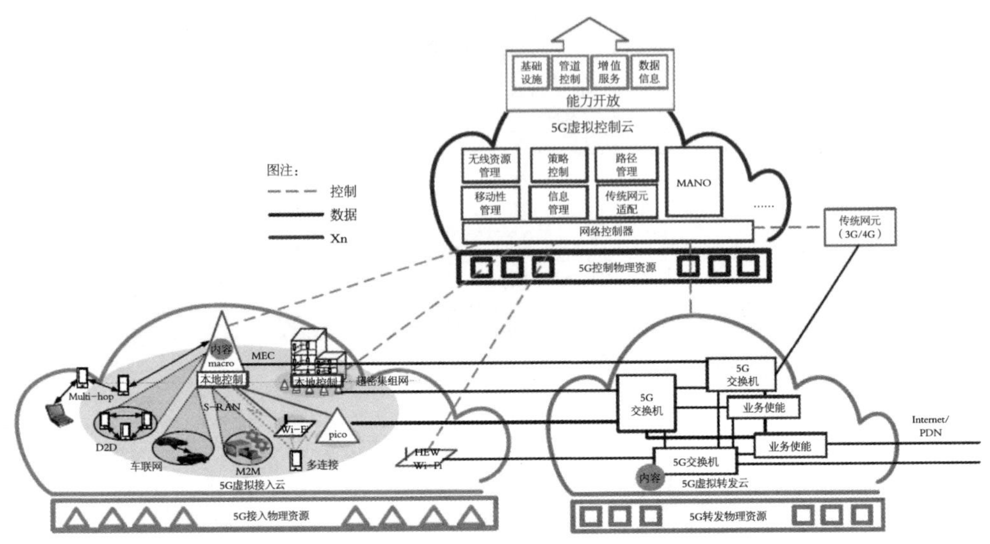

图 7-11　中国电信 5G 网络总体逻辑架构

NFV 与 SDN 来源于相同的技术基础，都是基于通用服务器、云计算以及虚拟化技术。同时 NFV 与 SDN 又是互补关系，二者相互独立，没有依赖关系，SDN 不是 NFV 的前提。SDN 的目的是生成网络的抽象，从而快速进行网络创新，重点在集中控制、开放、协同、网络可编程。NFV 是运营商为了减少 CAPEX、OPEX、场地占用、电力消耗而建立的快速创新和开放的系统，重在高性能转发硬件和虚拟化网络功能软件。

NFV 负责各种网元的虚拟化，而 SDN 负责网络本身的虚拟化（如网络节点和节点之间的相互连接）。NFV 和 SDN 两种技术在 5G 网络中的应用是优势互补的关系，SDN 侧重于网络架构的重新定义，并将控制平面与数据平面解耦；NFV 则侧重于对网元设备结构的重新定义，可以将网络服务从特定的硬件紧耦合关系中分离开来，为 5G 网络架构提供重要的技术基础。在 SDN 技术的支持下，NFV 技术的兼容性能以及操作性能得到显著改善；在 NFV 技术分支中的虚拟技术和 IT 技术的支持下，SDN 技术则能够展现出更高的灵活性。可以说 SDN/NFV 是 5G 网络的基础，5G 核心网需要通过 NFV MANO（网络功能虚拟化管理和编排）实现自动化部署和管理；5G 切片需要通过 SDNC（软件定义网络中心）提供承载网络子切片动态创建和调度能力。随着 5G 移动通信网络的大规模建设和推广，5G 通信技术与 SDN/NFV 技术的充分融合和结合应用将更加普遍；通过建立虚拟的网络架构，满足智能经济时代海量数据信息互通的需求以及对高速、稳定网络的要求。两者将共同提升 5G 网络弹性，实现真正意义上的云网融合。

「7.3　5G 网络功能变现需要云来实现」

相比于 2G/3G/4G，5G 核心网将向平台云化、软件模块化、网络可编程、差异服务转变，

5G 的网络能力得到进一步增强，包括网络切片能力、边缘计算能力、策略控制能力等，以及网络速率、位置服务等，运营商可以将这些能力基于需求和服务等级，提供相应的能力开放服务，获取自身业务收入的增长。从 5G 标准架构来看，其引入了网络开放功能（Network Exposure Function，NEF），NEF 通过服务化接口（Service-Based Interface，SBI）与网络功能（Network Function，NF）单元交互。5G 网络能力开放的目的是向第三方应用开发者提供所需的网络能力，包括实时用户状态信息、定制化的网络功能参数、基于动态深度数据包检测（Deep Packet Inspection，DPI）的灵活服务质量（Quality of Service，QoS）策略、个性化切片和流量路径管理等，从而更加智能化、精细化地满足外部对 5G 网络服务的需求。

目前 5G 网络能力开放已经得到国际和国内标准组织的广泛关注，3GPP 从移动网络业务能力开放的场景、需求和关键技术等方面展开深入研究，我国 IMT2020（5G 推进组）网络组成立了能力开放子组，重点研究面向 5G 网络能力开放的场景以及能力开放对 5G 网络的影响等。按照 3GPP 的定义，网络能力开放包含监控能力、提供能力、策略控制和计费能力几个方面。

3GPP 定义的 5G 网络能力开放架构包括网络能力开放、其他网络功能等组成部分。5G 网络能力开放的逻辑架构包括 3 个层次：应用层、开放层 / 平台层、能力层。应用层：第三方平台位于最高层，是能力开放的需求方。运营商或与运营商签约的第三方按照服务协议对网络能力进行安全的调用。开放层 / 平台层：网络能力开放层北向与应用层互通，南向与能力层连接，支持网络能力的安全开放；对内（网络）进行网络能力的数据提取、分析、汇聚和业务发布，对外针对不同业务进行网络能力的封装和按需编排，并提供调用的统一 API 和网关。能力层：提取网络中的各种可开放能力，通过能力开放层对外开放和发布，接受能力开放层的管理和调用。5G 网络能力开放逻辑架构如图 7-12 所示。

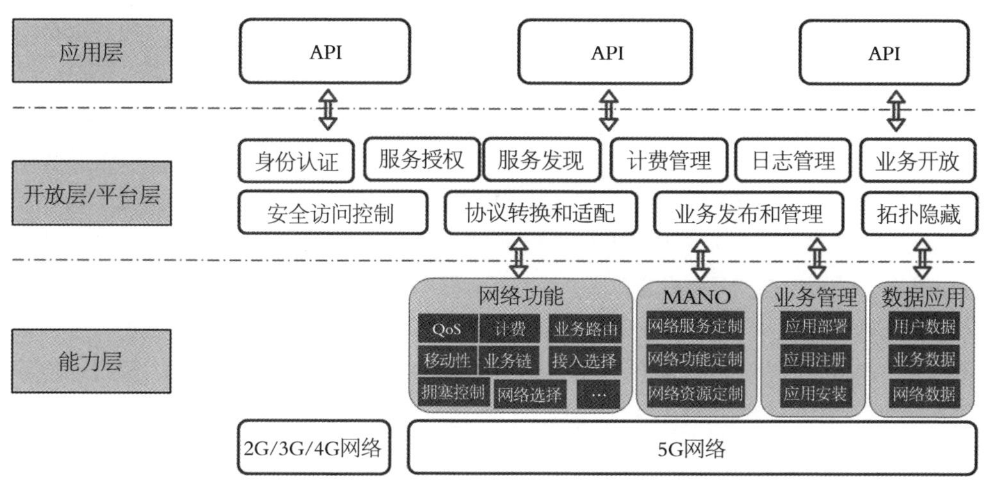

图 7-12　5G 网络能力开放逻辑架构

5G 网络能力开放可以支持外部开放和内部开放。内部开放是指 5G 各功能实体 NF 通过 NEF 向其他各 NF 开放能力和事件，完成内部 NF 信息的交互，同时通过统一数据存储（UDR）完成不同 NF 相关信息的存储访问；对于外部开放而言，分为监控能力、参数配置能力、策略 / 计费能力和分析报告等开放能力。由于 5G 网络架构的虚拟化，这些 5G 网络能力的变现也有赖于云网融合的驱动。

中国联通的网络能力开放架构，整体按照能力开放层、业务能力层、基础设施层 3 层分离架构的松耦合方式部署。其中，能力开放层部署能力开放平台，建设全国一级综合门户系统，形成“1+N”格局，作为各专业能力平台“N”集中服务入口，一点接入服务全国。业务能力层分阶段实施核心能力渐次发布，开放平台同步建设完善，实现语音能力、流量加速、视频会议、消息、统一鉴权等平台建设。基础设施层对接各类网络资源，满足政企类业务集中统一控制要求。

为什么说 5G 网络功能变现需要云来实现？因为 5G 网络能力的开放均是云与网的深度融合，通过相互协同，帮助运营商“以网促云，以云带网”，最终实现云网一体化的综合服务目标。例如网络切片能力，行业客户对网络安全性能要求高，希望业务承载网络与公众网络隔离，切片服务可以很好地满足需求；大流量需求客户，如视频直播、网络云游戏、VR、超高清视频浏览用户，需要特殊覆盖或者大流量切片来保证业务服务质量。例如边缘服务能力，即运营商为区域客户提供用户认证、鉴权、计费、存储、计算、应用、数据分析等平台服务，是网络与应用融合的产品。可见，5G 网络功能变现与云网融合密切相关。

「7.4　云网融合的形态和具体表现」

本节我们站在企业使用云网融合业务的角度，介绍运营商提供的云网融合业务形态和具体表现，从直观的角度认识和理解云网融合。我们知道，企业使用云服务，也就是所谓的企业上云，一般会经历互联网系统上云、信息系统上云、核心系统上云 3 个阶段。在每个阶段，企业对云服务需求并不相同。在互联网系统上云阶段，主要是企业的外部系统如 Web 网站、电商门户等上云，对云网的要求不高；随着信息系统上云，企业要求云上有企业通信、视频会议等 ICT 服务，需要有安全、可靠、高速的云专网来保障体验，对云网融合的需求强烈。当企业更多的核心系统上云后，混合云、跨域 VPC 等云网融合需求将成为企业 ICT 核心诉求。

基于对企业使用云服务诉求的认识，运营商基于自身资源优势，分别规划不同的云网融合业务。例如，中国电信的云网融合业务，是依托中国电信“七张网 + 两级云”在网络质量、网络规模、接入条件和多样性方面的优势，提供“云 + 多种接入”的灵活组合，其中云产品包括公有云、专属云、私有云等，网络产品包括 IPRAN 专线、CN2 专线、云网关、云间高速等多种产品组合。中国电信通过“七张网”和遍布全国的 2+31+X 天翼云资源池的打通，提供云 / 云 + 网 / 云 + 网 +X 服务能力，满足企业上云不同阶段的需求，这里的 X 可以是企业通信、企业组网、SaaS 等。中国电信云网融合产品整体视图如图 7-13 所示。

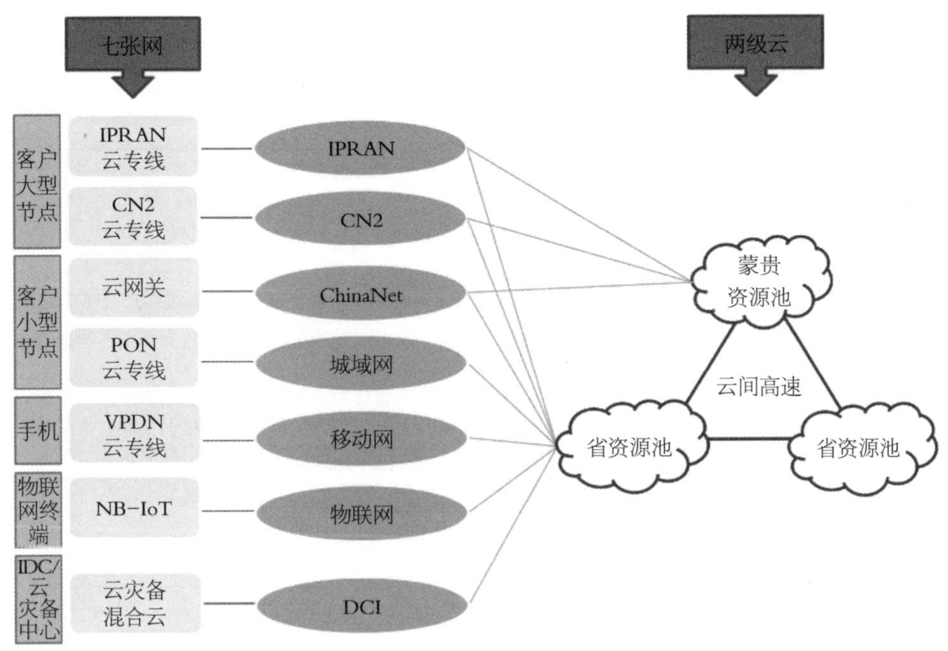

图 7-13　中国电信云网融合产品整体视图

随着企业上云进程的加速，云计算的应用场景开始进行转变，从电商、网站、游戏等互联网行业向工业、教育、医疗、政府等传统行业转变，驱动着产业升级和转型。在行业上云过程中，除了对云网有诉求外，还需要将上层行业应用上云，形成完整的垂直行业解决方案。以工业上云为例，对云网有更大带宽和更低时延的诉求，同时还需要将相应系统如 CAE（计算机辅助工程）/MES（制造执行系统）上云，这部分需要联合系统软件提供商等生态合作伙伴完成。中国电信基于云网和开放的能力平台，携手行业应用开发者和生态合作伙伴形成各类行业解决方案，为不同企业和行业客户提供与行业深度契合的整体解决方案。

中国电信的云网融合服务能力具备以下特点：为企业提供安全、可靠、高速、低时延、经济的多种入云选择；遍布全国的云资源池及高达百 Gbit/s 级别的云间高速满足企业跨省跨域高速互联的需求；天翼云与全国 IDC 机房互联，可与企业自建私有云快速无缝打通，满足企业客户构建混合云诉求；提供丰富的企业应用和公共服务能力满足企业上云对应用的需求；整合自身平台和生态合作伙伴能力，提供完整的行业解决方案，加速企业行业转型。

中国电信发布 6 个水平产品和 6 个垂直行业的整体解决方案，以满足目前企业上云需求，具体见表 7-2。

表7-2　中国电信云网融合产品及解决方案

类别	产品	适用场景
云+网	云专线	多场景多接入方式入云（PON/IPRAN/VPDN/OTN等）； 多专线互备、固移互备
	云间高速	企业跨省跨域多个云资源池之间的VPC互联
	混合云	客户从私有云扩容资源到公有云； 客户私有云容灾备份到公有云； 混合云统一管理牵引第三方公有云客户上天翼云； 客户业务负载高时，资源弹性伸缩到天翼云
云+网+X	云桌面	移动办公：适合经常出差或流动办公的人员，可通过便携电脑、平板电脑和手机等设备随时随地接入云桌面。云桌面无须关机，随时登入登出，快速进入办公环境企业多分支互联（含跨运营商/跨国）。 公共服务：短期租用，随用随租。适合为大型活动提供电脑服务；对于培训机构，适合为学员快速部署电脑，课程结束后予以清除；对于企业有临时员工的场景，可为临时员工提供云桌面，并做相应的策略配置，避免企业数据泄露
	视频会议	企业内会议与培训； 企业间沟通协同； 政府（市、县、乡/镇、村）多级节点沟通； 教育、医疗、金融等垂直行业视频创新应用
	企业组网	企业多分支互联（含跨运营商/跨国）； 企业网络管理服务外包； 企业有动态增值业务需求
垂直行业解决方案	大中型企业整体解决方案	业务扩容； 灾难备份和恢复； 业务分层部署； 开发测试生产部署
	中小型企业整体解决方案	企业品牌：企业建站、呼叫中心、400/800、企业推广； 企业OA：语音、短信、即时消息、移动办公、邮箱、云盘、视频会议、语音会议、集团彩铃、视频监控、号簿管家； 企业营销：电商平台、销售管家、商户管家、会员管理、外勤管理； 企业生产运营：订单管理、调度管理、进销存、供应链管理、财务管理、客户关系管理； 企业内部管理：会务管理、差旅服务、报销审批、企业知识管理、一卡通、人力资源管理、企业终端管理； 企业安全：云桌面、防火墙； 企业网络：局域网、Wi-Fi、商务宽带、互联网专线、云专线
	商业连锁整体解决方案	门店网络、终端统一运维管理，如房产中介、中小型超市、门店等； 多分支组网、上云，统一互联网入口，如集团总部与分支总部间、总部与研发、生产机构间，总部与各省分公司间等
	工业云整体解决方案	工业电商云：通过在云端构建弹性可扩展的工业品电商平台，面向消费者打造厂商直销渠道，提供便捷的购物体验； 工业生产管理云：在专属云部署MES、ERP等核心应用，在标准公有云部署SRM、CRM、OA等应用，企业通过云专线连接到HPC云； 工业HPC云：采用由高主频、多核心CPU组成的专属HPC集群，集群节点通过100/56Gbit/s的InfiniBand网络连接，时延为微秒级，企业通过云专线连接到HPC云； 工业IoT云：为设备数据采集提供无线接入（2G/3G/4G/NB-IoT）和固定网络接入两种方式，并提供工业网关、边缘计算和云端IoT平台； 工业CPS云：提供CPS平台打造企业的基础数据汇聚平台，向下采集设备数据，横向与各管理系统进行数据集成，向上为智能应用提供数据支撑、API以及应用使能

（续表）

类别	产品	适用场景
垂直行业解决方案	医疗云整体解决方案	医疗影像云中心与存储，适用于所有类型医院、连锁型/集团型医院、医联体、区域卫生平台； 针对医院的全院数据容灾备份，适用于所有类型医疗服务机构； 远程医疗，适用于区域卫生平台、大中型医院、连锁型/集团型医院、医联体等； 支持移动便民App应用，适用于所有医院客户，尤其是大中型医院和连锁型医院
	教育云整体解决方案	在线课堂和云视频会议； 桌面云和数字图书馆； 全联接的智慧校园

中国移动的云网融合业务“移动云”，是中国移动自主研发，面向政府部门、企业客户和互联网客户推出的新型云计算平台，提供弹性计算、云存储、云网络和云安全等基础设施产品，以及数据库、视频服务等平台服务产品，并通过云市场引入海量优质应用，结合专线、CDN等运营商优质网络资源，提供一站式定制化政务云、行业云、混合云等解决方案。中国移动云网融合产品见表7-3。

表7-3 中国移动云网融合产品

类别	产品	产品特点
云主机	云主机	通过虚拟化技术整合IT资源，为客户提供按需使用的计算资源服务
云存储	对象存储	大容量、高安全、高可靠、低成本等特点的存储产品，用于存储图片、音视频、文档等非结构化数据
	云硬盘	高可靠、高并发、低时延、大容量的块存储产品
	云硬盘备份	备份数据存储在对象存储上，可以跨系统容灾，保护核心数据永不丢失
	云空间	面向企业级用户的云应用产品，在解决企业员工文件存储需求之外，还支持文件共享、文件多版本、后台管理等功能，可以更好地保护企业数据的私密性，并方便企业的文档协作管理
云网络	云专线	依托中国移动覆盖全国的传输网络，为客户提供的数据专线，实现云资源与用户本地数据中心安全稳定的连接
	虚拟私有云（VPC）	基于SDN技术，使用户能够构建独立的网络空间，并通过虚拟防火墙和安全组功能提高网络安全性，同时可以灵活部署混合云
	弹性公网IP地址	为客户提供静态公网IP地址资源，可以灵活绑定云主机或弹性负载均衡器，自由调整带宽，实现云主机的互联网接入
	弹性负载均衡	将来自公网的业务访问流量分发到后台云主机，可选多种策略，并支持自动检测后端云主机健康状况，消除单点故障
	内容分发网络（CDN）	通过遍布全球的内容边缘节点、内部专用线路以及完善的网络路由调度机制为用户自动选择最佳网络访问路径，提供更快、更稳定、更便捷的网络访问体验
云视讯	云视讯	提供语音、多媒体、高清3类会议服务，兼具媒体播报功能，通过客户端、手机、固定电话等丰富的会议终端系列全面覆盖客户需求
云MAS	云MAS	通过部署在移动侧的集中建设、集中运营、集中维护的消息类业务平台，满足客户的消息发布及互动需求，为集团客户提供基于移动终端的应用服务的信息化产品

（续表）

类别	产品	产品特点
移动办公云	移动办公云	专注为企业解决办公协同、提供一站式企业服务和开放聚合解决方案，从人、钱、事、信息等多个维度，提供企业内部管理的解决方案，让企业以更低的成本，更简单的操作，实现信息化、移动化的管理，实现更高效的企业内部协作，包括办公协同、业务中心、智能硬件与移动业务整合、企业服务和应用聚合等多个方面的应用模块
云迁移服务	云迁移服务	帮助企业把应用和数据从本地服务器或其他云平台迁移到移动云平台；同时通过调研、分析以及评估企业业务需求，提供专业的解决方案，帮助企业对业务系统进行云化
云客服	云客服	以通信和云计算为基础，具备全渠道全触点接入、优质的网络与号码资源、大数据及智能化应用的智能联络平台。致力于为企业快速搭建属于自己的客服平台，提升客服工作效率，降低管理成本，让企业的客户服务成为新的商业价值

中国移动国际公司在 2019 年 5 月发布 iSolutions 云网融合解决方案，是中国首张覆盖全球的云网络，为企业客户提供可视、可订、可控的云网一站式解决方案和自助式部署能力，如图 7-14 所示。

图 7-14　中国移动国际公司 iSolutions 云网融合解决方案

中国联通完善云网产品体系，发力精品专网建设，2018 年发布七大云网一体化新产品，形成完整的产品体系，包括云联网、云组网、云专线、云宽带、联通云盾、视频智能精品网、金融精品网七大新产品，具体见表 7-4。

表7-4　中国联通云网融合产品

产品	产品功能	产品特点
云联网	提供云与云、云与数据中心间互联业务	全面连接，广泛覆盖，智能服务，性能优异
云组网	提供企业（多）点到（多）点间互联业务	灵活组网，智能网络，便捷高效，高性价比
云专线	提供企业云接入专线业务	一步如云，即插即用，软件定义，互联网运营
云宽带	提供企业互联网专线业务	灵活高效，自助服务，自主选择，覆盖广泛
联通云盾	提供企业云安全业务	强大可靠，智能开放，便捷高效，专业无忧
视频智能精品网	提供企业精品视频业务	全球覆盖，灵活便捷，智能网络，安全可靠
金融精品网	提供企业基于传输的金融专网业务	网络专属，创新网管，弹性带宽，自助服务

目前中国联通云联网产品升级为“云联网 +”，将重点云商业务、一带一路专线和 SD-WAN 快速开通业务进行填充。金融精品网升级为政企精品网，全国覆盖 200 个城市，海外 13 个主要 POP 点，面向政要、金融、大型央企提供高品质网络服务。云宽带、云专线、云盾等进行产品升级和迭代。

「7.5　云网融合与组织融合相互促进」

云网融合是智能经济时代业务需求和技术创新并行驱动带来的网络架构深刻变革，随着云业务形态的更加丰富，云服务向边缘的不断延伸，可以说复杂的多云时代到来了，这将进一步推动运营商传统网络的转型升级，推动云网融合向纵深迈进。云网融合推动了运营商网络的云化、扁平化，与此同时云网融合也在推动运营商组织与人员结构的调整，包括组织结构向扁平化、集约化导向的转型，以及人力资源以各种形式进行的优化调整等。

云网融合的技术驱动为什么会推动组织融合？企业的组织架构代表着企业资源的分配方式，企业资源都集中在能够给企业带来效益的职能、单元、区域或层级上，而企业以前瞻的视角率先看到科技趋势的转变，就促使和驱动了组织架构调整。运营商的传统运营组织呈现前后台两层架构，即前端市场和后端网络运维。随着云网融合，网络即服务成为网络服务的新模式，由此网络产品的研发与运维职能必须独立出来。运营商的运营架构由两层演变为网络运维层、网络产品研发与运维层、营销服务层 3 层，如图 7-15 所示。网络运维层将与业务的本身相对脱离，更加聚焦于网络本身的安全稳定运行和维护。

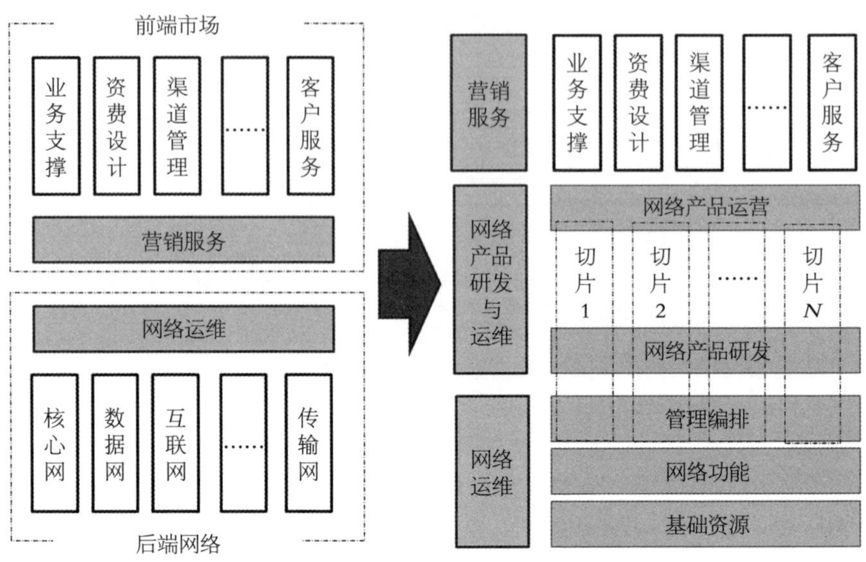

图 7-15　运营商运营架构变革

中国电信面向网络强国建设和数字经济发展需求，打造云网融合的信息基础设施，推动企业数字化转型，进一步加强网络安全建设，更好地满足人们对美好信息生活的需要。在 2019 年 12 月，中国电信进行了组织架构调整，将网络运行维护事业部和企业信息化事业部合并，成立云网运营部（数据中心）。云网运营部是中国电信云网运营和企业信息化工作的统筹管理部门，负责推动落实中国电信云网融合与数字化转型的重大战略部署，建立健全具有中国电信特色的云网融合和企业信息化运营管理体系。原网络发展部更名为云网发展部，为了加快适应客户需求变化和技术发展趋势，做好云网统一规划、设计和建设等工作，加快建设全球领先的新一代智能化云网基础设施。撤销原与网络运行维护事业部合署办公的网络与信息安全管理部，新设立网络和信息安全管理部，旨在进一步加强网络和信息安全统筹机制建设，提高企业网络和信息安全管理的专业化能力和水平，如图 7-16 所示。

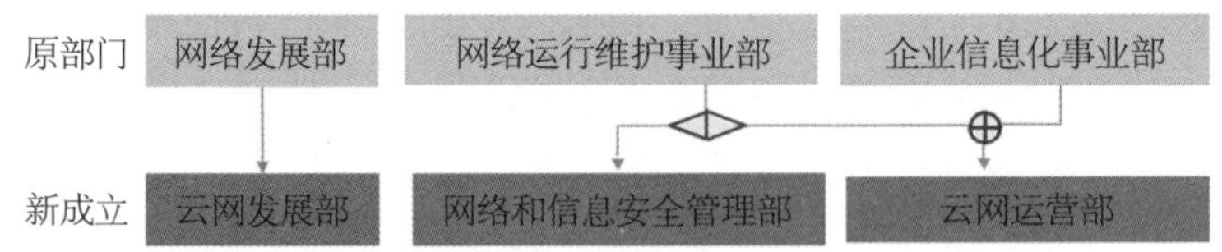

图 7-16　中国电信云网融合相关组织架构调整情况

中国电信此次改革从机构设置来看，“云网”已覆盖到网络建设、运营、维护、应用等环节，贯穿中国电信主业全链条。中国电信以建立新一代云网运营体系和推进企业数字化转型为目标，打破网络与 IT 的传统职能壁垒，突破网络分段管理模式和 IT 系统“烟囱式”

架构，按照云、网、系统深度融合方式建立领先的生产运营和管理体系，实现“一张网、一朵云、一个系统、一套流程”，打造云网融合核心竞争力。

中国移动的云网融合业务起步稍晚，建设规模较小，产品品类相对单一，研发运维分属多家单位负责，尚未形成一体化的组织保障体系，市场拓展和生态构建存在明显的差距和短板。目前，经过统筹布局，整合资源，加大投入，中国移动成立了云能力中心，打造云计算通用能力，形成 IaaS 级和 PaaS 级云基础设施架构，以自研与合作相结合的方式，加快云资源池建设，对内推动网络、IT 系统、业务平台的云化转型，对外以云为入口，大力推进云网融合，带动专线、IDC、ICT 等业务的快速发展，加强生态合作，探索多样化 SaaS 级应用服务，形成差异化竞争优势。

中国移动云能力中心架构中，产品研发由云计算产品部、大数据产品部、网管产品部和信息系统产品部负责。其中云计算产品部聚焦 IaaS 研发与平台能力建设，大数据产品部聚焦 PaaS 平台研发与能力建设，网管产品部与信息系统产品部负责 SaaS 研发，运营运维由云运营中心和运营支撑部负责。

随着中国移动云网融合运营体系的推进，云能力中心进行了组织机构的调整和优化。云计算产品部改名为 IaaS 部，大数据产品部改名为 PaaS 部，信息系统产品部改名为 SaaS 部，并新设立信息系统支撑部。运营支撑部改名为 SRE 部 / 安全部，战略技术部改名为战略法务部，如图 7-17 所示。

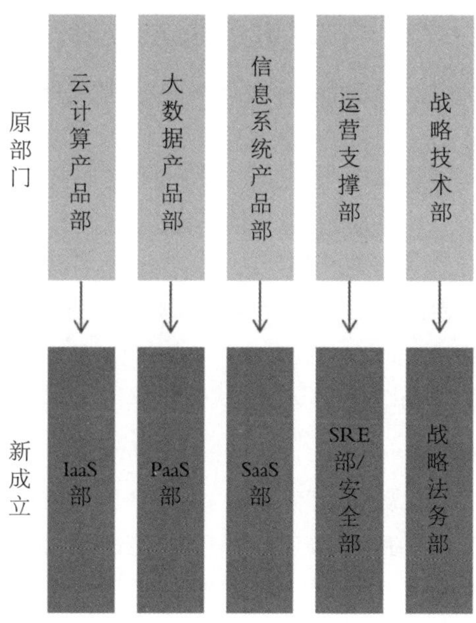

图 7-17 中国移动云能力中心组织架构调整情况

中国联通在持续深化“云 + 网 +X”的政企运营体系，完善新型政企运营体系，提升自主研发能力和规模化复制能力，增强发展新动能。中国联通云网融合相关部门是云网业务管理处，目前更名为云网一体部，负责政企客户云网业务经营工作。中国联通构建了云、大、物、人工智能和安全的集约共享核心基础平台，其中的云数据公司作为业务单元主要进行沃云承载能力和全网云运营能力的建设和相关运营工作。在运营支撑层面，中国联通整合智网中心网络创新产品研发资源和政企战略单元的研发、销售资源，设立云网一体化业务单元，按照项目制方式运作，如图 7-18 所示。

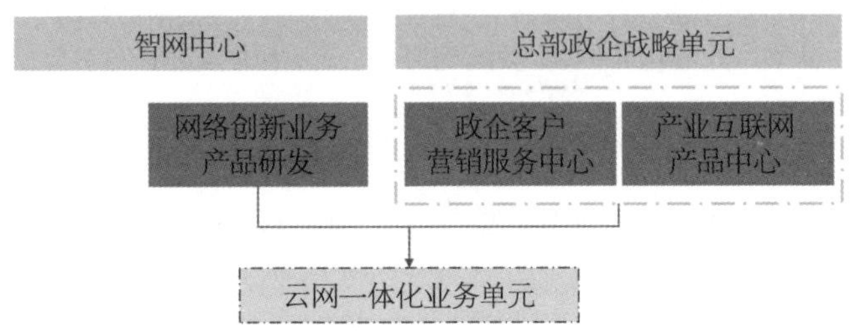

图 7-18　中国联通云网融合相关组织架构情况

可见，运营商为了适应云网融合对自身相关能力的要求，通过组织架构的调整优化，以强化能力、激发活力，提高效率为目的，优化调整政企运营涉及云网融合的相关组织体系，实现提高市场化、集约化、专业化水平的目的。

「7.6　技术进步推动运维智能化」

当前，全球主流运营商均已启动面向以云服务为中心的基础网络转型工作，如 AT&T 的 Domain2.0、德国电信的 PAN-EU、中国电信 CTNet2025、中国联通 CUBE-Net、中国移动 NovoNet 等。随着云网融合趋势推动的基础网络云化进程不断深入，运营商原有的纵向垂直化分工的网络运维架构被打破，转变为横向水平化分层管理。与此同时，物联网、NFV/SDN 和 5G 技术都对目前网络架构和技术带来重大改变，同时对网络的设计、运行和维护都将产生巨大的挑战。随着网络服务向个性化迈进，以及海量应用场景的出现，传统以人工为主的运维保障方式将无法适应和有效保障网络质量。依托大数据和人工智能技术进步，网络运维将向自动化、智能化的分析、辅助决策和智能化排障等运维模式迈进。

7.6.1 智能运维技术的广泛应用

运维是指技术类运营维护人员根据业务需求来规划信息、网络、服务，通过网络监控、事件预警、业务调度、排障升级等手段，使服务处于长期稳定可用的状态。运维工作，从早期的人工运维，到利用工具的自动化运维，均无法摆脱效率低下、无法持续向大规模、高复杂性的系统提供高质量运维服务等局限。智能运维概念最早由 Gartner 提出，将人工智能科技融入运维系统中，以大数据和机器学习为基础，从多种数据源中采集海量数据（包括日志、业务数据、系统数据等）进行实时或离线分析，通过主动性、人性化和动态可视化等表现形式，增强传统运维的能力。目前智能运维（Artificial Intelligence for IT Operations，AIOps）广义是指通过机器学习等人工智能算法，自动地从海量运维数据中学习并总结规则，并做出决策的运维方式。显然，智能运维能快速分析处理海量数据，并得出有效的运维决策，执行自动化脚本以实现对系统的整体运维，能有效运维大规模系统。

智能运维工程主要应用在互联网公司、大型金融机构、大型 IT 技术公司。例如百度基于智能流量调度的单机房故障自愈，阿里巴巴的智能故障管理平台，腾讯织云监控平台，交通银行数据中心运维大数据平台，中国银行运维数据分析平台，上海银行张江数据中心智能巡检机器人等。对运营商来说，智能运维通常是指运营商利用资源的动态分配来达到资源高效利用的目标，不仅要对资源池内各个独立资源的运行状况进行严格的监控，同时也要实时了解该资源承载的客户与系统的状况，进行实时的分析与挖掘，再根据相关的决策模型进行科学的运维决策，最终形成一套合理的调整方案，并对资源进行相应的调整。

智能运维是基于机器学习等人工智能算法，分析挖掘运维大数据，并利用自动化工具实施运维决策的过程。因此，智能运维的技术主要是由运维大数据平台、智能分析决策组件和自动化工具 3 部分组成，如图 7-19 所示。

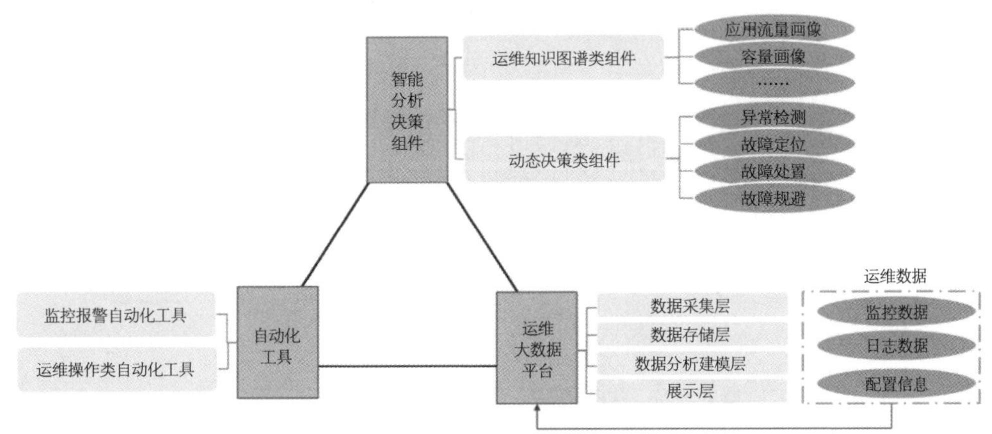

图 7-19　智能运维技术框架

形象地解释，运维大数据平台犹如眼睛，能采集、处理、存储、展示各种运维数据。智能分析决策组件犹如大脑，它以眼睛感知到的数据作为输入，做出实时的运维决策，从而驱动自动化工具实施操作。自动化工具犹如手一样，能根据运维决策，实施具体的运维操作，如重启、回滚、扩缩容等。

可见，智能运维的有效落地将依赖三大核心技术能力。其一是数据能力，数据是智能运维 AI 应用的基础，必须解决数据的采集、存储、标准化等问题，实现运维领域的数据贯通，才能为智能运维应用提供高质量的数据服务；其二是智能运维平台能力，一方面需要提供智能应用的设计开发系列工具链，另一方面需要提供智能训练算力支撑以及推理引擎；其三是智能运维价值场景落地能力，通过智能平台开发网络运维中的实际应用，解决运维中排序最高、价值最大的问题。

7.6.2 通信网络运维的智能化

随着5G时代的到来，运营商将面临2G/3G/4G/5G 4张网络运维共存的复杂局面。在2019中国联通网络技术大会上，中国联通提出探索建立与5G发展相适应的网络智能化运维体系，构建全在线、自动化与智能化的网络运维能力，打造5G智能化的规、建、维、优体系，引入OTT大数据的智能网络评估方法，推动中国联通5G网络运维的智能化转型，建设看得全、说得清、管得住的5G智能化运维体系。

运营商的智能运维应用技术一般体现在以下几个方面：网络拥塞控制预防与路径优化，智慧机房管理技术应用，主动异常检测及自动根本原因定位、故障溯源，网络运维监控和调度智能化语音识别技术应用等。

智能网络（无线网络）解决方案框架如图7-20所示。

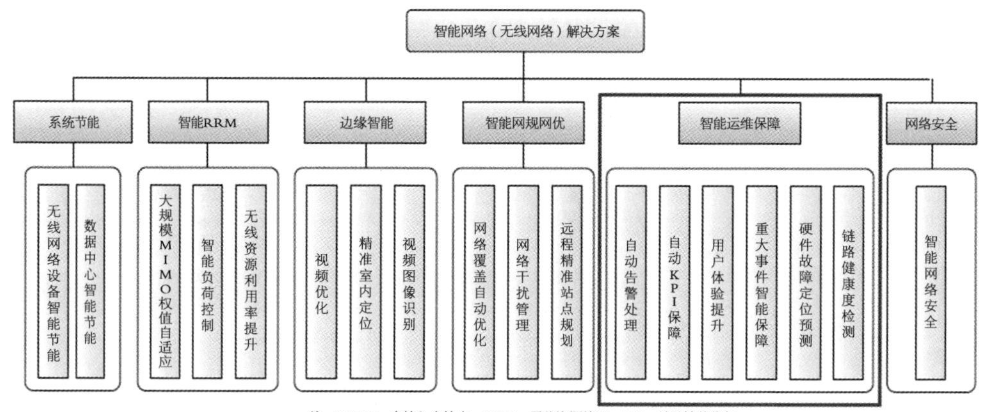

注：MIMO：多输入多输出；RRM：无线资源管理；KPI：关键性能指标

图7-20　智能网络（无线网络）解决方案框架

运营商基于云网融合形成的智能运维方案必须涵盖监控、分析、决策以及运维四大环节，其中还涉及用户状态监测、系统状况监控、运维数据分析挖掘、资源自适应调度模型、智能运维系统、故障自动修复模型与应激式自动化运维等板块。智能网络解决方案中，智能运维保障的场景包括自动关键性能指标保障、自动告警处理、根本原因分析和定位、个性化调优、自适应潮汐变化等。

通信网络智能运维应用示例见表7-5。

表7-5 通信网络智能运维应用示例

功能分类	应用名称	详情
辅助故障处理	告警过滤	多层网络设备发生故障时，底层告警往往会引发高层连锁告警，在短时间内产生大量的各种相互关联的告警，为分析故障原因，需要首先排除次要的和继发的告警信息。通过人工智能算法对关联告警关系进行挖掘，可以自动过滤掉次要和继发告警，大大减少告警数量，便于后续故障分析排查
	故障溯源	网络故障通常表现出多样性，单个故障告警不能反映出准确的故障信息。通过人工智能系统根据系统中网络及业务上下游关系，并综合告警、日志、工单、KPI等多维度历史数据分析，挖掘出依靠人工经验很难总结归纳的潜在特征和规则，输出故障事件和特征的匹配规则库，在多样性告警中提取共性特征、快速导向共性的故障
日常维护	站点健康评估	从性能、业务、告警等多个维度采集站点的监控数据，通过人工智能算法对所有基站数据进行聚类，通过异常类检测发现异常站点，结合环境、历史工单和站点重要性等因素可以列为高危站点，加强人工巡检和排查
	故障预测	线上通过对网络健康度和关联指标的实时监测，利用特征规则进行匹配推理，分析健康趋势走向，对网络健康指标趋势进行及时预测，并通过判断预测值是否会超过阈值，判断故障发生的概率，实现前瞻式预防。根据预测范围内下一步的指标状态，提前实施资源预留和定位处理，或指导网络扩容、备品备件储备等
智能规划	基站选址和射频规划	使用人工智能算法对现有站点位置、覆盖、容量、场景特征等信息进行分析和仿真，可对后续站址的选择和频率的分配提出优化的指导
智能预测	流量预测	随着网络规模和复杂度的增长，特别是物联网、网络切片等技术和场景的加入，在路径规划和流量调度方面，未来网络需要能够满足高吞吐、低时延、随需而动的需求。基于人工智能，可以利用多维历史数据，综合考虑业务特性、历史流量、人口迁徙、节假日、流量套餐等因素进行数据分析和算法探索，进行流量预测，辅助后续的路径优化处理和网络资源准备
	虚拟化平台负载预测	大量虚拟机支撑云服务和NFV功能，虚拟机的负载随业务量的周期性存在变化规律。通过人工智能算法对大量虚拟机负载的历史变化数据进行训练，发现资源使用率和虚拟机负载随时间变化的规律，可以主动将轻载虚拟机迁移集中，休眠部分物理服务器，达到节能降耗、降低成本的作用
	KPI趋势预测	对于网络中的关键性能指标的门限目前多是采用静态的方式指定，但实际的网络环境和负载在不断地波动，导致KPI的制定要考虑波动情况，采用较为保守的值。对于高负载下KPI裕度较小，而在低负载下产生的性能异常往往不能通过固定KPI正确体现。通过人工智能算法学习历史KPI变化数据，对KPI值随时间和环境的变化进行预测，可以使得KPI指标更加贴近网络实际情况，提升网络服务质量
智能优化	路径优化	利用智能流量预测的结果，结合实时监控，如流量、性能、拓扑、路由等信息，以及负载、冗余、业务等策略定义和策略匹配的控制信息，利用人工智能算法进行最优路径计算和资源调度来指导流量调优，进行合理、敏捷的资源分配和优化调度，实现网络整体流量均衡和高效
	覆盖优化	4G/5G等无线网络中基于规划的频段、MR数据、3D电子地图、邻区关系、邻区信号强度、传播路径上的遮挡物位置和高度等信息和特性，利用人工智能技术进行无线覆盖特性的学习与建模，给出对应的覆盖效果评估。结合站址选择智能规划，优化4G/5G网络的覆盖

（续表）

功能分类	应用名称	详情
智能优化	参数优化	无线网络人工配置策略参数，这些策略参数需要针对不同场景、网络开通的不同阶段等，进行人工识别和调优。无线网络涉及的参数类别多、数量大，涵盖无线资源、负载均衡、切换、移动性、缓存、回传、覆盖和容量等多维数据。利用人工智能算法可以通过场景特性分析和群体用户行为画像，自动进行场景识别。分析场景、参数、指标的关联因果关系，利用算法对无线网络参数进行与场景相匹配的精细优化，提升各场景下的服务质量和业务体验
	数据中心节能优化	数据中心的能耗是由冷却系统、服务器系统和计算负载共同决定的。其中冷却设施是能耗的大户，包含多种不同设备，有冷却器、冷却塔、水泵、热交换器和控制系统，每一个装置都需要调整自己的运行参数，且参数之间的关系是非线性的。通过人工智能算法跟踪设备能耗、室外气温以及制冷等机电设备的设置情况，从大量数据中发掘设置参数与能效之间的模型关系，对制冷设施配置进行优化
智能客服	智能问答	即时消息、网页交互等文字客服渠道，可利用人工智能中的自然语言处理技术理解问题语义，搜索相关知识库，自动做出回答。对无法理解或回答的问题，自动转到人工座席进行处理。自动问答系统大大减轻了客服人员工作量，分流了大量常见咨询，提升了客服效率
	智能服务导引	语音渠道客服，可通过语音识别和交互技术直接引导客户到对应的服务排队队列，替代传统的多级数字号码选择，提升用户体验；对营业厅服务，可以利用人脸识别技术识别进入营业厅的客户，辅助实名制认证，提前判断客户业务诉求，做到主动服务
	客服信息挖掘	用户咨询和投诉信息中隐含大量对网络故障、质量和服务的反馈信息，通常除非明显的故障情况，其他隐含的质量问题难以通过客服渠道发现。通过语音识别技术将大量的客服对话转为文字并通过自然语言处理等技术分析客服语义中网络和服务问题的影响范围、故障程度，辅助网络进行处理和修复

如表 7-5 所示，运营商在通信网络的智能运维方面开展了大量实践工作。中国联通提出的智慧运维概念，基于三大平台，实现四大核心运维场景自动化、智能化，构建可视化、自动化与智能化 3 方面能力，如图 7-21 所示。可视化即所有网络和运维数据可视、可管、可优；自动化就是让机器去做简单的重复性工作，降低人为失误；智能化就是通过大数据分析和 AI 实现故障的预测预防。中国联通发布的 5G 智能故障管理解决方案，通过自动化和智能化运维，可提供多制式网络的跨域诊断和 5G 智能排障两大功能，实现 AI 故障根本原因定位，远程故障修复或推荐方案辅助故障修复，保障 5G 网络的稳定和高可用性。

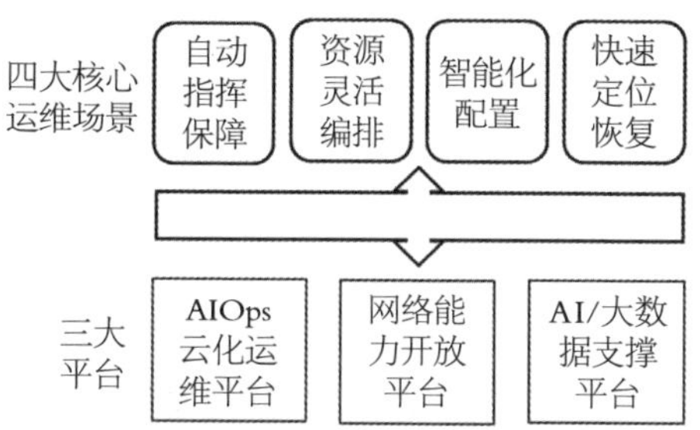

图 7-21　中国联通智慧运维概念

中国电信开展的“人工智能网络运维（AIOps）”项目，基于已有的告警信息、网络性能、业务应用及业务感知等运维数据，通过 AI 机器学习技术实现用户感知的智能监测与分析、网络智能优化与自动运维，是人工智能应用于网络运维的创新实践。从具体应用案例来看，通过开展移动互联网用户业务体验监测模型研发，实现用户体验劣化的精准分析与预测，以用户感知驱动对网络故障的根本原因分析和告警收敛溯源，实现网络智能维护、优化与规划，有效改善用户体验，提升网络运维效能。广东电信 IT 智能运维平台框架如图 7-22 所示。

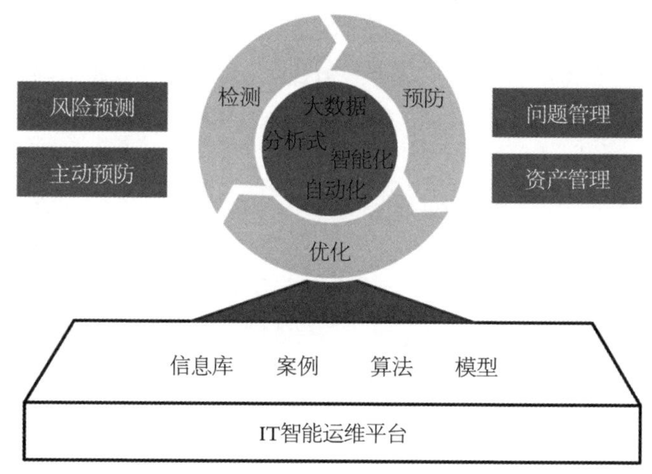

图 7-22　广东电信 IT 智能运维平台框架

广东电信在 IT 智能运维方面开展了有益尝试。针对 IT 运维中所面临的提高业务稳定性、降低运维复杂度、提升运维效率等核心诉求，根据现有网络实际情况和维护工作经验，从风险预测、主动预防、问题管理、资产管理 4 个方面入手，构建智能化维护体系，提升智能化维护能力。借助 IT 统一运维平台，实现从被动响应向主动维护，从人工操作向自动化操作，从“黑盒”向可视化的多种转变，有效提升主动运维管理能力和维护效率。

7.6.3 IT 系统运维的智能化

显然智能运维不仅在通信网络运维层面。随着智能经济时代的到来，我国各行各业企业信息化建设的步伐不断推进，企业业务发展与信息化融合更加紧密，一方面企业 IT 系统的规模和复杂程度日益提高，另一方面企业各类业务系统对 IT 基础设备和网络稳定性的要求不断加强。如何借助智能运维技术提高 IT 系统的稳定性、服务效率并节约成本，成为企业关注的重要问题。

目前面临的问题是随着企业的业务发展，企业 IT 架构无法避免地日趋庞大，硬件数目不断增加，传统 IT 系统运维工作的复杂度、难度和耗时度都达到前所未有的新高度。IT 系统中的硬件服务器、硬件服务器的操作系统、各类应用软件、服务器与交换机以及终端计算机、智能终端之间的网络、信息和设备安全等，都会影响企业整个业务系统的可用性。

近年来，随着云计算、大数据、人工智能等新兴技术和理念的推动，涌现出了服务器虚拟化、软件定义数据中心、信息资源池化等各类工具，运用这些工具可推动传统 IT 手工运维向智能化、自动化运维迈进。

因此，推动 IT 系统运维从手动运维迈向自动化、智能化、流程化运维，降低运维人员的干预程度，提升 IT 系统运维工作的效率并降低误操作率，是企业 IT 系统运维的艰巨任务和重要目标。企业 IT 系统运维智能化的目标可归纳为如下几点。

（1）增强 IT 系统运维过程的可控制性：所有的运维操作以配置好的标准化服务流程为蓝本，使执行过程各环节可控。

（2）提高 IT 系统运维的稳健性：提供交互式、可视化的操作辅助界面，降低传统人工误操作的概率，对操作过程进行全程监测，保留操作日志，提高运维的稳健性。

（3）降低 IT 系统运维成本：IT 运维基于强大的智能化运维平台，全程对关键服务进行监控，对异常情况自动告警，对简单故障通过预设操作进行自动修复，令 IT 系统运维人员操作简化，降低人力成本。

我们认为，企业 IT 系统运维服务的智能化具有得天独厚的优势，因为 IT 系统本身就是基于数字化、数据化和网络化的基础设施，而这些要素恰恰是一切智能化的基础。IT 智能运维解决方案框架如图 7-23 所示。

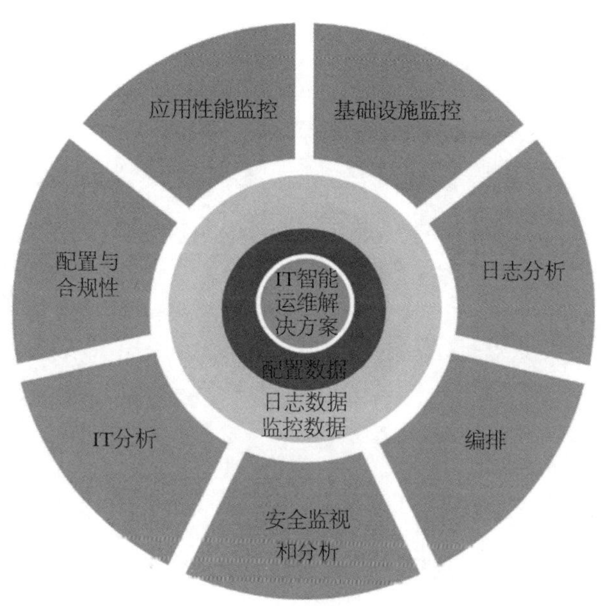

图 7-23　IT 智能运维解决方案框架

IT 系统运维服务一般可分为 IT 基础设施运维服务、IT 应用系统运维服务、安全管理服务、网络接入服务、内容信息服务和综合管理服务等。图 7-23 是集中了监控、管理、分析和预测于一体的 IT 智能运维解决方案框架，以提升企业现有 IT 资源利用率、防止应用停机、提高开发运维敏捷性及增强安全性等为目标。

围绕质量保障、效率提升和成本管理等基本 IT 运维场景，IT 智能运维构建起 IT 智能化运维场景。在质量保障方面，从基本到高级细分为异常检测、故障诊断、故障预测、故障自愈等典型场景；在效率提升方面，从基本到高级细分为智能预测、智能变更、智能问答和智能决策等典型场景；在成本管理方面，从基本到高级细分为成本报表、资源优化、容量规划，性能优化等典型场景，具体如图 7-24 所示。

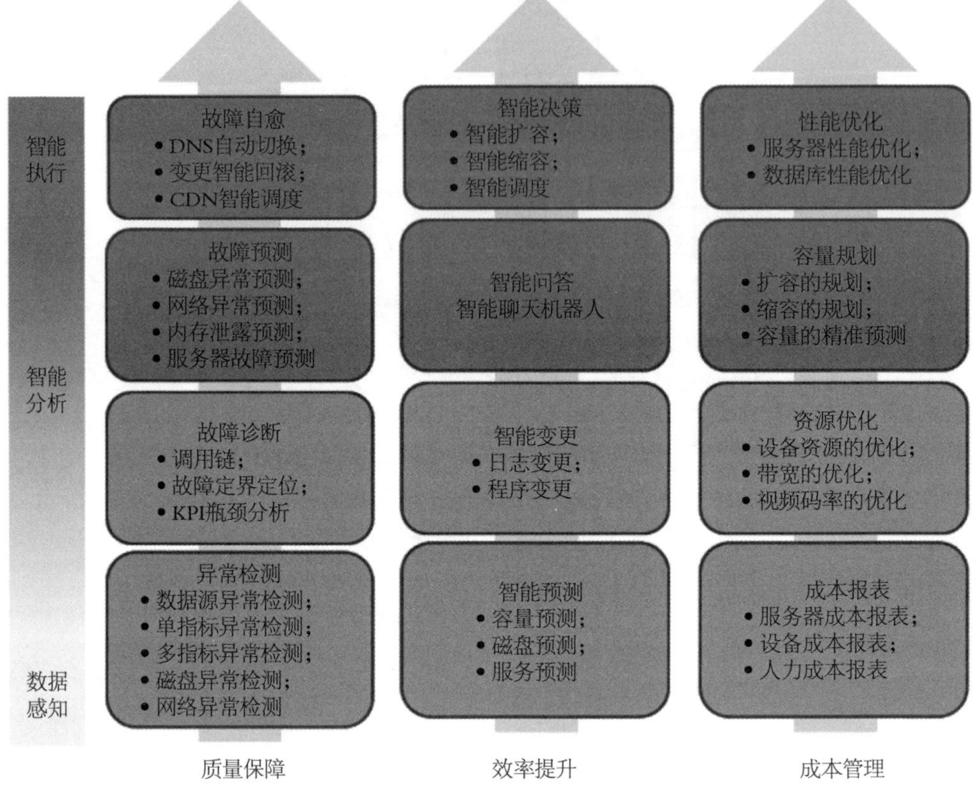

图 7-24　IT 智能运维典型场景

IT 智能运维涉及的技术一般包括数据采集、数据处理、数据存储、离线和在线计算以及机器学习等几个方面。以下我们以具体案例的形式对典型企业的 IT 智能运维具体实践进行介绍。腾讯织云 (Cloud Operations Console) 是智能一体化运维平台，支持腾讯从基础设施到业务服务质量的一体化监控的产品。使用织云的配置管理数据库、持续部署模型可以实现业务与软件包、配置、脚本等运维对象的关联，获得高效部署的运维能力。同时，织云具备多云管理能力，支持公有云、私有云、混合云 IaaS 架构，实现地域分布、集群分布的资源统一管理，构建完整的一体化运维体系。织云平台的设计采用 4 层架构，最底层是基础设施层，管理各种硬件物理资源和逻辑资源以及和资源有关的管理能力；第二层是通用能力层，将运维所负责的常规服务包括配置管理、域名管理、文件管理等都实现成为系统能力，把运维工作服务化，将日常手工工作封装成服务接口；第三层是平台能力层，包括交付平台、智能监控平台等；第四层是运营能力层，包括业务可用性分析平台、容量优化平台、设备扩容调度平台等。智能运维平台的分层设计，从场景化的基础能力向服务能力延伸，如图 7-25 所示。

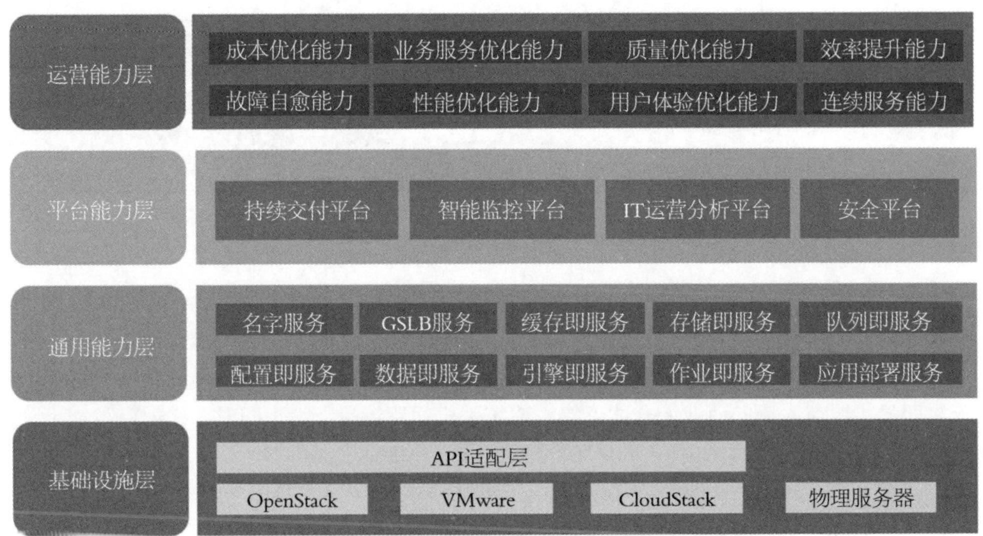

图 7-25 腾讯织云智能一体化运维平台整体框架

第八章 5G 玩法五：渠道融合 体验为王

「8.1 运营商的渠道转型」

目前运营商面临线下门店客流减少，新业态分流加剧的现实情况：互联网渠道对线下门店的分流明显；城市人流向商业综合体聚集，传统手机门店销量下滑。同时，代理商盈利下降，运营商影响力减弱：手机行业销量同比下降程度加剧；新增市场接近饱和，新发展量下滑明显。然而，渠道尚未适应行业政策变化：销售费用压降，控制过度竞争，代理商对政策调整适应不足。

为应对这一系列变化，运营商的渠道转型在形态上更加注重生态化，而在渠道功能上则更加注重基于数字赋能的智慧化；同时，运营商在其渠道布局方面注重融合化，而在渠道运营上则更加注重用户的体验。

8.1.1 渠道形态生态化

8.1.1.1 中国运营商

（1）中国移动

中国移动对于渠道形态近些年来采取开放合作的态度，使其渠道呈现开放化和泛生态化的趋势。在 2019 年 11 月，中国移动在其全球合作伙伴大会上，发布“5G+ 渠道蓝海计划”，重点实施五大行动。中国移动持续扩大社会渠道合作，创新合作模式，推出加盟、承包、流量置换、联合产品等新合作方式，通过五大行动，打造最广泛覆盖、最容易合作、最优服务体验的渠道合作体系，具体见表 8-1。

表 8-1 中国移动渠道蓝海计划的五大行动

行动名称	招募对象	合作模式	发展目标
5G+商圈点亮行动	手机、泛智能终端零售渠道；连锁卖场	中国移动：提供品牌、网络覆盖、引流、内容、培训等； 合作方：提供设备场地和引导人员	全国1,000个核心商圈开展5G+体验推广活动
营业厅加盟行动	4星级及以上合作渠道	双方共享品牌、供应链、大数据能力等12项合作权益	招募1万家加盟合作商，合作运营3万家加盟店
网格深耕行动	10万个网格承包商	中国移动：提供权益赋能和技术赋能； 合作方：招募、营销、商机、社区攻坚、客户维系	全业务承载、全客户看护、全渠道融通、全信息收集
泛渠道联盟行动	大型连锁企业	中国移动：提供宣传引流、大数据、积分兑换等8项权益赋能	30家联盟成员，30万个联盟成员合作网点
新百合行动	具备线上流量的跨行业合作伙伴	双方权益采购、联合产品、资源置换、权益融合、触点开放	线上渠道百花齐放

（2）中国联通

中国联通通过组织架构改革，推进市场化、互联网化。2020 年 3 月，中国联通将大市场统筹下的运营组织体系进行变革，目前可以看出基本结构是在集团总部建立以一部两中心为核心的运营组织体系。一部指的是使市场部具有大市场体系的规划功能和资源协调功能，即市场部是负责市场前后端的统筹协调组织；两中心则是建立市场部统筹下的产品中心和渠道运营中心。

中国联通通过这次改革，进一步按照互联网化的方式运作，推进整体性的数字化转型，实现线上线下的一体化融合。同时，中国联通在坚持体验互联网化、营销互联网化、产品互联网化等的基础上，坚持去中心化、去中间化和去边界化，如图 8-1 所示。

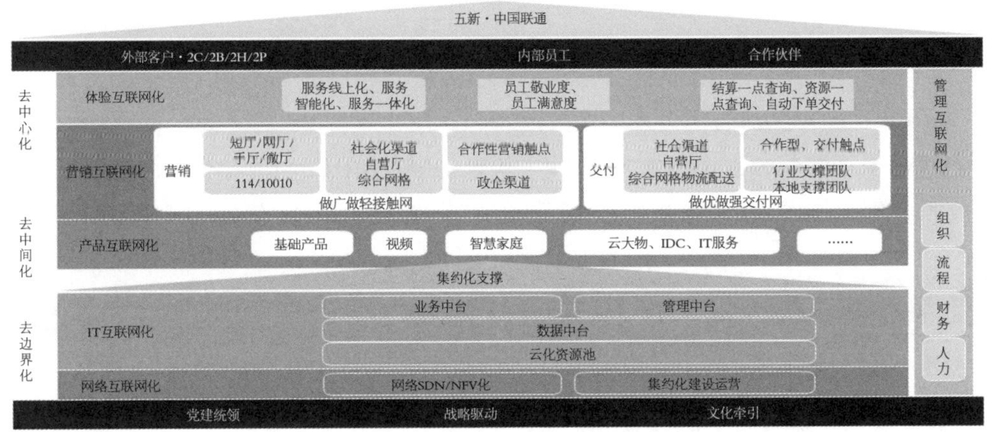

图 8-1 中国联通战略视图

8.1.1.2 德国运营商

德国电信在渠道布局方面，在加强实体渠道的销售功能之外，对于社会渠道、电子渠道以及新兴渠道均以生态化为基准开展多业态合作，如图 8-2 所示。

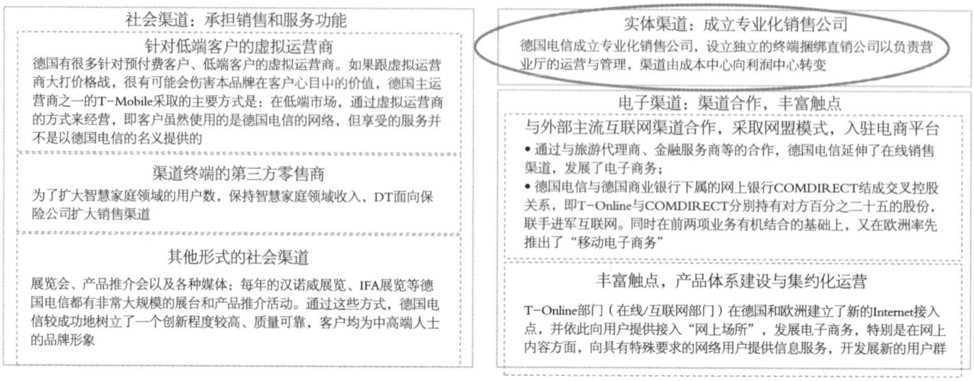

社会渠道：承担销售和服务功能

针对低端客户的虚拟运营商

德国有很多针对预付费客户、低端客户的虚拟运营商。如果跟虚拟运营商大打价格战，很有可能会伤害本品牌在客户心目中的价值，德国主运营商之一的T-Mobile采取的主要方式是：在低端市场，通过虚拟运营商的方式来经营，即客户虽然使用的是德国电信的网络，但享受的服务并不是以德国电信的名义提供的

渠道终端的第三方零售商

为了扩大智慧家庭领域的用户数，保持智慧家庭领域收入，DT面向保险公司扩大销售渠道

其他形式的社会渠道

展览会、产品推介会以及各种媒体：每年的汉诺威展览、IFA展览等德国电信都有非常大规模的展台和产品推介活动。通过这些方式，德国电信较成功地树立了一个创新程度较高、质量可靠，客户均为中高端人士的品牌形象

实体渠道：成立专业化销售公司

德国电信成立专业化销售公司，设立独立的终端捆绑直销公司以负责营业厅的运营与管理，渠道由成本中心向利润中心转变

电子渠道：渠道合作，丰富触点

与外部主流互联网渠道合作，采取网盟模式，入驻电商平台

- 通过与旅游代理商、金融服务商等的合作，德国电信延伸了在线销售渠道，发展了电子商务；
- 德国电信与德国商业银行下属的网上银行COMDIRECT结成交叉控股关系，即T-Online与COMDIRECT分别持有对方百分之二十五的股份，联手进军互联网。同时在前两项业务有机结合的基础上，又在欧洲率先推出了"移动电子商务"

丰富触点，产品体系建设与集约化运营

T-Online部门（在线/互联网部门）在德国和欧洲建立了新的Internet接入点，并依此向用户提供接入"网上场所"，发展电子商务，特别是在网上内容方面，向具有特殊要求的网络用户提供信息服务，开发展新的用户群

图 8-2　德国电信渠道功能分类视图

德国电信在大众（B2C）和企业市场 (B2B) 上都建立了合作伙伴关系。B2C 领域主要聚集在媒体、移动安全领域，异业合作的策略是内容聚合；B2B 领域主要聚集在汽车、云计算和 M2M 服务领域，异业合作的策略是建立标准化的开放式平台。德国电信 2C 和 2B 示例如图 8-3 所示。

B2C	B2B
• 领域：媒体、移动安全。 • 策略 采取内容聚合的立场而不是拥有独家使用权（除了德国的体育电视），德国电信认为，在线视频的激增使得单一平台战略成为对客户最友好的方法。 • 例子 DT的一些欧洲业务（如德国和波兰）已将Netflix应用程序添加到其IPTV平台； 捆绑OTT媒体服务已经成为MagentaEINS的关键组成部分	• 领域：汽车、云计算和M2M服务。 • 策略 建立标准化的开放式平台。 • 例子 M2M平台：面向全球的M2M市场平台，供厂商和开发商提供与M2M（机对机）通信相关的硬件、软件、应用和整体解决方案等。 智慧家庭技术平台：合作伙伴（包含设备厂商和服务提供商）可以依托Oivicon平台开发相应的产品和应用，无须在Hub及平台上进行资源投入，对品牌、策略、定价及促销等方面拥有完全自主权。德国电信通过向企业合作伙伴收取平台使用费来获得收益

图 8-3　德国电信 2C 和 2B 示例

德国电信在合作伙伴管理上，T-Systems 制定了较为详细的合作方式，评估手段以及合作伙伴等级政策，并且有战略合作伙伴管理部门负责对合作伙伴政策标准的制定工作，评估、审批合作伙伴关系及合作内容，并且对重要的合作伙伴关系进行管理，如图 8-4 所示。

合作等级分类	典型合作伙伴	业务领域分类	典型合作伙伴
顶级合作伙伴：与发展战略高度相关的合作伙伴，通常是一些国际顶级公司或者与其具有广泛的合作领域的公司	• Siemens • DaimlerChrysler • SAP • T-Com	营销合作伙伴：信誉好，有销售业绩的公司，可利用伙伴的销售渠道、资源及客户的公司	• Siemens • T-Com
重要合作伙伴：在某些市场领域领先的公司，共同提供一个或者结合某些专业或者行业的解决方案和产品	• Siebel • Microsoft • Borland • BMC	基础网络合作伙伴：扩大网络覆盖范围，降低成本，制定措施避免竞争，共同制定质量保障和服务承诺	• T-Com • Global Crossing • ISP
一般合作伙伴：一般在德国境内，在某个专业领域或者行业领域进行合作	本地中小型软硬件提供商、系统集成商或零售商	IT及软件服务合作伙伴：建立广泛联系，合作开发新解决方案或产品，扩大产品覆盖范围	• SAP • Siebel • Microsoft • SUN

图 8-4 德国电信合作伙伴管理示例

8.1.2 渠道功能智慧化

8.1.2.1 中国运营商

以中国移动为例，中国移动的自有渠道，尤其是核心厅店已经全部覆盖智慧化工具。智能化的业务办理设备能有效提升厅店科技感、智慧感以及客户进厅体验。新零售营业厅智能化业务办理设备的配置，围绕用户消费场景，嵌入客户体验流程，同时支撑以 5G 为基础的相关业务的发展。

在自助终端上，所有直营店引入轻载化的一体机，替代自助终端，一体机增加选号入网、人脸识别、实名认证、入网、补换卡等功能，有效降低人工座席业务量，通过轻量化业务办理系统贯彻实现"机器换人""IT 换人"。

在走动式管理上，中国移动的旗舰店等厅店引入 Pad 手持办理终端，替代部分自助终端业务，增加充值、缴费、购卡业务，实现营业厅内走动式营销、服务。

8.1.2.2 德国运营商

德国电信目前已经将渠道智慧化运营作为转型方向。德国电信从 5 个方面向智慧化运营方向转型，分别是精准化客户识别与推荐、场景化体验营销、互联网化业务办理、智慧化品牌形象、专业化渠道运营。

• 精准化客户识别与推荐：德国电信与 Vodafone 合作开放 API，向数据挖掘公司等合作方提供部分用户匿名地理位置数据，以掌握人群出行规律，有效地与一些 LBS 应用服务对接。德国电信旗下公司 T-Systems 利用大数据平台统计数据和位置数据通过手机 App 向用户提供保险服务。

• 场景化体验营销：以德国电信推出互动展馆为例，以中心舞台 + 行星式交互点的方式呈现，为客户呈现酷炫新奇的体验互动，宣传生活方式、彰显品牌价值和技术实力。

• 互联网化业务办理：以德国电信推出聊天机器人为例，与客户直接对话中使用聊天机器人，在 TMobile Austria，Tinka 每月回答约 50,000 名客户的查询。以 App 端客户服务为例，有 Magenta Service App 和 DSL Help App。

• 智慧化品牌形象：德国电信的智能家庭业务平台叫“Qivicon”，是由德国电信联合各行业领先企业组建的一个旨在为德国消费者提供智能家庭业务多供应商解决方案的平台。目前联盟合作伙伴包括：德国公用事业、德国易昂电力集团、德国 eQ-3 电子、德国梅洛家电、三星、Tunstall 电子读物、Rockethome 音乐、wattvolt、Urmet 智能家电和一些移动互联网公司。德国电信通过汇集一系列著名大公司，使得其智能家庭业务可连接到家庭的每个角落，同时其良好的信誉、强大的解决方案提供能力和简易操作的标准化平台也吸引了众多家庭用户。

• 专业化的渠道运营：德国电信推动运营互联网化，加速传统的运营模式向互联网化转变，结合大数据，打造智能化、场景化营销模式，充分利用交互、VR、业务融合打包等模式推动机制创新转型。

8.1.3 渠道布局融合化

目前，运营商渠道布局更加注重融合化，基于零售业、国内外运营商的实践经验，其渠道体系已经全面转向“客户价值化经营”，表现形式就是“大型的一站式购齐 / 精品门店 + 小型轻量化广覆盖门店 + 线上门店”的基本布局，以实现对各类客户的看管和深度经营，如图 8-5 所示。

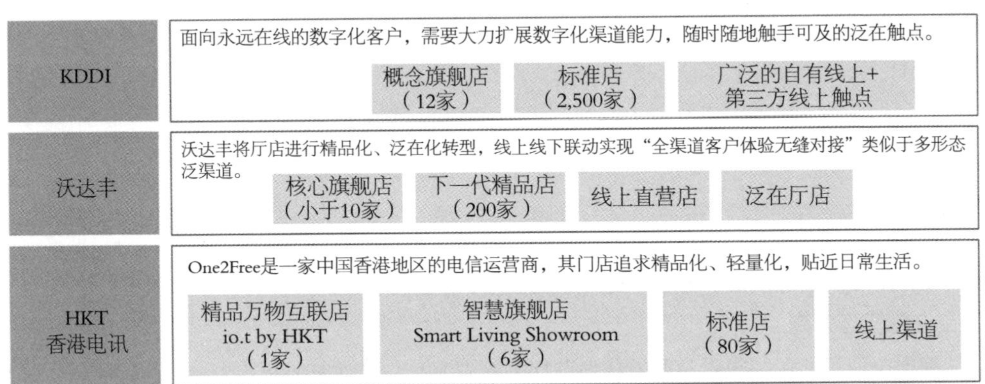

图 8-5　运营商渠道布局结构

8.1.3.1 中国运营商

（1）中国移动

中国移动三融三力战略转型要求进一步推进渠道互通，充分整合实体渠道、电子渠道和政企渠道，健全各类渠道互相协同、互为调用、交叉营销的工作机制，打造全方位、全触达、立体化泛渠道体系。开展连锁化运营，推进统一化、专业化和规模化：中国移动开展连锁化运营试点工作，通过标准化管理、专业化运营和规模化应用，打造 3S 运营路径，重点通过扩展产品品类，优化供应链体系，提升实体渠道效益，如图 8-6 所示。

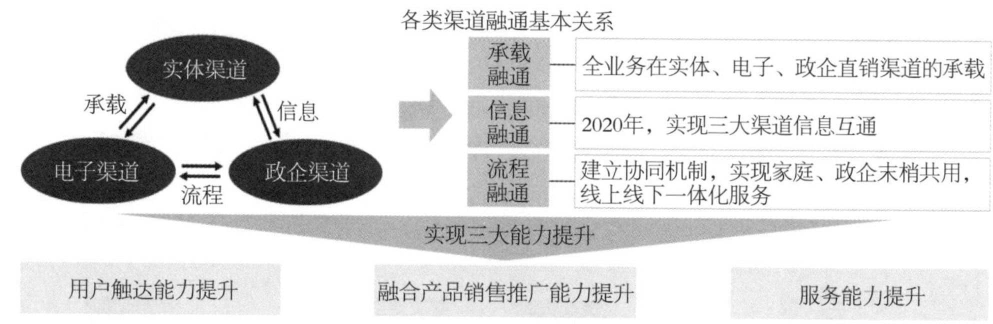

图 8-6 中国移动渠道融合化示意

（2）中国联通

2020 年中国联通渠道的建设重点是线上线下的渠道协同，对于实体渠道强调价值提升，社会渠道强调去伪存真，线上渠道强调互联网化拉动收入，而对于线下异业则强调触点范围和种类进行拓展。总体实现线上线下的渠道协同，重点构建以生态化、大数据、一体化、高体验为特征的线上线下一体化的渠道协同。中国联通目前在线下优化自控门店布局，持续改善社会渠道结构，做好传统渠道互联网化转型，在线上进一步拓展合作触点，增强异网用户获取能力，以手厅为核心，构建自有触点网络，大力提高线上渠道合力与集约化能力，将线上渠道打造为增收增效和价值经营的主渠道。

8.1.3.2 日本运营商

以 NTT DoCoMo 为例，NTT DoCoMo 拥有总公司网站、营业厅自建网站和第三方网站组成的线上引流体系。在此基础上，总公司和厅店进行线上协同，将总公司网站的营销活动在厅店网站进行具体的推广，实现入口导流协同、营销活动协同。

NTT DoCoMo 注重线上向线下引流：O2O 用户服务，以“进店促销”为切入口。NTT DoCoMo O2O 运营模式基于 M2M 的行业应用，通过预装在手机中的 App 向用户发送商铺优惠信息，吸引客户进店以达成购买，如图 8-7 所示。

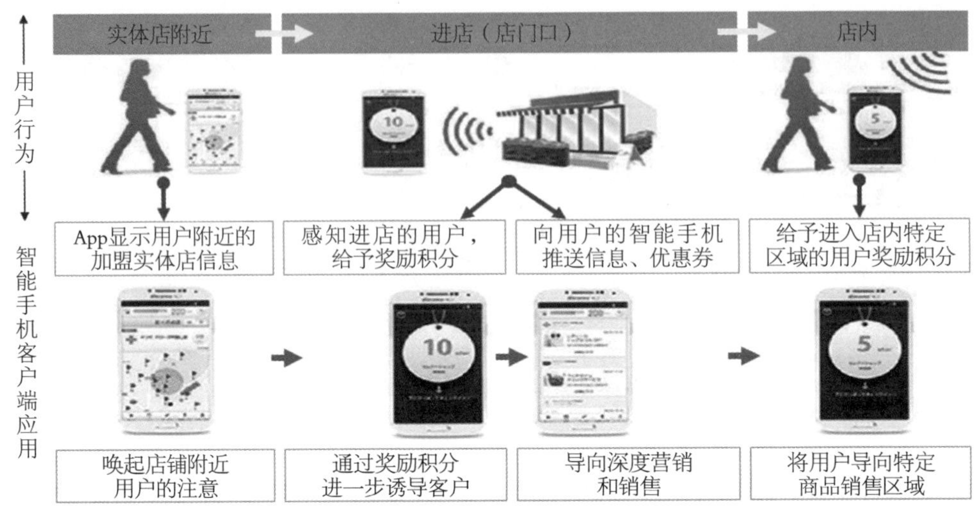

图 8-7　NTT DoCoMo 线上向线下引流示意

NTT DoCoMo 也注重线下向线上引流：O2O 保险代理业务。NTT DoCoMo 通过与日本生命保险公司合作，在产品定制、渠道合作、线上线下协同等方面进行创新，共同推动价值提升。

NTT DoCoMo 同时注重线上和线下协同：拓宽 d-POINT 的应用场景。NTT DoCoMo 通过与 LAWSON 等线下商户合作，拓宽了积分应用场景，从而聚合线下商户，合作创造用户价值，共享积分平台。NTT DoCoMo 打通自身与合作商线上线下渠道数据，通过“d-POINT Club”商家线上线下相互引流，整合合作商资源，吸引用户消费，如图 8-8 所示。

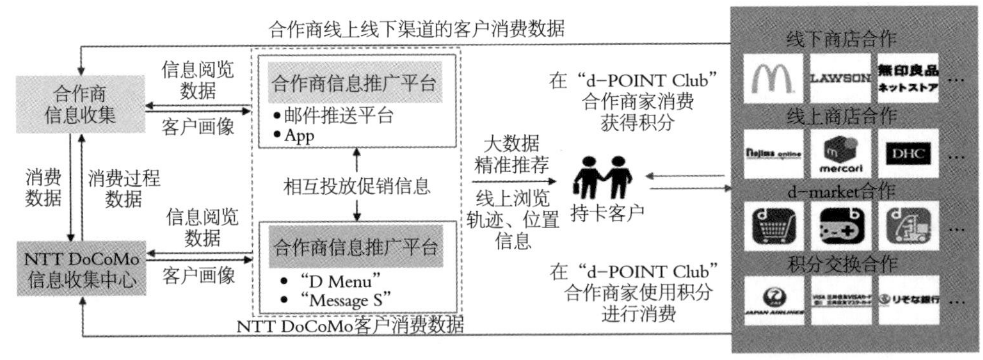

图 8-8　NTT DoCoMo 的 d-POINT 线上线下相互引流示意

8.1.4 渠道运营体验化

8.1.4.1 中国运营商

（1）中国移动

中国移动的体验化主要体现在新零售渠道“5G+ 智慧家庭”的体验运营。作为智慧营业厅的主要特色区域，重点旗舰店、社区店设置“5G+ 智慧家庭”体验专区，通过选品展示最新人机交互、全屋智能、软硬件一体的智慧家庭解决方案，激发客户兴趣、开展“5G+ 智慧家庭”产品体验，具体见表 8-2。

表8-2　智慧家庭体验区场景及产品组合

分类标准	主题场景	产品	推荐业务
目标客户	儿童娱乐体验场景	儿童手表	万能副卡和家庭卡
	老年健康体验场景	米家iHealth医用血压仪	流量包
	时尚青年体验场景	京东叮咚（DingDong）mini2	光宽带
所处场所	智慧家居体验场景	小米智能音箱	光宽带
	智慧办公体验场景	kindle、智能手表	万能副卡、流量包
生活场景	安全出行体验场景	智能倒后镜	万能副卡、违章即时通
	户外运动体验场景	智能运动手环、蓝牙耳机	咪咕善跑
产品功能	影音视听体验场景	人工智能音箱、AR眼镜	光宽带
	拍照记录体验场景	拼接屏幕、无线打印机	光宽带

（2）中国电信

中国电信智慧营业厅的体验化主要体现在服务流程智慧化、互动体验强、形象布局标准化 3 个方面。中国电信智慧营业厅的特点体现在服务流程转变、强化互动体验、标准化形象布局 3 方面。其强调厅店数字化、体验化，并一切以客户为中心的理念，如图 8-9 所示。

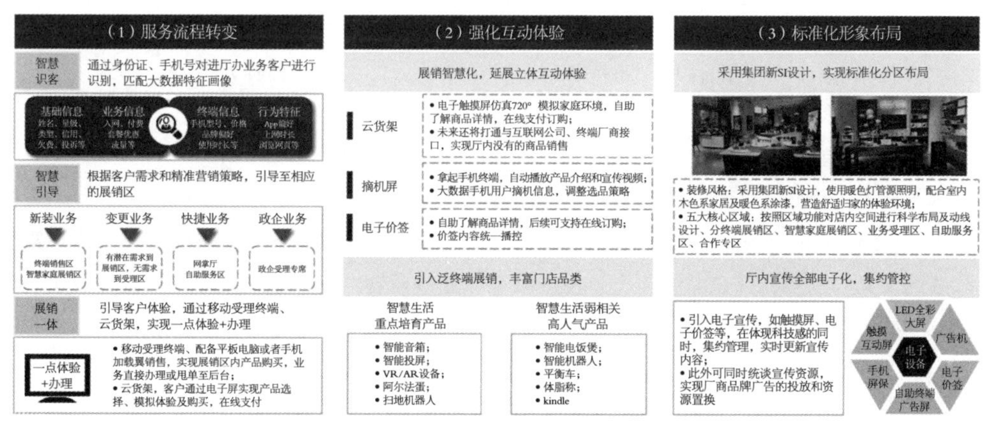

图 8-9　中国电信智慧营业厅基本功能

目前从公开渠道可以看到中国电信智慧营业厅设置 A ～ G 七大区域，各个区域适配不同产品与服务，如图 8-10 所示。

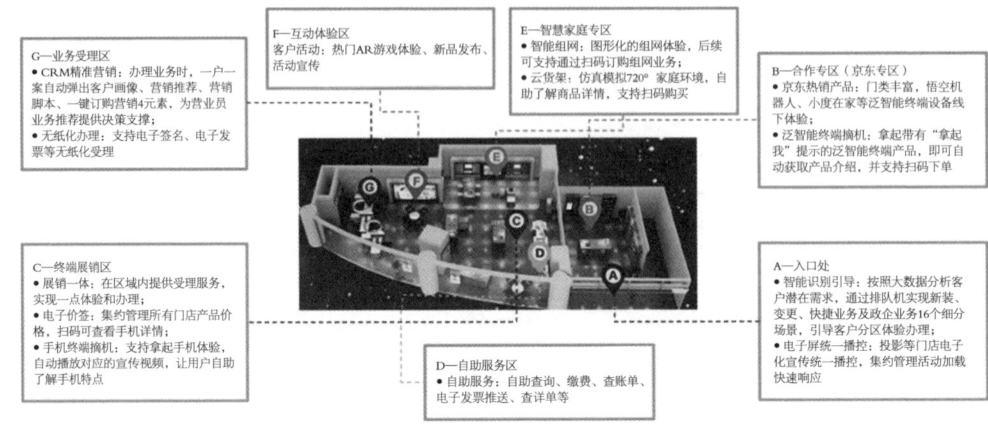

图 8-10　中国电信智慧营业厅 A ～ G 七大区域各自功能

8.1.4.2 美国运营商

美国运营商面向客户的销售品采取上下陈列方式，基本上融合套餐和生活服务，所以通信业务是属于套餐中的一个产品元素，而不是我们现在所认为的业务核心——通信，这个是最大的区别。美国运营商厅店中的业务形态上已经生活化、功能化、融合化，因此渠道匹配这样的业务形态，就带来了整个渠道功能的形态变化，而更多的是像生活体验门店，而不是通信专卖门店，这是运营商的特点。

美国运营商通过人工代派的方式便携式办理，因为店铺空间资源很稀缺，原则上店铺更多地释放给了体验和展示，所以办理就不要占固定物理空间，而更多的是便携化和移动式。所以美国运营商线下设计渠道的特点，主要是以融合型的业务体验性的铺陈为核心，那么传统的通信业务的办理，则更多是便携化、移动化和社交化方式去解决。

8.1.4.3 日本运营商

（1）NTT DoCoMo

NTT DoCoMo 在核心商圈建立了多家名为“智能手机休息室”的体验店，进一步丰富了体验店的含义与内容，并在品牌建设、用户维系、业务拓展上发挥了重要作用。该类旗舰门店在基础的销售、服务功能之上，还提供贴近生活场景的一系列综合性服务。

NTT DoCoMo 概念店：打造集销售服务、宣传体验和休闲娱乐于一体的厅店功能区。NTT DoCoMo 概念店立足于中高收入群体和家庭需求，打造集销售及服务区、宣传体验区和休闲娱乐区于一体的功能分区；厅店布局以业务办理区域为中心，环绕休闲娱乐区域和产品展示区域，如图 8-11 所示。

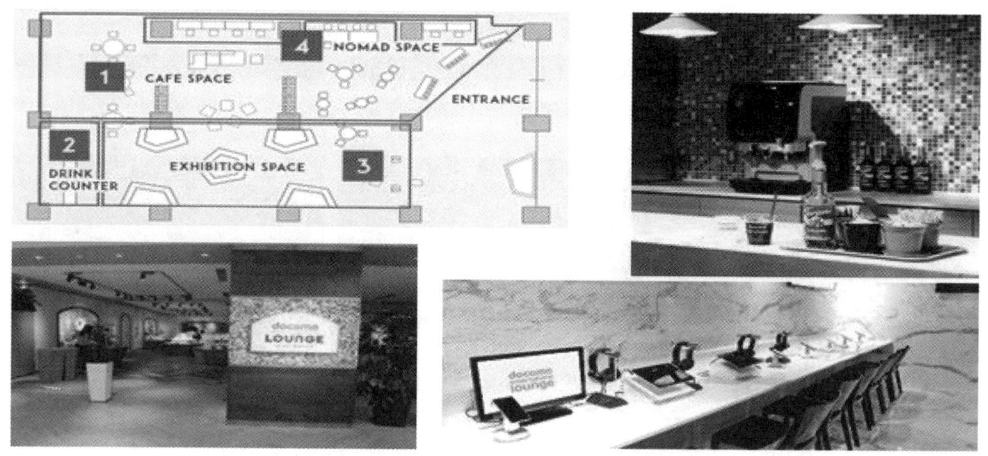

图 8-11 NTT DoCoMo 概念店布局

在销售区，根据产品品类设置经营模式，对于手机、平板电脑等数码产品，注重客户体验感知，依托敞开式展区以方便客户操作；对于智能家居，以分类经营为核心，依托不同主题陈列，配以 AR、VR 设备，增强用户沉浸式体验。在服务区，通过配置圆形桌拉近客户距离并提供更加人性化的服务，如图 8-12 所示。

图 8-12 NTT DoCoMo 销售区及服务区

NTT DoCoMo 在宣传体验区设置半圆球屏幕、立柱屏幕和场景模拟区，通过欢迎动漫吸引客户驻足，运用季节环境、生活场景变化与智能产品相结合，提升用户生活化体验，如图 8-13 所示。

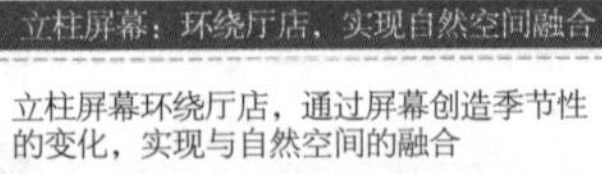

图 8-13　NTT DoCoMo 宣传体验区

NTT DoCoMo 在休闲娱乐区设置儿童乐园、商务活动区和休息等待区，面向不同年龄段儿童布置专属区域并配置合适产品，面向商务客户提供大荧幕会议区，承载中小型演示交互分享活动，传递最新资讯，并为等待的客户提供舒适的私人空间，如图 8-14 所示。

图 8-14　NTT DoCoMo 休闲娱乐区

（2）KDDI

KDDI 概念店立足于吸引年轻用户，门店设计以简洁风格为主，以“生活”和“产品销售”为主打，一层为咖啡厅、轻食店、生活用品区，用饮食和生活将品牌和客户紧密联系；二层为产品展示区、VR 体验区、大型活动区，如图 8-15、图 8-16 所示。

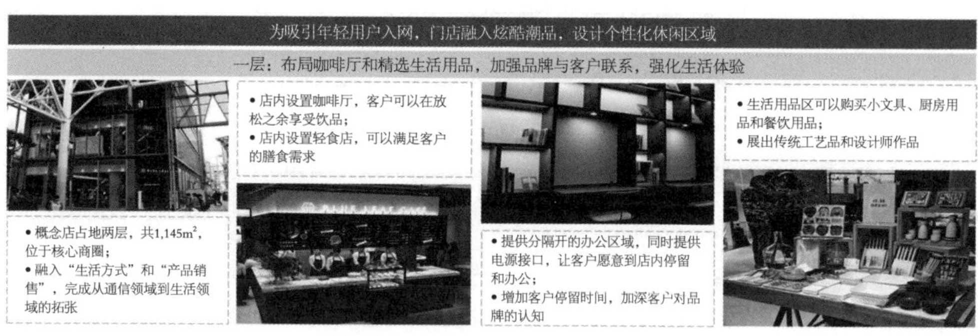

图 8-15　KDDI 概念店一层布局

图 8-16　KDDI 概念店二层布局

「8.2　互联网公司的渠道转型」

8.2.1 渠道形态生态化

8.2.1.1 腾讯

传统零售业正处于数字化转型关键期，线上、线下场景融合探索亟待寻找新的突破口，而坐拥 11.51 亿月活跃用户的微信社交生态，已然成为品牌商竞逐的焦点战场。以小程序为载体，腾讯广告正积极深入零售市场。2019 年 11 月 26 日，腾讯广告在上海举办的“数字商圈，共赢品效”峰会上提出，将与友商联动 100 个百货、购物中心的 100 个小程序，融合线上、线下流量，探索商圈数字化营销势能。

腾讯积极尝试将其数字化能力与商圈平台、品牌主商业数据进行多样融合，其目的在于借助丰富的数字化产品和技术，改善商圈消费者到店、到家的购物体验，实现线上线下品牌效应融合，多渠道提升 GMV（成交总额）。

8.2.1.2 京东

对于平台生态，京东零售将实现 POP 和自营的健康发展。自营是京东供应链能力的体现，POP 是商品丰富性、技术和服务能力的体现，两者同等重要。

京东通过新通路强化渠道掌控，构建 B2B2C 数据链条。

京东的新通路对旗下自营门店开展门店形象标识、门店管控、设施配置、服务标准、商品采购、物流配送六方面的统一管理，优化购物体验。

面向社会门店，京东新通路打通从品牌商到消费者的 B2B2C 数据链条，实现商品和资源精准匹配到店，匹配至消费者。在数据分析方面，进行分销、到店、到家等环节沉淀的海量数据分析；在差异化政策上，实施区分区域和场景需求的差异化商品策略。

8.2.2 渠道功能智慧化

阿里巴巴借助自身技术优势，不断为自身渠道进行智慧赋能。以大润发为例，近 490 家门店完成数字化改造，目前淘鲜达带来的线上销售额已经占大润发总销售额的 6.5%。除此以外，淘鲜达还形成了以 pos 为介质的轻量数字化系统解决方案，已经成功服务了 140 个连锁线下商超集团，覆盖了 10,000+ 家门店。

同时阿里巴巴子公司蚂蚁金服的手机 App 支付宝，作为服务全球超过 12 亿用户的 App，其庞大的用户群体除了在线上与阿里经济体产生链接外，也让数千万的商家品牌，能够在线下通过支付宝 App、小程序与 IoT 设备及阿里数字生态产生链接，同时解决商家线下数字化的难题。

8.2.3 渠道布局融合化

8.2.3.1 京东

对于全渠道，京东零售将继续拓展全渠道的合作伙伴，并开展技术、产品、营销和供应链创新。同时，供应链管理、数字化运营和整合营销这三大核心能力将贯穿到京东及其合作伙伴的各种场景中，实现货的统一、人的统一。

对于下沉新兴市场，京东零售将以供应链为核心，线上依托京东主站和京喜业务，线下运营近 300 家京东电脑数码专卖店、超过 1.2 万家京东家电专卖店及 100 多万家京东掌柜宝合作门店，同时结合京东物流的“千县万镇 24 小时达”计划，以及京东数科的金融服务，全面拓展下沉新兴市场。

京东还打通百万级门店，实现了“天网地合”，比如线上的京东 App、京喜、京东购物小程序、开普勒等，线下的京东之家 & 京东专卖店、京东家电专卖店、京东电器超级体验店重庆店、7FRESH 七鲜、七范儿、京车会、京东大药房等，以及广大品牌伙伴的百万级门店。在这些场景中，京东可以通过线上用户大数据和线下用户行为，构建全面的用户行为路径，打造消费者线上渠道和线下业态组合的闭环消费体验。

8.2.3.2 苏宁

苏宁在渠道转型过程中，越来越远离传统的大连锁店。一二级城市以大型的互联网化的云店作为主导模式，三四类市场则是整个苏宁易购的服务站。在社区，苏宁会开出苏宁小店，它不是单纯的线下店，而是互联网店面。苏宁小店只有 100 多平方米，却可以满足顾客各种品类消费需求，把整个互联网的出样展示和线下的实体展示融合在一起。

从智慧零售大开发启动以来，“两大两小多专”业态族群迅速落地下沉，苏宁提前进入万店时代。随后，通过收购万达百货和家乐福中国，苏宁补全了全场景版图的最后一块，智慧零售的发展迎来了一个转折点。

2020 年，苏宁小店、苏宁零售云纷纷独立成为子集团。在苏宁的各类业态中，小店和零售云发展最为快速，迭代的速度也很快，如今苏宁小店已影响到苏宁所有产业的协同和联动；零售云店依托苏宁的品牌、供应链、技术、物流、金融等全价值链资源，开放给县镇创业者。

8.2.3.3 阿里巴巴

阿里巴巴的盒马鲜生通过线上线下相互引流，开展全渠道营销。盒马鲜生通过线上线下融合，实现商品、价格、营销、会员、库存 5 个统一，从而促进线上线下相互引流，带来单位坪效、人均效率及供应链效率同步提升。

盒马鲜生的渠道布局如图 8-17 所示。

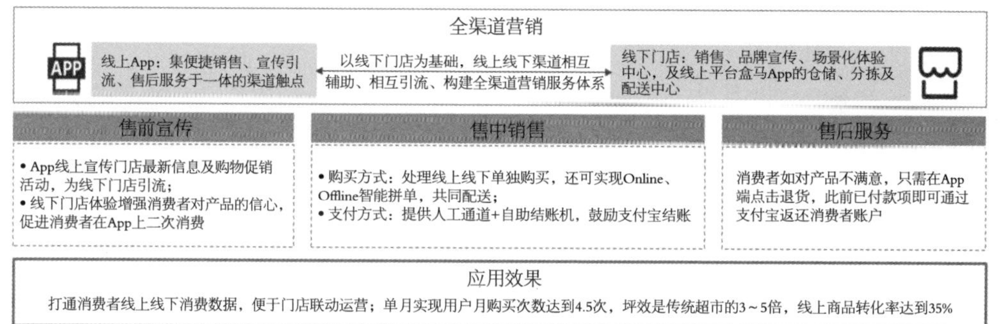

图 8-17　盒马鲜生的渠道布局示意

「8.3　制造商的渠道转型」

中兴通讯构建云网生态，夯实渠道服务。2019 年 9 月，中兴通讯以“构建云网生态，夯实渠道服务”为主题在北京召开 2019 渠道服务大会，面向渠道经销商、高级认证服务伙伴（ACSP）提供分享交流平台，畅谈渠道服务生态定位和发展理念，共同商讨数字化转型之路。与会合作伙伴从渠道服务生态建设、提升自身交付能力和重视合规经营等方面与中兴通讯一起打造一流的渠道服务生态圈。

2019 年，中兴通讯对渠道服务能力建设加大投入，培养了大批合作伙伴工程师。星级服务认证、合作伙伴工程师认证均大幅增长，经销商交付项目占比大于 60%；同时，中兴通讯持续大力推进高级认证服务伙伴 ACSP 计划，已取得良好进展。

中兴通讯将继续秉持“构建云网生态，夯实渠道服务”的理念，不断优化服务结构。渠道经销商是最贴近客户、理解客户的前锋，是一线服务的主力。ACSP 应充分发挥能力强、资源丰富、服务灵活等优势，承担好一线服务补充的角色。原厂交付专业化程度高，将承担更多重大项目和疑难项目的交付职责，同时为经销商和 ACSP 提供良好的支撑服务，发挥好基石的作用。中兴通讯将持续为合作伙伴赋能，把原厂服务支撑能力向经销商延伸，向合作伙伴开放更多信息获取渠道、更多厂商服务工具，打破信息壁垒，促进沟通交流。

「8.4 渠道商的渠道转型」

迪信通覆盖全国大小城市的3,000+线下门店，同时还针对当下的消费市场环境，进行了包括门店的升级改造、购物环境优化、智能销售设备的引入等方面的升级改造，将线上线下渠道融合到一起。

迪信通、迪家智能与红纺文化达成战略合作，实现成熟IP在消费类电子领域市场的扩大深耕。2019年3月20日，迪信通、迪家智能与红纺文化在上海签署战略合作协议，三者在IP、品牌、产品、市场、渠道、线下门店、新零售、供应链、物联网平台、用户运营、大数据运营等领域展开深度合作，将三方资源形成优势互补，专攻消费类电子领域，实现成熟IP在消费类电子领域市场的精耕细作。这意味着迪信通在产品范畴上将获得极大提升，助力迪信通在新零售转型当中获得更多的资源支撑。

• 在渠道方面，迪信通将开放优质门店，提升优质产品的曝光度。

• 在产品层方面，红纺文化将向迪家智能授权旗下所有IP品牌，在电子消费类产品、数码3C产品、智能家居类产品方面进行合作，推出众多适合不同年龄段消费人群的智能数码产品。

• 在供应链方面，迪家智能将优选每个领域的资深供应商，确保产能与品质，满足消费升级的迫切需求。

「8.5 终端商的渠道转型」

8.5.1 渠道形态生态化

小米实现线上线下融合，通过把握渠道定位、数据技术助跑、调整线下格局、整合供应链、拓展跨界业务等方面的举措，下沉线下渠道，提高运营效率，改善用户体验，实现线上线下渠道融合、流量双向转化的发展目标。

小米之家门店快速增长。小米之家主要分布在一线、二线和三线城市，小米专卖店（面向城镇）计划从500家发展到5,000家。坪效高达26万元一年，是国内零售店的20倍，小米之家对小米生态链持续健康运行起重要作用。同时，小米之家实现流量留存与新增，有线下向线上反哺的作用，实现对电商业务导流作用；吸引对小米电商渠道不熟悉的线下消费者，并有机会让线下用户成为小米全渠道的消费者，产生复购。小米渠道发展举措见表8-3。

表 8-3 小米渠道发展举措

<table>
<tr><th colspan="2">线下渠道发展趋势</th><th>实现渠道融合</th></tr>
<tr><td>把握渠道定位</td><td>线上渠道针对引流和营销，线下渠道针对体验和服务，小米通过互联网平台的广泛辐射力开展品牌营销和在线消费，吸引流量用户到店体验消费或支持售后服务</td><td rowspan="5">将互联网方式运用到线下零售中，从而提升传统流通效率，改善用户即得体验；
利用线下的体验性和即得性弥补互联网模式的短板，从线下往线上引流，实现用户流量线上线下的重复转化</td></tr>
<tr><td>数据技术助跑</td><td>通过全程数字化、大数据、云计算、人工智能等技术，把数据信息正确处理后，为商家和用户提供更优质、更精准的产品和服务</td></tr>
<tr><td>调整线下格局</td><td>一二线城市放缓拓店步伐，控制零售小店发展速度，建立大型体验店；
三四线城市渠道下沉，增加线下触点，建立客户联系</td></tr>
<tr><td>整合供应链</td><td>以企业为中心，整合线上的电商平台与线下的实体门店，建立互联互通机制，形成一条纵向一体化的供应链，减少供应链参与者的内耗</td></tr>
<tr><td>拓展跨界业务</td><td>投资参股跨界业务，布局生态产业格局，快速整合资源，实现快速增长，延展线下的零售网络</td></tr>
</table>

8.5.2 渠道布局融合化

8.5.2.1 小米

小米未来的主要策略就是手机 +AIoT 双引擎；未来的目标是要把 5G 的危机变成机遇。目标是三年决胜中国市场，稳三望一；打法是稳扎稳打，步步为营；三年专项投入 50 亿元人民币以上，铸就新零售铁军。

全渠道梯度协同。小米全渠道分为 3 层，分别是米家有品、小米商城和小米之家。米家有品和小米商城是线上电商，拥有 20,000 余种商品，是众筹和筛选爆品的平台；小米商城有 2,000 余种商品，主要是小米自己和生态链的产品；线下的小米之家大约有 200 种商品。在这个梯级全渠道中，小米之家有一个重要的工作，就是促进线下线上的相互引流，向用户介绍更丰富的小米产品系列。用户在小米之家购买商品时，店员会引导用户在手机上安装小米商城 App，这样用户如果喜欢小米的产品，下次购买就能通过手机完成，而且在小米商城用户可以在更全的品类中进行挑选。

8.5.2.2 华为

华为在手机渠道方面大转型，在中国市场，包括授权店、直营店在内的门店已超过 7,500 家，线下专区数量突破 3.5 万家。在授权店、直营店中，布局更加均衡，其中包括三线及以上城市的 1,500 多家和位于县级地区的 3,000 多家，以及乡镇地区的 3,000 多家门店。

服务门店转型也在进行中，需要进行能力升级，知识结构变革，以更好地适应全场景智慧战略的落地。目前华为的服务店已在全国开出 2,000 多家，覆盖了我国的所有地级市以及 90% 以上的县。华为线下渠道布局示意如图 8-18 所示。

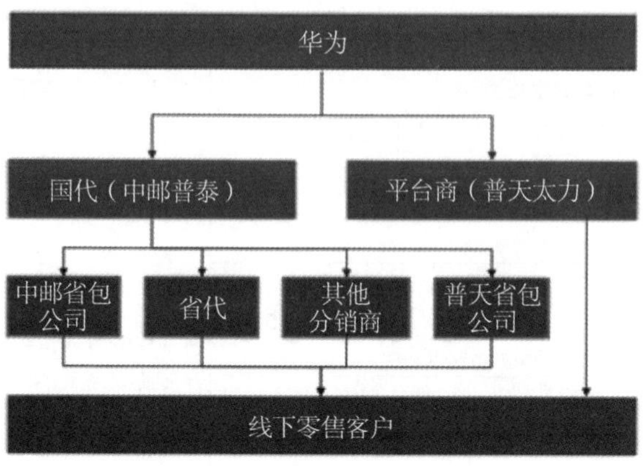

图 8-18　华为线下渠道布局示意

8.5.3 渠道运营体验化

2018-2019 年，OPPO、vivo 为打造品牌价值实现品牌升级，推行渠道转型，逐步优化线下门店布局，主动收缩街边门店规模，紧跟年轻人群客流趋势，进驻一线城市核心商圈，加速购物中心布局。

OPPO 将渠道建设重点投向核心城市商圈购物中心，通过超级旗舰店等升级渠道体系和品牌价值，带领渠道由单纯的“售卖商”，向“销服一体化”的服务商角色转变；vivo 也加快进驻购物中心的步伐，通过兴建“vivo lab 概念店”升级用户体验，扩建智慧旗舰店力主“销售 + 服务”的模式，将渠道逐步打造为泛智能终端及 5G 场景入口。OPPO 和 vivo 渠道布局示意如图 8-19 所示。

图 8-19　OPPO 和 vivo 渠道布局示意

第九章

5G 玩法六：混合所有制改革 数字人才

「9.1 混在 4G」

9.1.1 通信业混改大进程

9.1.1.1 率先改革，打破行业垄断并完成境外上市

里程碑：中国联通成立；三家运营商上市；卓望公司成立。

1994 年 7 月 19 日，中国联通成立，拉开了我国电信业改革的序幕，是我国电信业乃至国内垄断行业打破垄断、引入竞争的首例，是我国电信发展史上具有里程碑意义的事件。此后二十多年，我国电信业改革历经了 1998 年政企分开，2000 年中国电信、中国移动分离，2002 年南北拆分，2008 年六合三重组，最后形成中国移动、中国电信、中国联通三大运营商三足鼎立的竞争格局。

此后三家运营商陆续上市。

2000 年，中国移动集团公司成立，由其控股的中国移动有限公司（上市公司）于 2004 年收购 10 省市通信资产，成为第一家在中国内地 31 个省市经营电信业务的中国境外上市电信企业。截至 2015 年 12 月 31 日，由全资子公司中国移动（香港）有限公司持有上市公司 72.72% 的已发行总股数，余下的 27.28% 由公众人士持有。

2000 年 6 月，中国联通在香港、纽约上市，同年 10 月在上海完成 A 股上市，是国内唯一一家同时在纽约、香港、上海三地上市的电信运营企业，并成为国内资本市场流通股最大的上市公司。截至 2015 年 12 月 31 日，中国联通集团公司 A 股持有上市公司 62.54% 的已发行总股数，通过中国联通 BVI 公司及其子公司中国联通红筹公司持有 H 股 75.3% 的已发行总股数。

2002 年 9 月，中国电信股份有限公司成立。截至 2015 年 12 月 31 日，中国电信集团公司持有上市公司 70.89% 的已发行总股数，另由广东省广晟资产经营有限公司持有 6.94% 的股本，国有资本共计持股 77.83%。

成为上市公司，引入公众资本，三家运营商初步实现了多元化投资主体。然而上市后的三家运营商依旧是“一股独大”的格局，二级市场的小股东并不能参与到企业的管理和经营活动中，因此距离真正的股权多元化还有一定距离。

2000 年 6 月，作为中国移动改革试验田的卓望控股有限公司在开曼群岛设立，并在成立两年内陆续引入美林、沃达丰、惠普等财务股东，是国内第一家引入外资股东的通信企业。

9.1.1.2 积极探索，通过对外股权投资进行产业布局

里程碑：联通时科合资公司成立。

在该阶段，三家运营商在混改上主要通过投资入股的方式在相关产业链进行战略布局，与非国有企业进行股权融合、战略合作、资源整合。

中国联通一是与韩国 SK 成立合资公司，二是参股电讯盈科。2003 年，中国联通与韩国 SK 按照 51:49 的比例，以直接投资的方式合资设立联通时科（北京）信息技术有限公司（以下简称联通时科），也是中国加入 WTO 后第一个获得增值电信业务经营许可证的外商投资企业，并获得了全国经营许可证。作为中外合资的中国联通子公司，联通时科通过引进韩国具有特色的业务，在增值业务上为中国联通提供差异化竞争能力。2005 年，中国联通集团通过合并原中国网通，获得香港电讯盈科 19.84% 的股权。

中国移动集团由其旗下全资子公司通过对外股权投资布局移动互联网相关领域。2006 年，中国移动（香港）集团从当时拥有 38.8% 凤凰卫视股份的“星空传媒”购入凤凰卫视 19.9% 股份，开始涉足内容提供，与凤凰卫视共同开发、推广和分销移动内容、产品、服务和新媒体应用。2010 年，广东移动认购浦发银行 20% 股权，推动中国移动与金融业的融合。2012 年，中国移动投资 2.15 亿美元获得科大讯飞 15% 的股份，两家在智能语音门户、智能语音技术和产品等领域进行合作。

9.1.1.3 多路并举，混改成为战略转型重要途径

里程碑：中国铁塔公司成立；中国联通集团混改。

2014 年，由三家运营商共同现金出资成立的中国铁塔公司正式挂牌，成为资产层面引入混合所有制改革的一个创新之举，标志着电信行业的发展进入到更加专业化、市场化的阶段，对于优化国有资本的经济布局、整体提升电信行业的服务水平，都具有重大的现实意义和深远的历史意义。

2016 年 10 月，中国联通集团被列入国家混改第一批试点；2017 年 4 月，中国联通明确 A 股公司成为混改平台；2017 年 7 月，混改试点获得国家发改委批复；2017 年 8 月，发布非公开发行 A 股股票预案及限制性股票激励计划等，混改正式揭晓。通过非公开发行和老股转让相结合的方式，中国联通引入了战略协同效应的四大行业领军投资者：一是大型互联网公司；二是产业链垂直行业的领先者；三是雄厚实力的金融集团和产业集团；四是国内领先的行业产业基金。这些投资公司包括中国人寿、腾讯、百度、京东、阿里巴巴、苏宁云商、光启集团、前海母基金、滴滴出行、网宿科技、中国中车、用友软件、宜通世纪等。中国联通集团混改推动我国信息通信领域进一步深化改革，实现基础电信运营商从“单兵种”模式和“一股独大”，向“集团军”模式和“产权多元化”的升级和转型。

同时，混合所有制改革成为三家运营商拥抱移动互联网时代，实施战略转型的重要手段。三家运营商不约而同地选择互联网等新兴业务领域迈出混合所有制改革的第一步，同时积极探索更多形式的改革路径，包括积极引入战略投资、成立合资公司、开展创新孵化等，并开始在混合所有制企业中逐步探索管理创新、激励创新、产品创新等。

9.1.2 中国铁塔混国资

9.1.2.1 中国铁塔混改基本情况

2014 年 7 月，中国铁塔股份有限公司（以下简称中国铁塔公司）正式挂牌成立。中国铁塔公司主营铁塔的建设、维护和运营，兼营基站机房、电源、空调等配套设施，以及室内分布系统的建设、维护、运营和基站设备的代维。中国移动、中国联通、中国电信分别以现金方式出资，各持有中国铁塔公司 40%、30.1%、29.9% 的股份。

2015 年 10 月，中国铁塔公司与三家运营商及中国国新控股有限责任公司签署交易协议，中国铁塔公司通过增发新股引入新股东中国国新。交易完成后，中国铁塔公司由中国移动、中国联通、中国电信、中国国新分别持股 38%、28.1%、27.9%、6%，如图 9-1 所示。

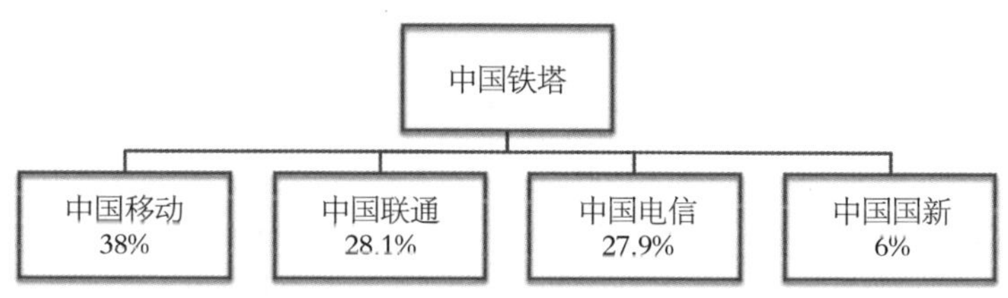

图 9-1　中国铁塔股东持股比例

成立中国铁塔公司是党中央国务院做出的重大战略决策，是党的十八届三中全会对国企改革实施的重要举措，标志着电信行业的发展进入到更加专业化、市场化的阶段，对优化国有资本的经济布局、整体提升电信行业的服务水平，都具有重大的现实意义和深远的历史意义。

9.1.2.2 混改的经验与教训

中国铁塔公司的股权结构不存在一股独大，三家运营商都是中国铁塔公司的主要股东，又是主要客户。这种复杂的关系使得中国铁塔公司的商业模式构建存在着客观困难，鉴于此，中国铁塔公司进行了一系列机制体制及管理上的创新。

（1）机制与制度创新

第一，彻底实现“去行政化”。领导干部一律剥离行政职级，公司奉行现代企业经理人管理制度。实施职业经理人制度，董事会市场化选聘公司高管，并可中途解聘或任期届满不再续聘。第二，严控管理职数，压缩管理层级。中国铁塔公司的组织架构具有明显的互联网化特点，变传统的指挥控制为服务支撑，重心下沉到地市一线。90% 的人员配置在地市生产一线，总部仅 7 个部门，管理人员不足 100 人，实现“精兵简政，轻装上阵”。第三，实行绩效薪酬制。薪酬分配与工作绩效挂钩，定岗定薪、岗变薪变，薪酬水平依据绩效情况能增能减，充分发挥员工活力。

（2）管理创新

IT 化管理实现企业高效、规范、透明运行。一方面，实现穿透管理，所有人在一个平台上操作，总部直接考核评价到地市，支撑扁平化组织架构，实现信息传递高效、决策高效、执行高效；另一方面，实现权力透明，严格管控管理层权力，针对易滋生腐败的采购环节，一线经理根据“单站核算”原则按需在 IT 系统上选择采购标的和数量，由总部统一结算，整个采购过程透明规范，减少人为干扰，实现降本增效。

在新时期深化电信体制改革、促进电信设施共建共享，是中国铁塔公司成立的直接动因。中国铁塔公司率先尝试的“共享竞合”模式，是共享经济下的创新，对其他涉及民生基础设施建设领域具有借鉴参考意义。

（3）双重角色定位带来公司经营决策的难题

在股东会—董事会—经理层的三层公司治理结构中，董事会处于中间层，上受控于股东会，下控制经理层，同时受到监事会和董事会内部的监督，是连接股东会和经理层的桥梁，在公司治理结构中处于核心地位，是公司治理结构中众多委托代理关系指向的共同节点。在股东会—董事会的委托代理关系中，董事会是受托方，扮演着利益代表者的角色，代表股东发挥控制和管理公司的功能。在董事会—经理层的委托关系中，董事会是委托方，委托经理层具体执行决策，组织公司的生产管理。而在股东会—经理层的委托代理关系中，董事会处于受托方和委托方之外的第三方，扮演着利益协调者的角色，协调和缓解股东和经理层之间的代理冲突，发挥监督的功能。

决策机制上，中国铁塔公司的董事会成员大部分来自于三家运营商，并且兼职出任。董事会负责领导班子的任命、业绩考核和薪酬管理，公司重大问题都要经过董事会讨论决定。来自不同运营商的董事可能出于各自股东利益诉求的考虑，在铁塔规划、建设、运行等一系列经营活动中进行博弈，如果三家的积极性难以平衡，势必影响公司的高效运营。因此，如果董事会和经理层的权责关系划分不清楚，可能造成董事会动辄干预具体业务经营，或过度放权，将不利于公司的发展。

9.1.3 中国联通混民资

混改不仅仅是实现股权多元化，更重要的是通过引进战略投资者，在企业资质、业务体系、质量管理、人才队伍、区域拓展与客户开发等方面，为企业未来发展聚集资源，奠定基础。中国联通建立现代企业制度，优化管理关系，创新管理机制，激发员工活力，从而最终实现国有企业的持续发展。中国联通集团的混改在以下 3 个方面发生较大变化。

第一，股权结构方面。原控股股东中国联通集团持股由 62.74% 缩减至 36.70%，但仍是控股股东；中国人寿、腾讯信达、百度鹏寰、京东三弘、阿里创投、苏宁云商、光启互联、淮海方舟、兴全基金和结构调整基金将合计持有中国联通约 35.18% 股份。这种结构使得混改后的新中国联通没有完全控股方，为引进规范法人治理结构和建立现代企业制度奠定基础。同时，利用混改机遇，中国联通引进四大类战略投资者，包括大型互联网公司（腾讯、百度、京东、阿里、苏宁云商）、垂直行业公司（光启、滴滴、网宿科技、用友、宜通世纪）、金融行业集团（中国人寿、中国中车）和产业基金（前海母基金、中国国有企业结构调整基金），使得未来中国联通在客户流量导入、投融资和业务拓展上，具有充分的想象空间。

第二，股权激励方面。除在混改过程中实行 2.7% 左右的员工持股外，又以每股 3.79 元的价格定向发行了 4% 的限制性股票，对公司中层管理人员以及对上市公司经营业绩和持续发展有直接影响的核心管理人才及专业人才，共 7,000 多人进行激励。

第三，法人治理方面。混改后的新一届董事会由 13 人组成，其中非独立董事 8 人，中国联通派出 3 人，腾讯、百度、阿里巴巴、京东和中国人寿等派出 5 人；推出混改后的公司章程首次大改的修正案，修改后的中国联通公司章程明确规定，董事会决定公司重大问题，应事先听取公司党组织的意见。可以看到，中国联通集团所占的董事席位是少数，社会资本所占的董事席位是多数，集团越来越转化成一个公众化的公司。

9.1.4 子公司层面："混"民资 +"投"民资

中国电信在多个子公司开展混改实践，主要与国内资本展开合作。新兴业务包括互联网、信息服务、移动社交等。2013 年，与网易公司按照 73:27 的股权比例，合资成立浙江翼信科技有限公司，中国电信采取"控股不控权"的管理方式，以保障浙江翼信科技有限公司市场化运作。2014 年，中国电信分别对视频（天翼视讯）、游戏（炫彩互动网络科技有限公司）和阅读公司（天翼阅读）引入战略投资人，出资方包括了民营企业、产业基金及其他国有资本等。此外游戏公司、阅读公司还试行了员工持股，分别由核心员工持股 2.1%、4.426%。2016 年，中国电信旗下号百控股发行股份以支付现金的方式，整体收购天翼视讯、炫彩互动、天翼阅读、爱动漫 4 家公司 100% 股权；号百控股重大资产重组是中国电信积极推进混合所有制改革，落实国家"双创"战略的重大资本运作项目，通过以"跨媒介融合、泛 IP 运营"的投资主题整合创新领域文娱传媒板块业务资产，实现其上市的目标。

中国联通在子公司层面，通过合资公司的方式引入外资，实现多元化股权。2016 年 1 月，中国联通联合西班牙电信，按照 55:45 的出资比例，合资成立智慧足迹数据科技有限公司，依托中国联通的基础通信网络和市场经验，引入西班牙电信在智慧足迹等大数据服务方面的技术，沟通在中国提供大数据应用服务事宜。

中国移动在 4G 时代着力推进公司化改造。先后成立了财务公司、政企公司、物联网公司、在线服务公司、咪咕公司和互联网公司等，从基地模式向公司化方向转型，为混改打好基础。

在子公司层面混改之外，创新孵化成为运营商寻找混改机会的广阔领域。响应国家"大众创业，万众创新"的号召，三家运营商先后成立创业创新平台，积极打造基于运营商产业背景的生态孵化器，包括中国电信天翼创投、中国联通移动互联网国际创业中心、中国移动和创空间。

2016 年 3 月，由天翼创投孵化成功的中国电信第一家混合所有制公司，即星力海蓝文化传媒有限公司成立，标志着国有通信企业创投模式开始进入良性发展。

2016 年 12 月，中国移动投资公司，即"中移资本控股有限责任公司"和"中移投资控股有限责任公司"，在北京举行了揭牌仪式。中国移动投资公司作为中国移动股权投资和资本运作的集中管理平台，围绕集团战略，按照"补短板、投基础、筑未来"的方向，通过资本运作，促进业务发展、管理提升、能力构建，逐步建立和完善符合公司价值链地位的产业生态圈。

2018 年，中国联通投资公司成立，重点通过资本运作，围绕主业，在与各战略投资者开展业务合作的基础上，进一步推进在创新领域的资本层面合作，例如视频、物联网、车联网、云计算等。

9.2 改在 5G

2019 年，我国 5G 牌照正式发放。与此同时，国企混改正由“混”到“改”发生重要转变。由此，国企混改进入了改革的深水区——市场化机制的“改”，其关乎改革的质量，也影响改革的效果。混改的改革在于以下几个方面。

第一，改治理模式——解决效率问题。市场化经济竞争主体的多元化冲击，市场或客户端的快速变化对企业响应速度要求提高，国有体制机制决策权限相对集中导致国企应对市场变化过程中决策层级多、决策链长，这些原因导致国企难以适应这些新的市场化竞争挑战。通过授权调整机制落实来促进混改国企实现现代法人治理模式健全，才能匹配市场化竞争环境的变化，提升混改国企的市场化反应速度。由此，改治理模式更多是在解决混改国企的经营效率问题。

第二，改用人制度——解决能力问题。一是党管干部与市场化职业经理人机制关系问题，职业经理人机制的推行更多是针对企业综合性的高管管理岗位，而该部分人员大多是上级股东或主管单位的直管干部；二是国企员工队伍的淘汰机制问题，只有市场化的进人，才能有效落实市场化的淘汰，进而持续保持国企人才队伍的良性持续优化。由此，通过市场化选人用人制度授权改革，有效实现国企人才队伍合理的结构优化，进而保障混改国企能力持续改善并提升。

第三，改激励机制——解决动力问题。在政策层面，基于风险谨慎考虑，对员工中长期激励机制推动实施仍存在较大约束；在实践层面，国企混改与改革推动主要利益相关主体——核心管理层关系不大或不直接相关，国企混改的进程会大幅减缓。国企混改的预期红利需要有效兼顾资本、人的共享共赢。

9.2.1 中国联通剑指 5G

对中国联通而言，“混”的部分已经完成，其引入互联网企业等民营资本形成的多元化股权模式正成为其他运营商混改的样板。那么，在“混”之后，如何“改”以及推进、深入、持续则成为考验其改革成效的关键。要进一步加快推进互联网化转型，推动创新业务规模化发展，要坚定不移深化改革，紧抓混合所有制改革的窗口机遇期，把混改工作向纵深推进。

5G 时代中国联通混改如何出彩的关键在改。从中国联通自身发展来看，中国联通面临的压力并不小，急需推进混改。从相关数据来看，中国联通的混改“红利”正在逐渐减少，原本中国联通有线宽带用户规模位居第二位，现已被挤至第三位，同时移动用户第二的位置面临挑战。

对中国联通而言，4G 时代的竞争即将落幕，5G 则是实现弯道超车的关键。5G 时代，中国联通需加快与混改战略投资者间的深度合作，加快建立终端产业链、物联网、5G 垂直行业合作等新生态。

一方面，中国联通在实施混改过程中，与互联网公司的流量卡业务合作虽然较为成功，但是毕竟面向的是传统业务，并且传统移动业务 ARPU 正承受着下滑压力；如何保住传统业务、大力推动新业务才是重点。中国联通正借混合所有制改革的机遇，布局 5G、人工智能、物联网、工业互联网等领域。

另一方面，5G 高速率、低时延、广连接的特点，使得文娱、边缘计算应用能得到更广泛的应用。因此，无论与腾讯还是网宿的合作，都是中国联通提前布局 5G 业务，以期在未来的 5G 较量中取得抢跑优势的重要举措。

作为国企混改的示范标杆，中国联通 2019 年在混改的道路上更进一步。中国联通与腾讯公司已联合，由双方共同出资成立的云景文旅科技有限公司正式成立并落地贵阳，聚焦旅游、大数据与人工智能、文旅营销服务三大领域，中国联通开始更多借助混改的力量布局 5G。除了本次与腾讯成立合资公司，2019 年 2 月，中国联通还与网宿科技共同出资成立云际智慧科技有限公司，该公司将专注于 CDN（内容分发网络）、边缘计算等领域的技术创新，为 4K、8K、VR 等超高清视频产业和人工智能等领域提供 CDN 以及边缘计算能力。

从目前来看，“改”的深化推进除了体现在聚焦业务领域的变化外，进一步推进与战略投资者在新业务领域的深度合作，开创创新发展的新局面都是下一步要做的。

9.2.2 中国电信甜橙金融混改进行时

2019 年，中国电信甜橙金融 A 轮引战增资结果正式通过央行审批，同时引入前海母基金、中信建投、东兴证券和中广核资本四家战略投资人，迈出了混合所有制改革的关键一步。

甜橙金融通过此次 A 轮引战在金融科技能力打造、普惠金融场景建设和金融风险防范提升等多方面加大投入，并聚焦改革发展中存在的市场化经营机制问题，进一步深入推进混合所有制改革，建立健全多元股权关系下以公司章程为核心的现代企业制度和法人治理体系，同时完善市场化选人用人与激励约束机制，为完成“双百行动”使命、实现公司跨越式发展夯实基础。

在完成本次战略投资引入工作后，甜橙金融将与合作伙伴一道，在持续优化金融科技行业生态、共建普惠金融生态圈的同时，大胆探索、锐意创新，进一步加快“双百改革”和混合所有制改革步伐。

9.2.3 中国广电以混改推进 5G

2019 年 8 月，国家广电总局印发《关于推动广播电视和网络视听产业高质量发展的意见》，希望通过推进国有广播电视企业混改来发力 5G。主要举措包括以下 4 个方面。

第一，推进国有广播电视企业公司制改革和股份制改造，在允许社会资本进入的领域，支持国有资本和民营资本资源整合和交叉持股，探索推动混合所有制改革试点。

第二，支持已上市企业做大做强，鼓励上市企业发挥各自优势，积极稳妥开展跨地区、跨行业、跨所有制并购重组，着力打造综合性产业集团。

第三，鼓励广播电视企业主动对接金融市场，有针对性地在各类资本市场融资，加强与银行、基金、保险、担保、融资租赁等机构的合作，解决资金需求。鼓励广播电视和网络视听旗舰企业发起设立股权投资基金，积极参与市场并购重组。

第四，优先支持符合条件的广播电视和网络视听企业整合优质经营资源上市融资，尽快利用资本市场做大做强。鼓励引导私募股权投资基金、创业投资基金进入政策许可的领域，加大对小微企业高成长性初创项目的融资支持。

5G 方面，与三大运营商相比，中国广电在网络侧并不具备优势，但这并不能阻止广播电视行业对于电信业务的期盼以及对 5G 的厚望。对于这种情况，中国广电自身有着清晰的认识，并举全系统、全行业之力，谋划中国广电 5G 建设与“全国一网”整合，山西广电网络、广西广电网络、福建广电网络、北方广电网络、河北广电网络、华数集团、龙江网络、山东广电网络、电广传媒等都已经与其签订协议，开展 5G 方面的合作。

「9.3　混改的海水和火焰」

大型国有通信企业，尤其是三大运营商和中国铁塔公司的混合所有制改革实践从未停止探索，但是在改革过程中不可避免地出现了一些问题和困难，影响了改革前进的步伐，甚至出现倒退。本质上看，所有问题的核心症结可归因为混合所有制改革的各方参与主体积极性不高，不敢闯、不敢试。利益主体没有积极性，事情就做不起来。

9.3.1 国有通信企业混改面临的海水

9.3.1.1 企业定位不清晰，混改缺少方向指引

使命是企业的价值取向和事业定位，国企存在的一个重要理由是要承担“国家使命”。对三大运营商等国有通信企业而言，近些年的实践表明，其不仅要承担提供基础通信设施等公共服务的“公益性使命”，同时承担着实现国有资产保值增值，以及作为上市公司对股东负责的“盈利性使命”。

国务院《关于国有企业发展混合所有制经济的意见》指出，商业二类国企要保持国有资本控股地位，支持非国有资本参股，根据不同行业特点实行网运分开，放开竞争性业务。公益类国有企业根据不同业务特点，加强分类指导，推进具备条件的企业实现投资主体多元化。例如按照《电信业务分类目录》，哪些电信业务应该划归为商业二类，从而在混合所有制改革中坚持国有资本控股；哪些属于竞争性业务，可以充分放开引入其他国有资本或各类非国有资本实现股权多元化；哪些又属于公益类公共设施，仅可以通过购买服务、特许经营、委托代理等方式鼓励非国有企业参与经营。

以上问题的关键在于要具体界定国有通信企业的使命和功能，区分其“盈利性使命”和“公益性使命”。行业监管部门应根据不同业务特点，有效区分通信业各细分业务领域的使命与功能，加强分类依法监管，指导三家运营商及中国铁塔公司根据《国务院关于国有企业发展混合所有制经济的意见》指示，朝正确的方向分类推进混合所有制改革。

9.3.1.2 国企行政化管理与市场化运作的矛盾，是混改的首要障碍

市场化是混合所有制改革的重要原则，依照《中华人民共和国公司法》严格落实混合所有制企业董事会职权，形成制衡有效的法人治理结构和治理机制，是真正意义上的“混”。

目前，三大运营商集团公司的改革进展缓慢，最关键的障碍在于对人的改革进展缓慢。具体表现为董事会运行机制还不完善，国有资产监管机构、董事会、管理层的关系仍需进一步理顺，企业经营者行政化管理色彩依然严重，企业内部市场化选人用人和激励约束机制尚

未真正形成。

现行的国企领导人管理制度，无论是董事会成员、党组织班子、监事会主席，还是经理层，都基本上按照行政级别进行管理。同时，为调动国企领导人的积极性，按照市场经济体制要求，建立了针对国企领导人员的市场化薪酬激励制度，国企领导人可享受市场化的工资水平。

9.3.1.3 缺少激励措施，国企管理层和员工混改积极性有限

在这一轮国企改革中，员工持股成为国企关注热点。所谓员工持股是指公司员工认购本公司的股份，按股份享受公司利润分配的产权组织形式。员工持股有利于股权结构优化，可以在国资、民资及员工之间形成相互利益制衡。但由于过去员工持股曾引发严重的国有资产流失问题，国资委、国企对于员工持股方案均呈慎重态度，一定程度上影响了企业与员工参与混合所有制改革的积极性。

具体来说，实行员工持股的有利方面在于，能够形成资本持有者和劳动者的利益共同体。作为一种长期激励，员工持股能够提高员工企业归属感，充分调动员工工作积极性，同时更有效地对公司的管理层形成监督和制约。员工持股的不利方面在于，员工持股有将国有资产分配给内部人的嫌疑，很有可能导致变相的“国企私有化”。从过往实践看，过去员工持股及管理层收购改革，曾造成大量国有资产流失而被多次叫停。

国务院《关于国有企业发展混合所有制经济的意见》中明确可以通过增资扩股、出资新设等方式，优先支持人才资本和技术要素贡献占比较高的转制科研院所、高新技术企业和科技服务型企业开展员工持股试点，支持对企业经营业绩和持续发展有直接或较大影响的科研人员、经营管理人员和业务骨干等持股。

真正要推动在混合所有制企业落地员工持股，还需在具体执行层面完善相关政策，包括适用条件、公开透明的规范操作流程，建立健全股权流转和退出机制，进一步明确员工持股比例标准等，防止利益输送，暗箱操作。《国有科技型企业股权和分红激励暂行办法》就国有及国有控股未上市科技企业实施股权激励或分红激励的实施条件、激励对象、激励来源和额度、股权流转等进行了具有实操性的详细规定。

9.3.1.4 责任风险大，容错机制缺位使得通信企业不敢大胆尝试

以中共中央国务院《关于深化国有企业改革的指导意见》为引领，以若干文件为配套的1+*N* 文件体系的相继出台，尤其是国务院《关于国有企业发展混合所有制经济的意见》的下发，为国企混合所有制改革指明了方向，但相对来看，包括三大运营商在内的国企的改革有所进展，但并没有出现大刀阔斧干起来的现象。其中一个原因是目前国企普遍有“求稳怕错”的心理负担，“担心犯错误”“多一事不如少一事”“不求有功但求无过”，从而出现了“政策上积极，行动上不积极”的局面。其本质的问题在于“容错纠错机制”的缺位。

对通信企业来说，掌控着全国战略性通信基础设施，事关网络信息安全的问题，因为网络安全事关国家安全，责任巨大。目前我国大量的网络与信息安全工作依赖于政策文件和行政手段，管控、侦控手段都由基础电信企业承担主体责任。开放有关基础业务实施混合所有制改革，尤其是引入外资，相关数据安全、技术侦听等方面可能会面临失控。

“容错纠错机制”允许试错、宽容失败，其最大的作用就是为改革创新者撑腰，让他们“轻装上阵”“大胆地闯、大胆地试”。全国多地进行了不同程度的容错机制的探索，包括上海市、山西省、山东省、浙江省等地。如上海市出台了《关于进一步深化上海国资改革促进企业发展的意见》，明确提出，对改革创新未能实现预期目标，但勤勉尽责、未谋取私利的，不做负面评价，依法免除相关责任。

为推动通信行业改革，有效激励国有通信企业大胆改革、大胆创新，急需营造支持改革、鼓励创新、允许试错、宽容失败的机制和环境，为混合所有制改革创造氛围。

9.3.2 民营资本混改面临的火焰

成功实现混合所有制改革的另一个关键因素，就是民营资本的积极参与。从实际情况来看，民营资本对参与国企改革观望情绪较重，很多民营资本存在各种各样的担忧，一是担心在混合所有制企业的决策和日常经营中没有话语权，二是担心混合所有制企业被国企化。

9.3.2.1 担心没有话语权

混合所有制改革的目标在于引入多元化股权，激发企业活力。国有企业拥有丰富的资源，民营企业具备灵活的机制，两者的合作可以实现优势互补、互利共赢，但这需要权责匹配的机制保障令民营资本在公司里掌握真正的话语权。

第一，话语权直接体现在股权上。对于混合所有制企业究竟可以拿出多少股权给民营资本，并没有确切的数据定义。国务院《关于国有企业发展混合所有制经济的意见》指出，对主业处于关系国家安全、国民经济命脉的重要行业和关键领域、主要承担重大专项任务的商业类国有企业，要保持国有资本控股地位，支持非国有资本参股。根据《中华人民共和国公司法》及《上市公司收购管理办法》有关规定，控股有绝对控股和相对控股两种情形。所谓绝对控股，是指股东出资额或者其持有的股份占公司股份总额的 50% 以上；相对控股，是指出资人拥有的股本所占的比例虽未大于 50%，但根据协议规定拥有企业的实际控制权（协议控股）。在各大国企混合所有制改革实践中，作为发展混合所有制经济试点的中国建材采取了“三七原则”，实施多元化股份制，即集团以 30% 为占股底线相对控股上市公司，上市公司则以 70% 的占股底线绝对控股各子公司。民营资本控股混合所有制电信企业的可能性较低，如果仅仅是财务投资，无法在企业经营中占一席之地，民营资本参与混合所有制改革的积极性将大大降低。

第二，话语权体现在与所持股权匹配的投资权力上，如表决权、监督权等。国有资本在股权比例上的优势使其在混合所有制企业的治理中拥有实质上的支配权和控制权，这使得当民营资本与国有资本在混合所有制企业中发生冲突时，国有资本的意志即成为混合所有制企业的意志，民营资本的权益很难得到保护。没有表决权的一个重要影响是，企业的利润分配方案可能完全由国有资本决定，对于有明显逐利性的民营资本而言，将很大程度影响参与的积极性。同样，没有话语权，意味着监督权将严重缺失。民营资本在混合所有制企业中的批评权、建议权、控告权、检举权等都将处于弱势，不能很好地监督混合所有制企业的运营，不能维护自身的权益。这些问题如果没有一定的保障措施，民营资本无法真正参与到混合所有制企业的经营当中，将阻碍发展混合所有制企业初心的实现，无法为国有经济带来活力、创新力。

9.3.2.2 担心被国企化监管

民营资本一直对混合所有制改革存有疑虑，另一个担忧就是混合所有制企业运作和监管将被等同于国企。混合所有制的特色就是运营效率高，如果不按市场化原则进行，企业的活力就会受到限制。

例如，在人事任免方面，国有企业的董事长、总经理直接由政府任命而不是市场化选聘。在混合所有制企业中，由于国有资本股权占绝大比重，混合所有制企业的董事长、总经理如果由国有企业或者政府部门任命，则混合所有制企业的行政结构将等同于国有企业，仅仅是多了民营资本等非国有资本的参与。再如决策机制，国有企业重大经营决策十分重视防范和规避风险，需最大限度减少或避免决策失误，保护好国有资产，不允许试错，而且国有企业重大决策审批流程往往复杂冗长，并不是单纯的企业行为，需经过层层行政审批，易错失市场机会。相对来看，以互联网企业为代表的民营企业则少了许多在这方面的顾虑，可以紧跟市场动向，在大胆试错中建立和提高企业竞争能力，做大做强企业。

《企业国有资产交易监督管理办法》对“国有及国有控股企业、国有实际控制企业”的范围进行了限定。其中要求，政府部门、机构等合计拥有产（股）权比例超过 50% 且为第一大股东的企业，对外出资拥有股权比例超过 50% 的子企业，以及直接或间接持股比例虽未超过 50%，但为第一大股东并有实际支配的企业均纳入监督管理范围。这一规定引起了外界顾虑，担忧混合所有制企业将归到国有体制上，等同于国企。

事实上，民营资本的担忧本质上是对混合所有制企业能否真正实现政企分开，能否真正建立市场化公司治理结构的担忧。对通信业实施混合所有制的子公司而言，集团公司应该只是混合所有制公司的股东之一，与其他战略投资者、持股的管理层和员工在股东地位上无二致，共同依据《中华人民共和国公司法》和企业章程规定的事项，行使相应决策权、表决权、分红权等权利，而不能再通过下发文件的方式，对公司具体经营活动横加干涉。国有资产监管部门则应真正从管人管事转变为管资本，同时考虑到移动互联网时代领域创新、瞬息万变的特点，应通过章程赋予混合所有制企业董事会更大的权限，比如一定金额以下的投融资决策权等。

除此之外，在合作结算方面，由于混合所有制企业不可避免地将与运营商集团公司、其他战略投资者开展资源协同和业务合作，这种协同和合作同样应该从一开始便坚持按照市场化原则开展。

「9.4 数字化转型，人才第一」

9.4.1 数字化不只是理念，更要落到人才上

9.4.1.1 数字化转型的困境

数字化经营成为传统行业的大势所趋，用户和数据正在大规模地向线上迁移，线上渠道在各个行业与客户交互中扮演着越发重要的角色，线下越来越受到数字化影响。1958 年，一家标准普尔上市公司的平均寿命为 61 年。2015 年，这一平均寿命大幅下降到了 24 年。在技术革新趋势和资本运作助推下，大型成熟企业正在经历越来越严苛的挑战。调查数据显示，78% 的企

业认为其业务受到原生数字企业的威胁。其中，正在计划对 IT 基础架构和数字技术领导力投资的企业占比为 66%，而认同需要为其业务优先制定集中技术战略的企业占比为 73%。这些数据都在表明一件事情，那就是：数字化重生，几乎是跨越数字鸿沟的唯一办法。

因此，孵育数字化创新业务以寻求新的增长点，甚至推进业务的全面转型就成为必然之选。麦肯锡问卷调查和统计显示，68% 的企业在过去 5 年纷纷尝试孵育新业务，其中 92% 的企业表示已经感受到新业务的价值增量。

与企业对数字化转型的迫切需求背道而驰的是转型能力的缺失。想要在企业的各个部门全面实现技术、业务、人才等方面的数字化转型，需要达成三点要求：实现基于信息及数据流通的业务赋能、面向用户及商业伙伴的统一规划和协同运营、具备前瞻创新的数字化思维模式。

但是，当下缺乏数字化 DNA 的诸多传统企业仍然停留在这样的困境中：只是在不同部门内进行零星的数字化尝试（例如采购部部分业务流程的线上化和自动化等），想要进行完全的数字化改革还是困难重重。

麦肯锡调研显示，超过 70% 的工业企业深陷“试点困境”，无法实现公司层面的全面转型。不仅如此，企业试点进展十分缓慢。近 85% 的受访企业表示其试点期已超过一年。陷入“试点困境”的原因遍及企业的业务、技术及组织各方面，但首当其冲的是数字化能力不足。约 45% 的企业表示，企业在数字化能力和人才上的差距是数字化转型实现规模效益的主要障碍。大多数工业企业陷入数字化转型的困境如图 9-2 所示。

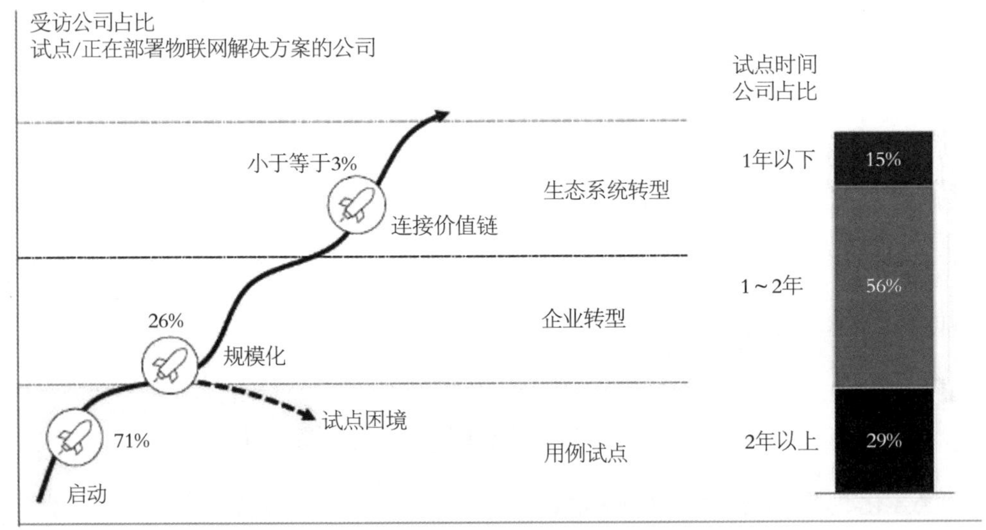

图 9-2　大多数工业企业陷入数字化转型的困境

9.4.1.2 数字化人才培养挑战重重

首先，传统人才发展速度难以匹配企业战略迭代速度。当企业数字化战略变得清晰起来，正是需要人才之时，然而数字化人才供不应求。传统“人才工厂”式的发展模式人才培养周期长，往往很耗时。

其次，员工学习效果不佳，成果转化率低。一方面，传统的人才发展模式下，员工往往处于被动状态，积极性不高；另一方面，虽然引进了新的人才培养模式，但培养内容与公司发展所需有所差异，因此还需要一定的适应调整过程。另外，由于发展过程的节奏比较固定，难以满足员工工作节奏和记忆曲线，因此学习转化率相对较低。传统发展模式中，忽视学员积累经验的方式，也会造成学习效果不佳。

再次，员工对于培训的期望攀升，急需改善员工学习体验。近年来，员工对培训的诉求和期待值越来越高，对学习体验的要求也随之增高。此外，员工注意力维持时间短，因此培训课程需要生动有趣，才能够吸引眼球。未来教学设计的方向需要专注于“体验设计”“设计思维”“员工学习旅程地图”的开发，以及在培训体系中引入更多的实验性、数据驱动、独创性解决方案。

最后，知识的可获得性剧增，学习速度和系统化难兼顾。数字化带来的信息爆炸，近20年来，随着互联网行业的蓬勃发展，人们每天要面对太多的信息，却没有足够的时间来消化。非正式学习也变得无处不在，人们可以轻而易举地从各大网站获取学习资料，知识碎片化的趋势在数字化时代日益严重。如何应用数字化技术构建更加开放，更加可检索、可访问、可获得，又兼顾体系化的学习平台是人才发展新模式必须解决的关键问题。

9.4.2 数字化产业的人才重构

对于致力于成为数字化领跑者的电信运营商来说，数字化人才的重要性不言而喻。可以看到，中国移动、中国电信、中国联通纷纷通过独立或加强IT、信息化集成、互联网、产业互联网等专业化公司，充实面向个人市场、家庭市场、政企市场的数字化服务力量，以适应数字化产业和产业数字化的需要。但是，数字化人才匮乏仍然是运营商数字化转型目前面临的最大障碍。

9.4.2.1 三个不能承受之轻的问题

一是重CT，轻IT和DT。面向数字化时代的浪潮，如果定位为连接服务提供商（CSP），侧重通信技术和网络的演进无可厚非；但如果定位为数字服务使能者（DSE）或数字服务提供商（DSP），必须加大在IT和DT上的资源投入，包括人才投入。数据显示，国际运营商的IT/DT人员占比上升到10%～15%，CT人员缩减到15%～20%。

二是重项目外包，轻核心技术掌控。国内运营商一直沿用通信产业链的模式，即使近年来扩充IT力量，但BSS、MSS、OSS三大支撑系统仍以外包建设和运维为主；在互联网服务、物联网服务上，通过专业化公司运作，自有技术能力有所改变。总的来说，仍然没有改变过度依赖于第三方的困境，核心技术和能力掌控不足。

三是重总体战略，轻人才规划。滚动规划仍侧重于战略规划、网络规划、业务规划，忽视人才战略与规划。以中国移动为例，集团“十三五”战略规划报告指出，“完成数字化新型人才构建策略的制定，推动满足面向下一代网络、大数据、数字化服务的开发运维专业人才结构调整、薪酬激励机制”；但“卓越人才工程”执行情况并未进行系统评估和改进。在数字化转型的关键时期，必须明确数字化人才战略。

9.4.2.2 数字化人才“44”矩阵

关于什么是数字化人才，目前并没有统一的定义。在百度百科中将数字人才界定为：具备 ICT 专业技能和补充技能的人才，是大数据、“互联网 +”、人工智能、智能制造等多个领域发展的“主力军”。人力资源和社会保障部已经将人工智能工程技术人员、大数据工程技术人员、数字化管理师等与数字化转型相关的新职业名列其中。

数字化转型的根本在于将物理世界与数字世界打通成为一体，实现数据即服务。数字化转型将改变目前的一切生产和生活，影响到每一个人、每一个组织、每一天、每一个地方。也就是说，每一个人都将成为数字化人才，每一个人都必须成为数字化人才。对于运营商来说，界定数字化人才可从 4 个角色、4 类客户来划分，具体见表 9-1。

表9-1　运营商数字化人才“44”矩阵

<table>
<tr><th>对比项</th><th>个人客户</th><th>家庭客户</th><th>政企客户</th><th>内部客户</th></tr>
<tr><td>数字收集者</td><td>线下服务人员*
线上服务人员*
数字化体验员</td><td>社区经理*
网格经理*
社群数字化服务人员</td><td>客户经理*
数字化营销人员</td><td>财务人员*
HR人员*
采购人员*</td></tr>
<tr><td rowspan="2">数字开发者</td><td>个人数字化产品经理</td><td>智慧家庭产品经理</td><td>产业数字化产品经理</td><td>–</td></tr>
<tr><td colspan="4">软件工程师*、视觉设计师、算法工程师、系统工程师*、网络自动化工程师、硬件工程师</td></tr>
<tr><td>数字分析者</td><td colspan="4">大数据分析师、数据科学家</td></tr>
<tr><td>数字使能者</td><td colspan="4">数字化转型官、数字化教练</td></tr>
<tr><td colspan="5">“*”代表存量人员（需要树立数字化思维并能应用数字化技术），未标注的属于增量数字化人才</td></tr>
</table>

通常，大家都会注意数字开发者、数字分析者，但容易忽视数字收集者和数字使能者。数字收集者是大数据的源头和基础，尤其是 AI 更需要数据收集者对接触到的各类原始信息进行标签化，使之能被人工智能系统学习和掌握。数字使能者是数字化转型的前提，是促使组织内部形成数字化思维、让客户步入数字化转型的引路人。

运营商各级领导必须担当数字化转型官，除了具备数字化思维外，还需要具备足够的“商业洞察力”，认识到自己所处的行业应该怎样与数字化进行结合，懂得如何通过产业数字化帮助垂直行业客户进行数字化转型。

9.4.2.3 “2 个转变 +2 个坚持”

（1）人才结构从“金字塔型”向“谷仓型”转变

在“人员规模零增长”前提下，根据数字化转型需要，做好内部人员结构优化。

从国际标杆来看，德国电信、英国电信、AT&T、软银电信等国际运营商近年来积极调整内部人员结构，压缩传统后台与前端人员，增加专业的平台类、互联网开发与运营类人员，以适应数字化转型需要。因此，在人才结构上，国内运营商要由传统“金字塔型”向“谷仓型”转变，如图 9-3 所示。

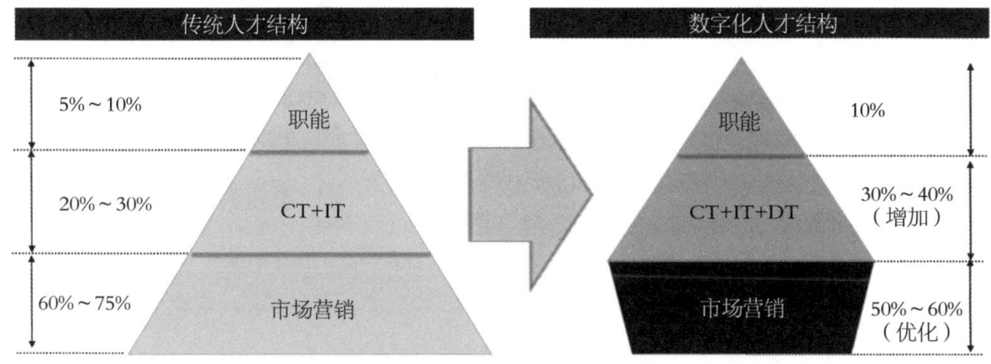

图 9-3 人才结构由传统"金字塔型"向"谷仓型"转变

一方面，要扩大"DT"和"IT"人员比例，尤其是面向垂直行业的算法工程师、大数据分析师、产业数字化产品经理；另一方面，要适应 SDN/NFV 的发展趋势，推动传统的网络专家向网络自动化专家转变，如图 9-4 所示。

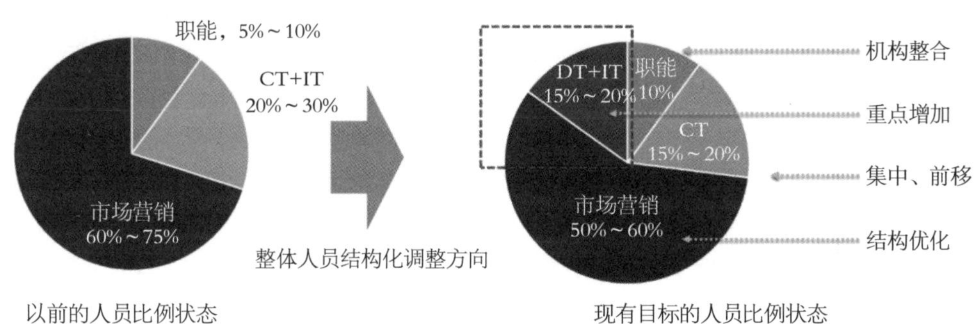

图 9-4 人才结构变化

（2）服务价值从"传统支撑型"向"业务融合型"转变

数字化转型过程中 IT 和 DT 能力非常重要。数字化技术部门涉及需求、产品、运营等功能，数字化技术人员尽量植入到业务部门，数字产品开发、数字化营销活动、业务运营等迁移到重点业务部门之中，强调数字化技术与业务的结合，以及能力持续培养。以德国电信为例，有 1.8 万名 IT 人员（占 IT 员工总数的 75%）均分布在各个业务部门、事业部之中。服务价值从"传统支撑型"向"业务融合型"转变如图 9-5 所示。

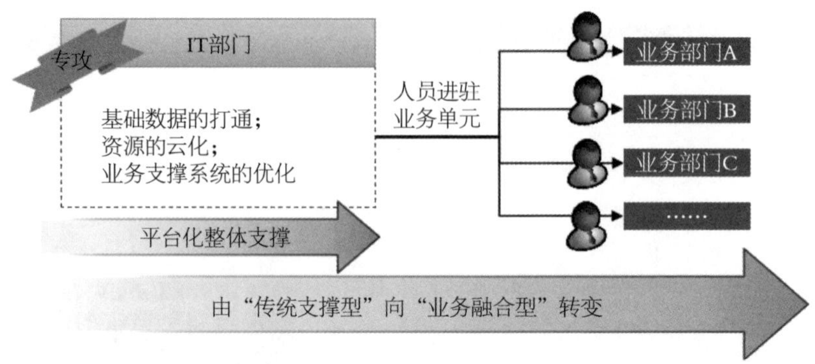

图 9-5　服务价值从“传统支撑型”向“业务融合型”转变

（3）坚持注重数字化能力培训和认证

增量数字化人才一般通过招聘能缓解燃眉之急，但对数字化人才的巨大需求意味着不是每一位员工都来自企业外部；企业也不可能替换掉绝大多数的员工。因此，存量人员组成了企业未来数字化人才的基础。

为提升存量人员的数字化能力，运营商首先要建立数字化能力模型，界定现有的岗位需要什么样的数字化知识和技能；然后，启动数字化培训项目，分批分阶段组织培训；最后，对存量人员进行数字化能力认证，确保他们掌握和应用学到的知识技能。数字化能力培训和认证是一项长期工作，一般要持续几年，这取决于企业规模、自身的起步水平和配备的资源。通过这一过程，实现全员数字化思维的形成以及数字化人才的持续迁移。

为应对数字化转型的挑战，华为重视人工智能人才的培养。2018 年华为投资 10 亿元人民币用于 AI 人才培养，分别面向开发者、合作伙伴和高校人才。2018 年年初，华为企业 BG 正式发布华为人工智能人才培养“创智计划”。

1）课程建设 10+：华为提供技术和专家资源，支持高校学者开发不少于 10 门在线精品课程或教材。

2）产学合作项目 50+：华为提供最新的人工智能软硬件产品和服务，立项不少于 50 项人工智能相关的产学合作协同育人项目。

3）师资培养 100+：华为聘请行业专家和教育专家不定期举办师资培训班，培训不少于 100 名人工智能领域教师。

4）学生认证 10,000+：通过华为 ICT 学院平台，三年累计培养不少于 10,000 名具有华为人工智能工程师认证的学生。

值得注意的是，在培训过程中，可将虚拟现实（VR）技术和增强现实（AR）技术应用到人才培养中，实现人才培养手段的创新。

以 Verizon 为例，它已经开始使用 AR 作为其知识转移系统的一部分，以帮助培训技术人员；计划在新的培训中使用 AR 和 360° 视频，以便向该领域的技术人员提供内容和信息；这一计划正在为 4,600 名技术人员应用，下一步打算在整个公司范围内进一步推广。

（4）坚持核心数字化人才自有

纵观国际运营商、互联网巨头、通信设备企业的做法，无不是坚持打造自身的数字化人才队伍，而不是将希望寄托在别人身上。德国电信全球 22 万员工中，有 2.4 万 IT 类人员，占员工总数的 11%。

产业数字化转型过程中，国内运营商直面竞争的都是具有强大 IT 和 DT 队伍的企业，是其合作伙伴。要摒弃以外包为主、依赖第三方合作伙伴的做法，坚持核心数字化人才掌握在自己手里，尤其是面向政企客户的数字开发者、数字分析者。

数字化转型过程中，运营商不仅仅需要从数字化人才着手，还需要从战略、流程、组织和技术 4 个维度进行规划转型，重视数字化活动的协同，不单单只针对数字化技术本身。运营商的高层领导，必须思考如何在公司内部建立数字化思维、构建数字化人才战略、清晰描述数字化愿景并指明实施路径，才能在数字经济时代迅速完成转型。与此同时，人力资源管理的价值链将进一步数字化，人力资源管理者要积极应用人工智能、VR/AR 等技术促进组织数字化能力的提升。

9.4.3 产业数字化的人才重构

9.4.3.1 产业数字化面临的人才四重困境

（1）问题一：数字人才画像模糊，对目标人才吸引力不足

数字化转型首先对企业人才结构提出了挑战。传统企业所处行业、地域很大程度上决定了企业当前的人才队伍整体素质，其本身不足以完全应对数字化转型的要求，广纳贤才并没有口头上说的那么轻松。

大部分传统企业对自身数字化转型的战略定位并不清楚，甚至有些已经在互联网化的氛围中丧失了本身的业务特色，这种情况下，基于战略所需的数字化人才画像只会更加的模糊。不同实力、不同规模的传统企业，在打造智慧化、智能化的物理办公区域，建立客户需求数据库，创新数字服务产品，打造数字化分析平台等实施过程中，应找准自己的定位，有些战略部署可能由自身完全主导，有些可能需要通过外部合作。在可用资源有限的情况下，传统企业更应当拒绝模糊战略，更需要在梳理出清晰的实施路径之后，再进行有方向性的人员队伍的建设。

（2）问题二：在岗员工的优化重排不科学、不到位

回到数字化转型本身，这是一个传统业务 + 数字化的概念，是通过数据驱动业务模式，提升敏捷能力，真正实现以客户为中心的手段，但这并不意味着对原有业务工作方式的完全颠覆，但是确确实实是对所有的工作方式提出了更严格的要求。如何面对比原来更加复杂的产品体系和结构性的客户群体，如何利用现有的人才队伍去迎合这种变化，这对企业原有人员的重组排列提出了要求。但是由于传统企业可能缺乏合理科学的人才评价体系，加之“插队”“跳级”“裙带关系”等不合理现象的存在，造成管理层对于整体的成员把握不连续，对人员的调配工作混乱，且遭遇重重阻力。真正的数字化转型，需要组织、管理等全面配合，而非单一项目驱动事件。

（3）问题三：缺乏针对性的数字化教育

传统企业需要对现有的队伍进行最优的重排以应对数字化转型的挑战，但是这仍不够。对

于传统企业而言，数字化是一个新兴事物，已有人才队伍的知识体系急需更新迭代才能做好转型配合。企业必须掌握员工真实情况与数字化转型对应要求之间的差距，同时对员工的学习成长做出相应的计划安排，分级分类组织开展经营决策人员、业务管理人员和基层一线员工数字化转型培训，切实加大信息科技专业人才业务知识培训力度。

（4）问题四：不重视原有人才队伍的稳定性

数字化转型，对现有人员往往会带来较大冲击，每一次变革都有可能伴随人员的主动或被动的更替。一个员工的离职成本大部分是隐性的，例如原业务的中断，对现有团队稳定性的冲击，新员工再培训、新团队再磨合成本等，这相对于一个稳定的在岗员工无疑会增添许多损耗。因此对于变革转型会遭遇重重障碍的企业而言，更应当小心谨慎，关注员工整体的稳定性，一步一个脚印，扎实前行。

9.4.3.2 数字化时代紧缺的 8 项技能

数字化时代，以下 8 项技能属于现阶段比较紧缺的。

风控合规：持续地评价、监督和报告企业遵守监管要求的情况，并且优化监督程序的适当性。帮助企业度量、评估风险，权衡降低风险的收益与成本，并制定相应的应变策略。

云计算：提供或者使用基于互联网的虚拟化计算、储存资源、解决方案或服务。

数据科学：通过统计、机器学习的方法对数据进行管理和计算，利用数据进行学科领域或业务方向的分析和预测。

交互设计：从系统可用性、外观设计、用户情感等层面上进行分析，创造和建立人与产品服务间的联系。

人工智能：研究、开发用于模拟、延伸和扩展人的智能的理论、方法、技术及应用系统。

区块链：开发、应用分布式数据存储、点对点传输、共识机制、加密算法等计算机技术。

数字营销：使用数字传播渠道向消费者和企业推广或营销产品与服务。

全栈开发：具备综合设计开发实力，有能力承担软件开发流程中的核心前端和后端的开发和管理。

9.4.3.3 产业数字化人才的 4 种新角色

传统企业为了加快数字化转型，需要吸纳大量的数字化人才，那么，企业将会需要哪些数字化人才呢？

数字化高管：作为转型总舵手，规划数字化愿景和战略，并坚定支持变革，自上而下推动全组织可持续的转型文化建设。

转型顾问：作为身先士卒的转型骨干，主管具体变革举措的落地实施，确保和推动转型在各职能、各层级的试点和推广。

数字传译员：兼具对业务运营的认识和技术领域的精通，促进业务人员和技术人员的沟通。

数字化主管：作为数字化用例的接收者和关键用户，帮助一线员工接纳并拥抱数字化技术，带头实践和推广新的一线工作方式。

9.4.3.4 数字化人才打造四部曲

（1）第一部：以盘点为基，描绘人才画像

人才盘点是组织结构和人才系统管理的关键前置“抓手”：一盘战略和人才的配对关系，以给传统企业数字化人才的清晰画像；二盘现有政策制度与人的适配性，有指导性地优化组织架构及政策制度，搭建人才梯队，帮助传统企业在数字转型中吸引人才，留住人才；三盘人员的素质分布，通过一张清晰的人才地图，可以让管理层高效科学地进行人员的重排，实现最优的组织效率；四盘人与岗位要求的差距，明晰起点和终点，才能有针对性地建设好高素质数字化转型人才队伍。

人才盘点在解决数字化人才画像模糊的问题上，重点在于描绘这个过程，描绘对应目标岗位画像最好的数据来源是找到人才样本。如果是针对数字化人才，那么对应的就是能够找到从事这个岗位的金牌员工。这个金牌员工可以来自公司内部，也可以参照行业标杆的数字化人才的素质特征。人才盘点结合调研、访谈、观察，以及岗位资料来获得数据，同时结合事件分析法，或者行为研究来提取一些关键信息，通过这些手段可以帮助企业建立了数字化人才的轮廓。通过在实际中的应用和调整，逐渐形成相对准确的人才画像。

传统企业的数字化转型人才画像与其他处在领跑数字化转型企业的最大区别在于，大部分传统企业的所处区位，本身就对技术及专业性人才缺乏吸引力，数字化转型要求的人才画像描绘上，条条框框的设置并不能照搬领跑企业对于人才高素质、复合型的要求。传统企业除了审视这个人才画像是否与其战略相匹配，还要考虑人力的成本，以及这样的人力成本的投入是否能在传统企业现有的平台情况下发挥应有作用。

传统企业数字化转型的人才画像应当更聚焦在数字化项目应用能力、数字成果变现能力层面，而不是研发设计层面。针对这部分人才对公司潜在的诉求对症下药，在有限资源的情况下，制定出最具吸引力的政策。

如何实现人员队伍的重排以适应数字化发展进程，涉及人才盘点的核心内容，即评价体系的搭建和应用。依据数字化转型需求的各个维度，在实际操作中，人力资源部配合提供方法工具，起到辅助支持的作用，从总经理到基层干部都要亲身参与人才盘点，给到全员一个科学客观的价值定位，一个直观的关键岗位的人才地图，将优秀的人才进行过滤、区分。这种人岗的链接，能够指导并帮助领导实现知人、善用。传统企业的人才盘点在用人角度可以有一个反复推敲的思维。我们更多的是基于现有人才队伍的思考去做相应的战略层面的设计，然后根据具体可实现的战略，再重新调整人员结构。传统企业没有办法“大动干戈”，真的是要因地制宜，配合小步快跑。

通过人才盘点明确了我们需要的数字化人才的画像，以及当前目标企业的人员结构、素质水平，其实就把握了“始”“终”，而如何从起点到达终点，可以通过设计相应的人才培育、培养计划来实现。传统企业更多要思考的是，就数字化转型而言哪部分人群要培养、哪部分人群优先培养、哪部分人群重点培养、如何培养等问题。由于资源有限以及人才素质基础相对薄弱，可能最重要的是如何让员工在掌握大数据背后的逻辑上，懂得在实际业务中结合以发挥效果，而不是深究算法、IT、应用程序的设计。

传统企业可以对数字化试点部门或者数字化试点业务相关的人员优先展开培训，试错优化，而不一定要直接铺开，搅乱视听。对于真正能够适应数字化转型的人才，对数字化领域理解快的员工可以重点培养，作为核心人才，集中资源，先培养出一批领导班子，一批具备战略思维的管理层，这样在数字化转型的进程中，才能指挥人、有方向、有目的性。

（2）第二部：以绩效为纲，定义数字化人才

首先，从传统的以调研演绎为主，转为以绩效为核心关联的标准构建。人才定义的标准是能否真正转化为绩效产出，能否激励全员以绩效为核心目标，这是组织数字化转型的关键诉求之一。越来越多的企业在定义人才标准的方式上从定性角度更多地转化为定量角度。通过"选、测、画、定”四大步骤，结合性格、能力及价值观测评，通过对比各类人员的高低绩效等测评结果，分析与绩效数据相关度较高的特质指标，最终确定能有效影响未来销售特质的人才模型。

其次，在对于数字化人才的定义过程中，从精准全面转为潜力优先。

一个人是否具有数字化基因往往是他能否成功实现数字化转型的关键因素。而这个基因就是我们提到的“冰山”下潜力层面的内容。传统人才标准设计过程中，往往包含了能力、文化、特质等全面的信息要素，但在 VUCA（Volatility，Uncertainty，Complexity，Ambiguity）背景下，快速迭代、有效落地的人才标准已经成为新的趋势。对比 Google、Facebook、Apple 等近 30 家全球领先的数字化组织，可参照“数字胜任力”模型，以辨识具有数字化潜力的人才，如图 9-6 所示。

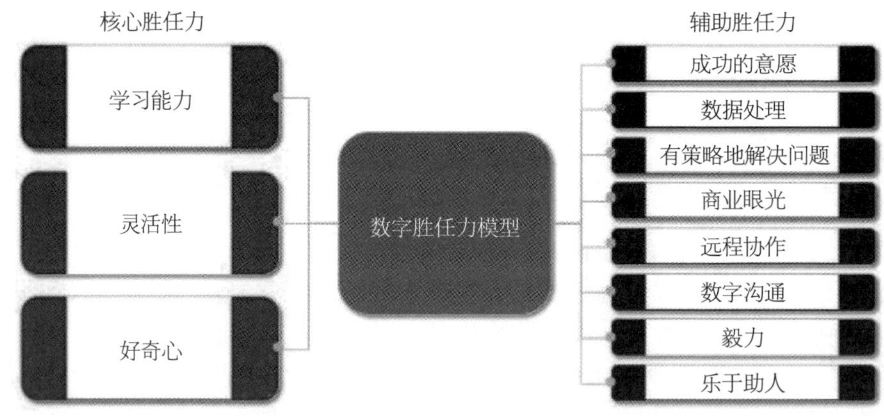

图 9-6 数字胜任力模型

（3）第三部：以体验为新，开启全面数字测评新模式

数字化背景下，组织从传统的金字塔结构，逐步演变为“共生体”的生态型结构，而个人职业发展也从传统的“爬梯”模式变为了更为多元的“分子运动”模式。

优秀个体的崛起促使组织在选拔人才时更多地考虑个体感受，并最大程度丰富测评的全面性，以确保“关键人才”选择的成功率。数字化人才评价层面的三大关键词如下。

全面化。数字化时代下，对于线上的测评内容提出了更为全面的要求。

游戏化。数字化背景下，测评的形式已经逐渐从传统的考试测验演变为游戏化、移动化、快速化的新模式。通过降低候选人学习应用门槛，将游戏形式引入测评成为组织吸引新兴数字化人才的重要手段。

沉浸化。在对于高级管理人员的数字化评价过程中，传统线下评价中心的模式虽然能很好地反映人员的实际情况，但在数字化时代背景下，如何为高管人员提供更为有效、简练的评价方式，同时又能充分确保评价的有效性对于很多组织而言是一个新的挑战。许多组织尝试通过邮件及视频对话的方式完成部分案例分析、行为化面试等，取得了一定的效果。然而，参试者难以在这个过程中产生“沉浸感”，从而可能对于隐性知识的触发产生障碍。

（4）第四部：以数据为本，精准开展人才发展工作

结合全面的数字化诊断结果，企业能为员工提供更为精准的培训内容。将个人现有技能及未来管理潜质进行交叉分析及相关度分析后获取关键培训要点，为后期培养发展提供关键信息。

同时，在数字化时代下，培养发展的及时性往往是促进学习的关键要点。理想情况下，个人完成评价后能第一时间通过手机获得结果，并将报告能力点与学习音频资源整合；真正做到“哪里不会点哪里”的及时学习体验，从而大大降低个人学习门槛，并有效激发学习积极性。

9.4.4 数字化时代的在线办公和人才管理

9.4.4.1 远程在线办公

正如通信技术从 2G 到 3G 、4G 再到 5G，不仅仅是带宽的增加，让每个人、每个部门的“带宽”也逐步增加——未来，一个人可以和十人、百人，甚至上千人一起互动、协同、处理工作。数字化企业也是如此。

远程办公作为一种 5G 时代重要的工作形态，正在快速实现市场渗透，2020 年一季度数据显示，国内开展远程办公的企业已经超过 1,800 万家，远程办公使用人员超过 3 亿人。

远程办公为企业创造以下价值：节约运营成本，帮助企业避免不必要的出差安排，有效管理和控制传统会议造成的时间、差旅和物料成本；提高沟通效率，帮助企业删减大量重复的无效沟通，不断缩小信息鸿沟，确保信息传递的即时性和有效性；打造核心竞争力，随时随地一键发起，音视频高效保真，帮助企业及时回应客户需求，通过面对面交流的真实感，达成合作；视频与电话融合，真正实现了视频会议与电话会议的融合，在任何环境下，最大程度保障会议顺利进行。

随着 5G 技术的发展，商用 5G 让远程会议办公变得更加顺畅，进一步降低了沟通的成本。通过远程办公软件，可为一线城市的公司节省薪资和租金运营成本，可以将更多的岗位投放在内地城市，远程办公需求正在迅速增加。百度热度指数数据显示，远程办公搜索指数 2020 年 2 月同比增长 491%，环比 1 月增长 317%。

2020 年疫情的影响不仅仅是简单短期的板块性催化，更是一次非常好的用户习惯的培养机遇期，市场应重视此次事件对行业的长期影响。国内的企业 SaaS 行业一直被市场诟病付费

意愿不足，没有美国成熟的商业环境，整体行业发展相对缓慢。目前各大厂商均在推行免费的体验，SaaS 类软件的下载和客户注册量迎来高速增长，预计后续很多会转化成付费用户，从而加速行业发展。为了进一步占领市场，抓住巨大的流量，远程办公企业在加紧产品迭代。

沟通是提高团队成效的关键，在当前远程会议办公环境下，员工之间的沟通交流只能依赖于各种远程办公工具的协作，造成团队涣散、工作效率低下等，能够建立虚拟办公场景的远程办公软件并未出现。如何运用 5G 技术和互联网技术进一步提高企业办公效率，让家庭环境与公司环境实现更好的融合，是远程办公企业从免费向收费突破的核心。

9.4.4.2 数字化人才管理

（1）数字化人才管理思维

在数字化、智能化时代，企业需要转变认知，确立新思维，要从战略、运营、组织、人才、文化等各个层面进行系统转型变革，但这些变革归根结底是人的变革，是如何确立数字化人才管理思维、培育人才数字化生存能力、打造数字化人才生态系统。

在数字化时代，如果企业家和人事总监不能确立数字化的管理思维，就会看不懂未来企业的数字化运营图，看不懂未来企业的数字化运营与组织管理结构，读不懂数字化时代的人性与人的需求。因此，企业的数字化转型与数字化生存能力，首先要在以下 6 个方面确立人力资源管理数字化的新思维，以与企业的数字化战略与数字化业务增长相契合，从而为企业数字化转型与变革提供有力的人才支撑。

一是构建数字化的人性与需求思维。未来，人才特征与人的需求都可以通过数字化来精准表达、呈现与画像，人与组织、人与岗位、人与人的协同合作可实现个性化、精准化、敏捷化、动态化的匹配。

二是要确立数字化的人才供应链思维。整个企业的人力资源管理要跟企业的战略和业务对接。因为战略和业务都是数字化，所以人力资源管理的人才供应链要契合企业的数字化战略和业务发展需要，建立企业战略、业务数字化与人才数字化的连接与交付。

三是要具备数字化能力发展思维。从管理者的角度，要有数字化经营与管理意识，数字化人才能力发展地图，数字化知识体系与任职资格、数字化应用与工作技能、数字化沟通与协同能力、人才数字化信用价值与数字化伦理道德约束，人力资源管理要助力人才实现数字化转型与数字化能力发展。

四是要确立数字化领导力思维。未来，在数字化时代，企业需要的是愿景与赋能型领导。大家可以看到，韩都衣舍的组织结构图中，中层管理者基本消亡，员工在组织内部做什么、做到什么样，不再靠领导来指挥、命令、控制，而是靠数据驱动的数字化领导，领导者的职能是愿景牵引与赋能。

五是要打造数字化的人力资源平台与基于大数据的人才决策体系。传统的人力资源管理职能或将消失，通过集成化数据平台，实现分布式精准人才配置；构建基于大数据的人才决策机制与系统。

六是数字化评价思维。人才价值创造过程与成果全部是数字化衡量、数字化表达、数字化呈现。除少量创新性工作外，大量的工作由数字化驱动，人的价值创造过程及成果可以精确计算到每一流程节点、每一分钟，人才的协同合作价值可积分、可虚拟货币交易。

（2）数字化人力资源系统

D-HR（数字化人力资源系统）之前叫 e-HR。所谓 e-HR 就是把当下需求的人力资源管理模式搬到一个计算机中。但现在这种思路要完全换过来，D-HR 让员工有更多选择。数字化企业要用技术搭载“云”构建很多的选择项。这个选择项是运算出来的，在某个场景里面，你可以做选择，让员工充分地发挥自主性，创造性地去选择自己的沟通方式。

在这个场景中，员工可以是多种角色。比如，在这里某员工是项目成员，这个时候某员工的绩效考核是按某种方法计算的；在另一条线，某员工是日常流程办事的中间角色，绩效是按照另外一种方法计算的，最后能够合起来。在这样一种灵活、多变的组织且迭代的场景里，都能找到自己的那个角色。所以，D-HR 不仅是技术演进，更是一种关于 HR 解决方案的全新思维方式。

这种思路跟传统的信息化有 6 个方面的差异。首先，D-HR 是面向全员（所有企业的员工）的。传统的 e-HR 是以 HR 部门为对象，它是为了提高 HR 部门手工作业转化成在系统作业，提高员工工作效率，这是最早的设计目的。

e-HR 关注的主要是人力资源部门功能。D-HR 关注的是整个人的循环，它的生命周期里面整个数据的完整性和准确性，相当于为每个员工建立一个虚拟员工，记录他的行为数据、评测数据。D-HR 关注的是怎么赋能给员工提高整个的生产力，也就是人效。

e-HR 关注的是流程的管控。D-HR 把管控放松了，给员工很多种选择，然后能够场景化的互动使用。D-HR 是一个管道，等于说是企业委托人力资源部门提供一个员工和公司沟通的管道，能从数据里面解析出 HR 管理所需要的一些信息。

e-HR 关注的是当下，现有的功能满足员工的需求设计。D-HR 是快速迭代、动态适应的。

e-HR 关注的是内部的数据集成。D-HR 关注的是企业内外部的数据整合服务。比如：背景调查，异地社保代缴等互联网专业服务，如智思云会把这些接口接到 D-HR 中。这就是整个思路的差异。

（3）数字化面试

数字化时代，数字化面试越来越受到广泛应用。视频面试可以在提高面试结果准确性的同时，降低成本，使招聘机构能够大规模运作。从表面上看，这些工具与其他视频会议技术相差无几，但它们提供了一些额外的优势：一方面，面试官或招聘经理可以在平台上发布问题，创造结构化（一致并可重复的）面试协议，供参与者在与求职者交谈中使用，有助于他们进行公平、准确的比较；另一方面，算法可以用于标记和解释相关人才信号（面部表情、声调、焦虑和兴奋等情绪、语言、语速、注意力等），用数据驱动的分类和排序取代人类的观察和直觉判断。

长期以来，研究始终表明，在高度标准化的情况下，求职面试最具预测性。即面试时，所有面试者都要经历相同的过程，并预先设定一个评分键，以便理解答案。

当然，数字化面试要注意，如果负责招聘决策的人本身存有偏见，我们就不应指望人工智能会解决这个问题。更复杂的是，如果要求这些人去评估新员工的表现，他们的偏见就会被掩盖。从统计学的角度来看，他们可能会通过挑选求职者而准确预测他们未来的表现。但在某种程度上，这种预测是自我实现的。

很显然，如果企业评估绩效的标准本就存有偏见，那么这种情况不会因机器学习模式而改变（尽管会更快地得到结果）。解决这个问题的一种方法是，少关注个人特质，多关注集体成果，如工作效率和收益。对于管理者来说，360° 的评估很有用，因为他们可以将绩效评估众包，从而减少个人偏见。另一种方法是“训练”算法，忽略预测人类偏见而非工作表现（如性别、年龄、社会阶层和种族）的信号。

（4）求职者数据挖掘

第二种新方法是被动挖掘候选数据并分析人们的数字足迹，这种方法在迅速发展。虽然它的主要作用是在营销和广告中提供目标消费者的信息，但它同样适用于人力资源领域的人才识别。

线上行为可以揭示个人的兴趣、个性和能力，进而预测他们是否适合特定的工作或职业。例如，现在许多招聘经理都会调查求职者在各种社交网站上的声誉、追随者数量和权限级别，然后利用这些信息对他们进行评分和排名。招聘网站为招聘人员提供了自动完成此操作的工具以及一系列评分，帮助他们评估求职者。尽管受欢迎程度与实际潜力之间存在很大差异，但社交网站代表了真实的同行反馈，因此，很多招聘人员发现用这种方法进行预测效果很好。

在研究中，被动式数据收集凸显了人们的社交媒体活动和与工作相关的关键素质之间的关联。例如，研究表明，人们在 Facebook 上对某个分组的喜爱与他们整体的性格特征有着紧密联系，比如他们是更外向还是更随和。这些特征与在各种类型工作中是否能表现出色有着系统性的联系。研究结果表明，Facebook 数据可以为雇主提供有用的信息，让他们了解一个人是否适合某份工作或某个角色。此外，从 Facebook 行为和其他社交媒体信号中提取的特征——例如人们在 Twitter、博客或电子邮件中使用的词语，能暗示他们的能力、受欢迎程度和驱动力。

然而，这种方法也有不好的一面，因为它会将求职者的个人生活置于严密的监视之下，特别是Z世代（指在20世纪90年代中叶至2010年前出生的人，又被称为网络世代、互联网世代），实际上他们中的许多人从出生起就一直在使用社交媒体。企业必须考虑如何在获取所需信息的同时尊重人们的隐私，以便做出明智的招聘选择。即便私人生活和公共生活之间的界限已经模糊不清，但确保人们知道别人如何使用他们的数据是合情合理的。

（5）数字化领导的培养

在向数字化转型的过程中，组织的领导力建设面临巨大的挑战。领导者需要打破固有的思维，打造更加敏捷、更具适应性的领导力。

培养优秀的数字化领导者并非易事，领导力发展需要揭开数字化的神秘面纱，帮助领导者建立掌握和运用数字化新技术的信心。

对领导者开展数字化培训，可以帮他们消除对最新数字化技术的陌生感，更好引领数字化转型。数字化领导力发展应遵循的核心原则：并不是所有的领导者都具备引领数字化转型的能力或动力。组织需要选择合适的人才成为数字化领导者，然后培养他们的能力来推进数字化转型。根据不同类型数字化领导者的定位，引入沉浸化设计思路。针对不同类型数字化领导者的定位及在数字化转型中所起的作用，领导力的发展方案需为其量身定做。同时引入沉浸化设计思路，将学习内容嵌入工作场景，以满足数字化转型对不同领导者提出的具体能力要求。数字化领导者不一定是数字化专家，但需要理解数字化能为业务带来什么。数字化领导者不一定需要掌握最新的数字化技术，但领导力发展需要关注如何帮助他们深刻理解数字化对业务模式转型所带来的价值。

企业在进行数字化转型时，要针对 3 种不同类型的数字化领导者制定发展目标。这 3 种类型数字化领导者如图 9-7 所示。

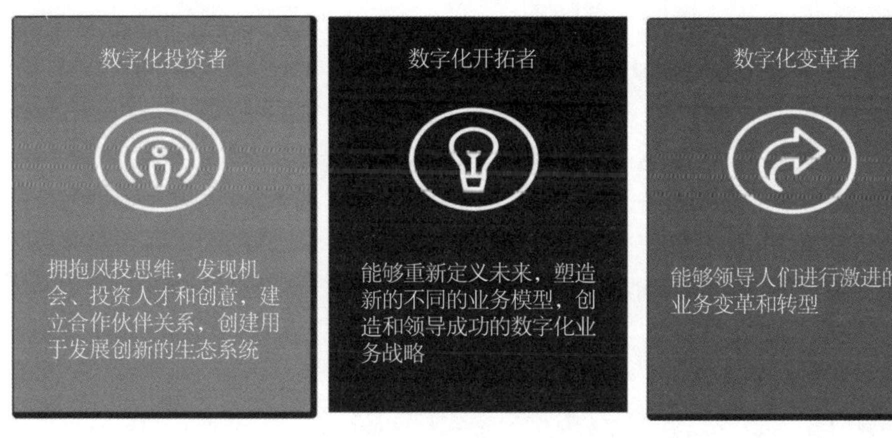

图 9-7 为 3 种类型数字化领导者制定的目标

这 3 类不同的领导者在数字化转型中的定位、关注点，以及在加快数字化进程中所起的作用各不相同，应为其制定不同的领导力发展目标，用于指导领导力加速培养方案的设计，如图 9-8 至图 9-10 所示。

他们是谁	• 组织内高级管理人员； • 拥有数字化转型决策和投资的权利； • 对数字化转型如何影响业务不一定有深刻理解	**领导力发展的目标** • 培养投资组合思维与风险承担意识，学习如何像风险投资家一样思考； • 了解数字化新技术，学习如何评估数字化转型机会； • 学习如何培育数字化创新人才； • 理解如何不畏惧失败，迎难而上，获得数字化转型最终成功； • 参与体验式数字化转型活动
他们在意什么	• 数字化转型的可预计回报； • 如何对数字化转型承担责任； • 数字化转型的详细实施计划； • 数字化转型的最佳实践	
他们如何加快数字化进程	• 迅速加速数字化意识并影响他人； • 通过团队工作，评估数字化对组织的潜在影响； • 加大在数字化方面的有效投资，在数字化转型方面投入必要的资源	

图 9-8　数字化投资者领导力发展目标

他们是谁	• 商业和职能领导者； • 将数字化技术与现有业务模式融合，有精力和热情去构想、塑造未来的商业模式，用全新的方式创造价值	**领导力发展的目标** • 获取最新的数字化技术知识； • 理解数字化技术如何与自身业务领域有效融合； • 理解并掌握设计思维、敏捷思维； • 理解数字化生态商业模式，学习如何加强与外部生态系统的联系； • 其他行业的数字化转型最佳实践
他们在意什么	• 通过创新性探索，思考最新的数字化技术如何为自身业务领域创造价值； • 如何加强与生态圈合作伙伴合作，以生态化方式完成数字化转型； • 如何用快速迭代的方式实现所在业务领域的速赢	
他们如何加快数字化进程	• 深入应用数字化技术； • 拓宽和加强与外部生态系统的联系； • 借鉴其他行业的数字化举措； • 挖掘并组织内部员工对于数字化转型的动力	

图 9-9　数字化开拓者领导力发展目标

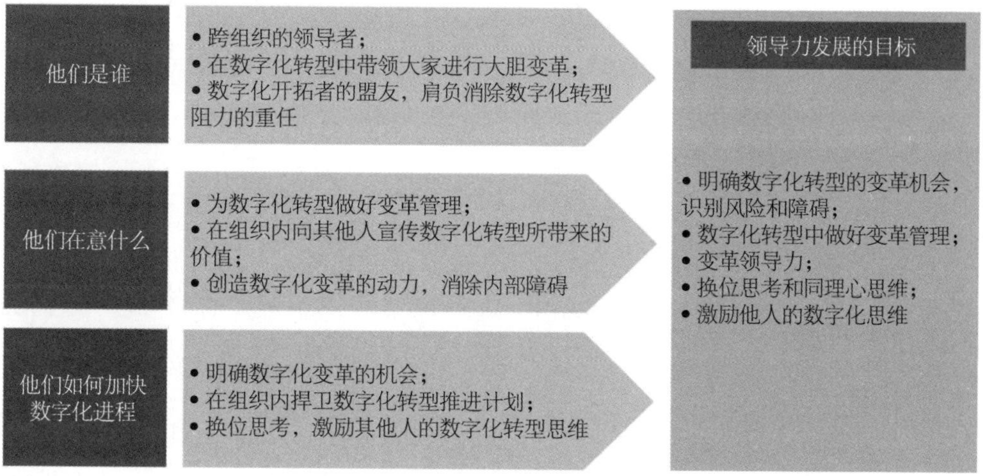

		领导力发展的目标
他们是谁	• 跨组织的领导者； • 在数字化转型中带领大家进行大胆变革； • 数字化开拓者的盟友，肩负消除数字化转型阻力的重任	• 明确数字化转型的变革机会，识别风险和障碍； • 数字化转型中做好变革管理； • 变革领导力； • 换位思考和同理心思维； • 激励他人的数字化思维
他们在意什么	• 为数字化转型做好变革管理； • 在组织内向其他人宣传数字化转型所带来的价值； • 创造数字化变革的动力，消除内部障碍	
他们如何加快数字化进程	• 明确数字化变革的机会； • 在组织内捍卫数字化转型推进计划； • 换位思考，激励其他人的数字化转型思维	

图 9-10 数字化变革者领导力发展目标

（6）数字化专业人才的培养

数字化技术的发展使得数字化专业人才的需求产生迅速的变化，精通数字化专业技术的团队担负着推动新的数字化增长的核心重任。在专业人才结构性短缺的大背景下，只靠从外部引进人才是远远不够的，组织需要调整传统的专业人才培养和发展体系，灵活、快速、高效地重塑现有人才的专业化数字技能。

数字化转型过程中，组织需从数字化学习模式、学习体验、学习内容、学习平台 4 个层面重新思考专业人才发展体系构建。

第一，数字化学习模式。成功的组织不仅需要通过基于问题导向的发展模式加强对于任职者的快速赋能和扩展，更需要通过职业发展体系的构建，打造基于职业生涯的培养和发展模式，以更长远、更系统化的视角构建专业人才能力发展体系。与传统的劳动力相比，数字化人才虽然在意薪酬激励，但更注重学习机会和职业发展，还需要定期获取对自身工作的认可和欣赏，获得可持续的成就感。因此组织在数字化转型历程中，随着数字化发展阶段的不断演进，会更多选择以职业规划为导向的专业人才发展模式。

第二，数字化学习体验。为顺应数字化转型的大趋势，很多组织在数字化专业人才培养方面，已不仅局限于传统方式，而是通过学习资源整合，与业务部门协同一致，利用数字化技术为员工提供一流的学习体验，向数字化学习全面转型。

数字化学习正向个性化、敏捷化、生态化和沉浸化转变，以产品思维打造极致的学习体验。

个性化：面向个体未来的学习。伴随着数字化的加深，数字化人才发展呈现出越来越个性化的趋势。员工可以根据个人职业发展方向、兴趣爱好，选择学习内容和学习方式。组织开始关注每一个人的培训需求，从 Push（推送）模式向 Guide（引导）模式转变。

敏捷化：敏捷学习模型正在浮现。未来学习方式需要更为敏捷，让学员在最适合的时间和地点进行学习，相关数字化技术在这方面发挥了重要的作用。越来越多的学习平台以小巧便捷、易于理解的形式提供视频、文本和体系化的课程，让员工能够在适合自己的时间学习。

生态化：构建人才培养生态体系。数字化转型下新的学习方式正在打破生态圈组织内部横向及纵向的壁垒，强调产、学、研联动。企业、社会、政府、学校形成一个完整的人才培养生态体系，各方紧密协同，引入跨界思维和互联网思维，合力培养更多具备系统性、整合性、协同性的创新型、复合型专业技术人才。

沉浸化：学习和工作、生活高度融合。沉浸化学习不仅是将学习机会嵌入工作场景以提高学习效果，更是结合成人学习习惯，与时俱进，通过引入虚拟现实、流媒体和社交媒体技术等最新数字化技术，将学习融入工作和生活中，为学习者提供一个接近真实的学习环境。借助虚拟学习环境，学习者通过高度参与互动、演练而提升实操所需的技能，以极大程度提升学习体验和学习效果。

第三，数字化学习内容。数字化专业人才的培养需要大量具备前瞻性且紧贴实战的学习内容和学习资源作为支撑。在明确了数字化专业人才标准后，需以能力模型为基础，设计体系化的学习地图和课程体系，打通任职资格、员工专业能力评估（差距分析）和课程体系之间的关联，采用混合式学习的模式，通过多种手段提升数字化转型所需的专业能力。

在学习地图和学习课程设计时，除数字化专业能力外，更需注重复合型跨界能力的培养，以培养出能在垂直行业领域深度应用数字化技术的跨界人才。他们既需要精通本行业内的商业运作模式和流程，又需要掌握数字化技术。例如，在为金融科技人才设计培训内容和课程时，既要考虑风险控制、客服营销等金融业务知识，又要引入人工智能、大数据、云计算等技术，通过系统化的课程体系，培养既懂金融，又懂科技的专业人才。

第四，数字化学习平台。随着人们终身学习、随时学习的行为成为主流，多元的、满足个性化的知识定制服务成为大势所趋。越来越多的人习惯以互联网为主渠道获取学习资源并展开学习。传统的培训正逐步演变为数字化学习平台，从多方面支持数字化人才的专业技能加速培养。数字化学习平台正成为驱动未来学习发展的一股不可小视的力量。

数字化学习平台可作为学习内容的“保管者”，以员工为中心，积极应对变化，了解不断变化的业务和员工需求，确保连贯而相关的学习内容环环相扣。数字化学习平台可提供更为灵活多样的学习资源和内容，帮助员工更好地依托生态系统中的课程资源内部和外部提供方，轻松地查找适当的学习内容。数字化学习平台可引入最新的多媒体、虚拟现实、人工智能技术（如机器学习和自然语言处理）和社交平台技术等，提高学习的趣味性，获取学习渠道的便利性，智能化推荐学习建议。

数字化平台的搭建需要数字化技术的有效支撑，这要求企业从数字化学习方式的角度，关注最新数字化技术对人才学习与发展的驱动作用，通过更智能的技术应用（自适应、虚拟现实、模拟系统），围绕员工的学习需求，利用多元化的技术手段提升学习效率。

▶▶▶ 第十章

5G 玩法七：资本纽带 生态演化

「10.1 资金驱动，如何更进一步」

10.1.1 资金驱动，传统模式面临过时

10.1.1.1 资金驱动的采买模式

市场上各企业之间、企业各部门之间、企业与客户之间、企业与渠道之间存在各种各样的交易关系和连接关系，这些关系称为商业模式。改革开放以来，随着技术的不断革新以及资本的愈发充沛，中国的商业模式大概经历了 4 个阶段：产销模式、厂商合作模式、产业链模式、生态圈模式。其中产销模式、厂商合作模式、产业链模式较为简陋，资金在其中扮演驱动角色，也即资金驱动的采买模式。随着 5G 时代的到来，人们与网络、各行业、各环节之间的连接更加密切，迫切需要形成以共生、共赢、共享为核心的生态圈模式。

第一，产销模式（如图 10-1 所示），即企业依靠现有资本或者社会关系统一生产产品后，在市面上开设商店进行统一销售。这种模式最直接的表现是：一家企业设立几家商店，但是多家商店都只销售一种产品。中国的产销模式起源于改革开放初期，当时人们的物质生活极其贫瘠，单一生产商可以调用的资源极其稀少，导致消费者的选择空间十分有限，基本属于市面上有什么产品就购买什么产品。这种模式在销售范围、应对市场变化的调整能力以及资源使用效率上有较大缺陷，多适用于衣食住行等基本的计划生产产品。

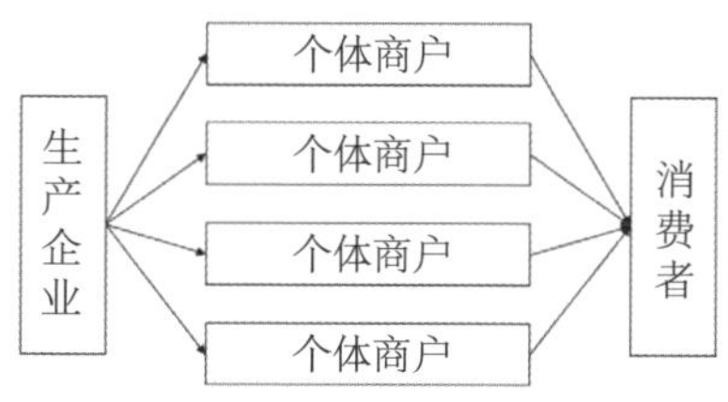

图 10-1　产销模式

第二，厂商合作模式（如图 10-2 所示），起源于企业生产职能和销售职能的分离，即生产厂商负责生产产品，经销商、分销商等渠道负责销售产品，这种商业模式的核心在于分工与合作。经济学家亚当·斯密在《国富论》中提出：劳动分工能够显著提升劳动生产率、增加国民财富。以分工与合作为核心的厂商合作模式从一开始就焕发出了强大的生命力，后续以此为

基础又出现了总代理制商业模式、联销体商业模式、仓储式商业模式、专卖式商业模式、复合式商业模式等。由于中国社会的不断发展，人们物质生活不断丰富，厂商合作模式催生了一批优秀的企业，其中最典型的便是宗庆后创立的娃哈哈集团。当时娃哈哈在全国各省市开拓了1000多家经销商，构建了几乎覆盖中国绝大多数乡镇的厂商合作体系。后来娃哈哈又与经销商一起建立了特约二级分销商销售网络，进一步巩固了厂商合作体系的稳定。

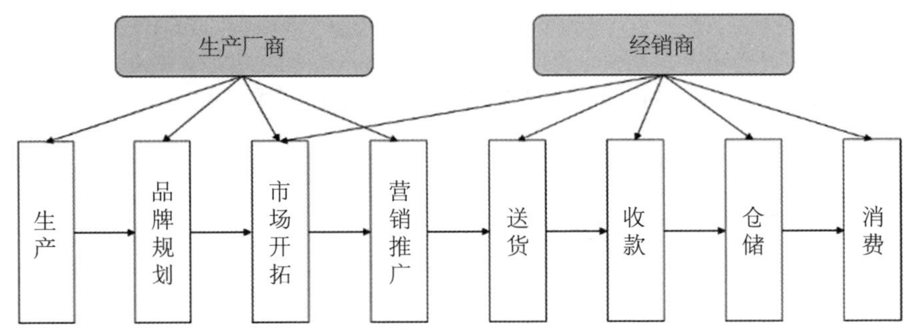

图 10-2　厂商合作模式

第三，产业链模式（如图 10-3 所示），指的是企业依据所属产业链进行价值延伸，上游为下游提供产品或服务，下游为上游反馈信息，从而实现价值互换。产业链是产业经济学中的一个概念，指同一个产业中各部门依靠一定技术或经济产生关联。一般来说，某产业的经济行为围绕采购、生产、经销、零售、服务等一系列交易行为产生的链条即产业链。无论何种产业，都离不开基于产业链的采买行为。具体来说，产业链中游企业首先利用资金向上游企业采购原料或半成品，然后依靠本身的技术或劳动力对原料或半成品进行生产加工形成成品，最后通过经销、零售、提供服务等一系列行为将所生产的产品出售给下游企业或消费者。经过了以上完整的流程，产品实现了增值，企业获取了利润，消费者购买到了服务。在产业链模式中，资金在其中作为驱动手段不可或缺。另外需要明晰的是，信用、垫付、赊销、提供劳务等行为也属于资金驱动的范畴。

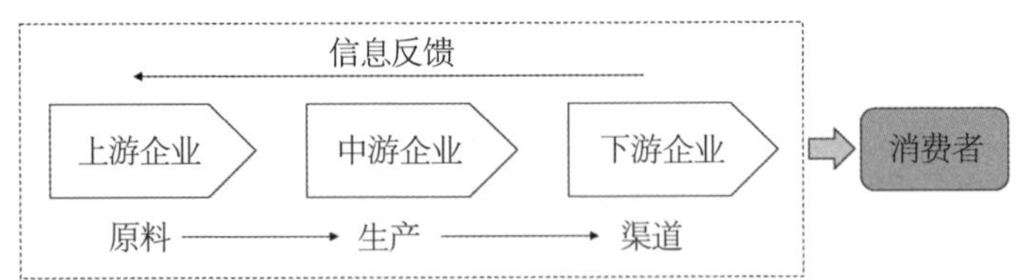

图 10-3　产业链模式

10.1.1.2 传统模式的局限性

综上所述，资金驱动的传统模式大致可分为 3 类：产销模式、厂商合作模式、产业链模式。

从现实来看，几乎所有企业的运转都离不开这 3 种模式，事实上自商业活动产生以来，以这 3 类模式为代表的资金驱动的采买模式一直作为主流手段维持着各行各业的发展，也给社会的进步带来了极大贡献。但客观来说，这些传统模式存在一定局限性，主要有以下两方面。

第一，由于信用等问题，传统模式有先天的局限。主要包括：采购需求与供应信息不对称；信用与履约信息缺失；价格与产品性价比信息不透明；线下业务管控及信息搜集成本过大；工作节点不透明导致沟通效率低等问题。实际上，近几年来市场化竞争愈发激烈，而且 5G 产业的投资回报周期相对偏长，信息缺失和信息不对称等问题会给产业带来发展的隐患。

第二，由于互联网的发展，人类生活不断数字化、智能化，线下线上的结合愈发紧密，各行各业的合作力度不断加大，人们的生活和工作几乎已经与互联网完全融合。在这种背景下，打破组织边界和行业边界，企业通过内外部资源的协同合作，实现和其他企业或个人的价值共创、共享，成为 5G 时代的必然要求，显然，传统模式无法满足共生、共享、共赢的需求。

10.1.2 政府引领，六大主体合力共赢

10.1.2.1 多方构建利益共同体

正如上文所说，资金驱动的采买模式存在许多局限，在快速变革的 5G 时代面临过时，所以对于 5G 产业迫切需要建立起深度捆绑的生态圈模式。所谓生态圈模式，即 5G 产业各主体依靠以云、大、物为代表的诸多互联网技术，利用合作、共享等方式形成利益共同体，其核心是通过价值连接，为消费者带来极致体验，实现共担风险、共谋机遇。

5G 产业具有产业链长、环节多、参与企业多、需求个性化和复杂化、应用广泛等特点。具体特点如下：从产业环节来看，5G 产业发展涉及芯片、模组、网络、传输设备、终端、应用等多个环节；从产业主体来看，5G 是一个端到端的生态系统，涉及芯片商、制造商、终端商、运营商、渠道商和互联网公司六大主体，同时也涉及以政府为代表的组织者角色（如图 10-4 所示）。5G 产业若想实现真正的发展，必然离不开多环节、各主体的共同努力，其中任何一个环节、主体发展不成熟，或者是彼此之间协同力度不足都将影响 5G 产业的发展。只有各主体真正实现利益共享、风险共担，建立起贯穿产业链上下游、横穿各行业领域的紧密合作关系，充分发挥各主体优势，才能共同谋求新蓝海，加速 5G 创新，实现产业飞跃[1]。

[1] 胡世良 . 把握机遇，打造 5G 商业生态 [N]. 人民邮电报 ,2019-05-31(006).

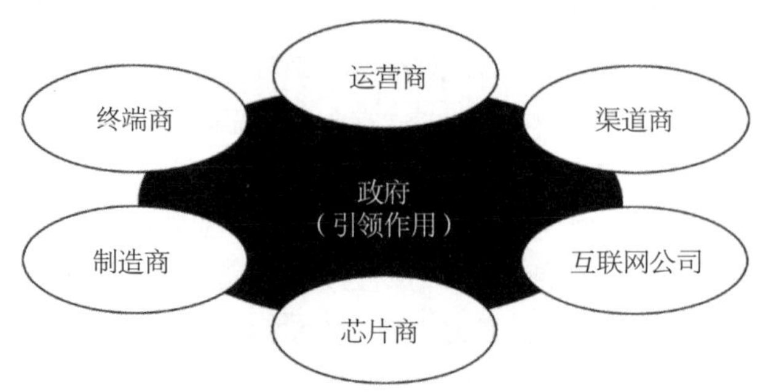

图 10-4　5G 产业各主体

10.1.2.2 政府的引领作用

5G 技术是全面构筑经济社会数字化转型的关键基础设施，能够产生“通信能力 × 计算能力 × 垂直行业”的乘法效应，进而驱动数字经济快速增长。政府在构建 5G 生态中处于引领地位，其一方面有利于支撑经济社会数字化、网络化、智能化转型；另一方面有利于带领行业内各主体实现共赢，捕捉 5G 巨大商机，使中国社会经历了“2G 跟随，3G 突破，4G 并跑”的跨越式发展后，加速实现“5G 引领”。具体而言，政府的引领作用体现在以下 4 个方面。

第一，加快出台产业规划，引导产业全方位有序发展。对于战略新兴产业，产业规划对明确发展重点、优化产业布局、提升综合实力、推进可持续发展具有极其深远的意义。

第二，健全协作创新机制，促进科研转化与经济发展紧密结合。5G 产业发展的核心驱动力在于创新，应在做好规划的前提下，充分利用高新产业园区、综合创新实验室等集成化资源，将 5G 科研优势转化为产业发展的核心竞争力，最终引领 5G 产业产生更深层次的变革。

第三，深度挖掘商业模式，推动试点示范的成熟和广泛应用。5G 业务具有多样性、复杂性的特点，尤其在与各垂直行业的结合上有巨大商机，但同时也存在跨行业知识受限、政策壁垒等问题。所以需要政府探求先进案例，鼓励企业进行试点示范，以推动成熟商业模式的广泛应用。

第四，扩大先进成果宣传，提高科技发展的社会感知度。科技的发展离不开人文的关怀，先进技术的产生必然离不开社会的认同与鼓励。政府一方面可以设立 5G 创新大赛，鼓励社会各界参与 5G 技术和商业模式的创新；另一方面应加大对 5G 先进成果的宣传力度，进一步激发全社会的 5G 创新热情。[2]

10.1.2.3 六大主体的角色

在政府的引领下，芯片商、制造商、终端商、运营商、渠道商和互联网公司六大主体应加强协同、深度融合，加快构建利益共同体。六大主体具体角色如下。

第一，芯片商加速创新。芯片产业是信息安全产业的核心部件和基石。根据中国半导体协

[2]　王咏 . 构建 5G 产业生态 [J]. 中国电信业 ,2018(12):14-17.

会与国家统计局统计，2013-2017 年间中国芯片产量平均增速为 15%，年产量从 903 亿块增长至 1,565 亿块；2018 年中国芯片产业销售额更是超过了 950 亿美元。客观来说，近几年中国芯片业有一定的发展，但是芯片仍逐渐成为中国第一大进口商品。在此背景下，中国应该集聚资本力量，不断提升 5G 芯片创新能力，尽快摆脱芯片依靠国外进口的局面。

第二，制造商竞相发力。随着 5G 商用步伐的不断推进，以及人们对 5G 产品需求的日渐旺盛，通信设备制造商面临重大利好。数据显示，2020 年三大运营商资本开支总额达 3,348 亿元人民币，5G 相关投资约 1,800 亿元人民币。5G 设备制造商作为 5G 建设的重要抓手，将深度受益于 5G 建设规划，其产业价值和企业盈利能力会更持续、更稳定。

第三，终端商前景广阔。5G 产业的发展将会赋予终端厂商巨大的市场蓝海：一方面由于万物互联的到来，将会催生一大批物联网产品需求，比如智慧家居、智慧客房、车联网等横向产品；另一方面由于 5G 技术高速度、大容量、低时延的特点，将会催生出大量的终端、设备需求。面对广阔的市场，以华为、小米为代表的国产手机厂商在进一步加大终端创新的同时，会结合商业模式的创新迅速抢占终端市场。

第四，运营商中流砥柱。运营商作为 5G 产业链的中游环节，对上需要结合芯片商、制造商、终端商进行 5G 布局，对下需要结合渠道商开拓 5G 业务，同时还需要进一步结合互联网公司平台优势抢占市场。总体来说，运营商作为 5G 战略部署的中坚力量，需要在政府引领下加快 5G 建设部署进度，探寻 5G 商业模式创新路径，扩展 5G 业务潜在市场。

第五，渠道商任重道远。渠道商作为连接消费者和制造商、运营商的桥梁，在 5G 时代将会面临更多的挑战以及机遇。在过去的十几年里，受益于 3G、4G 技术的快速发展，以及人们对终端需求的迅猛提升，渠道商得到了长足发展，比如中国联通在 3G 时代拓展了一大批社会渠道用以发展“王卡”业务。伴随着成本压降的要求以及人们手机需求的日渐满足，渠道商的发展面临危机。所以在 5G 时代，渠道商作为一个充满生命力的主体，既面临着前所未有的挑战，也面临着巨大的机遇。

第六，互联网公司深度融合。得益于 3G 时代、4G 时代互联网产业的快速发展，数据业务超越语音业务的同时，腾讯、阿里巴巴、Apple、Facebook 等老牌企业得以迅猛发展，后来又诞生了抖音、快手、滴滴打车等互联网新宠。5G 技术的应用已经突破了传统通信技术的人与人之间点对点模式，依靠云计算、大数据、人工智能等技术，以虚拟现实、智慧城市、智能工业为代表的市场需求倒逼互联网公司加速行业融合。在行业融合的过程中，互联网公司需要依托自有平台能力洞悉用户需求，实现商业模式的创新。

以上便是芯片商、制造商、终端商、运营商、渠道商和互联网公司六大主体在 5G 生态圈中扮演的角色。需要明晰的是，过往通信业发展往往是运营商集中采购制造商、终端商的产品，然后组建网络、发售终端，给渠道商做一定酬金的激励。这种基于产业链上下游的采买模式在 5G 时代已经不足以应对日渐充裕的市场竞争和用户日益丰富的消费需求，所以六大主体一定要在扮演好各自角色的同时，在政府引领之下，加快融合与协同，实现深度绑定，构建起 5G 产业生态圈模式。

10.1.3 资本纽带，构建生态实现演化

10.1.3.1 生态融合的含义

5G 产业发展是一项战略性、长期性的任务，要着眼于未来 10 ~ 20 年的发展周期，同时要以融合为核心，着眼于多个垂直行业和云、大、物、智等技术的融合。正如上文所言，需要在资金驱动的采买模式上快速进化，以政府为引领，六大主体协同发力实现 5G 产业生态演化。5G 产业融合不仅仅是信息技术的融合，更需要在人才、技术、业务、产品等多个方面实现融合。总结来说，融合分为纵向和横向两个方面。

第一，纵向上产业链各环节的融合。5G 产业链条较长，过往依据资金采买的模式，通过协议或合同进行订货、设计产品、销售产品的方式有一定效果。但由于信息缺失、信息不对称以及潜在道德危机等问题，5G 产业生态中一旦某个环节出现问题，很可能导致整个链条的崩盘。所以在书面协议的基础上，纵向上 5G 产业链各环节需要利用更有效的方式实现深度融合，即各环节的企业实现互补、兼容与协同，真正实现利益共享、风险共担，借鉴微软和英特尔的合作方式打造 5G 时代的“WINTEL 联盟”。

第二，横向上加强与垂直行业的融合。5G 时代的特点是万物互联，存在电子商务、文化娱乐、智慧城市、车联网、智慧金融等一大批细分市场。针对这些细分市场，谁能够率先在各个垂直行业推出 5G 应用的范本，谁就能掌握该领域的话语权，谁就能拥抱广阔的市场蓝海。产业内某个主体依靠单打独斗的方式来满足这些细分市场是不切实际的，任何单一主体都存在各自的长处和短板，比如运营商在供应链、渠道、品牌、客户方面具有一定优势，但在机制体制、产品经理团队、生态圈协调能力上比不上互联网企业。这也说明了 5G 时代的产业主体迫切需要实现生态融合，即各方主体不再是简单的线性合作关系，更应该呈现出彼此交叉结合、各取所长的生态圈合作模式。

10.1.3.2 资本纽带的作用

5G 产业在纵向和横向的融合可以通过各种方式产生，但以资本纽带串联产业环节、各垂直行业是最有效的手段。所谓资本纽带，狭义来说，即各主体通过控股、参股等方式，形成各成员间的利益共享、风险共担关系；广义来说，各主体以人力资本、科研资本、技术资本产生的合作属于资本发挥纽带作用的范畴。资本发挥纽带作用有以下几个好处。

第一，生态融合更加稳定。传统的采买模式大多依靠书面协议或市场环境下的自发行为，这种方式不利于应对市场变化，容易出现各主体各谋其利的情况，长远来看不利于生态圈的发展。资本发挥纽带作用时，产业内各主体彼此的利益、风险实现一体化，以此形成的融合关系将会更加稳定。

第二，商业嗅觉更加灵敏。市场是一只看不见的手，资本具有先天的逐利性，较之于人类感性的判断，资本往往能够迅速寻找到市场潜在商机，提高资源配置效率，让各方资本充分活跃在 5G 创新前沿，才能实现整个产业圈的利益最大化。

第三，规模拓展更加迅速。5G 产业生态实现融合过程中，政府居于引领地位，其有扩大先进成果宣传、提高科技发展的社会感知度的职能，可通过 5G 创新大赛、标杆企业宣传等方

式促进优秀模式的发展。实际上，政府乃至其他主体的单向宣传效率不尽如人意。这时资本发挥出纽带作用，便可快速推进优秀企业的规模推广。

10.1.3.3 资本纽带的类型

2019年作为5G商用的元年，社会各界已做好了接受5G产业的准备。在2020年疫情期间，数字化社会的建立进一步加快了5G产业的发展速度。事实上，在产业生态的融合方面，资本发挥纽带作用并不陌生。概括而言，大致有以下3种类型。

第一，股权融合型，即行业内各主体通过参股、控股、交叉持股等方式实现的深度绑定。比如小米集团的生态链系统、NTT DoCoMo的“去电信化”策略等。

第二，联合投入型，即行业内各主体联合投入设立5G产业基金。比如5G孵化基金、5G风投资金、5G并购基金、5G创新基金等，这些基金通过覆盖机器人、车联网、智慧餐饮等具体5G场景，形成资源互补、有效协同的资本合力，助力打造细分市场标杆，以探寻5G产业独角兽企业。

第三，共享资源型，除金钱资本发挥纽带作用之外，人力资本、技术资本等在5G生态演化过程中至关重要。5G时代需要各主体共享资源（主要是技术、人才、设备、平台、用户等方面），才能加快科技的创新，以谋求整个产业的创新。典型的案例便是各主体之间竞相设立5G联合实验室，共享资源、人才、技术、市场等。

「10.2 股权融合，深度绑定」

10.2.1 股权融合：广泛布局抢占市场

10.2.1.1 股权融合的含义

股权是有限责任公司或股份有限公司股东对公司所有权享有的权利，股东拥有股权可对公司进行管理并享有利益分配权利。股权融合，即各方主体利用股权合作实现融合，其有以下3个方面的含义。

第一，参与股权融合的主体在设立既定目标的前提下，共同出资设立子公司，进行生产、销售或提供服务的模式。参与注资的主体对子公司均享有一定控制权、管理权，一般目的在于锚定某个项目，通过合作开发的方式，共享专业资源、共商管控标准。

第二，是指某一主体为了参与或控制某一公司的经营活动而投资购买其股权的行为。股权投资具体分为控制、共同控制、重大影响、无控制4种情况，但都是为了与被投资单位建立密切关系，以谋求利益最大化，并实现风险分散。

第三，各主体之间交叉持股，以实现利益捆绑、风险共担。交叉持股在充分发挥各主体优势方面有较大作用，但容易出现一荣俱荣、一损俱损的情况，历史上很多泡沫式的危机是由于交叉持股进一步加剧。在考虑到法律法规的前提下，设置好合适的风控体系，交叉持股能够很好地放大各主体的优势。

10.2.1.2 5G时代细分市场

与2G萌生数据、3G催生数据、4G发展数据不同，5G时代拥有更大的容量、更快的速度、更极致的体验，它将结合大数据、云计算、人工智能等一系列先进技术聚焦互联网建设，使得各垂直行业不断融合，充分给予行业内各主体巨大的发展空间。华为发布的《5G 时代十大应用场景白皮书》将 5G 细分市场分为了以下 10 类。

第一，虚拟现实（VR）和增强现实（AR）市场。5G 能够提供其所需要的大量数据传输、存储和计算功能。

第二，车联网市场。传统汽车市场将彻底变革，因为车联网的内涵已经超越了传统的娱乐和辅助功能，5G 技术能够满足自动驾驶、编队行驶、车辆全周期维护、传感器数据众包多方面需求。

第三，智能制造市场。创新作为制造业的核心，将会朝着精细生产、数字化、工作流程化以及生产柔性化的方向转变，5G 技术能够满足智能制造灵活、可移动、高带宽、低时延和高可靠的需求。

第四，智慧能源市场。在发达市场和新兴市场，许多能源公司开始部署分布式馈线自动化系统，5G 技术能够满足其低时延的需求。

第五，无线医疗市场。世界人口老龄化的趋势不断加深，移动互联网在智慧医疗设备的使用率不断加大，5G 技术能够满足其低时延、高可靠的需求。

第六，无线家庭娱乐市场。主要为超高清视频和云游戏，5G 技术能够满足大容量、高计算速度的需求。

第七，联网无人机市场。无人机已经成为商业、政府和消费应用的重要工具。5G 技术能够进一步满足其所需的自动化需求。

第八，社交网络市场。移动视频业务不断发展，从观看点播视频内容到以新模式创建和消费视频内容。目前最显著的两大趋势是社交视频和移动实时视频。4G 网络能够支持视频直播，但 5G 技术能够提供更低的时延、更高清的影像、更大的吞吐量。

第九， AI 辅助市场。伴随着智能手机市场的成熟，可穿戴和智能助理有望引领下一波智能设备的普及。5G 技术能够很好地满足其低时延、高质量内容驱动等方面需求。

第十，智慧城市市场。智慧城市拥有竞争优势，因为它可以主动而不是被动地应对城市居民和企业的需求。

10.2.1.3 股权融合的必要性

综上所述，5G 技术的十大应用场景将给各大主体带来万亿人民币的市场空间，但是面对这么大的市场蓝海，芯片商、制造商、终端商、运营商、渠道商和互联网公司在人才、技术、投资等方面的限制，都无法凭一己之力占得。事实上，由于各大主体各自存在长处和短板，唯有通过生态合作的方式才能形成共赢。

股权融合作为资本纽带，是跨界融合最有效的桥梁。正如马化腾所说："今天没有哪个国家能够完全拥有全球新一轮科技和产业所需要的全部资源、技术和能力，产业割裂和技术脱钩将会损害整个人类的利益。" 5G 产业的竞争实际上是产业生态体系的竞争，作为底层通信技术，5G 将直接推动产业数字化和数字产业化的进程。各大主体急需通过股权融合的有力手段，取长补短，深度连接智能终端、工业、娱乐、交通、能源等行业能力和特点，聚焦巨大蓝海，实现生态演化。

10.2.2 小米集团：构建商业系统生态链

10.2.2.1 小米生态链成果斐然

近几年来小米已成为提供广泛服务的生态型公司，在智能家居、VR 设备等领域占据领军地位。小米于 2020 年 3 月公布的业绩报告显示，2019 年全年实现总收入 2,058 亿元人民币，同比增长 17.7%；经调整后净利润 115 亿元人民币，同比增长 34.8%。其营收逆势上涨与小米生态链的布局是密不可分的。

小米生态链的关键点在于依托传统消费领域进行拓展，采用股权投资的方式涉及广泛的消费市场，与合资方共享小米品牌，实现快速的研发、拓展、创收。截至 2019 年年底，小米累计投资了 300 多家企业，投资账面价值达到 300 亿元人民币，其中涉及多个层次（如图 10-5 所示）：核心为围绕手机的周边市场，比如耳机、音箱、移动电源等；其次为智能家居硬件的拓展，比如空气净化器、净水器、电饭煲等智能电器；接着拓展到无人机、机器人等高科技产品；除此之外，小米生态链为了增加用户黏性，还涉及了毛巾、背包、牙刷等生活易耗品。

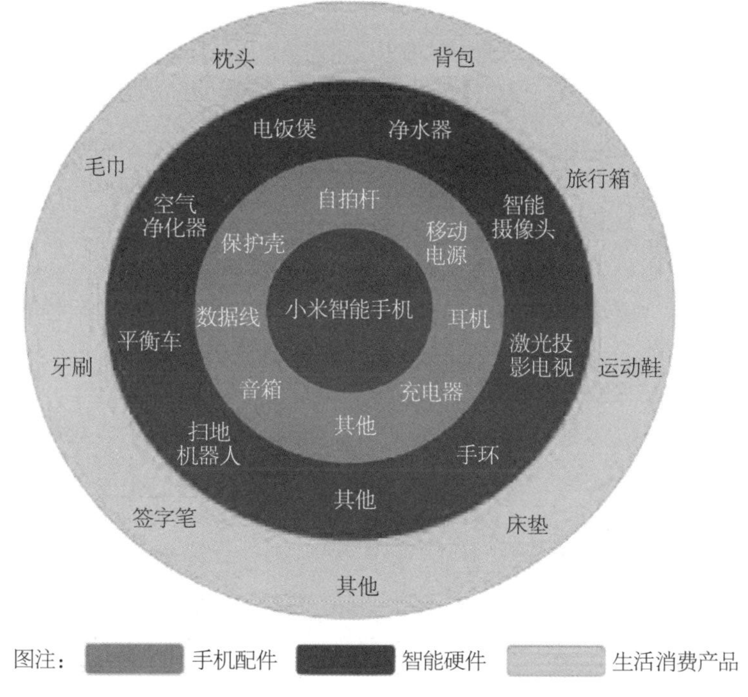

图 10-5　小米生态链体系

需要明晰的是，小米生态链中的企业不是小米公司的部门，更不是子公司，其合作模式也不是简单的订单制和代工制。从 2013 年开始，为了不错过互联网的机遇，同时又受限于资本量的掣肘，仅凭一己之力无法广泛覆盖互联网市场，小米采用了投资孵化的方式。即迅速寻找优秀的公司和团队，结合小米平台优势和各公司专业优势，利用股权融合的资本纽带方式形成利益共同体。同时给予生态链企业充分自主权，利用生态链制度优势保持团队竞争力，力求实现快速生长。

从结果来看，小米生态链无疑是非常成功的，而且在 5G 时代小米面向的物联网市场更是空前巨大[3]。

10.2.2.2 小米生态链投资原则

基于 2013 年年底小米生态链计划，从 2014 年开始，“小米系 + 顺为资本”按照纵向（业务发展时点）和横向（业务发展范围）两个维度，围绕小米生态链的时间和空间发展布局投资。为了保持团队的战斗力和各细分市场企业的活力，小米生态链遵循输出方法论与资源、投资但不控股、保持团队战斗力三大投资原则。

在输出方法论与资源方面，小米对生态链企业输出了关于管理和研发的方法论，提供了供应链、品牌、渠道、用户等资源，贯彻了小米生态链追求性价比、快速提升效率的价值观。同时对合作企业的管理人员，提出了专注、极致、口碑、快的七字经典方法论。

在投资但不控股方面，对于生态链中的企业，小米不追求控股，其所占股权为 20% ~ 40%。这样既能使生态链企业更好地融入小米体系，同时又给予企业自主经营空间，保留了生态链团队的企业家精神。这一点具有相当的借鉴意义，因为一旦控股了合作企业，也就意味着缩减了创新的空间。

在保持团队战斗力方面，小米赋予了生态链企业研发、销售自有品牌的空间。小米有能力赋能生态链企业生存、发展的多个方面，但不会要求生态链企业绝对听命于小米。生态链企业与小米合作时，可以选择利用小米的供应链、平台、资源等优势，但是如果生态链企业有自己的战略、思想、方法、资源，小米绝对不会过多干扰，这使得小米生态链企业拥有较强的自主性，也就带来了巨大的团队战斗力。

10.2.2.3 小米与生态链企业共生互助

小米与生态链企业达成的共生互助关系是 5G 产业实现生态演变的典型案例，也是各方主体应当效仿的标杆。截至 2019 年 12 月 31 日，在不包括智能手机和笔记本电脑的情况下，小米 IoT 平台已连接设备达到 2.35 亿台，同比增长 55.6%；拥有 5 件及以上 IoT 产品的使用者数量达到 410 万人，同比增长 77.3%。此外，2019 年小米互联网收入达到 198 亿元人民币，同比增长 24.4%；2019 年 12 月 MIUI 全球月度活跃用户保持稳定增长，达到 3.1 亿人，同比增长 27.9%。特别是小米在电视互联网业务、海外互联网业务、有品电商及金融科技等互联网服务新型业务方面不断发展，5G 时代将会获得更巨大的机会。无疑，小米能够获得这些成果与生态链企业共生互助的关系是密不可分的。

---

[3] 苗兆光 . 小米生态链布局及其模式价值 [J]. 中国工业和信息化 ,2019(4):92-96.

在生态融合方面，不仅小米取得了巨大成果，同时其生态链企业也受益匪浅，创业成功率达到了 90%，真正实现了共生互助。截至 2019 年年底，小米生态链企业有 30 多家成功发布了产品，16 家企业年收入超过 1 亿元人民币，3 家企业年收入超过 10 亿元人民币，4 家企业估值超过 10 亿美元。其中最为出色的便是华米科技，其凭借智能手环等产品已成为全球第一大可穿戴厂商；紫米科技推出的移动电源销量在 2014 年稳居全球第一，2015 年销售量达 2,000 万件；智米科技研发的空气净化器销售量居于世界前茅；纳恩博生产的平衡车已成为了市场领先品牌，并收购了全球平衡车开创者 Segway。

总的来说，小米与生态链企业之间通过股权融合的方式结合了双方优势、弥补了双方短板，真正成为了利益捆绑的综合体。对于芯片商、制造商、终端商、运营商、渠道商和互联网公司六大主体有经典的借鉴意义，各方主体可以凭借自身独特的优势，通过低成本、轻体量的股权融合方式，在 5G 时代构建生态圈，实现共同发展。以运营商为例，其在供应链、渠道、品牌、客户、数据方面有一定优势，但在机制体制、产品经理团队、平台能力上又存在短板，随着 5G 发展不断深入，运营商可借助"5G+eSIM"在消费互联网、产业互联网等方面构建泛终端生态圈，以扩大泛终端销售量的方式解决目前业务发展受限的问题[4]。

10.2.3 NTT DoCoMo："去电信化"之路

10.2.3.1 来自苹果公司的冲击

2008 年，日本运营商 NTT DoCoMo 与软银争夺 iPhone 在日本的销售权，但最终 NTT DoCoMo 面对苹果公司需求，自动退出了谈判。实际上，一直到 2014 年前，NTT DoCoMo 一直顽强地依靠自身的努力对抗着苹果的侵蚀。NTT DoCoMo 数据显示，2009-2013 年 4 年时间，因为拒绝与苹果公司的合作，NTT DoCoMo 至少损失了 320 万用户，可谓是损失惨重。当时苹果的 iPhone 像旋风一样席卷全球，大有一举取代运营商主体成为移动互联网时代龙头的势头。那么为什么当时 NTT DoCoMo 宁愿付出如此代价，也要坚持不懈地抵制苹果呢？大体有以下两方面原因。

第一，苹果的条件过于苛刻。运营商若想引进苹果，通常需要满足并不止于以下的条款：承诺购买的总数；约定 iPhone 的销售量占全体手机的一定比例；iPhone 用户的资费分成；承诺一定的推广费用，用于宣传 iPhone；要求 NTT DoCoMo 开放 NTT 实验室的所有专利。

对于销量和份额方面的条款，NTT DoCoMo 无法做到简单服从于苹果公司。拿 iPhone 所占全体手机销售量的份额来看，当时 NTT DoCoMo 认为 iPhone 所占比例理想情况下是 20% ~ 30%，但实际上苹果开出的条件远高出这个比例，这样会对 NTT DoCoMo 的现有手机供应商造成极大冲击。另外，NTT 实验室作为日本最大的研究所，其研发的技术、成果十分重要，甚至有可能威胁到国家整体竞争力，可苹果公司要求开放所有专利的做法对 NTT DoCoMo 来说难以接受。

---

[4] 薛竞，马军杰，李睿，郑江 . 小米生态链对运营商泛智能终端发展的借鉴意义 [J]. 通信企业管理 ,2019(9):39-43.

第二，与 NTT DoCoMo 的生态化战略不契合。当时 NTT DoCoMo 以 i-mode 成功创造了自己的手机应用内容生态体系，除了售卖通信传统业务之外，其能够在用户增值服务商获得巨额利润，增值服务最高时一度占据 NTT DoCoMo 营收的 40%。可苹果自带的生态体系拒绝在应用商店里安装 NTT DoCoMo 的应用，后者将只能沦为通道。

正是基于这两方面的原因，在 4 年的时间里 NTT DoCoMo 一直在抵抗着苹果公司的侵蚀。从应对苹果冲击波的结果来看，如何呢?

从手机销量来看：根据 IDC（国际数据中心）的统计，2012 年 iPhone 销售量占日本全年手机销量的 23.3%，居于榜首。如果只算智能手机销售量，iPhone 的份额甚至达到了 33.1%，是第二名富士通 16.5% 的两倍多。

从经营业绩来看：根据 NTT DoCoMo 发布的财报来看，其 2012 财年前三季度出现了“增收减益”的问题，即销售额同比增加 6.2%，但营业利润同比减少 5.6%。其中原因在于 NTT DoCoMo 支出了大量的促销费用，以及加大了对云服务等领域的投资。

从携号转网来看：自 2012 年 9 月起软银和 KDDI 开始在日本销售 iPhone5 后，NTT DoCoMo 的携号转网转入量仅多出转出量 53.4 万人，创下历史最低纪录，纯增用户数只有 20.15 万人。

客观来说，应对苹果的侵蚀，NTT DoCoMo 的成果不尽如人意，但是其一直坚持的生态化模式却值得借鉴。

10.2.3.2 i-mode 模式的成功

1999 年 2 月，NTT DoCoMo 推出了 i-mode 服务模式，这项业务影响了全球移动互联网，使日本移动互联网成为争相效仿的对象。i-mode 模式推出后，NTT DoCoMo 市值在一年之内由不到 160 亿美元暴涨至 4,000 亿美元，一跃成为日本资本市场的股王；巅峰时期，i-mode 用户甚至超过了美国在线（AOL）。

所谓 i-mode 模式，即扩展运营商服务边界，构建起生活圈。运营商传统提供的服务主要为通话、短信、流量等，手机仅被定义为通信工具；而 i-mode 模式则为用户提供了各种各样的网络服务，包括收发邮件、新闻推送、转账查询等。这些模式以手机上网数据流量结算，价格较低。从现在来看，i-mode 模式并不新奇，包括互联网公司、运营商等都在将各种用户需求嵌入自己的系统。但从当时来看，i-mode 的做法无疑是十分超前的。这套体系在日本成功运作了很长时间，并使得日本成为全球移动互联网最发达的市场，当时日本的手机支付、手机音乐、手机游戏、手机阅读、手机广告等领域，一度在全球遥遥领先。

10.2.3.3 NTT DoCoMo 的反击：去电信化

也许正是 i-mode 模式的成功经验，坚定了 NTT DoCoMo 扩充运营商边界、坚定不移走生态化道路的决心。当时 NTT DoCoMo 没有销售 iPhone，但一直努力由一家单纯的运营商向综合性公司转型，向电信周边的产业拓展。从 2010 年开始，NTT DoCoMo 就提出要向金融及结算业务、多媒体业务、商业服务、医疗与健康服务、物联网、集成与平台化业务、环保服务、安全安保服务八大领域扩张，如图 10-6 所示。

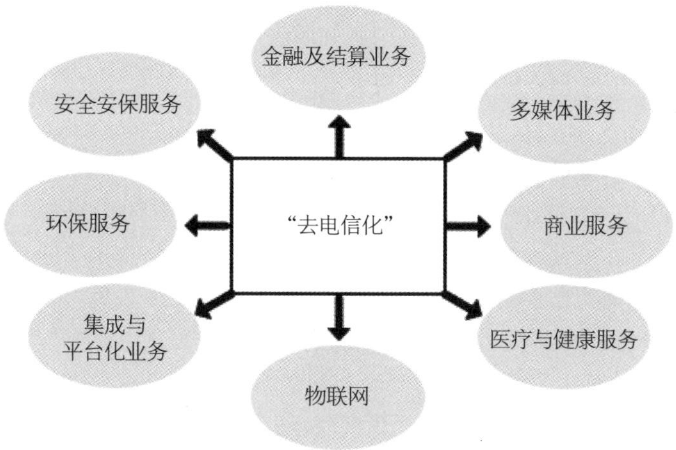

图 10-6　NTT DoCoMo "去电信化"八大方向

NTT DoCoMo 扩张并不仅限于合作协议的签订，还选择了利用资本纽带的方式，与这八大领域的企业进行股权融合，力求打造一个巨大的生活圈，涵盖人们的衣食住行等各个方面。

NTT DoCoMo 收购了三井住友银行 34% 的股份，其结合三友卡信用卡支付基础设施的优势，开发兼容手机支付功能的 ATM；此后又收购了瑞穗金融集团关联企业 UCcard 公司 18% 的股权。在此基础上 NTT DoCoMo 开发出了 Osaifu-Keitai 移动支付业务品牌，并以此获得了大量的用户。

NTT DoCoMo 还和医疗设备巨头欧姆龙成立了合资公司 DoCoMo Healthcare，以提供无线和医疗服务，其当时推出的 Moveband 智能腕带将用户健康与运动结合起来，取得了不错的效果。在 5G 时代来临之时，DoCoMo Healthcare 借助 5G 网络优势，大力发展病患的远程监控业务。

NTT DoCoMo 还和日本麦当劳成立了合资公司，其通过精准挖掘用户行为信息而面向用户提供精准手机优惠券信息，取得了相当的成功。

除此之外 NTT DoCoMo 利用资本纽带扩大生态圈的案例举不胜举。NTT DoCoMo 始终坚持"去电信化"业务，虽然在过去几年与苹果的赛跑中并未取得优势。不可否认的是，在 5G 时代到来之时，产业生态化的趋势愈发明显，NTT DoCoMo 以其丰富的案例给我们提供了启发，5G 产业内各主体构建生态圈是在 5G 时代取得发展的关键手段。

「10.3　联合投入，开拓蓝海」

10.3.1 产业基金：联合投入拥抱机遇

10.3.1.1 产业基金简介

产业基金作为一种利益共享、风险共担的集合投资制度，目的在于联合大量资本以促进某一行业发展。产业基金一般针对具有高增长潜力的未上市企业进行股权或准股权投资，通过资本纽带作用快速推进被投资企业发展，以实现资本增值。我国于2005年设置了首支产业基金——渤海产业投资基金，后续随着股权投资及 PPP 模式的发展，产业基金发展日渐蓬勃。一开始的产业基金主要为政府引导设立，后续各大型央企和地方国企竞相联合金融机构成立产业基金，进行重点项目的投资、建设。

产业基金作为资本发挥纽带作用的一种，能够很好地将投资方和被投资方紧密结合，降低被投资企业的负债率，促进直接融资和间接融资的均衡发展。由于 5G 产业的资本投入较大，且回收期较长，产业基金权益投资的方式能够很好地助力初创企业发展。

5G 作为先进产业，相关技术和商业模式的创新往往难以发现。目前市场上 5G 初创企业难以有效分辨，任何单方面主体都难以精准预测未来的 5G 独角兽企业花落谁家。从这个角度来看，5G 产业基金的发起方应涉及多方面主体，做到联合投入、集思广益，才能开拓 5G 前所未有的市场蓝海，更高效地发现独角兽优质初创企业，助力中期优质企业发展。

10.3.1.2 基金投资主体

5G 产业涉及芯片商、制造商、终端商、运营商、渠道商和互联网公司六大主体，同时涉及以政府为代表的组织者角色。投中研究院数据显示，当前与 5G 技术相关的产业基金已超过千亿人民币规模。从投资主体来看，大致可分为 4 类。

第一，国家级产业投资基金。比如，2014 年 9 月国家集成电路产业投资基金初次设立，一期投资高达 1,387 亿元人民币，二期投资更是超过 2,000 亿元人民币。据悉，该项基金主要用于 5G、人工智能、物联网等终端应用产业。

第二，引导基金发起设立的巨型基金。比如由湖北省发起的长江经济带产业投资基金，由财政出资 400 亿元人民币，拟带动社会资本筹资 2,000 亿元人民币，以支撑 5G 等新兴产业发展。

第三，大型国企或上市公司发起的产业基金。主要为作为芯片商、制造商、终端商、运营商、渠道商和互联网公司六大主体的大型国企、上市公司直接发起或间接参与的产业投资基金。

第四，银行参与设立的“双创”产业投贷联动基金。比如 2017 年 1 月，浦发硅谷银行与首钢基金共同设立投贷联动基金，真正将“投”和“贷”联系起来，鼓励新兴领域精耕细作、探索创新，为实体经济转型升级提供强大推动力。[5]

10.3.1.3 未来机遇

5G 技术的到来促进了传统行业的积极转型，同时催生了许多新兴领域。如何发现并识别传统行业转型后的投资机会或者开拓未来投资的新赛道愈发重要，业界普遍认为未来机遇将会出现在智慧交通、智慧城市、工业互联网、视频娱乐等方面，涉及车联网、无人机、安防监控、物流配送、工业机器人、智能工厂、VR/AR、超高清视频等细致领域，产业基金的设立能够在这些众多的投资领域收获前所未有的机遇。

[5] 易姣娇 . 中国私募股权投资基金的概念界定及分类 [J]. 经济研究导刊 ,2016(25):65-66.

同时，随着科创板开拓了股权投资退出通道，完善了创投圈生态体系，将倒逼机构提升投资能力，回归价值投资，更有利于利用产业基金寻找到优质的新兴优质企业。

10.3.2 运营商：竞相创立联创基金

10.3.2.1 中国移动

2018 年 12 月，中国移动合作伙伴大会主论坛正式召开，中国移动在会上初步提出筹备 5G 联创基金，与战略合作伙伴合力构建 5G 产业新生态，实现多方主体共赢。该基金首期计划募集 100 亿元人民币，共募集 300 亿元人民币，计划采用市场化运作方式，聚焦 5G 产业链，构建以云、AI、大数据等技术为基础的产业生态以及先进技术赋能的相关垂直行业。据中国移动测算，在 2020-2035 年间全球 5G 产业链投资额将达到 3.5 万亿美元，中国约占 30%。中国移动认为 5G 将会带来技术和商业模式方面的创新，会进一步增加产业链长度、扩大产业圈范围，会给机构投资规模和资源整合能力带来新的要求，所以鼓励各界合作伙伴积极参与基金的筹备。

2019 年 6 月中国移动成立了中移股权基金管理公司。该公司作为 5G 联创产业基金的实体，将会关注 AI、物联网、大数据、云计算、边缘计算等领域的投资机会，并聚焦 5G 核心技术，结合产业内各主体共谋发展，进行应用孵化，促进产业生态演化。

另外，中国移动于 2016 年 2 月成立的 5G 联合创新中心，集聚了网络设备、仪表仪器、芯片、终端、器件等通信行业和车联网、人工智能、机器人、无人机、VR/AR 等垂直行业的领先合作伙伴，致力于共建 5G 融合生态，至今已在能源互联网、高清视频、AR 旅游等方面获得一定成果，相信在 5G 联创产业基金的支持下会取得进一步成功。

10.3.2.2 中国联通

自 5G 技术进入人们眼帘以来，中国联通一直致力于生态融合建设。目前中国联通着重于 5G 应用方面的探索，于 2019 年 4 月 23 日，成立了 5G 应用创新联盟。该联盟的宗旨为打造 5G 新市场、建设 5G 行业新生态、树立 5G 企业新标杆、构筑 5G 商业范式、创 5G 产业新未来，联盟将汇聚产业生态优势资源，吸引新媒体、工业互联网、车联网、医疗、教育、旅游等领域的知名企业，联盟成员已有 600 多家，其中不乏百度、阿里巴巴、腾讯等企业。该联盟以实现孵化行业应用产品、研究商业模式、推动行业标准制定、搭建资本合作平台、联合产品市场推广为目标。

为了支持孵化中心发展，中国联通将设立一只由中国联通主导的 5G 创新母基金用于 5G 应用投资。该基金将由中国联通主导，具有存续期较长、覆盖面广、相对稳定、方式灵活、滚动发展等特性。这标志了中国联通 5G 应用创新联盟迈出了重要一步。相信在资本发挥纽带作用下，此项基金将会加速产品孵化，助力 5G 产业生态建设。

10.3.3 社会资本：各方资本基金集群

10.3.3.1 扩充资本范围

5G 产业将会带来巨大的市场空间，据中国移动测算，到 2030 年 5G 技术对国内生产总值（GDP）的贡献将达到 6.6 万亿元人民币，将带动直接或间接就业机会约 2,000 万个。但同时

5G 产业的布局、投资支出非常巨大。据测算，单 5G 网络要达到全覆盖预计就要投资 2.3 万亿元人民币，这样巨大的需求单凭某个主体或者某个产业是无法达到的，需要引进各类创新基金形成集群效应，充分发挥创新资本力量，具体有以下两个方面。

第一，引进全球资本。5G 作为通用技术，其发展离不开全球资源。虽然中国在 5G 产业上已有较大成就，但在核心创新技术方面美欧等发达经济体仍是全球领先者。故对不涉及国家安全、国家治理的项目可一定程度引进国际力量，在共享技术的同时争取吸引国际资本以扩大基金体量。

第二，形成基金集群。5G 投资空前巨大，需要包括银行基金、政府引导基金、银行资金、证券市场资金等多方面的配合，进一步吸引社会资本投入，在政府战略性的要求下，就各细分投资方向形成分工合作，以集群效应攻克难题。[6]

10.3.3.2 制定投资战略

引入社会资本投资 5G 产业之后，可能会出现盲目追求短期热点（比如自动驾驶）的行为，或者是假借概念投资互联网应用的现象。基金群需要在政府引导下进行战略设计、统筹规划，使基金群各组成部分发挥所长，以长远眼光和产业思维来促进产业演化。

对此，建议国家结合 5G 产业发展的特点，引导私募基金突破传统基金运作模式，形成各级各类私募基金的合理布局，包括 5G 孵化基金、5G 早期投资基金（培育未来的龙头企业）、成长期基金（投资具有一定规模的 5G 相关产业，快速培育龙头公司）、5G 并购基金（投资于上市前或者已上市龙头公司）。基金覆盖的领域包括：5G 应用场景基金（专注 5G 各种应用场景）、AI 及机器人基金、数据与应用基金（专注于大数据及其应用场景）、企业服务和先进制造基金（专注于“云大物移智”驱动的企业服务和先进制造）、智慧城市和智慧工厂基金、智能出行物流基金（车联网、自动驾驶、无人机等）、核心元器件基金等，从而形成资源互补、有效协同的创新资本合力。

「10.4　共享资源，加速创新」

10.4.1 贝尔实验室：谁能再创辉煌

10.4.1.1 贝尔实验室的辉煌

贝尔实验室自 1925 年成立至今，中间几经波折，但成果斐然、颇负盛名。据统计，贝尔实验室一共诞生过 11 位诺贝尔物理学奖获得者，16 位美国最高科学技术奖获得者，4 位图灵奖获得者。截至 2012 年年底，贝尔实验室共产生有效专利 29,190 项，出版物和会议论文达 400 多篇。其中许多科技成果对世界经济的发展做出了重要贡献，比如 C 语言、激光器、原子能、计算机、蜂窝式移动电话、光纤及光通信科技等成果都来自贝尔实验室。

贝尔实验室的成功机制表现在 3 个方面：首先，形成了以基础研究、技术及产品研发、批量生产、营销及市场开发的闭循环机制；其次，其辉煌时期母公司 AT&T 拥有雄厚的经济实力

[6] 田溯宁 . 私募基金支持下一个发展新动能 :5G 时代来临 [J]. 清华金融评论 ,2019(3):36-37.

和垄断的市场地位，足够支撑贝尔实验室的发展；再次，其拥有严格的选拔机制和宽松的研究氛围，保证了贝尔实验室的高质量产出。

10.4.1.2 贝尔实验室的衰败

贝尔实验室几经易手，在20世纪80年代以后逐渐走向衰败，究其原因主要有以下几个方面。

第一，市场的变化。20 世纪 80 年代以后，互联网技术的迅猛发展带来了无线终端、智能手机等各种应用的发展，贝尔实验室母公司主营的电话业务受到冲击。贝尔实验室本身战略主要着眼于基础研究，外部环境给母公司的冲击迫使实验室将有限的资源用于网络、高速电子、无线电等市场热点。

第二，资金的短缺。首先，贝尔实验室注重于基础研究、系统工程和应用开发，其需要大量的初始研发投入，且投资回报周期较长，不利于吸引融资。其次，当时贝尔实验室所属的朗讯科技主要从事设备生产，在 20 世纪 90 年代之后受到华为、中兴等的价格冲击，无力支持实验室发展，仅凭一己之力从事创新必然带来资金的短缺。

第三，战略的过失。作为最早投入大量资源研发“随时可以带在身上的电话”的贝尔实验室，本应拥有巨大的机遇，但其当时低估了移动电话的市场，将大量相关专利出售给了其他公司。随着无线通信的发展，贝尔实验室当时的母公司 AT&T 却只能斥巨资 114 亿美元购买麦克考移动公司以弥补无线通信市场的短缺。由此可见，基础研究的发明创造不一定带来价值的增值，同时一定要兼顾科研成果的落地，才能应对市场瞬息万变的竞争。

10.4.1.3 贝尔实验室的启示

正如中国工程院院士邬贺铨所言：“5G 是网络发展新技术的集中体现，5G 既是十年一代的移动通信技术，也是新一代信息技术的重要支柱，是当代高新技术的一个制高点。”5G 对于中国科技与经济的发展来说是难得的机遇，而整个产业的演化归根结底是技术的创新。在 5G 时代，各方主体如何做到共享资源，加速产业创新，以技术的进步打破行业的壁垒，形成生态圈商业模式呢？从贝尔实验室的兴衰历程或许能找到答案。

第一，产业内各主体合力攻坚。芯片商、制造商、终端商、运营商、渠道商和互联网公司加强协同，共同提供人才或技术等资源，并形成联盟、实验室等实体，集中攻坚和扩大先进技术成果，同时使技术的创新落实到产业的发展中。强调政府、企业以及社会多元化的投入机制，结合高等院校、科研院所的研究力量，进行多元化创新。5G 时代是创新的时代，市场竞争愈发激烈，仅凭某个主体或某个企业的一己之力寻求创新已不再适合时代要求。

第二，优化科研实体管理机制。对各主体形成的联盟、实验室等科研实体，可以借鉴贝尔实验室的成功经验，实行严格的选人、用人、育人、留人机制，充实、优化研究队伍。要充分连接技术和市场，既要做到技术服务于市场，又要依据市场需求给技术创新提供方向。同时充分权衡创新的长期目标与短期目标，既支持短期满足主营业务的创造，也要注意布局看不到应用前景的选题。无疑，倾各方主体之力，加强协同、共同参与对优化管理机制有很好的作用。

第三，鼓励企业建设创新实验室。目前中国的大型创新实验室大多属于教育部和中国科学院，据统计占比在 80% 以上。依照以往实验室的建设思路，多为由高等院校、科研院所从事基础研究工作，及由企业从事工程化研究开发工作，这种模式将产业各环节人为地割裂开来，不利于科研成功的产业转化。鼓励有条件的中大型企业联系行业内各主体开展面向产业需求、市场需求的基础研究，更好地布局 5G 产业发展，强调前瞻性、战略性，以更好地实现产业生态演化[7]。

10.4.2 京东智谷：5G 赋能智慧园区

10.4.2.1 京东智谷项目介绍

京东集团一直把数字科技、消费零售、智能物流“三驾马车”作为战略定位，已取得不俗的成就。2019 年之后，5G 通信技术快速发展，万物互联的时代已经到来，整个产业将面临新的变革，生态融合的呼声愈发强烈，任何一个企业都不愿在变革中被淘汰，京东集团也不例外。“京东智谷”作为京东集团进行多元化产业布局的探索，旨在打造一个多元化的产业平台，吸引优秀的高科技企业和人才，结合京东自身平台、资源的优势，在 5G 时代加速创新，致力于成为中国科技产业平台的中坚力量。

2019 年 7 月，京东智谷项目在东莞凤岗镇雁田村启动，其总投资约 200 亿元人民币，占地面积约为 38 万平方米，建筑面积 180 万平方米。该项目结合京东全生态能力资源，以打造“京东赋能的中国样本以及湾区产业的创新能源”为发展愿景，造就湾区创新的“无界之城”。

京东智谷项目按照“1+3+5”的规划建设，打造一条 AI 全产业链生态，基于 5G 技术发展物联网、机器人、云计算三大战略型新兴产业，重点发展新一代电子信息、金融科技、智能制造、智能物流、电子商务五大支柱型产业。

10.4.2.2 创建 5G 联合创新实验室

京东智谷作为广东省唯一的人工智能建设核心，吸引了京东智谷 AI 加速器、京东大学大湾区分校、人工智能研究院、京合都股权投资等核心单位以及首批入驻园区的京东上下游产业链企业。更好地建设智慧园区，离不开创新的力量，京东智谷与中国移动计划创立“粤港澳大湾区 5G+ 智慧园区联合创新实验室”。此联合创新实验室致力于共同研究 5G 技术在人工智能、工业制造方面的应用，也致力于为 5G+ 智慧园区范本奠定坚实的基础。

在联合创新实验室中，京东智谷和中国移动将联合突破 5G 技术创新，探索并拓展 5G 技术在产业侧的应用。同时，联合创新实验室将赋能园区内入驻企业，使其优先享有 5G 创新成果，为工业制造领域的企业提供借鉴。

10.4.2.3 打造 5G 创新示范智慧园区

人工智能作为京东智谷的支柱型产业，利用联合创新实验室的成果，京东智谷将伙同产业内合作方打造 5G 创新示范智慧园区。其中京东智谷将与中国联通就 5G 技术在智能制造和人工智能产业方面进行合作，推进人工智能核心技术研发、应用，着力发展园区设备智能管理，比如无人机、机器人的应用；京东智谷还与中国电信就云、大、物方面达成合作，着力推进园区内网络覆盖，以更好地服务园区发展。

---

[7] 周尊丽，高显扬. 美国贝尔实验室兴衰及启示 [J]. 合作经济与科技，2018(1):125-127.

京东智谷作为粤港澳大湾区的智能创新中心，赋能实体经济、促进转型升级的示范性园区，可以想象建成之后的场景：智能机器人穿梭于园区内提供日常活动管理；园区内部任何区域都可发起远程视频会议，而工作人员佩戴的 VR 设备更让彼此如同身临其境……放眼未来，5G 智慧园区将通过数字化平台充分连接园区内人、车、资产等设施，提升园区内工作效率和信息安全，真正实现数字化、信息化、智能化。[8]

10.4.3 中国联通：生态共建全力共振

10.4.3.1 共振行动 2020

2020 年 2 月，中国联通启动了“共振行动 2020”，此项行动作为 2020 年首个科技盛宴，旨在持续探索 5G 对各行各业的改变，以及 5G 与各个行业的融合。

为了拥抱 5G 技术带来的无限市场，中国联通计划在公众市场和政企市场上双重发力。就公众市场，坚持站在以客户的角度开展客户价值运营业务，通过提供优质的 5G 融合业务和适配的产品服务，寻求中国联通在公众市场中的差异，坚持高标准、严要求的发展。就政企市场，一方面要做到对垂直行业市场和关键产品市场的案例渗透，将融合大数据、云计算、人工智能等高新技术，服务于政务、教育、中小聚类等横向市场的渗透；另一方面，借助运营商的平台优势，结合与渠道商、供应商等主体的优势，继续开展产品创新，重视大额订单，实现业务创收。

10.4.3.2 全力共振、生态共建

此次活动着力于超过 1,000 家产业伙伴的合作协同，主要包括两个方面：一是通过跨界合作，推动产业生态由传统的单一通信业务或终端销售业务向多业务跨界融合方向演化；二是致力解决疫情期间的商机互动、品牌塑造、促销活动等问题，借助统一交流平台，汇聚产业生态内各合作伙伴，真正实现行业持续赋能、共促发展。

此次活动使用 5G 视频会议、VR 全景直播，多家直播平台和媒体进行全程跟踪报道；活动涉及中国联通 3 亿手机用户、8,000 万宽带用户和 26 万员工，还包括 40 万家合作渠道商、100 万家国外合作运营商和 1,000 多家产业合作伙伴。活动形式包括合作结盟、赋能发布、论坛沙龙、合作招募和“5G+VR”参会五大功能以激发产业活力，具体形式为与广大合作伙伴打造文创日、电竞日、品牌日、促销日、新品日以振兴市场。

为了真正实现产业生态演化，中国联通与芯片、模组终端、应用内容和连锁渠道等领域的 32 家合作伙伴成立了一系列的 5G 终端创新联合实验室、5G 终端创新联合研发中心、5G 终端应用合作创新中心，旨在通过汇聚各方能力，与产业内各主体协同并进构建包括终端生态、平台生态、应用生态和产业生态在内的 5G 产业新生态，而“共振行动 2020”是促进生态融合、产业合作的重要手段。

10.4.3.3 疫情之下的“空中盛宴”

新冠肺炎疫情对各行各业的影响巨大，同样对智能终端的销售造成了巨大的影响，但其倒

[8] 高剑 . 让京东智谷成为东莞人工智能产业生长的苗地 [N]. 东莞日报 ,2019-07-17(A02).

逼促进数字化转型同样给 5G 产业发展带来巨大机遇。在疫情影响之下，中国联通面向全产业发出了《致 5G 终端产业链合作伙伴的一封公开信》，提出了两级权限先采后审、供应商和产品资质审批先承诺后补送、缩短预付款周期、在线 24 小时绿色通道、提供互联网化营销及模式转型赋能五项举措，借助“共振行动 2020”拉动终端产业链恢复生产经营。

为期 37 天的“共振行动 2020”系列活动给予了产业内伙伴在疫情之下的“空中盛宴”，更佐证了 5G 产业融合、合作的重要意义。相信在广阔的市场蓝海面前，中国联通将借助网络、平台、用户的优势，与合作伙伴一起开放市场、协调生态，涉及终端、应用和服务，强化跨界融合，以 5G 技术赋能各行各业。

10.4.4 中国电信：翼支付赋能金融科技

10.4.4.1 率先布局金融业务

2019 年 12 月，中国电信牵头召开了第三届翼支付合作伙伴生态大会，会议指出中国电信将在打造“5G+ 金融科技”合作联盟、深化消费金融生态链、打造供应商金融新生态、实施渠道赋能计划、深化金融安全合作方面加大与产业伙伴的合作，共同繁荣“5G+ 金融科技”生态，推动金融科技创新发展。

翼支付作为天翼电子商务有限公司下属品牌，自 2011 年 3 月成立起，覆盖了餐饮、娱乐、交通、电商等多个生活消费场景的便民服务。5G 技术的发展将会催生许多支付场景，同时会重构金融产业链上下游的业务结构。翼支付将会利用运营商在数据、用户方面的积淀，率先在金融领域布局 5G 生态。天翼电子商务有限公司总经理罗来峰承诺：“翼支付将紧密围绕中国电信的核心产业和资源，持续发力四大融合业务，与合作伙伴们携手打造支付、微贷、理财、保险等合作生态圈，全力实现月活跃用户超 6,500 万，商户接入超 1,000 万，年交易额超 2 万亿元人民币，引入合作资金超 500 亿元人民币的发展目标。”

10.4.4.2 5G 赋能金融科技

金融科技指的是利用大数据、区块链、云计算、人工智能等高新技术，对金融市场以及金融服务业务的模式、技术、应用、产品、服务进行重塑。金融科技产业的发展关乎国计民生，具有维护国际金融安全、实现民生普惠、助力国家金融业发展等重要意义。金融科技发展的首要条件便是通信技术的进步，5G 应用将会进一步推进大数据、区块链、云计算、人工智能等高新技术的发展，从而促进金融产业和高新技术的融合，以重构整个金融科技领域。

10.4.4.3 翼支付重构金融生态

截至 2019 年年底，翼支付平台拥有 5 亿名注册用户，对于中国快消连锁与特许连锁前 100 强商户的覆盖率超过 70%，生态雏形已经展现，同时借助金融科技生态大会进一步强化与各方融合的力度。目前翼支付已经联合了中国银联、中信银行、民生银行、微众银行、度小满金融、中粮我买网、宝洁、苏宁易购、伊利等超过 20 家合作伙伴，围绕银联合作、普惠金融、权益联盟和技术合作 4 个方面分别签署合作协议。

2020 年，翼支付继续发展金融科技业务，目标为拥有信贷规模 500 亿元人民币、橙分期产品 1,500 万，同时连接个人及家庭用户 5 亿户、权益用户 3,000 万户、小微商户 100 万户，并通过建设超过 10 万个的智能消费场景实现科技赋能金融。

翼支付将秉承开放包容、创新增长、互通互联、合作共赢的理念，依托中国电信“渠道+5G+ 用户”的优势资源，从自身“支付 + 科技 + 金融”的业务出发，携手产业合作伙伴共同推动产业协同，共同构建安全、便捷、优惠的生态魔方共同体。

第十一章

5G 未来：智慧社会 美好生活

11.1 供给侧：结构改革市场蓝海

11.1.1 运营商

11.1.1.1 三大运营商发力 5G

中国移动首批 5G 试点城市定在杭州、上海、广州、苏州、武汉共计 5 个城市；中国联通首批 5G 试点城市定在北京、雄安、沈阳、天津、青岛、南京、上海、杭州、福州、深圳、郑州、成都、重庆、武汉、贵阳、广州共计 16 个城市；中国电信首批 5G 试点城市则定在雄安、深圳、上海、苏州、成都、兰州 6 个城市。其中中国联通的试点城市是最多的，达到了 16 个，而三大运营商总计试点城市为 18 个，上海则是三大运营商都选择试用的唯一的一个城市 [1]。三大运营商 5G 商用时间演进历程如图 11-1 所示。

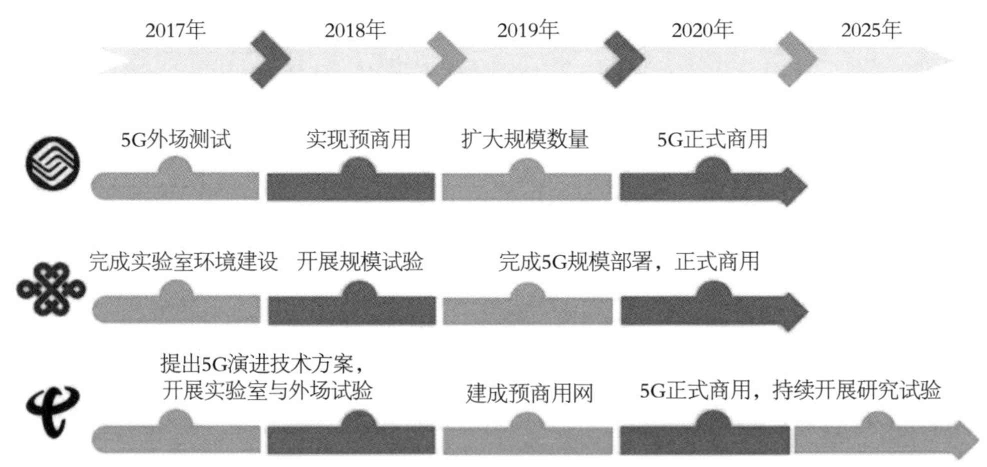

图 11-1 三大运营商 5G 商用时间演进历程

11.1.1.2 B 端拓展服务，C 端弹性计费

在 5G 时代，运营商 CAPEX（资本性支出）和 OPEX（运营支出）将承受更大的压力。

---

[1] “参照系”发布《5G 行业研究报告》.

在CAPEX方面，室外网络覆盖基于C Band频段，要实现同样的覆盖，需要3倍数量的基站，网络边缘与中心区域的上行体验差 10dB；室内流量增长快于室外，传统室内分布设备 DAS 无法向 5G 演进，这意味着额外的支出；在高铁场景下，为了保持 5G 业务连续性，需要新增天线和隧道漏缆等设备。在 OPEX 方面，多网并存、网络全面云化、新技术提升复杂度，都是摆在运营商面前的现实问题。

在与消费者相关的终端层面，关键技术仍有待突破。比如多协议并存，NSA（非独立组网）/SA（独立组网）共存，2G/3G/4G/5G 网络制式共存，终端需要全部支持，还有双卡互操作的问题；宽频带覆盖方面，射频前端频宽不低于 100MHz，多段高频段和低频段都要支持，终端功耗、多天线发射功耗、高发射功率功耗都要求终端有很好的支持能力。终端的网络边缘体验需要进一步提升，SUL（补充上行）和 CA（载波聚合）性能仍需要验证。好消息是，目前产业链上下都在攻关，力求在时间表内完成。

5G 新的价值计量方式由单一量纲转为多量纲，从 2G、3G、4G 的以使用量为衡量标准转变为 5G 的以使用量、切片量、连接量、时延等级、速率等级为衡量标准。过去可能只按流量计费，而以后将有多种收费模式，按照用户最需要的使用方式来计费，不过有网站分析，计费方式的变化主要针对企业用户，对普通消费者影响不大。

服务价值方面，速率变现以上行速率保障计费，针对网络直播；时延变现以时延为基础计费，针对 VR/AR、游戏等。

碎片价值方面，切片变现可实现按需切片，动态计费，可应用在体育、音乐会、演唱会现场直播场景；连接变现以链接数为基础计费，针对可穿戴、智慧家庭终端。

流量价值方面，流量变现意味着通过推动大流量业务普及，促进 DOU 放量，流量阈值提高，针对 VR、8K 高清直播、视频监控场景；体验变现针对 AR 商业购物应用等场景。

就算运营商将市场转向 2B，实际上还是通过 2B 企业服务于 2C，最终成本还是要用户买单，不过通过企业以一种更高附加值的方式提供服务。5G 网络绝对不是一个广覆盖的网络，所以不会像 4G 一样普及，这么大投资短期内难以形成一张广覆盖、高质量的数据网络。

11.1.1.3 组网方式升级（NSA/SA）

2017 年 12 月 NSA 第一版标准完成。2018 年 6 月 SA 第一版标准完成。全球运营商的 5G 网络布局大多采用的是 NSA 架构，从成本的角度考虑，非独立组网可以基于 4G-LTE 的核心网和接入网，只需在数据层做 5G 的基站部署，因此成本占有很大优势。独立组网所有的核心网，从接入网数据层面、控制层面、语音层面都是纯粹基于 5G-NR 新标准。从功能性上考虑，非独立组网还不能算作完整的 5G 网络，只是中间的过渡形式，最终全球绝大部分国家商用 5G 网络都会过渡到 SA[2]。

[2] Qorvo、华西证券研究所 .5G 产业链增值机会大盘点 .

11.1.2 设备制造商

11.1.2.1 网络规划、运维与工程建设

（1）网络规划设计

规划设计处于通信网络工程建设的核心环节，受电信业投资带动呈周期性变化。通信网络生命周期包含规划设计、工程施工、网络维护和网络优化，其中前两者属于通信网络工程建设。通信网络工程建设主要可分为立项、实施、验收投产三大阶段，其中规划设计在前中期均处于重要地位。3G、4G 时期网络呈爆发式增长，我国电信业投资呈现周期性变化，工程建设营收也基本呈现同步波动。

5G 步伐加速催生大量资本开支，引领规划设计行业繁荣。在我国现有移动通信及固网通信蓬勃发展的背景之外，5G 频谱于 2019 年年底落地，预计运营商 5G 集中投资周期将在 5 ~ 7 年，总投资规模将达 1.2 万亿元人民币，规划设计行业处于行业上游，优先享受投资增长红利。主要网络规划设计企业见表 11-1。

表11-1　主要网络规划设计企业

国脉科技股份有限公司	北京华麒通信科技有限公司
广州杰赛科技股份有限公司	福建瑞聚信息技术股份有限公司
北京恒泰实达科技股份有限公司	武汉贝斯特通信集团股份有限公司
吉林吉大通信设计院股份有限公司	浙江宇脉科技股份有限公司

（2）网络工程建设

信息基础设施是新时期我国经济社会发展的战略性公共基础设施，是拓展网络经济空间、发展壮大信息经济的重要抓手，是建设网络强国、推动转型升级的关键支撑。加快信息基础设施重大工程建设，对于促投资、稳增长、惠民生，以及发展新经济、培育新动能具有重要意义。主要网络工程建设企业见表 11-2。

表11-2　主要网络工程建设企业

中富通集团股份有限公司	广东超讯通信技术股份有限公司
广州海格通信集团股份有限公司	中通国脉通信股份有限公司
宜通世纪科技股份有限公司	杭州纵横通信股份有限公司

（3）网络运维与优化

传统的 2G/3G/4G 网络运维采用规模驱动，静态、烟囱式管理，定制开发、TTM 周期长，半自动、只监不控，运维方式较为封闭，已难以适应 5G 时代网络越来越复杂、流量井喷式增长及流向 Mesh 化、万物互联、用户数呈指数级增长、各种新业务层出不穷的新变化、新需求，运维方式亟待转型和模式创新。5GCN 从传统 2G/3G/4G 软硬件一体化的烟囱式竖井架构演进

为软硬件分离，采用基于业务的微服务和切片方式的虚拟化水平解耦架构。

3GPP 确定虚拟服务化架构为 5GCN 的统一架构，其优点是可灵活定制和部署网络服务，实现业务弹性扩缩容，软件业务快速推广；采用通用服务器降低对设备厂商的过度依赖，灵活引入小厂商，实现多租户、实时网络优化，提升运维效率。主要网络运维与优化企业见表 11-3。

表11-3 主要网络优化与运维企业

杭州华星创业通信技术股份有限公司	广东阿尔创通信技术股份有限公司
三维通信股份有限公司	众至诚信息技术股份有限公司
福建三元达科技有限公司	北京广厦网络技术股份公司
润建通信股份有限公司	珠海世纪鼎利科技股份有限公司

11.1.2.2 基站与传输设备

（1）基站与小基站设备

5G 网络不能在 4G 基站的基础上升级，主要有以下几个方面的原因：一是技术标准不同；二是使用的频段不同；三是核心网的变化；四是 5G 有更复杂的天线算法。因此 5G 基站是 5G 网络建设中必不可少的一个环节。主要基站设备生产企业见表 11-4。

表11-4 主要基站设备生产企业

西安海天天实业股份有限公司	建滔积层板控股有限公司
中兴通讯股份有限公司	华为技术有限公司
山东金宝科创股份有限公司	同信通信股份有限公司
中国铁塔股份有限公司	亿阳信通股份有限公司

小基站（Small Cell）是一种从产品形态、发射功率、覆盖范围等方面，都相比传统宏站小得多的基站设备，同时可以看作是低功率的，既可使用许可频率，也可融合 Wi-Fi 使用非许可频率接入技术的无线接入点，功率一般在 50mW ~ 5W，覆盖范围在 10 ~ 200m。小基站的特征是：小型化、低发射功率、可控性好、智能化和组网灵活。小型化方面，从普遍质量来看，为 2 ~ 10kg；从发射功率来看，一般为 50mW ~ 5W；从组网方式来看，支持包括 DSL/ 光纤 /WLAN 及蜂窝技术在内的多种技术的回传；从智能化方面，还具备自动邻区识别、自配置等 SON 功能。主要小基站设备生产企业见表 11-5。

表11-5 主要小基站设备生产企业

四川中光防雷科技股份有限公司	厦门市美亚柏科信息股份有限公司
邦讯技术股份有限公司	福建星网锐捷通讯股份有限公司
深圳日海电气技术有限公司	西安大唐电信有限公司
芜湖仅一机械有限公司	常州金士达通讯设备有限公司
江苏贝孚德通讯科技股份有限公司	四川鑫电电缆有限公司
爱立信	紫光股份有限公司
深圳国威电子有限公司	大唐移动通信设备有限公司

（2）基站设备测试

基站测试能够较好地保障基站设备的运行。主要基站测试企业见表 11-6。

表11-6　主要基站测试企业

苏州智铸通信科技股份有限公司	厦门特力通信息技术股份有限公司
北京军懋国兴科技股份有限公司	北京仪亮科技有限公司
广东合正网络技术有限公司	深圳市金频科技有限公司
瑞声精密制造科技（常州）有限公司	

（3）传输设备

5G 的业务需求及网络架构的变化将对网络功能提出新的要求，直接影响承载网络的技术指标，如带宽、时延、时钟精度和可靠性等，因此研究如何在满足 5G 技术指标的前提下，进行 5G 时代光传送网的技术演进尤为重要，这将是 5G 是否能推广应用的关键前提。5G 建设初期，传输网络技术和组网方案的选择，主要有端到端分组增强型 OTN 组网方案、固移融合承载方案等。

5G 正在逐步成熟，给传送网络带来的不仅是流量的攀升，低时延、高可靠、灵活智能等要求都是对现有网络架构的挑战。随着 5G 标准的进一步明确，传送网还需要重点关注 CU 的定位、网络层级、覆盖密度，这将决定匹配何种传输组网方案更为合理，并按最优的承载方案提前准备光纤和机房资源，为迎接 5G 的部署做好充分的准备工作。主要传输设备生产企业见表 11-7。

表11-7　主要传输设备生产企业

HPE	深圳市欧深特信息技术有限公司
四川泰瑞创通讯技术股份有限公司	苏州旭创科技有限公司
大连艾科科技开发有限公司	广东瑞谷光网通信股份有限公司
深圳市特发信息股份有限公司	江西联创电缆科技股份有限公司
飞昂通讯科技南通有限公司	特恩驰（南京）光纤有限公司
四川汇源光通信股份有限公司	上海乐通通信设备（集团）股份有限公司
吉林省施泰信息技术股份有限公司	北京昊普康科技股份有限公司
河南省安耐德电力设备有限公司	昆山首源电子科技有限公司
常州安泰诺特种印制板有限公司	广东格斯泰气密元件有限公司
深圳市德富莱智能科技股份有限公司	成都锐可科技有限公司

11.1.2.3 无线与光通信设备

（1）无线设备

所谓5G 无线 Wi-Fi，就是指第五代无线 Wi-Fi 传输技术，并且运行在5GHz 无线电波频段。我们现在大多数的无线 Wi-Fi 运用的是第四代 2.4GHz。运行在 5GHz 频段的无线 Wi-Fi 协议标准包括 802.11a（第一代）、802.11n（第四代，同时运行在 2.4GHz 和 5GHz 双频段）和 802.11ac（第五代），而只有采用 802.11ac 协议的无线 Wi-Fi 才是真正的 5G 无线 Wi-Fi。

5G 无线 Wi-Fi 的优点主要有以下几个方面。

1）拥有更快的网络，搞定拥堵：在局域网下通过 5G 无线 Wi-Fi 的路由器拷贝一个 500MB 的文件到手机上，重复 5 次，计算出平均值，结果比 2.4GHz 无线 Wi-Fi 的设备要快得多。

2）提升播放质量：由于 5G 无线 Wi-Fi 每秒传输速度可达 125MB，不但下载快了，而且在线看高清视频也顺畅了。

3）手机更省电：5G 无线 Wi-Fi 一大优点就是节能，因为下载同样大小的资料，它用的时间更短，设备能更快地进入低功率的省电模式。

4）信号品质更好：国内 5GHz 频段运用较少，无线电干扰大大降低，信号品质自然好。

主要无线设备生产企业见表 11-8。

表11-8　主要无线设备生产企业

中国电子信息产业集团有限公司	京信通信系统（中国）有限公司
摩比发展有限公司	武汉虹信通信技术有限责任公司
京信通信系统控股有限公司	深圳市飞荣达科技股份有限公司
广东盛路通信科技股份有限公司	苏州东山精密制造股份有限公司

（2）光通信设备

高速光模块将成为 5G 网络的必需光模块，由光器件、功能电路和光接口等组成。光模块的作用就是光电转换，发送端把电信号转换成光信号，通过光纤传送后，接收端再把光信号转换成电信号。一方面，“宽带中国”战略要求实现百兆光纤入户，从接入层提升了光接口压力，由下至上各级光接口逐级承压，推动了对高速率光模块的需求；另一方面，云计算数据中心的加速建设提振了对 100Gbit/s 高速光模块的需求。主要光通信设备生产企业见表 11-9。

表11-9　主要光通信设备生产企业

烽火通信科技股份有限公司	瑞斯康达科技发展股份有限公司
通鼎互联信息股份有限公司	诺基亚
杭州芯耘光电科技有限公司	深圳华海通讯股份有限公司
广州杰鑫科技股份有限公司	武汉盛华微系统技术股份有限公司
北京正有网络通信技术股份有限公司	-

11.1.3 终端商

移动通信自 20 世纪 80 年代诞生以来，经过三十多年的爆发式增长，已经成为连接人类社会的基础信息网络。移动通信的发展不仅深刻改变了人们的生活方式，也成为了推动国民经济发展、提升社会信息化水平的重要引擎。面向 2020 年及第五代通信（5G）已经成为全球研发的热点[3]。

[3]　中商产业研究院 . 中国 5G 手机市场发展前景及投资研究报告 .

5G 成为 2019 年秋冬换机季核心卖点，各厂商争相推出 5G 新品，广泛覆盖高端至中端价位区间。自 2020 年 2 月起，各个厂商便不断释放 5G 手机信息，9 月初以来，中兴、vivo、华为、小米等先后发布了自己的 5G 手机，尝试通过 5G 新特性带动用户换机的需求再度增长。国内市场现已推出多款 5G 手机，价格区间从高至 19,999 元的顶级概念机型到 3,699 元的中端性价机型全面覆盖，相比之前市场预期的万元水平，5G 手机已迅速渗透至 3,000 元级别。

国内 5G 手机发布情况见表 11-10。

表11-10　国内5G手机发布情况

品牌	手机型号	价格
华为	Mate30 Pro 5G	–
华为	Mate20X 5G	6,199 元
三星	Galaxy Note10+ 5G	7,999 元
联想	Z6 Pro 5G	–
努比亚	Mini 5G	–
一加	OnePlus 7 Pro 5G	–
OPPO	Reno 5G	–
vivo	iQOO Pro 5G	4,098 元
vivo	NEX3	5,698 元
小米	小米 9 Pro 5G	3,699 元
小米	MIX Alpha	19,999 元
中兴	天机 Axon 10 Pro 5G	4,999 元

2019 年 1-8 月 4G 手机出货量同比进一步降低，降幅进一步扩大，受 5G 即将商用的影响，上半年的换机需求被延后至 5G 手机推出后。4G 驱动下的智能手机换机峰值已结束，历年手机的核心换机点已愈发边缘。智能手机历年卖点可以按时间顺序排位：触屏、无键盘、OS、4G、双摄、全面屏、三摄等。智能手机的换机需求已愈发缺乏技术创新的刺激。各厂商纷纷以 5G 为主要卖点推出自己的主力机型，2019 年上半年积攒的换机需求有望在 5G 手机上市后集中释放。5G 手机出货量的提高，有望反向推动 5G 用户数的增长和运营商建设需求的扩大[4]。

回顾过去的手机出货量，无论是 3G 还是 4G 手机都存在 2 ~ 3 年的放量增长阶段。国内 3G 手机在 2013 年达到 4.08 亿部的出货量峰值。国内 4G 手机出货量从 2013 年的 1.71 亿部增长至 2016 年峰值的 5.19 亿部，随后逐年下跌至 2018 年的 3.91 亿部。5G 手机有望迎来 2 ~ 3 年的出货增长周期。

2019 年上半年国内手机出货量进一步缩减，同比降低 6%。华为一枝独秀，同比增长 31%，占据 38.2% 的市场份额。华为公司品牌在国内市场一飞冲天，凭借过硬的产品实力，迅速抢夺了市场份额。华为在市场的强势地位，有望引导未来手机的发展方向，上游产业链

[4]　港深证券 . 通信行业周报 .

公司有望借此获得订单的大幅提高。2019 年第二季度国内手机各品牌出货量及市场份额见表 11-11。

表11-11　2019年第二季度国内手机各品牌出货量及市场份额

品牌	2019 年第二季度出货量（万部）	2019 年第二季度市场份额	2018 年第二季度出货量（万部）	2018 年第二季度市场份额	同比增长
华为	3,730	38.20%	2,850	27.60%	31%
OPPO	1,790	18.30%	2,180	21.10%	−18%
vivo	1,710	17.50%	2,100	20.30%	−19%
小米	1,150	11.80%	1,440	13.90%	−20%
Apple	570	5.80%	670	6.40%	−14%
其他	810	8.30%	1,100	10.60%	−26%
总计	9,760	100%	10,360	100%	−6%

爱立信数据显示，2018 年全球智能手机存量 50 亿部。参考 IDC 近几年智能手机出货数据，测算全球智能手机换机周期已经从 2016 年的 2.8 年拉长到 2018 年的 3.5 年。2020 年，50 亿部存量中正常换机需求 14 亿部，在 5G 新机带动下，其余 36 亿部存量手机中，假设分别有 3%（悲观）、5%（中性）、10%（乐观）的用户提前换机，出货量将新增 1.08 亿部（悲观）、1.8 亿部（中性）、3.6 亿部（乐观），对应智能手机出货量将整体增长 8%（悲观）、13%（中性）、26%（乐观）。全球智能手机存量预测如图 11-2 所示。

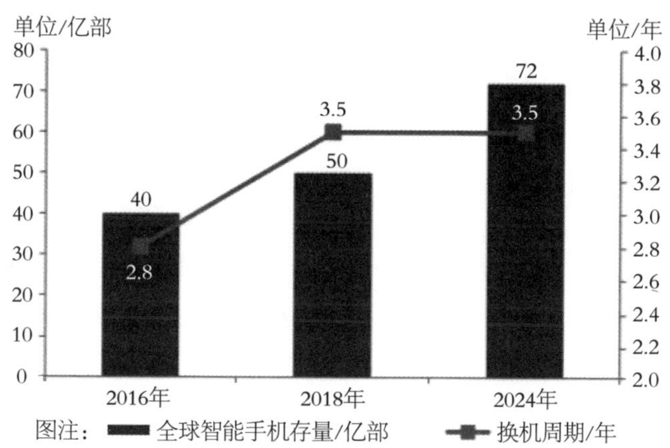

图 11-2　全球智能手机存量预测

爱立信预计到 2024 年全球智能手机存量将达到 72 亿部，预计 2023 年已经成为 5G 换机末期；假设换机周期再次拉长至 3.5 年，预计 2024 年智能手机出货量将达到 20 亿部。

11.1.4 芯片供应商

虽然物联网的规划远景庞大，但目前来看 5G 通信的主要应用场景依然是手机。5G 大规模应用在手机终端，作为 5G 技术的核心，芯片是智能手机终端的关键。智能手机芯片，不仅要进行计算，还要进行专门的处理，例如 GPU 进行图像处理、NPU 进行 AI 处理 [5]。

手机内的芯片主要包括射频芯片、基带芯片和核心应用处理器。射频芯片负责无线通信。核心应用处理器就是传统意义的 CPU 和 GPU。基带芯片负责对无线通信的收发信号进行数字信号处理，在整个系统中的位置介于前两者之间。其中射频芯片主要的厂商是 Skyworks、Qorvo 等；基带芯片关键的厂商包括高通、联发科、三星、海思和展讯；核心应用处理器是最常见的 CPU 和 GPU，比如高通的骁龙系列。智能手机通信系统结构如图 11-3 所示。

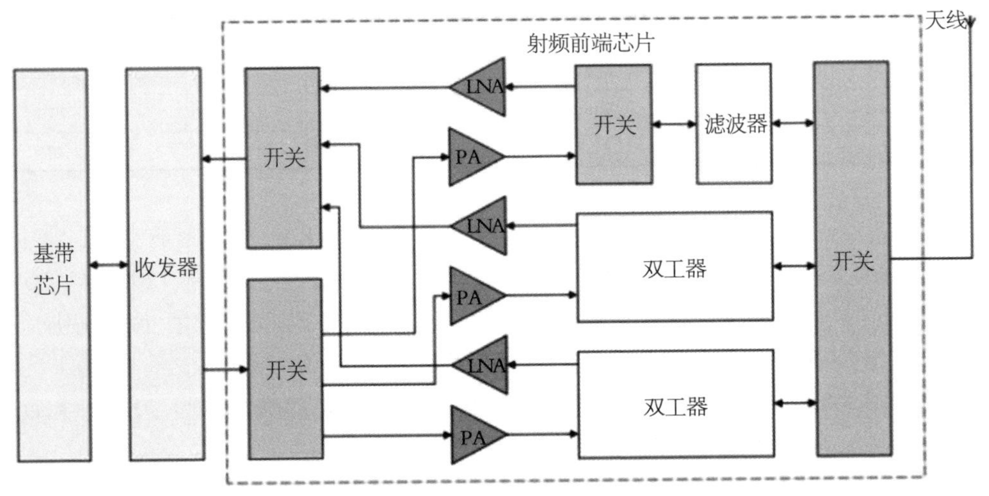

图 11-3　智能手机通信系统结构示意

射频芯片指的就是将无线电信号转换成一定的无线电信号波形，并通过天线谐振发送出去的一个电子元器件。射频芯片架构包括接收通道和发射通道两大部分。进入 5G 时代，射频芯片的性能直接决定了移动终端可以支持的通信模式，以及接收信号强度、通话稳定性、发射功率等重要性能指标，直接影响终端用户体验。从目前市场份额来看，射频芯片主要被欧美厂商把控。比如射频芯片中的 BAW 滤波器市场，Avago 和 Qorvo 几乎占据了 95% 以上的市场份额。终端功率放大器市场主要由 Skyworks、Qorvo 以及 Murata 占领。5G 时代，射频前端的价值将大幅提升，根据 Gartner 的数据，高端机型上， 5G 相对于 4G，射频前端价值量将从 12.6 美元提升到 34.4 美元，提升幅度高达 173%。

基带芯片用来合成即将发射的基带信号，或对接收到的基带信号进行解码，发射时，把音频信号编译成用来发射的基带码；接收时，把收到的基带码解译为音频信号。同时，其负责地址信息（手机号、网站地址）、文字信息（短信文字、网站文字）、图片信息的编译。

[5] 国泰君安国际 .5G 深度报告：产业链全面解析 .

基带芯片是 5G 技术的核心支撑，实现了信号从发射编译到接收解码的全过程。调查公司 StrategyAnalytics 判断，全球移动基带处理芯片的增长将一直延续到 2022 年，但自 2017 年起增速会较之前放缓，主要是因为终端出货和 LTE 投资增速下降。在基带芯片领域按技术实力排名，第一梯队包括高通、Intel、海思和三星，其中海思和三星的 5G 基带芯片基本自用，还有第二梯队和第三梯队。根据 HIS 的数据，每次通信标准的革新都将为全球基带产业带来 50 亿美元的新增市场，预计 5G 时代将带来 50 亿美元以上的基带芯片新增市场。目前基带芯片市场，高通一直保持 50% 以上的市场占有率。主要 5G 芯片生产厂商价格如图 11-4 所示。

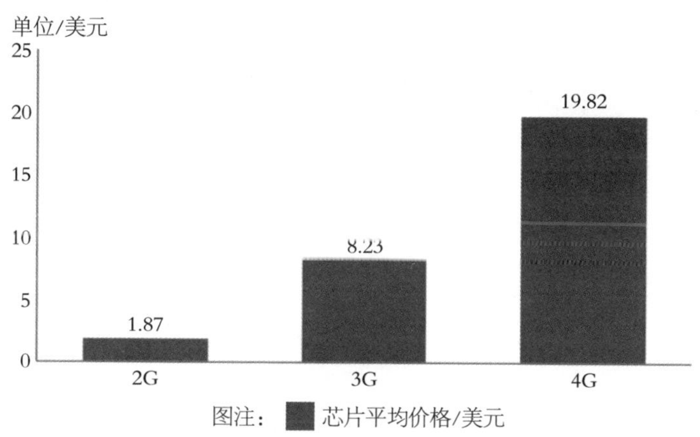

图 11-4 主要 5G 芯片生产厂商价格

主要 5G 芯片生产厂商基本情况见表 11-12。

表11-12 主要5G芯片生产厂商基本情况

国家 / 地区	厂商	芯片	发布时间	特点
美国	高通	骁龙X55	2019年2月	全球首款实现7Gbit/s速率的5G调制解调器
美国	英特尔	XMM8160	2018年11月	完整支持5G网络中的NR、SA、NSA组网方式，集成2G、3G、4G多种制式于一体，设计峰值下载速率高达6Gbit/s
韩国	三星	Exynos Modem 5100	2018年8月	全球第一款完全符合3GPP最新标准的全网通5G芯片
美国	Skyworks	–	–	推出符合5G标准支持的所有蜂窝频段，专注网联汽车下一代前端设备
美国	苹果	苹果秃鹰5G	–	苹果首款自主研发基带芯片，尚未正式发布
中国	华为	巴龙5000	2019年1月	全球第一个支持5G的3GPP标准商用芯片组
		天罡	2019年1月	全球首款5G基站核心芯片
中国台湾地区	联发科	Helio M70	2019年2月	具有LTE和5G双连接（EN-DC）的5G调制解调器芯片，支持从2G至5G各代蜂窝网络的多种模式
中国	紫光展锐	春藤510	2019年3月	基于马卡鲁技术平台，可实现2G/3G/4G/5G多种通信模式，符合3GPP R15标准规范的5G基带芯片

11.2 需求侧：应用落地消费升级

11.2.1 硬件更新换代

11.2.1.1 VR 设备

2016 年中国 VR 市场规模为 34.6 亿元人民币。预计到 2021 年，中国会成为全球最大的 VR 市场，行业整体规模将达到 790.2 亿元人民币[6]。

2016 年，中国 VR 市场中规模最大的细分市场是 VR 头戴设备，以 20.5 亿元人民币的规模占据整体份额的 59.2%。而 VR 内容市场（包括消费级内容、企业级内容和 VR 营销），预计 2021 年的市场规模为 386.4 亿元人民币，年复合增长率为 163.4%。这意味着 VR 内容市场将达到整体市场规模的近 50%，成为 VR 市场中最大的细分市场。2015 年开始兴起的 VR 体验馆，预计其市场规模将在 2021 年达到 52.5 亿元人民币，排在头戴设备市场之后。预计 2021 年中国 VR 市场各细分市场占比如图 11-5 所示。

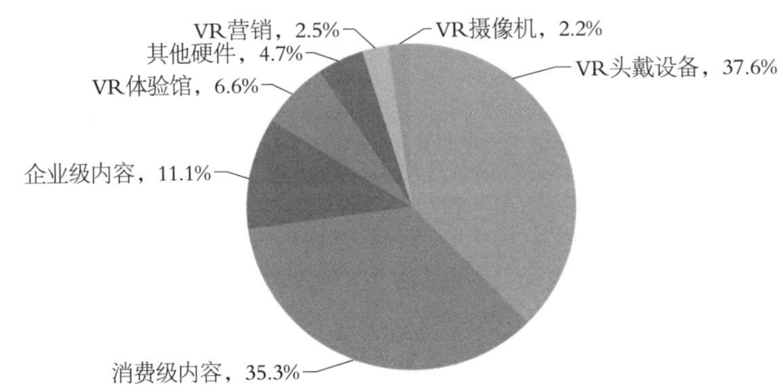

图 11-5　预计 2021 年中国 VR 市场各细分市场占比

VR 应用场景如下。

（1）消费级应用

消费级的 VR 内容包括游戏、影视、直播、其他四大类型。2019 年是消费级内容市场的转折点，在这一阶段，行业内主要的内容制作商开始实现盈利。2021 年，消费级内容市场的规模将达到 278.9 亿元人民币，其中 VR 游戏的占比接近 35%，市场规模为 96.2 亿元人民币。紧随其后的影视内容在消费级市场中的比例超过 30%，到 2021 年 VR 影视的市场规模将达到 87.9 亿元人民币。

（2）企业级应用

虽然目前企业级内容市场在 VR 市场规模中的比例不足 1%，但其市场增长速度将始终保

[6] 艾瑞咨询．中国虚拟现实（VR）业研究报告．

持在高位，年复合增长率为 355.0%，预计到 2021 年，VR 企业级内容的市场规模将达到 87.7 亿元人民币。教育和培训的巨大需求是企业级内容市场快速增长的主要原因，国家政策层面高度重视教育信息化，对 VR 教育的利好势必会进一步推动市场规模的扩大。

（3）VR 营销

2016 年，VR 营销市场规模为 0.3 亿元人民币。随着 VR 市场变得越来越主流，VR 技术开始进入传统的广告营销领域。诸如 360° 全景广告、App 内置广告、VR 直播广告、品牌体验活动等层出不穷，VR 营销市场呈现出形式多样化的特点， 2021 年市场规模将达到 19.8 亿元人民币。

11.2.1.2 无人驾驶汽车

（1）无人驾驶汽车的催生因素

在交通现状、政策规划、用户需求、技术的推动下，尤其是 5G、 AI 等技术的大力推动下，逐步形成了车路协同、融合的新一代智能交通新生态。无人驾驶催生因素如图 11-6 所示。

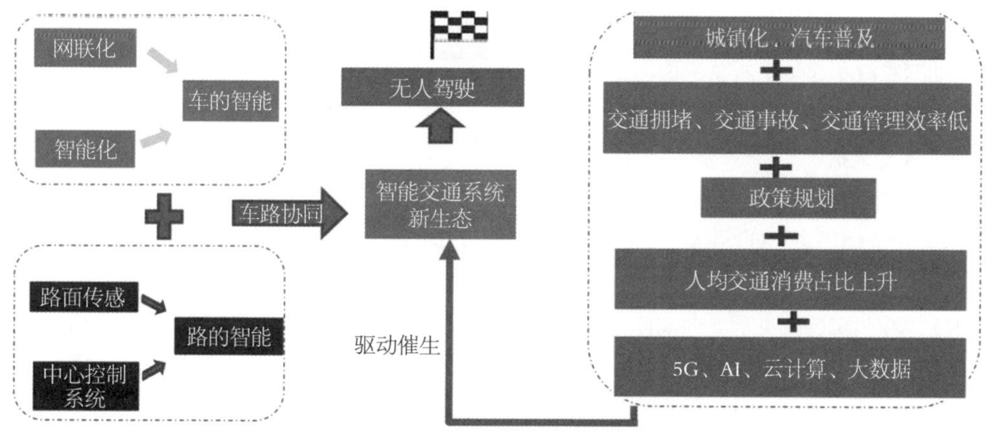

图 11-6 无人驾驶催生因素

（2）无人驾驶汽车的核心玩家

传统车企、造车新势力、科技公司、共享出行都在争夺这诱人的市场。核心玩家分三大阵营：第一阵营是传统车企和造车新势力，国际上有通用、丰田等汽车厂商，国内有以上汽为首的 7 家本土品牌，同时还产生了特斯拉、小鹏汽车等造车新势力；第二阵营是以 BAT 为首的科技公司；第三阵营是共享出行，如图 11-7 所示。

图 11-7　无人驾驶玩家三大阵营

（3）5G 背景下无人驾驶汽车的发展

5G 可帮助自动驾驶弥补车端的感知能力和算力，以及通信交互不足问题，让自动驾驶更智能更安全：4G 网络速度并不能满足自动驾驶需要，5G 的传输速度比 4G 快百倍以上，能够为自动驾驶汽车提供更丰富的信息，让自动驾驶汽车在紧急时刻做出精准决策，保证用户的安全性，5G 网络连接让自动驾驶更快、更智能、更安全。

11.2.1.3 无人机

无人驾驶航空器（Unmanned Aerial Vehicle，UAV），简称为无人机，其全球市场在过去 10 年中大幅增长，现在已经成为商业和消费应用等的重要工具。无人机能够支持诸多领域的解决方案，可以广泛应用于建筑、石油、天然气、能源、公用事业和农业等领域。当前，无人机技术正在朝军民融合的方向高速发展，无人机产业已经是国际航空航天领域最具活力的新兴市场，成了各国经济增长的亮点。

（1）5G 对无人机的影响

无线通信在过去 20 年经历了突飞猛进的发展，从以语音为主的 2G 时代，发展到以数据为主的 3G 和 4G 时代，目前已经步入万物互联的 5G 时代。移动网络在继续丰富人们的沟通和生活的同时，也向全行业数字化转型提供能力，提高各行业的运作效率和服务质量。5G 以全新的网络架构，提供 10Gbit/s 以上的带宽、毫秒级时延、超高密度连接，实现网络性能新的跃升。ITU 定义了 5G 三大场景：增强移动带宽（enhanced Mobile Broadband，eMBB）、超高可靠低时延通信（ultra-Reliable Low-latency Communications，uRLLC）、大规模机器类通信（massive Machine-Type Communications，mMTC）。

无人机行业的高速发展，对无人机通信链路提出了新需求，呈现出与蜂窝移动通信技术紧密结合的发展趋势，形成“网联无人机”。业界预测，无人机与移动通信的结合，将给产业界带来 10 倍的商业机会。移动运营商经过几十年的发展覆盖了全球 70% 的陆地及 90% 的人口。以往无线信号主要覆盖地面的人和物，没有专门为无人机设计空中覆盖，低空数字化是一块有待开发的宝藏。在 5G 时代，5G 蜂窝移动通信技术与无人机的结合使得这些原本难以想象的想法成为可能。

（2）5G 无人机的构成与分类

未来网联无人机包括六大部分：飞控系统、通信系统、导航系统、机载计算机系统、任务载荷系统以及安全飞行管理系统，如图 11-8 所示。

图 11-8 网联无人机六大部分

飞控系统，使网联无人机实现高可靠、稳定的飞行操作，并向智能化和微型化升级；通信 / 导航系统，使得网联无人机具备低时延、大带宽超视距远程控制、路径规划、自主导航、集群飞行的能力；安全飞行管理系统，使网联无人机具备认证、实时安全加密的能力；任务载荷系统，实现网联无人机载荷数据的实时联网传输、本地 / 云端系统的智能化分析能力；机载计算机系统，使得网联无人机具备智能环境感知、智能识别以及能力开放的能力。

根据上述分析，未来的机载终端归纳为 ABC 3 类，以满足不同行业应用场景下需求：A 类，保障安全飞行；B 类，无人机远程超视距实时控制 + 保障安全飞行；C 类，超大带宽，智能化分析。3 类机载终端主要功能规格见表 11-13。

表11-13 3类机载终端主要功能规格

对比项	A 类（安全飞行）	B 类（超视距实时远控 + 安全飞行）	C 类（超大带宽 + 端侧智能化）
数据业务速率	DL：100Kbit/s UL：100Kbit/s	DL：100Kbit/s UL：150Mbit/s	DL：100Kbit/s UL：1000Mbit/s
E2E传输时延	小于500ms	小于20ms	小于500ms
神经网络单元	NA	NA	YES
蜂窝辅助定位/GPS定位	粗精度（米级）小于10m（水平和垂直方向）	高精度（厘米级）小于0.1m（水平和垂直方向）	粗精度（米级）小于10m（水平和垂直方向）
其他能力	低功耗，低成本； 工业级高可靠； 安全加密	精准授时； 安全加密； 工业级高可靠， 视频编码处理、视频图像传输增强	视频编码处理； 视频图像传输增强； 本地智能，能力开放

（3）5G 无人机的应用场景

5G 具备的超高带宽、低时延高可靠、广覆盖大连接特性，与网络切片、边缘计算能力结合，将进一步拓展无人机的应用场景，使能低空数字化经济。在国内，无人机结合 5G 的试点应用已经悄然起步。

1）VR 直播

业内公司一直尝试 VR 直播在综艺娱乐和体育直播中落地应用可行方案。但因 4G 网络环境的带宽限制无法满足高清 VR 视频的传输需要，即使在用于内容采集的 VR 摄像机拥有超清 VR 视频采集和直播能力的情况下，用户终端的观看体验仍然欠佳，导致 VR 直播应用发展缓慢。随着 5G 时代的来临，这一问题将彻底改变，5G 网络可实现上行单用户体验速率 100Mbit/s 以上，空口时延 10ms，将使得 VR 直播更加流畅、更加清晰、用户体验更优。

通过挂载在无人机机体上的 360° 全景相机进行视频拍摄；全景相机通过连入 5G 网络的 CPE 将 4K 全景视频通过上行链路传输到流媒体服务器中；用户再通过 VR 眼镜或 PC 从该服务器拉流观看，如图 11-9 所示。

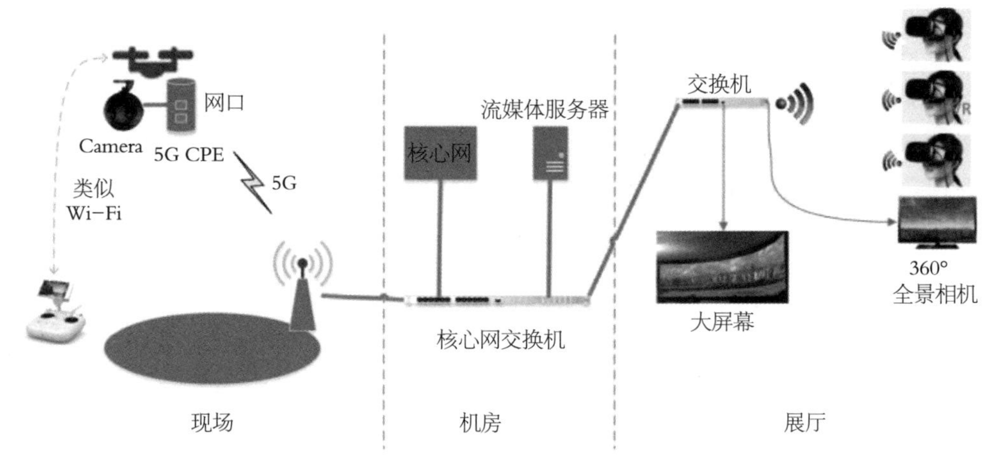

图 11-9　基于 5G 无人机的 VR 直播组网

2）基站巡检

在移动通信系统中，空间无线信号的发射和接收都是依靠移动基站天线来实现的。基站天线的工程参数主要有挂高、俯仰角、方位角和位置经纬度。这些参数对基站的电磁覆盖有决定性的影响，无线网络的运行质量与天线参数的正确性密切相关。因此，基站天线工程参数定期检测是移动通信系统维护基本的、重要的工作之一。

常规的人工攀爬基站巡检受到多方面（包括天气、环境、仪表、人员操作等）因素的影响，造成人工巡检效率较低，无法按时完成任务。通过 5G 网联无人机基站巡检方式，在降低了人工劳动强度的同时降低了人工登塔作业安全风险，提高了巡检效率的同时节省了时间成本。网联无人机采集、拍摄基站数据并回传数据至主服务器，人工对数据进行处理，并编辑生成报告，如图 11-10 所示。

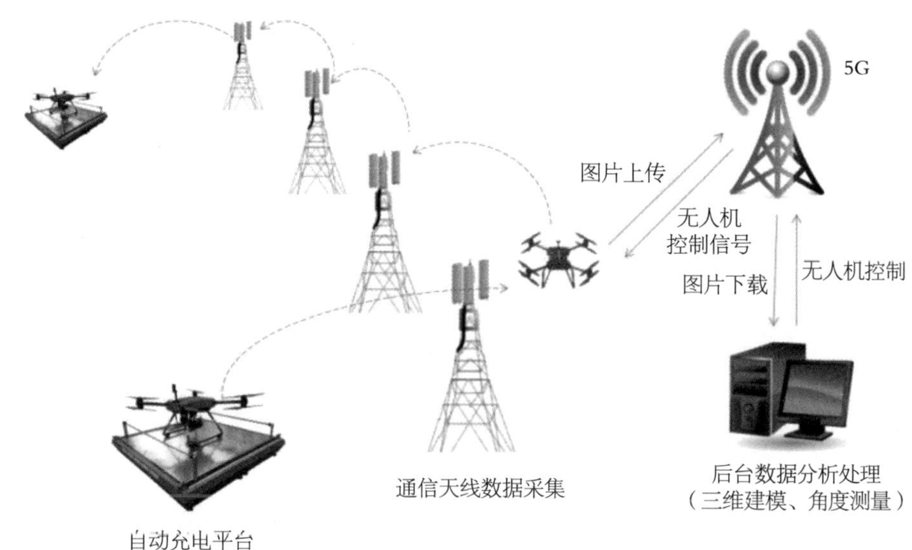

图 11-10　基于 5G 无人机的基站巡检示意

巡检生成的数据量大，4G 或传统微波电台无法进行实时数据传输，只能后期进行数据处理。由于测量误差要求较高，故应配备高精度定位模块，需利用 5G 大带宽、低时延、高可靠性特点，对采集数据进行高精度定位。通过 5G 网络可将网联无人机连入无人机管理云平台，对多架基站巡检无人机进行实时监控。

3）水务

无人机在水务方面的应用越来越广泛，如水质监测、日常巡查、水文数据获取、防汛抗洪、水土保持监测等。

网联无人机水质监测是在水务方面的创新性应用。无人机载多光谱相机进行水体地物多光谱采集。利用采集的多光谱影像，通过自主研发的聚类分析算法，对多光谱遥感影像数据进行针对水质特征的影像聚类分析，得出水质状况定性结论。结合抽样水样检测数据获得定量数据，综合分析，可总体掌握监测水域的水质状况。

该应用要求在 150m 飞行高度上，通过使用具备垂直波束调整能力的大规模天线，有能力达到 50Mbit/s 上行速率；在 300 ~ 500m 飞行高度上，要达到 50Mbit/s 上行速率。这对 5G 网络覆盖及部署提出了较高要求，可以考虑引入低频上行载波、增加上行时隙配比以及调整天线下倾角度等增强手段解决。基于 5G 无人机的水务作业示意如图 11-11 所示。

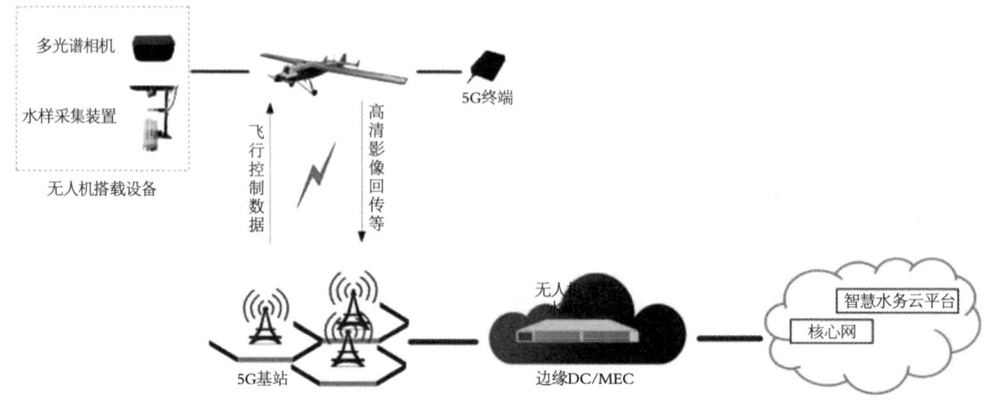

图 11-11　基于 5G 无人机的水务作业示意

相比监测站点和人工排查的方案，利用网联无人机获取水文水质数据，覆盖面积更广、成本更低、效率更高，能实现全流域的实时动态水质监测和强大的水文水质数据获取能力，拥有广阔的市场发展前景。

4）物流配送

近年来，国内外的主要物流企业纷纷开始布局无人机配送业务，以实现节省人力、降低成本的目的。通过 5G 网络，可以实现物流无人机状态的实时监控、远程调度与控制。

在无人机工作过程中，借助 5G 网络大带宽传输能力，实时回传机载摄像头拍摄的视频，以便地面人员了解无人机的工作状态。同时，地面人员可通过 5G 网络低时延的特性，远程控制无人机的飞行路线。此外，结合人工智能技术，无人机可以根据飞行任务计划及实时感知的周边环境情况，自动规划飞行路线，如图 11-12 所示。

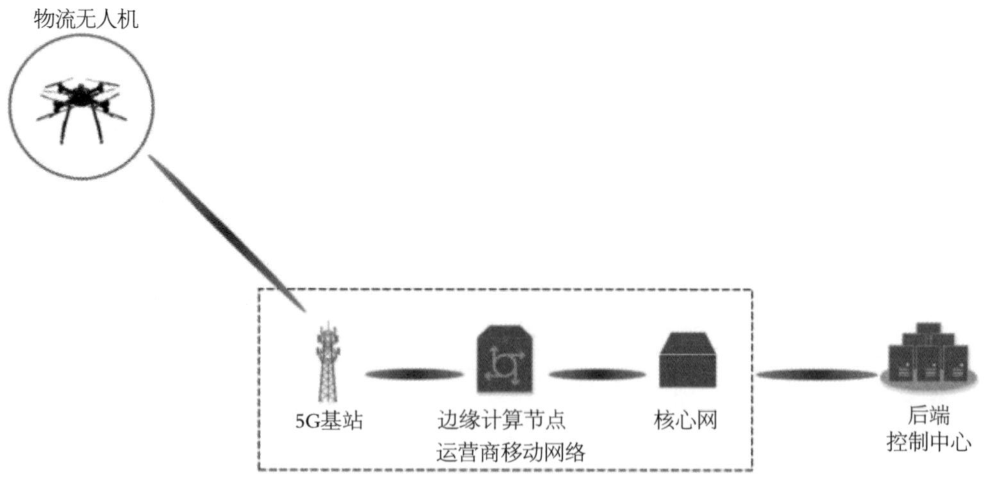

图 11-12　基于 5G 无人机的物流配送示意图

5）野外科学观测

野外科学观测是指在野外条件下通过对生态环境、动植物的指标要素进行长期采集、数据积累和测定，确定其变化趋势，帮助科研人员进行研究，是生态学、气象学等领域的基本研究手段。野外科学观测地点普遍远离城市，通过应用多种传感器、视频监控设备、数据采集器、通信网络等基础设施，能够实现科研数据的采集、存储、传输，形成信息化的研究环境。然而，在广域的青藏高原冰川、内蒙古草原、新疆戈壁等环境下，建立监测系统需要的成本较高。

无人机基于规划路线飞行，可实现广覆盖、低成本的视频数据和遥感数据的采集。5G 网络增加监测视频数据和遥感数据的上行传输速率，并降低空中接口时延，提高野外科学观测的效率。结合 5G 网络的大带宽和低时延、高可靠性能，实现系统原始数据科学观测、视频数据的实时观测。如：气象领域高频的原始流数据采样频率较高（10Hz），基于 LTE 网络实现实时数据传输困难。另外，在观测系统架构中，通过边缘计算在本地筛选并计算有效数据，剔除重复和无效数据，提高系统工作效率[7]。

基丁 5G 无人机的野外科学观测示意如图 11-13 所示。

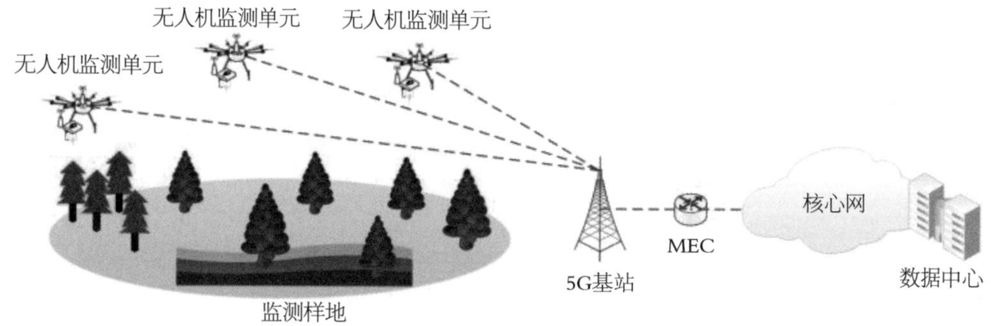

图 11-13 基于 5G 无人机的野外科学观测示意

11.2.2 应用场景拓展

2019 年 6 月，工业和信息化部向中国移动、中国电信、中国联通及中国广电发放了 5G 牌照，标志着我国进入 5G 商用阶段，意味着 5G 愿景已经到来。但 4K/8K 超高清视频、VR、智能家居、智慧医疗、智慧交通及工业互联网等应用场景的产业链成熟度各不相同，对 5G 网络的性能需求各异，因此，各应用场景的发展步调不同，落地时间有先后顺序。整体来看，5G 网络及产业链成熟度高的应用场景落地更早，发展速度更快，如图 11-14 所示。

[7] IMT-2020(5G) 推进组 .5G 无人机应用 . 白皮书 .

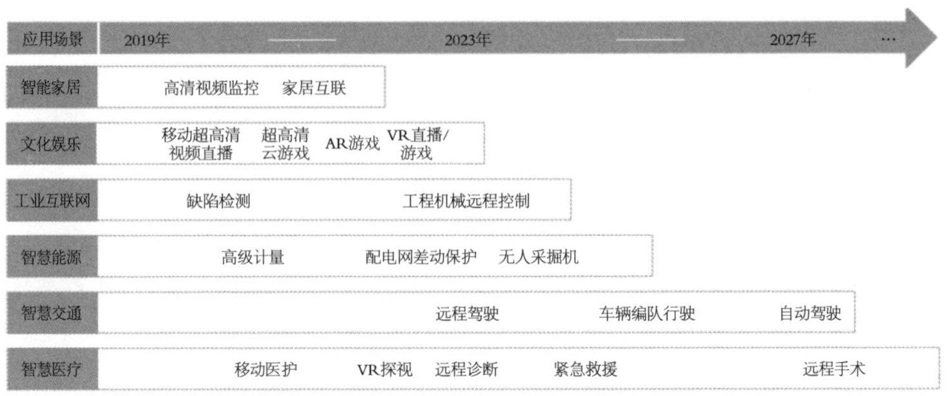

图 11-14　5G 应用场景落地时间

11.2.2.1 VR 教育

虚拟现实是一种可以创建和体验虚拟世界的计算机仿真系统[8]，其融合应用了多媒体、传感器、新型显示、互联网和人工智能等多领域技术，能够拓展人类感知能力，改变产品形态和服务模式，给经济、科技、教育、文化、军事、生活等领域带来深刻影响。目前，全球虚拟现实产业正从起步培育期向快速发展期迈进，处于行业发展的关键期。因此无论是国家层面还是行业层面，都对此给予了高度关注。一方面，国家重视并鼓励 VR 行业的发展，如工业和信息化部《关于加快推进虚拟现实产业发展的指导意见》（工信部电子〔2018〕276 号）文件指出，要把握虚拟现实等新一代信息技术孕育发展机遇，推动我国虚拟现实产业链到 2020 年基本健全，在经济社会重要行业领域的应用得到深化，核心关键技术创新取得显著突破；到 2025 年，我国虚拟现实产业整体实力进入全球前列，掌握虚拟现实关键核心专利和标准，形成若干具有较强国际竞争力的虚拟现实骨干企业。另一方面，VR 获得了行业层面的大发展，尤其是从 2016 年开始，VR 产业迎来一次大爆发，其产品逐步推广普及。在各个行业的 VR 应用逐步展开，有更多的企业和资本涌入 VR 市场，内容产业和技术支撑更加成熟，用户规模得到了一定的提升。

（1）VR 教育的现状

VR 能够对经济、文化、军事等众多领域产生影响，但其对教育行业的影响尤为深远。VR 技术能够构建虚拟学习环境，将抽象、不易理解的知识以形象、生动、直观的形式呈现，学习者使用 VR 设备就可以进入虚拟课堂中沉浸式地“体验”知识，而不再是枯燥地死记硬背。可以说，VR 教育是教育创新的新方向，是教育行业基础性的变革。

尽管 VR 教育发展前景巨大，但在实际落地的过程中遇到了不小的阻碍，主要问题是信号传输速率过低。VR 应用是典型的大带宽、低时延业务，通常发生在室内。为了满足越来越多

[8]　“科普中国”科学百科词条 .

的应用场景体验，设备移动性是需要考虑的其中一项重要指标，这就需要设备通过无线网络传输。4G 网络传输速率，无法满足 VR 教育的需求。

5G 时代的到来，我们将看到“时延的 10 倍改善，流量的 100 倍改善，以及网络效率的 100 倍提高”。5G 技术的大带宽、低时延、大连接的技术特点能够解决 VR 技术中的一些重要障碍，5G 网络将可以提供随时随地 100Mbit/s 大带宽，满足 4K VR 分辨率或以上的高清画质体验，同时 5 ~ 8ms 的网络时延将消除眩晕感。

（2）5G Cloud VR 教育的解决方案

5G Cloud VR 教育行业解决方案采用分层提供服务支持的设计思想，坚持数据、服务、应用相分离的架构原则，在保持灵活性和扩展性的前提下，实现数据统一管理。其总体框架如图 11-15 所示。

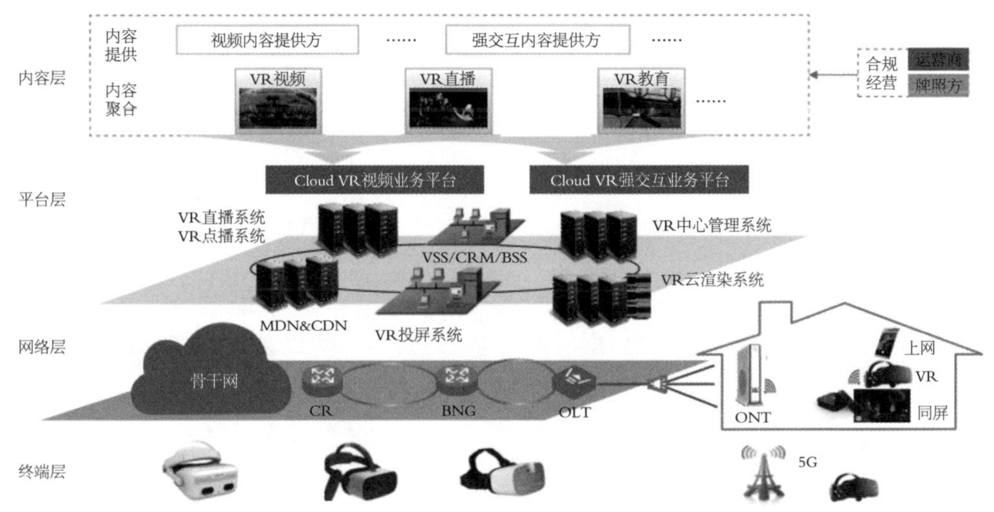

图 11-15　5G Cloud VR 教育行业解决方案架构

系统对每一层定义明确的功能接口，同时在层次内实现组件化的接口。层次化、模块组件化的实现，使系统具备了最大程度的灵活度，从而能对业务需求的变化做出快速的反应，使系统具有很好的扩展性。

内容层：主要负责向平台层提供 VR 内容，包含内容提供方和内容聚合方。VR 的内容主要包括 Cloud VR 视频业务及 Cloud VR 强交互业务。

平台层：对 Cloud VR 视频业务和 Cloud VR 强交互业务提供云渲染、流化、转码、存储、编码等功能。Cloud VR 视频业务平台负责 VR 视频的导入、转码、存储和播控分发处理，包含 VR 点播系统、VR 直播系统、MDN&CDN 等。其架构与当前成熟的 IPTV、OTT 视频业务平台的本质区别在于：Cloud VR 视频业务平台需要支持全景视频数据传输，需要布局 FOV 传输的能力；Cloud VR 强交互业务平台负责对强交互业务进行渲染，包含实例运行、逻辑技术、实时渲染、实时推流等功能，为每个用户在云端生成一个应用实例，对其 VR 画面进行实时渲染、编码和推流。VR 投屏系统通过建立可靠的消息同步机制，使得 VR 头盔与机顶盒之间的消息可以互通，实现 VR 内容在家庭电视上的同屏显示，可以随时与家人共享 VR 世界中的视野。

网络层：主要包括骨干网、城域网、接入网等部分，负责为 Cloud VR 业务提供大带宽、低时延的稳定传输。

终端层：主要实现 VR 内容的呈现以及用户（设备）鉴权等功能。

（3）5G+VR 教育的应用场景

教育一直拥有广大的 B 端与 C 端市场，同时用户购买力较强。新兴信息技术正在与传统教育行业相融合，VR+ 教育正是其中一个新的方向。Cloud VR 构筑的内容云平台可以帮助 VR 教育体系化，便于内容方开发新的教学课件，还便于后续的统一更新和维护，学生使用的成本也将降低，可打破现有“打着教育的旗号卖硬件”的尴尬局面。

1）智慧教室

由至少 1 个直 / 录播授课教室 +*N* 个接收教室组成，利用 5G 技术大带宽、低时延、大连接的特点，将授课教室的实时上课画面通过 5G+VR 教室核心终端传输到接收教室，再利用 VR 技术让接收教室的学生进行多视角的沉浸式教学，让远在千里之外的学生可以近距离观看教师的实验操作、重难点讲解。授课教室的老师可利用 5G+VR 教室核心终端实时查看接收教室的情况，进行实时互动，如图 11-16 所示。

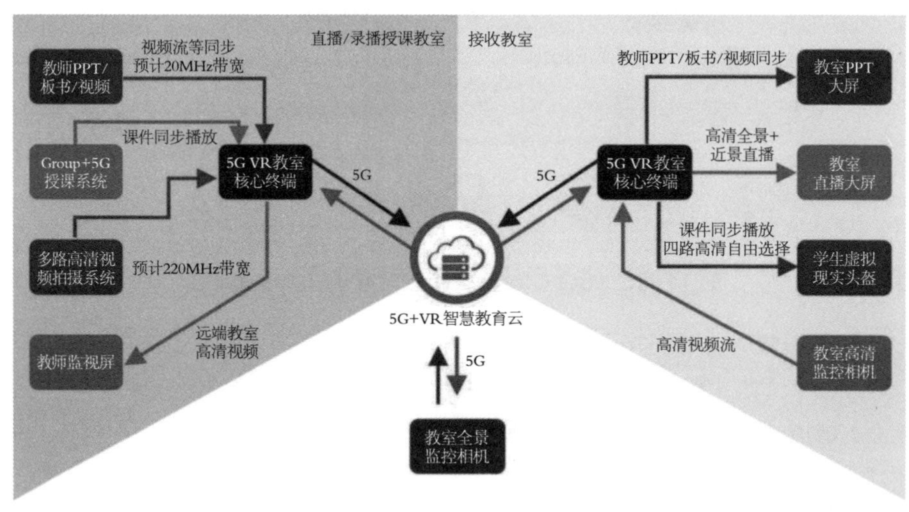

图 11-16　5G+VR 直 / 录播解决方案架构

通过 5G+VR 教育公共服务云平台（云端教学管理 / 存储系统）可实现两端教室实时分发各类教学资源与应用，让异地多校多人同时进行实时测评、实时汇总学习情况的教学成为可能。

5G+VR 直 / 录播授课教室主要为建设优质教学资源直 / 录播源，让名师名校授课过程通过该教室得以直播和录播。该教室通过搭配多路高清（全景和平面）直 / 录播系统、虚拟现实头显、5G+VR 智慧教室终端等软硬件设备实现直 / 录播授课教室上课过程多角度、全方位地展示给接收教室端。不仅可以实现远程直播、实时互动，还可将日常上课过程进行录制，以此形成大批量的四路高清教学视频资源上传到 5G+VR 教育公共服务云平台，供其他学校师生学习和参考，如图 11-17 所示。

图 11-17 5G+VR 直 / 录播授课教室效果

接收教室由 VR 一体机、触碰交互集控台、VR 教学管理系统、VR 内容与设备管理系统、高密度无线网络设备等软硬件组成。5G+VR 接收教室是相对于直 / 录播教室而言的，主要接收直 / 录播教室直播申请，与授课教室的所有学生同步进行教学授课，也可以自行在 5G+VR 教育公共服务云平台上查找相关教学资源，戴上虚拟现实头显，学生就能体验到多视角的教学，如图 11-18 所示。

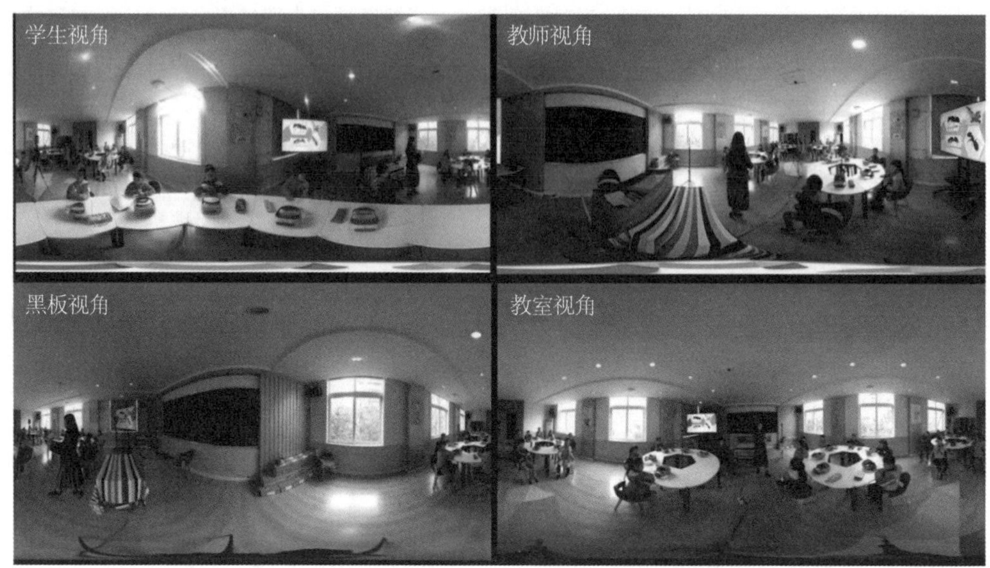

图 11-18　5G+VR 接收教室多视角直 / 录播课程示例

2）虚拟实验室

VR/3D 虚拟实验室由一套软硬件组成，为用户提供了与教学大纲同步的 VR/3D 实验，和以自主性、探究性、智能化为主要特点的 VR/3D 实验探究平台，内容涵盖小学科学、中学物理、中学化学、中学生物。VR/3D 实验室为教师的学科教学、实验教学提供了有效的辅助工具，帮助教师提高教学效率；为学生的自主学习、科学探究提供了生动、逼真的学习体验环境，帮助学生提高核心素养，如图 11-19 所示。

图 11-19　VR 虚拟实验室示意

VR 虚拟实验室具有以下 4 点优势。一是可以通过展示虚拟实验来讲解实验原理、实验方法、实验步骤，让学生充分了解实验的过程，增加学生对实验的了解。虚拟实验课件具有无限量复制特性，学生可以根据自己的需求，随时选择时间完成实验，并可根据需要“真实”地观察实验现象、操作实验仪器。二是用 VR 技术制作教学课件能够持续性发展。采用 VR 技术能够通过软件更新及时保持前瞻性，学校可以及时更新并下载丰富的课件模型，适应不断发展的教学要求，给学生实时教学不同的实验课程。三是使教学场景不受时间、空间的限制。通过 VR 技术，超越时间和空间的限制，可以看透物理世界，也可以明晰化学实验原理，通过体验式学习大大提高学生的理解速度，强化事物的记忆感，加强学生学习效率和提高学生学习兴趣。四是实现开设传统主流教学场景中难以完成的实物实验，通过使用 VR 技术可以突破时间和空间的限制，还原各类危险和复杂实验场景、虚拟真实环境并安全进行各类实验教学。

3）心理健康教育

常规的心理机能训练需要个体在现实环境中与他人、他事进行互动，但个体会因为担心与周围环境的互动不良的结果而有所顾虑，这种顾虑会阻碍个体与周围环境互动的意愿，导致不敢轻易付出行动。利用 VR 技术可以为个体提供一个仿真的、安全的空间环境。在这种安全受保护的空间中，个体不用再担心由于自己的心理技能欠缺所带来的不良心理体验及麻烦。VR 技术为个体进行心理技能训练提供了稳定、安全、受保护的仿真环境，如图 11-20 所示。

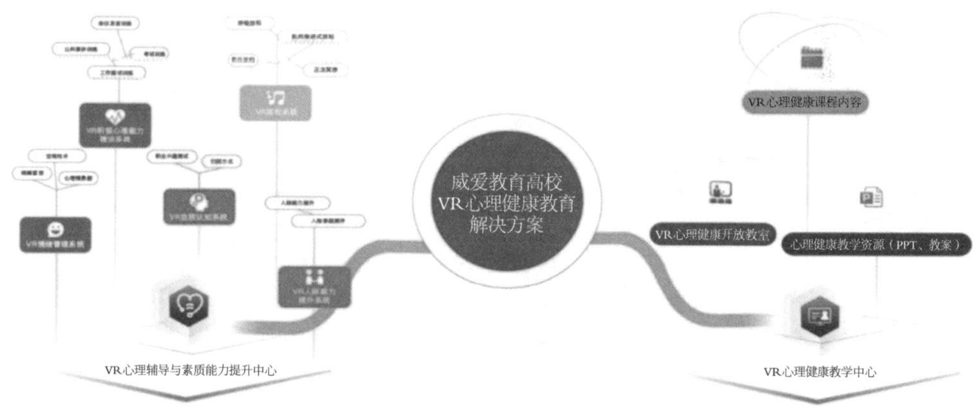

图 11-20　VR 心理健康教育解决方案示意[9]

11.2.2.2 金融

5G 的出现，将为金融行业提供泛在智能的移动互联基础设施，拓展金融服务边界，将为云计算、大数据、人工智能、区块链等技术向金融领域的深度渗透提供网络环境保障，辅助新技术的落地。5G 技术在金融领域的安全审慎与合理应用，将极大地促进金融创新，减少信息不对称等因素带来的系统性风险，有望创新金融产品、革新经营模式、改造业务流程、重构行业生态，提升金融服务的可得性、便捷性、满意度与安全水平，最终实现巩固金融系统稳定性、提升金融服务效能的目的。

（1）5G+ 银行

当下，数字化转型已经成为银行业共识。5G 时代的银行业转型不只是简单的效率提升、服务便利，万物互联意味着金融入口多元化、数据立体化、服务方式更加个性化。应用场景方面，

[9]　5G+VR 教育行业解决方案白皮书 .

5G 会给银行网点带来深刻变革，传统的人与人交互服务将向人与物交互转变，届时便捷、远程、开放等都将成为未来场景的标签。依托 5G 网络环境，叠加“大数据 +”“智能 +”等应用将派生出智慧网点、远程虚拟交易、智能风控、普惠金融以及开放银行等诸多应用场景，为银行业数字化转型带来重要契机。

1）智慧网点

智慧网点突破传统银行分区概念，建立从网点外到网点内的一整套客户服务，通过协同、共享打造智慧高效与娱乐互动兼备的客户服务场所。建立远程支持平台，进行业务办理远程指导及远程审核等服务，实现网点无人化、客户自助化；建立智慧网点物联总控平台，利用物联网、大数据和视频流分析等技术，实现智慧网点设备管理、运营管理、风险预警、环境监测、安全防控、行为分析等统一管控，如图 11-21 所示。国内的中国银行、建设银行、工商银行、浦发银行均有推出此类新型智慧网点。

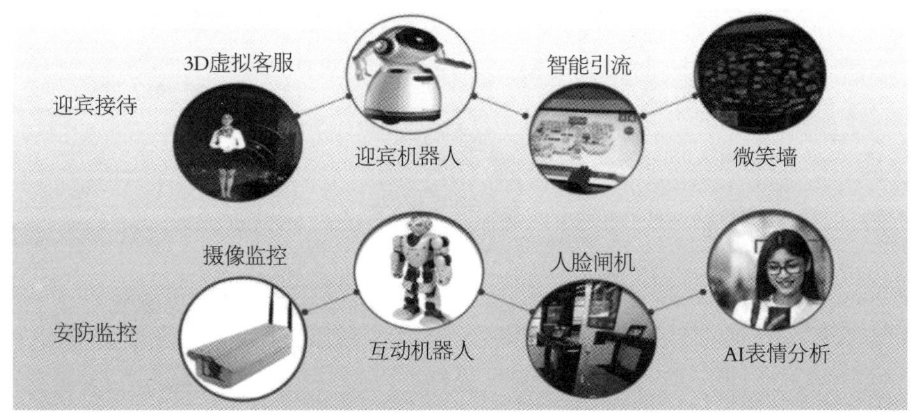

图 11-21　5G 智慧网点场景示意

2）远程虚拟银行

基于 5G 的能力，利用 VR/AR 等沉浸式技术提供新型虚拟场景化服务体验，创新银行与客户的交互模式。客户无须到银行网点即可办理业务。银行可以更顺畅地将远程服务、智能语音交互功能运用到手机或智能设备上，有效优化业务服务流程，减少客户的等待时间。

3）移动支付

5G 时代，VR/AR 云化将不再受到带宽和时延的限制，数据传输、存储和计算功能可从本地转移到云端，将为支付提供更丰富的决策数据辅助和更真实的场景，从而改变现有的支付模式和体验。同时与生物识别技术相结合，未来的支付形态将催生微表情支付、脑电波支付、虹膜支付、声纹支付等多种方式，为客户在消费金融等领域提供更加便捷、舒适的支付体验。

4）智能风控

5G 带来的新业务模式将改变银行的风险管理理念、模式和流程，推动风险监控更全面、智能、高效、精准。一是利用“5G+ 物联网”建立与企业的连接，形成企业产业信息化的数据入口，助力企业产业信息化转型升级；二是建设垂直行业的物联网 SaaS。由点到面将银行信息触角从单一企业延伸到整个产业链，实现产业链上游、下游、合作企业的数据信息整合，形成垂直行业整合一体化；三是采用数据分析手段挖掘企业客观数据，优化企业内部流程，消除信息不对称，降低信用风险。

5G 智能风控平台结构示意如图 11-22 所示。

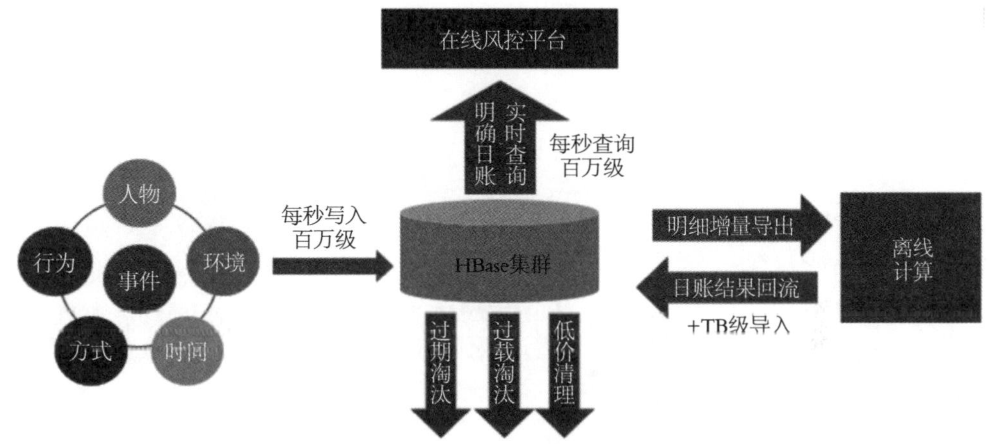

图 11-22 5G 智能风控平台结构示意

5）普惠金融

受限于自身能力、技术系统、信息不对称等因素，传统银行开展普惠金融存在诸多困难，无法做到人群的广泛覆盖。借助 5G 技术，汇集和挖掘海量个人和企业信息，一定程度上能够克服地域分散、信息不对称、风险可控性差、服务成本高等问题，还可以广泛延伸银行服务半径，满足小微企业、三农和偏远落后地区人群的金融服务诉求，推动金融服务均等化。

6）开放银行

随着 5G 应用在金融行业的深入，传统银行业务如支付、授信将与各行业深度融合、跨界互联，充分拓展新渠道、新形式。即银行将各类行业整合到开放银行平台，再通过这些商业生态间接为客户提供各类金融服务，形成共享、开放的平台服务模式。

7）智慧资管

在 5G 助推下，智慧资管将成为新趋势。一方面，各种市场主体的资产属性识别上将迎来全新契机，有助于商业银行更好地打造全流程数字化银行，开展资产抵押和管理业务；另一方面，5G、区块链和大数据技术可以更好地提升资产透明度，提前预警风险变化，解决底层资产不透明及受托人暗箱操作问题。

8）财富管理

5G 环境下，借助大数据技术，银行可以根据用户画像为客户提供千人千面的个性化服务。在此基础上，通过 AI 和量化技术可以辅助管理客户生命周期中的投资体验，辅助达成投资目标，为客户获得平稳、可持续的投资收益。

9）存货融资

5G、物联网、人工智能、大数据等技术为存货融资（仓单质押融资）的快速发展带来新的动能。通过物联网技术对供应链中的“人、系统和设备”进行实体感知、精确定位、实时监测、动态计量、自动预警、反欺诈等操作，使需求端和生产端等各环节的信息可以无缝对接，物品从需求的产生，到下订单、采购原材料、生产、销售、运输、仓储、使用、回收，全流程的物理数据通过物联网技术得以收集，实现对供应链各环节的智能化感知、全流程追踪管理、标准化监管与作业，如图 11-23 所示。

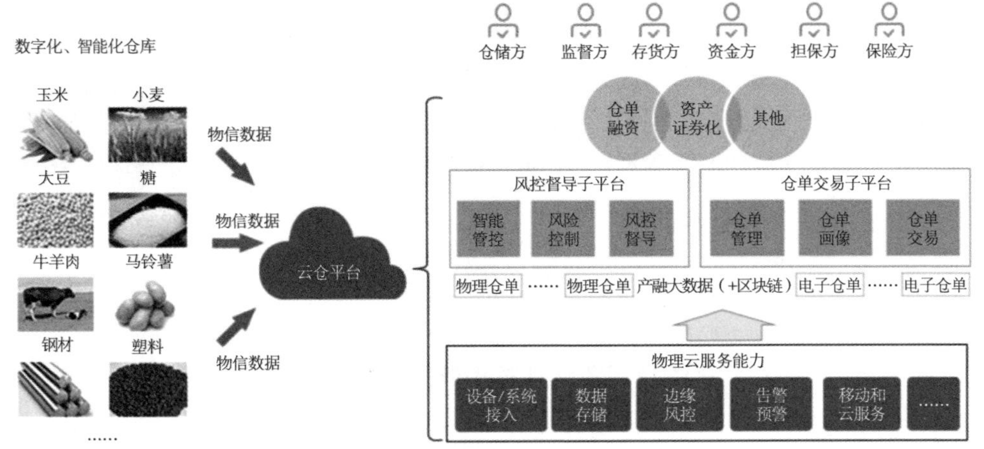

图 11-23　存货融资场景示意

10）供应链管理

利用 5G+ 区块链技术，可以针对一个复杂供应链搭建涵盖上下游原料商、供应商、生产厂商、物流商、分销商、商家、用户等所有利益相关者的联盟链，构筑共识机制，核心企业拥有链上信息穿透查询监管权限。5G 大带宽、低时延特性，提升了 TPS 性能，推动更多数据上链，降低数据篡改风险，保证数据在链上无损流动，避免数据造假、失真，帮助链上企业快速建立信任和契约，会员之间实现点对点交易。这有助于分摊核心企业在传统模式中承担的绝大部分风险，实现核心企业对供应链高效、透明、穿透掌控。

（2）5G+ 证券

在 5G 技术的带动下，多项现有技术将获得新的发展，进而推动移动私人银行、AR 投资助手、VR 移动展业和路演工具等新的场景形成。例如 5G 结合人工智能将带来更丰富的应用场景，促使线下营业部更加智能化，通过综合运用生物识别、语音识别、数据挖掘、机器人、VTM、全息技术、VR/AR、直播等技术，可为客户定制一流的个性化服务体验，更好地支持综合化业务的开展。

1）移动私人银行

建立信任关系是私人银行业务成功的关键，而沟通频次和质量则是建立信任关系的重要影响因素。基于 5G 移动通信的 VR、AR、全息影像技术，可能成为提高沟通质量和沟通频次，又能降低沟通成本的最有效工具，为客户创造全新的投资体验。

2）AR 投资助手

AR 基于知识图谱的智能投研应用或可有助于满足固定、移动等多场景的查询需求。AR 可实时嵌入各类业务场景中，通过语音指令或文字识别快速获取实时行情、财务数据、上下游关联行业、筹码集中度、关联资讯等信息，也可整合到价提醒、大盘异动等通知，通过加入自选、收藏夹等与其他终端联动。

3）普及型低时延交易接入服务

算法交易、高频套利等诸多场景时常对低时延有极致的需求，客户多会采取搭建交易专线或将代码部署到券商机房、部署到交易所托管机房等方式缩短时延。在 5G 的 uRLLC 场景下，结合分片技术或可向客户提供定点的 VIP 低时延交易通道服务，进一步缩短端到端整体时延，免除网络布线。

4）视频证券业务

现阶段，受流量限制，客户更多地通过 Wi-Fi 网络使用视频服务，限制了视频类业务的应用场景。5G 环境下，券商可加大在视频类应用上的投入，为客户创造更优质的体验，具体包括提供更高质量的视频选项，可应用运营商边缘云服务缩短分发距离、优化骨干网带宽，加大在视频内容上的运营力度等。

5）在多样化终端上提供证券应用

mMTC 应用场景将带来多类终端的接入，未来证券应用将覆盖智能电视、智能投影仪、智能音箱、车载设备、VR/AR、全息投影、智能手表等多种设备，并通过绑定统一账户实现互操作；还可利用语音助手同步各终端上的个性化配置，调度各终端上的交互资源，为客户提供一致的用户体验。

6）智慧营业部

5G 与人工智能相结合，将为线下营业部带来技术革新。利用人脸识别和大数据分析技术，营业部可根据客户偏好定制适当的服务流程，包括机器人迎宾、招待材料准备、大屏产品推介、客户经理的服务材料、综合化业务商机挖掘等，全面提升营业部的服务体验与效能。

7）VR 移动展业和路演工具

5G 技术下 eMBB 及 uRLLC 相结合，能有效降低 VR 的眩晕感，从而优化 VR 体验，为此 VR 有望成为移动展业或移动路演最有力的服务工具。利用 VR 技术，业务人员能为客户提供沉浸式的体验，从而助力营销工作。

8）数字化 ABS3 项目风险管理

按照监管要求，现有技术条件下，项目存续期管理人要做到“监测基础资产质量变化情况，持续跟踪基础资产现金流产生、归集和划转情况”较为困难。在 5G 技术支持下，移动资产监测成为可能。项目管理人可通过部署 5G 摄像头和各类传感器，实时监测基础资产的实际运营情况。

9）远程业务适当性管理

合规管理是多种证券业务的重要需求，如私募产品的现场销售、向私募机构引入产品进行代销，均需录音录像或拍照留存。当前这类管理通常采用事后审核的方式，时效性差，如遇问题还需要重新执行流程。eMBB 应用可以将合规审核工作直接前置到工作现场，有效加快审核速度，提升业务效能。

10）数字化运营

通过数字化转型为各业务线赋能，重塑业务模式，是券商踏入数字时代的必然选择，但很多业务发生于线下，难以数字化，也难以利用数据分析进行优化。如办公室资源配置、工位配置等当前主要依赖人工登记，经常出现更新不及时、数据不同步、数据有差错等情况。5G 技术有助于解决线下数据采集困难的问题。

11）热点区域内数字业务的高速接入

随着券商数字化转型的推进，新兴的业务模式不断涌现，对网络提出了新的要求，诸如机构客户集中的金融商务区域、高净值零售客户或潜在客户聚集区域内，均需具备面向移动场景的差异化网络环境。利用边缘计算技术可有效降低网络时延，结合切片技术可提供专用的高速移动接入服务。

（3）5G+ 保险

5G 时代，技术将助力保险公司经营模式转型，从前中后台功能的直接处理，到复杂的定价和承保算法，再到细化的数字营销计划，新的商业模式不断涌现：利用 5G 技术获取的海量数据，数字化和嵌入式销售成为增长的主要渠道，锁定盈利客户，降低交易成本；借助大带宽、海量设备获取数据流，通过应用人工智能、机器学习和其他分析技术，保险公司可以快速识别和精确测量风险，并通过主动风险管理措施向客户即时反馈；此外，随着车联网、智慧城市的兴起，保险公司可调整保费和保障范围，设计新型保险产品。因此，5G+ 保险的应用场景，将跳出保险业务经营的传统模式，更多地表现在以垂直行业对 5G 技术的应用促进保险对各种场景的嵌入，进而派生出智慧营销、产品创新、远程核保、智慧风控、远程查勘等应用场景，提升业务经营效率，改变业务生态。

1）智慧营销

5G 时代，智慧城市下的 5G+ 保险营销将改变传统营销模式，通过云计算、物联网和人工智能等 ICT 技术，构筑城市、企业、个体的保险物联网平台、云数据中心，最终打造智能保险营销平台。通过 5G 广连接下的端侧感知，将物理环境的大数据综合分析、回传，把复杂的海量信息与保险相结合，经过快速计算分析，为城市、企业、个体三者提供符合自身需求特点的保险产品。这样可摆脱原先以代理人为主要渠道的展业方式，升级成通过移动终端与潜在客户完成实时、快速、准确的沟通，深度挖掘客户的保险需求，从而完成高效、高频、高契合的智能保险营销。

2）产品创新

5G 技术的出现让车险的产品开发有了可期待的场景——车联网。车联网的应用和普及将直接给车险行业带来变革和机遇。从产品开发的角度看，无人驾驶、智能网联汽车的发展成熟均将引领保险产品的创新，推动所有的车险产品向智能网络汽车的产品责任险转移，安全责任从司机身上转移到汽车生产厂商以及软件商等。此外，5G 车联网使得汽车成为未来生活“第三空间”成为可能。

3）远程核保

5G 技术与无线医疗相辅相成，不仅能推动远程手术发展，使医疗资源向偏僻地区下沉，还能推动移动医疗设备普及，全面收集患者的健康数据。这些都将为保险的核保规则带来重大变化，即对被保险人的风险判断会更加精确；被保险人的如实告知义务大大减轻，只需开放数据审查权限即可获得最优保险保障；最后，被保险人被拒保的可能性大幅缩小。

4）智慧风控

受环境监测手段的限制，保险公司环境污染责任险查勘、核保环节难以把控，客观上影响了产品的推广和保障机制的有效发挥。5G 的高速率、低时延特点，可有效解决保险公司在经营环境污染责任险上面临的核保难题：一是可利用环境监测及 5G 技术实时查勘保险标的，有效缩短环境污染责任险的核保时间，减少人力物力；二是当企业排放危险物超过一定指标时，可立即向客户端进行反馈，通过对行为主体实施有效干预，及时阻止污染物的扩散，降低被保险企业的责任风险，实现保险的事中风险管理。

5）远程查勘

5G 环境下，结合高清视频、AI 图像识别技术，保险行业开始将无人机技术应用到查勘理赔环节，在大众娱乐、地理测绘、管线巡检、农林作业、治安反恐等场景下，发挥无人机快速现场取证、自动定损的作用，并提供远程保险服务，理赔效率明显提升。2018 年，上海、深圳等地均成功测试了无人机搭载 5G 通信模组，实现无人机 360° 全景 4K 高清视频现场直播。结合保险公司建立的各类图像识别技术下的智能定损平台，对于高价值标的、大尺度场景可实现更准确快速的定损理赔服务。[10]

11.2.2.3 医疗

5G 医疗健康是指以第五代移动通信技术为依托，充分利用有限的医疗人力和设备资源，同时发挥大医院的医疗技术优势，在疾病诊断、监护和治疗等方面提供信息化、移动化和远程化医疗服务，创新智慧医疗业务应用，节省医院运营成本，促进医疗资源共享下沉，提升医疗效率和诊断水平，缓解患者看病难的问题，协助推进偏远地区的精准扶贫。

移动通信经过了几十年的发展以及持续不断的消费升级，通信制式从 1G 的模拟通信时代进入了当前的 5G 全数字、全连接通信时代，带动了各行各业对连接的重新定义与产业升级。从 1G 到 4G 通信时代，通信所提供的服务尽量从各个维度满足人们的数字化消费需求，而对物体的连接缺乏总体规划和思考，可穿戴设备、VR、AR 等应用的广泛普及，以及封闭式场景的数字化变革（工业 4.0、智慧园区、智慧医疗等）对网络提出了新的需求。同时在“互联网 +”

[10] 中国信息通信研究院云计算与大数据研究所 .5G+ 金融应用发展白皮书（2019 年）.

国家战略中明确指出：未来电信基础设施和信息服务要在国民经济中下沉，满足农业、医疗、金融、交通、物流、制造、教育、生活服务、公共服务、教育和能源等垂直行业的信息化需求，改变传统行业，促进跨界创新。因此，5G 网络不仅带来用户体验速率的提升、时延的减少、移动性的增强等，同时还应满足各类垂直行业多样化的业务需求。

国内一些大型医疗机构的移动医疗服务平台初具规模。以华西医院、华西附二院为代表的医疗机构，针对 5G 远程医疗、互联网医疗、应急救援、医疗监管、健康管理、VR 病房探视等方面展开 5G 智慧医疗探索与应用创新研究。这一方面提升医疗供给，实现患者和医疗的信息连接，最大程度提高医疗资源效率，便利就医流程；另一方面医疗数据的价值被进一步挖掘，产生新的移动医疗应用服务。

（1）远程会诊

我国地域辽阔，医疗资源分布不均，农村或偏远地区的居民难以获得及时、高质量的医疗服务。传统的远程会诊采用有线连接方式进行视频通信，建设和维护成本高、移动性差。5G 网络高速率的特性，能够支持 4K/8K 的远程高清会诊和医学影像数据的高速传输与共享，并让医疗专家能随时随地开展会诊，提升诊断准确率和指导效率，促进优质医疗资源下沉，如图 11-24 所示。

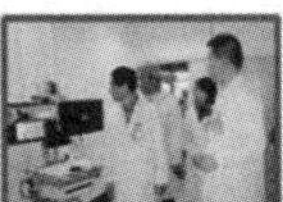

图 11-24　远程会诊应用场景

（2）远程手术

利用医工机器人和高清音视频交互系统，远端医生可以对基层医疗机构的患者进行及时的远程手术救治。5G 网络能够简化手术室内复杂的有线和 Wi-Fi 网络环境，降低网络的接入难度和建设成本。利用 5G 网络切片技术，可快速建立上下级医院间的专属通信通道，有效保障远程手术的稳定性、实时性和安全性，让远端医生随时随地掌控手术进程和病人情况，实现跨地域远程精准手术操控和指导，对降低患者就医成本、助力优质医疗资源下沉具有重要意义。不仅如此，在战区、疫区等特殊环境下，利用 5G 网络能够快速搭建远程手术所需的通信环境，提升医护人员的应急服务能力。远程手术示意如图 11-25 所示。

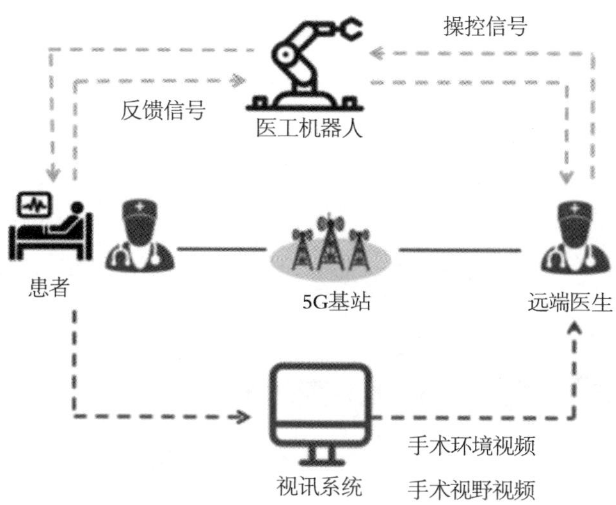

图 11-25 远程手术示意

（3）应急救援

急救医学是一门处理和研究各种急性病变和急性创伤的多专业的综合科学，需要在短时间内对威胁人类生命安全的意外灾伤和疾病采取紧急救护措施；并且还要研究和设计现场抢救、运输、通信等方面的问题，急救设备是急救医学的重要组成部分。

当前，急救医学在我国的发展还处于初级阶段且农村与城市地区发展极不平衡，诸多方面有待改善，急救医务人员结构不合理、设备配置不足等情况仍较严重。在现场没有专科医生或全科医生的情况下，通过无线网络能够将患者生命体征和危急报警信息传输至远端专家侧，并获得专家远程指导，对挽救患者生命至关重要。远程监护能够使医院在第一时间掌握患者病情，提前制定急救方案并进行资源准备，实现院前急救与院内救治的无缝对接。

通过 5G 网络实时传输医疗设备监测信息、车辆实时定位信息、车内外视频画面，便于实施远程会诊和远程指导，对院前急救信息进行采集、处理、存储、传输、共享可充分提升管理救治效率，提高服务质量，优化服务流程和服务模式。基于大数据技术可充分挖掘和利用医疗数据信息的价值，并进行应用、评价、辅助决策，服务于急救管理与决策。5G 边缘医疗云可提供安全可靠的医疗数据传输，实现信息资源共享、系统互联互通，为院前急救、智慧医疗提供强大的技术支撑。

5G 智能急救信息系统包括智慧急救云平台、车载急救管理系统、远程急救会诊指导系统、急救辅助系统等几个部分。智慧急救云平台主要包括急救智能调度系统、一体化急救平台系统、结构化院前急救电子病历系统，主要实现的功能有急救调度、后台运维管理、急救质控管理等。车载急救管理系统包括车辆管理系统、医疗设备信息采集传输系统、AI 智能影像决策系统、结构化院前急救电子病历系统等。远程急救会诊指导系统包括基于高清视频和 AR/MR 的指导系统，实现实时传输高清音视频、超媒体病历、急救地图和大屏公告等功能。急救辅助系统包括智慧医疗背包、急救记录仪、车内移动工作站、医院移动工作站等。应急救援示意如图 11-26 所示。

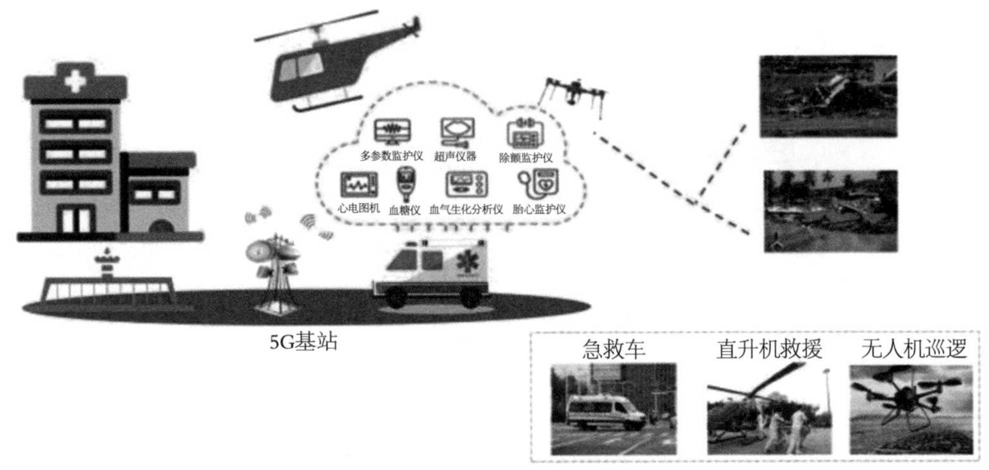

图 11-26　应急救援示意

（4）远程示教

医疗教育指面向医疗卫生技术人员进行的教育培训，用户包括医疗、护理、医技人员。远程医疗教育主要分为会议讲座、病例讨论、技术操作示教、培训研讨、论文与成果发表等形式，可线下组织也可线上远程进行。远程医疗教育培训主要包括：基于音视频会议系统的教学平台、基于使用场景的教学平台和基于 VR/AR 设备的教学平台三类产品形态。其中，基于音视频会议系统的教学平台主要用于病例讨论、病案分享等教学培训，基本功能为音视频会议系统和 PPT 分享。基于使用场景的教学平台除了音视频设备外，还需要结合具体场景对接相应的医学设备，如心脏导管室手术示教、神经外科手术示教、B 超示教等。基于 VR/AR 的虚拟教学平台以 VR/AR 眼镜等可穿戴式设备为载体，结合 3D 数字化模型进行教学培训，对比传统方式，受教者的沉浸感更强，具备更多交互内容，相对使用成本更低。

5G 手术示教指通过对于医院手术相关病例进行直播、录播等形式进行教学培训，主要面向医院普外科、麻醉科、心外科、神经外科等相关科室医疗技术人员，旨在提高相关科室医护人员案例经验及实操水平。5G 手术示教系统核心功能包括手术图像采集、手术转播、手术指导、手机等移动端应用等。5G 医学示教系统适用于手术室内的多个业务场景，如示教室实时观摩手术、主任办公室观看指导手术、院外医联体医院观看手术、学术会议转播手术、移动端远程指导手术等。远程示教如图 11-27 所示。

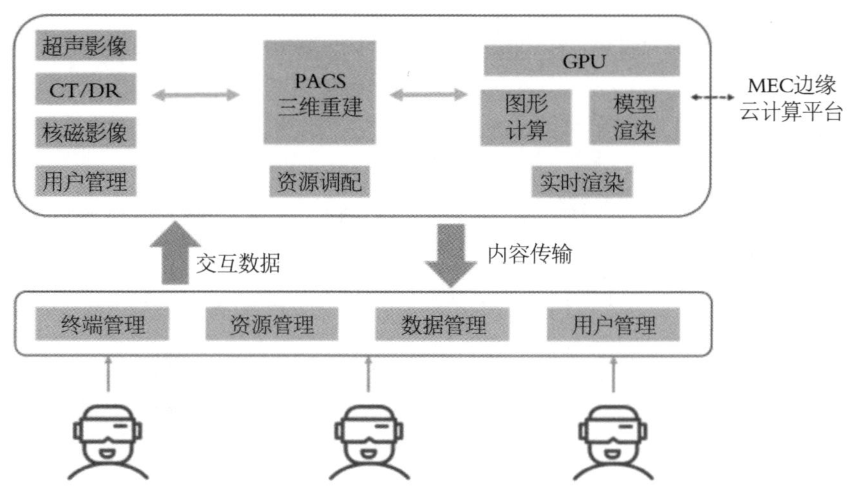

图 11-27　远程示教示意

（5）智慧导诊

随着医疗体制改革的不断深入，利用现代医疗信息化手段，优化就医流程，让广大患者有序、轻松就医已成为医院提高服务水平的迫切需求。医院通过部署采用云－网－机结合的 5G 智慧导诊机器人，利用 5G 边缘计算能力，提供基于自然语义分析的人工智能导诊服务，可以提高医院的服务效率，改善服务环境，减轻大厅导诊台工作人员的工作量，减少医患矛盾纠纷，提高导诊效率。智慧导诊示意如图 11-28 所示。

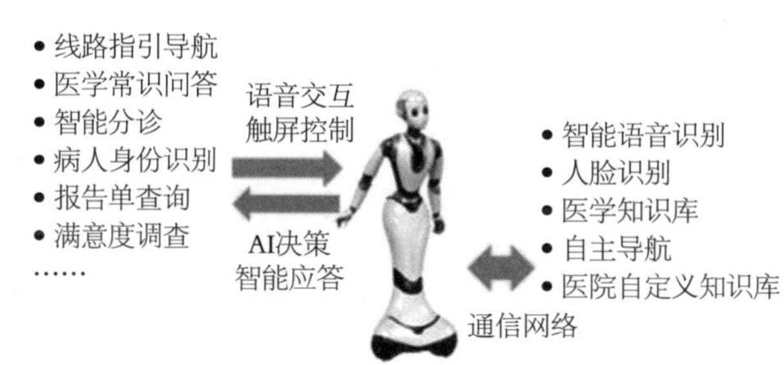

图 11-28　智慧导诊示意

（6）移动医护

移动医护将医生和护士的诊疗护理服务延伸至患者床边。在日常查房护理的基础上，医护人员通过 5G 网络可以实现影像数据和体征数据的移动化采集和高速传输、移动高清会诊，解决 Wi-Fi 网络安全性差的问题，提高查房和护理服务的质量和效率。此外，在放射科病房、传染病房等特殊场所，医护人员还可以控制医疗辅助机器人移动到指定病床，在保护医务人员安全的前提下，完成远程护理服务。移动医护示意如图 11-29 所示。

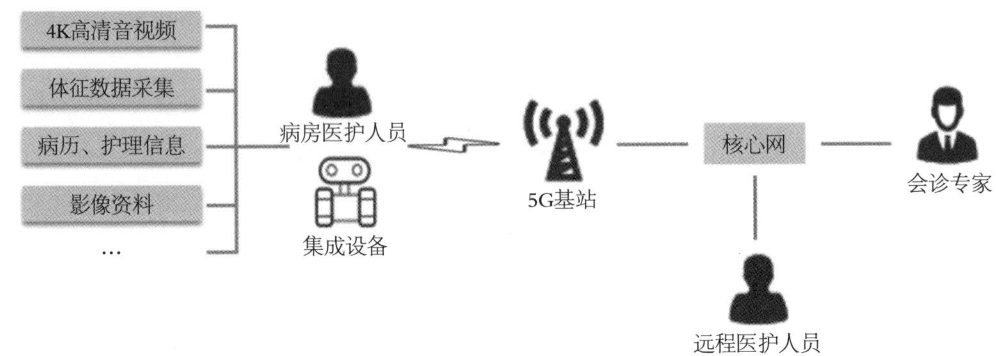

图 11-29　移动医护示意

（7）AI 辅助诊疗

随着计算机技术和医学影像技术的不断进步，医学影像已逐渐由辅助检查手段发展成为现代医学最重要的临床诊断和鉴别诊断方法。5G 智慧医疗解决方案以 PACS 影像数据为依托，通过大数据 + 人工智能技术方案，构建 AI 辅助诊疗应用，对影像医学数据进行建模分析，对病情、病灶进行分析，为医生提供决策支撑，提升医疗效率和质量，能够很好地解决我国医学影像领域存在的诸多问题。比如：供给严重不平衡，影像科医生数量不足，尤其是具有丰富临床经验、高水平的医生十分短缺；诊断结果基本由影像科医生目测和经验决定，误诊、漏诊率高；受限于影像科医生读片速度，耗时较长等 [11]。AI 辅助诊疗示意如图 11-30 所示。

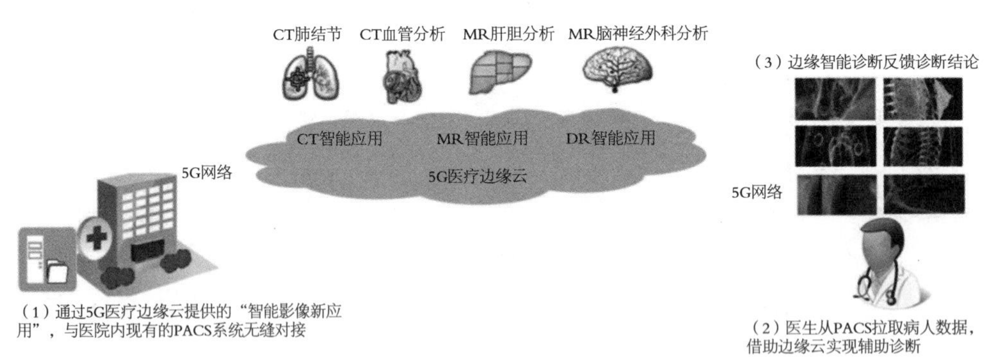

图 11-30　AI 辅助诊疗示意

[11]　互联网医疗健康产业联盟 .5G 时代智慧医疗健康白皮书 .

11.2.3 网络制式演进

5G 网络架构分为 SA 和 NSA。在 3GPP 的 R15 中，分成了两个阶段，第一个阶段发布的是 NSA，第二阶段发布的是 SA，它们的部署是不相同的[12]。

SA 是独立组网，就是一套全新的 5G 网络，包括全新的基站和核心网。NSA 是非独立组网，使用现有的 4G 网络，进行改造升级和增加一些 5G 设备，这样既可以让用户体验到 5G 的超高网速，又不浪费现有的设备。如果从技术理论上来说，SA 无疑是最佳的选择，但 3GPP 不得不考虑目前各大运营商已存在庞大的 4G 网络。如何让 4G 网络设备继续发挥作用，节省投资，又能享受 5G 网络的体验，这就是采用 NSA。

5G 组网分类如图 11-31 所示。

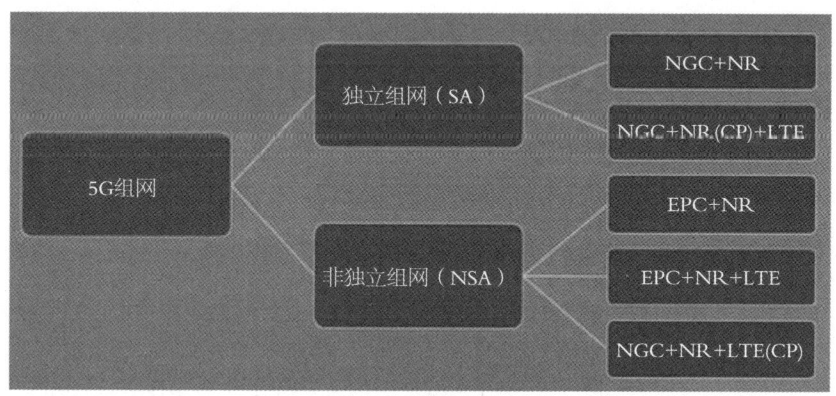

图 11-31 5G 组网分类

在 NSA 和 SA 方式下，又分成了很多选项，为运营商提供组网参考。这么多的选项，就是 3GPP 提供给运营商更多的选择。

SA 选项 2：全新的 5G 核心网和无线网 gNodeB 组网，完全新建。这样的优势可以完全发挥出 5G 的各项性能，按照 3GPP 的标准推进；缺点是需要巨大的投资。SA 选项 5：和选项 2 相比，在该模式下，把原来的 4G 基站进行升级，它也属于独立组网。SA 选项 3：4G 核心网 +（4G 基站与 5G 基站混合），而 SA 选项 4 和 7 则是 5G 核心网 +（4G 基站与 5G 基站混合），区别在于对控制面和用户面的方式不同。运营商大多数选择了 SA 选项 3 的方式，原因很简单，增加的投资不多，却最大程度地实现 5G 的功能。

NSA 一般采用选项 3x 方案，就是把用户面数据分为两部分，会对 4G 基站造成瓶颈的那部分，迁移到 5G 基站，剩下的部分继续走 4G 基站。

SA/NSA 组网方式如图 11-32 所示。

[12] 深入浅出：5G 移动通信标准和架构 .

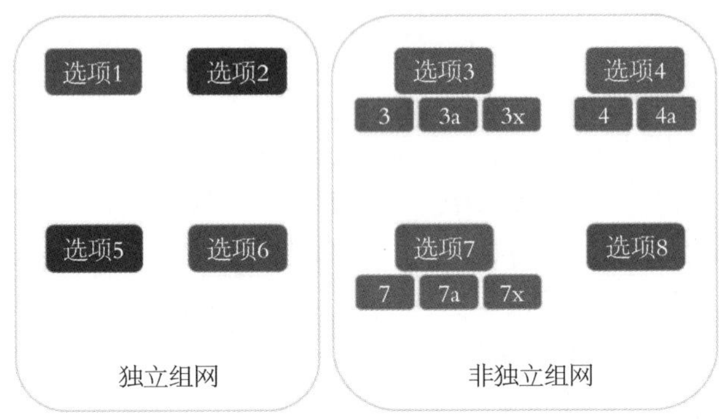

图 11-32　SA/NSA 组网方式

从 SA 和 NSA 组网方式的不同，可总结其中的技术要点。一是 NSA 没有 5G 核心网，是利用现有的 4G 核心网接入的；SA 则是全部采用 5G 架构，包括 5G 的核心网。由于 NSA 是新建 5G 基站 +4G 基站升级支持 5G 的，再连接 4G 核心网，因此在 NSA 组网下，5G/4G 在接入网级互通复杂，虽然利旧了 4G 设备，但组网和运营成本大增。在 SA 组网下，5G 与 4G 仅在核心网级互通，非常简单。二是在 NSA 组网下，终端需要支持 LTE 和 NR 双连接，终端成本更高；在 SA 组网下，终端仅连接 NR 一种无线接入技术，4G 采用回落技术，简单成熟。看似简单的架构区别，背后却会牵涉出很多性能指标差别，这些指标主要包括网络时延、上行带宽、网络灵活敏捷性和服务可靠性等。三是从技术角度来说，NSA 肯定要比 SA 差很远，但 NSA 可以利用现有的设备，节省投资并快速部署 5G，这是运营商愿意使用的关键。

11.2.4 6G 竞赛启动

当前，全球新一轮科技革命和产业变革正在加速演进，人工智能（AI）、VR/AR、三维（3D）媒体和物联网等新一代信息通信技术的广泛应用产生了巨大的传输数据。资料显示，2010 年全球移动数据流量为 7.462EB/ 月，而到 2030 年，这一数字将达到 5,016 EB/ 月。移动数据流量的快速增长对移动通信系统的迭代提出了更高的要求。

此外，在制造、交通、教育、医疗和商业等领域，智能化正成为不可逆的趋势。为了实现智慧城市的愿景，数百万个传感器将被嵌入到城市中的车辆、楼房、工厂、道路、家居和其他环境中，需要具有可靠连接性的无线高速通信方式来支持这些应用。随着通信需求的提升，移动通信从 1G 逐步发展至现在的 5G，并且 5G 已经在全球范围内开始大规模部署。

5G 与 4G 相比，能够提供新功能并实现更好的服务质量（QoS）。尽管如此，以数据为中心的智能化系统的快速增长对 5G 无线系统的能力带来了巨大挑战。例如要保证虚拟现实（VR）设备良好的用户体验，至少需要 10 Gbit/s 的数据速率，这已经是超越 5G（B5G）后才能实现的目标。为了克服 5G 应对新挑战的性能限制，需要开发具有新功能特性的 6G 无线系统。一方面，6G 要实现对传统蜂窝网络所有功能的融合，例如支持网络致密化、高吞吐量、高可靠性、低能耗以及大规模连接。另一方面，6G 将运用新技术实现服务和业务的拓展，包括 AI、智能可穿戴设备、自动驾驶汽车、扩展现实（XR）和 3D 投影等。

11.2.4.1 6G 关键性能指标

6G 网络将实现甚大容量与极小距离通信（VLC&TIC）、超越尽力而为与高精度通信（BBE&HPC）和融合多类通信（ManyNet），相较于 5G，6G 的峰值速率、用户体验速率、时延、流量密度、连接数密度、移动性、频谱效率、定位能力、频谱支持能力和网络能效等关键指标都有了明显的提升。5G 与 6G 关键性能指标对比见表 11-14。

表11-14 5G与6G关键性能指标对比

指标	5G	6G	提升效果
速率指标	峰值速率：10～20Gbit/s 用户体验速率：0.1～1Gbit/s	峰值速率：100Gbit/s～1Tbit/s 用户体验速率：Gbit/s	10～100倍
时延指标	1ms	0.1ms，接近实时处理海量数据	10倍
流量密度	10Tbit/s/km^2	100～10,000Tbit/s/km^2	10～1,000倍
连接数密度	100万个/km^2	最大连接密度可达1亿个连接/km^2	100倍
移动性	500km/h	大于1,000km/h	2倍
频谱效率	可达100bit/s/Hz	200～300bit/s/Hz	2～3倍
定位能力	室外10m，室内几米甚至1m以下	室外1m，室内10cm	10倍
频谱支持能力	Sub6G常用载波带宽可达100MHz，多载波聚合可能实现200MHz；毫米波频段常用载波带宽可达400MHz，多载波聚合可能实现800MHz	常用载波带宽可达到20GHz，多载波聚合可能实现100GHz	50～100倍
网络能效	可达100bits/J	可达到200bits/J	2倍

11.2.4.2 6G 研究进展

（1）中国

我国已正式启动 6G 研发。2019 年 11 月 3 日，我国成立国家 6G 技术研发推进工作组和总体专家组，标志着我国 6G 研发正式启动。目前涉及下一代宽带通信网络的相关技术研究主要包括大规模无线通信物理层基础理论与技术，太赫兹无线通信技术与系统，面向基站的大规模无线通信新型天线与射频技术，兼容 C 波段的毫米波一体化射频前端系统关键技术，基于第三代化合物半导体的射频前端系统技术等。

技术研发方面，华为等公司已经着手研发 6G 技术，并将与 5G 技术并行推进。在硬件方面，6G 天线将更为重要；在软件方面，人工智能在 6G 通信中将扮演重要角色。在太赫兹通信技术领域，中国华讯方舟、四创电子、亨通光电等公司已开始布局。

运营商方面，中国电信、中国移动和中国联通均已启动 6G 研发工作。中国移动和清华大学建立了战略合作关系，双方将面向 6G 通信网络和下一代互联网技术等重点领域进行科学研究合作；中国电信正在研究以毫米波为主频，太赫兹为次频的 6G 技术；中国联通开展了 6G 太赫兹通信技术研究。

（2）美国

早在 2018 年，美国联邦通信委员会（FCC）就对 6G 系统进行了展望，提出 6G 将使用太赫兹频段，6G 基站容量将可达到 5G 基站的 1,000 倍。同时指出，美国现有的频谱分配机制将难以胜任 6G 时代对于频谱资源高效利用的需求，基于区块链的动态频谱共享技术将成为发展趋势。

2019 年，美国决定开放部分太赫兹频段，推动 6G 技术的研发实验。2019 年年初，美国公开表示要加快其 6G 技术的发展。2019 年 3 月，FCC 开放 95GHz ~ 3THz 频段作为实验频谱，未来可能用于 6G 服务。

技术研究方面，美国主要通过赞助高校开展相关研究项目，主要是开展早期的 6G 技术（包含芯片）的研究。纽约大学无线中心开展使用太赫兹频率的信道传输速率达 100Gbit/s 的无线技术的研究。美国加州大学的 ComSenTer 研究中心获得了 2,750 万美元的赞助，开展“融合太赫兹通信与传感”的研究。加州大学欧文分校纳米通信集成电路实验室研发了一种工作频率在 115 ~ 135GHz 之间的微型无线芯片，在 30cm 的距离上能实现每秒 36Gbit/s 的传输速率。弗吉尼亚理工大学的研究认为，6G 将会学习并适应人类用户，智能机时代将走向终结，人们将见证可穿戴设备的通信发展。

美国在空天海地一体化通信特别是卫星互联网通信方面开展较早。截至 2020 年 2 月底，美国太空探索技术公司（Space X）已顺利发射近 300 颗“星链”卫星，成为拥有卫星数量较多的商业卫星运营商。

（3）韩国

作为全球第一个实现 5G 商用的国家，韩国同样是最早开展 6G 研发的国家之一。2019 年 4 月，韩国通信与信息科学研究院召开了 6G 论坛，正式开展 6G 研究并组建了 6G 研究小组，任务是定义 6G 及其用例 / 应用以及开发 6G 核心技术。韩国总统文在寅在 2019 年 6 月访问芬兰时达成协议，两国将合作开发 6G 技术。2020 年 1 月，韩国政府宣布将于 2028 年在全球率先商用 6G。为此，韩国政府和企业将共同投资 9,760 亿韩元。韩国 6G 研发项目目前已通过了可行性调研的技术评估。此外，韩国科学与信息通信技术部公布的 14 个战略课题中把用于 6G 的 100GHz 以上超高频段无线器件研发列为“首要”课题。

技术研发方面，韩国领先的通信企业已经组建了一批企业 6G 研究中心。韩国 LG 在 2019 年 1 月便设立 6G 实验室；6 月，韩国最大的移动运营商 SK 与爱立信及诺基亚建立战略合作伙伴关系，共同研发 6G 技术，推动韩国在 6G 通信市场上提早发展。三星电子在 2019 年设立了 6G 研究中心，计划与 SK 电讯合作开发 6G 核心技术并探索 6G 商业模式，并把区块链、6G、AI 作为未来发力方向。

（4）日本

日本计划通过官民合作制定 2030 年实现“后 5G”（6G）的综合战略。据报道，该计划由日本东京大学校长担任主席，日本东芝等科技公司将会全力提供技术支持，在 2020 年 6 月前汇总 6G 综合战略。

日本在太赫兹等电子通信材料领域优势明显，这是其发展 6G 的独特优势。广岛大学与信息通信研究机构（NICT）及松下公司合作，在全球最先实现了基于 CMOS 低成本工艺的 300GHz 频段的太赫兹通信。日本电报电话公司（NTT）集团旗下的设备技术实验室利用磷化铟（InP）化合物半导体开发出传输速度可达 5G 5 倍的 6G 超高速芯片，目前存在的主要问题是传输距离极短，距离真正的商用还有很长的路。NTT 集团于 2019 年 6 月提出了名为“IOWN”的构想，希望该构想能成为全球标准。同时，NTT 还与索尼、英特尔在 6G 网络研发上进行合作，将于 2030 年前后推出这一网络技术。

（5）英国

英国是全球较早开展 6G 研究的国家之一，产业界对 6G 系统进行了初步展望。2019 年 6 月，英国电信集团（BT）首席网络架构师预计 6G 将在 2025 年得到商用，特征包括“5G+ 卫星网络（通信、遥测、导航）”，以“无线光纤”等技术实现的高性价比的超快宽带，广泛部署于各处的“纳米天线”，可飞行的传感器等。技术研发方面，英国企业和大学开展了一些有益的探索。英国布朗大学实现了非直视太赫兹数据链路传输。GBK 国际集团组建了 6G 通信技术科研小组，并与马来西亚科技网联合共建 6G 新媒体实验室，共同探索 6G 时代互联网行业与媒体行业跨界合作的全新模式，推动 6G、新媒体、金融银行、物联网、大数据、人工智能、区块链等新兴技术与传媒领域的深度融合。英国贝尔法斯特女王大学等大学正在进行 6G 相关技术的研究。

（6）芬兰

芬兰信息技术走在世界前列，在大力推广 5G 技术的同时，率先发布了全球首份 6G 白皮书，对于 6G 愿景和技术应用进行了系统展望。2019 年 3 月，芬兰奥卢大学主办了全球首个 6G 峰会。2019 年 10 月，基于 6G 峰会专家的观点，奥卢大学发布了全球首份 6G 白皮书，提出 6G 将在 2030 年左右部署，6G 服务将无缝覆盖全球，人工智能将与 6G 网络深度融合，同时提出了 6G 网络传输速度、频段、时延、连接密度等关键指标。芬兰已经启动了多个 6G 研究项目。奥卢大学计划在 8 年内为 6G 项目投入 2,540 万美元，已经启动 6G 旗舰研究计划。同时，诺基亚公司、奥卢大学与芬兰国家技术研究中心（VTT）合作开展了“6 Genesis——支持 6G 的无线智能社会与生态系统”项目，将在 8 年内投入超过 2.5 亿欧元的资金。

11.2.4.3 6G 应用场景展望

6G 未来将以 5G 提出的三大应用场景（大带宽、海量连接、超低时延）为基础，不断通过技术创新来提升性能和优化体验，并且进一步将服务的边界从物理世界延拓至虚拟世界，在人 - 机 - 物 - 境完美协作的基础上，探索新的应用场景、新的业务形态和新的商业模式。

（1）人体数字孪生

当前网络条件下，数字技术对人体健康的监测主要应用于宏观身体指标监测和显性疾病预防等方面，实时性和精准性有待进一步提高。随着 6G 技术的到来，以及生物科学、材料科学、生物电子医学等交叉学科的进一步成熟，未来有望实现完整的“人体数字孪生”，即通过大量智能传感器（大于 100 个 / 人）在人体的广泛应用，对重要器官、神经系统、呼吸系统、泌尿系统、肌肉骨骼、情绪状态等进行精确实时的“镜像映射”，形成一个完整人体的虚拟世界的精确复制品，进而实现人体个性化健康数据的实时监测。此外，结合核磁、CT、彩超、血常规、尿生化等专业的影像和生化检查结果，利用AI技术可对个体提供健康状况精准评估和及时干预，并且能够为专业医疗机构下一步精准诊断和制定个性化的手术方案提供重要参考。

（2）空中高速上网

为了给乘客提供在飞机上的空中上网服务，通信界为此做过大量的努力，但总体而言，目前飞机上的空中上网服务仍然有很大的提升空间。当前空中上网服务主要有两种模式——地面基站模式和卫星模式。如采用地面基站模式，由于飞机具备移动速度快、跨界幅度大等特点，空中上网服务将面临高机动性、多普勒频移、频繁切换以及基站覆盖范围不够广等带来的挑战。如采用卫星通信模式，空中上网服务质量可以相对得到保障，但是成本太高。为了解决这一难题，6G将采用全新的通信技术以及超越“蜂窝”的新颖网络架构，在降低网络使用成本的同时保证在飞机上为用户提供高质量的空中高速上网服务。

（3）基于全息通信的XR

虚拟现实与增强现实（VR/AR）被业界认为是5G重要的需求之一。影响VR/AR技术、应用和产业快速发展的一大因素是用户使用的移动性和自由度，即不受所处位置的限制，而5G网络能够提升这一性能。随着技术的快速发展，可以预期2030年以后，信息交互形式将进一步由VR/AR逐步演进至以高保真扩展现实（XR）交互为主，甚至是基于全息通信的信息交互，最终将全面实现无线全息通信。用户可随时随地享受全息通信和全息显示带来的体验升级——视觉、听觉、触觉、嗅觉、味觉乃至情感将通过高保真XR充分被调动，用户将不再受到时间和地点的限制，以“我”为中心享受虚拟教育、虚拟旅游、虚拟运动、虚拟绘画、虚拟演唱会等完全沉浸式的全息体验。

（4）新型智慧城市群

随着数字时代的不断演进，通信网络成为智慧城市群不可或缺的公共基础设施。对城市管理部门而言，城市公共基础设施的建设和维护是重要职责。目前，由于不同的基础设施由不同的部门分别建设和管理，绝大部分城市公共基础设施的信息感知、传输、分析、控制仍处于各自为政的状态，缺乏统一的平台。作为城市群的基础设施之一，6G将采用统一网络架构，引入新业务场景，构建更高效更完备的网络。

未来6G网络可由多家运营商投资共建，采用网络虚拟化、软件定义网络和网络切片等技术将物理网络和逻辑网络分离。人工智能（AI）深度融入6G系统，将在高效传输、无缝组网、内生安全、大规模部署、自动维护等多个层面得到实际应用。

（5）全域应急通信抢险

6G将由地基、海基、空基和天基网络构建成分布式跨地域、跨空域、跨海域的空—天—海—地一体化网络。到2030年以后，“泛在连接”将成为6G网络的主要特点之一，完成在沙漠、深海、高山等现有网络盲区的部署，实现全域无缝覆盖。依托其覆盖范围广、灵活部署、超低功耗、超高精度和不易受地面灾害影响等特点，6G通信网络在应急通信抢险、“无人区”实时监测等领域应用前景广阔。例如，在发生地震等自然灾害造成地面通信网络毁坏时，可以整合天基网络（卫星）和空基网络（无人机）等通信资源，实现广域无缝覆盖、随时接入、资源集成支撑应急现场远距离保障和扁平化的应急指挥。此外，利用 6G 网络还可以对沙漠、海洋、河流等容易发生自然灾害的区域进行实时动态监控，提供沙尘暴、台风、洪水等预警服务，将灾害损失降到最低。

（6）智能工厂 PLUS

利用 6G 网络的超高带宽、超低时延和超高可靠等特性，可以对工厂内车间、机床、零部件等运行数据进行实时采集，利用边缘计算和 AI 等技术，在终端侧直接进行数据监测，并且能够实时下达执行命令。6G 中引入了区块链技术，智能工厂所有终端之间可以直接进行数据交互，而不需要经过云中心，实现去中心化操作，提升生产效率。不仅限于工厂内，6G 可保障对整个产品生命周期的全连接。基于先进的 6G 网络，工厂内任何需要联网的智能设备 / 终端均可灵活组网，智能装备的组合同样可根据生产线的需求进行灵活调整和快速部署，从而能够主动适应制造业个人化、定制化 C2B 的大趋势。智能工厂 PLUS 将从需求端的客户个性化需求、行业的市场空间，到工厂交付能力、不同工厂间的协作，再到物流、供应链、产品及服务交付，形成端到端的闭环，而 6G 贯穿于闭关的全过程，扮演着重要角色。

（7）网联机器人和自治系统

目前，一些汽车技术研究人员正在研究智能网联汽车。6G 有助于网联机器人和自主系统的部署，无人机快递系统就是这样的一个案例。基于 6G 无线通信的自动车辆可以极大地改变我们的生活方式。6G 系统将促进自动驾驶汽车或无人驾驶汽车的规模部署和应用。自动驾驶汽车通过各种传感器来感知周围环境，如光探测和测距（LiDAR）、雷达、GPS、声呐、里程计和惯性测量装置。6G 系统将支持可靠的车与万物的连接（V2X）以及车与服务器之间的连接（Vehicle to Server）。对于无人机（UAV），6G 将支持无人机与地面控制器之间的通信。无人机在商业、科学、农业、娱乐、城市治理、物流、监视、航拍、抢险救灾等许多领域都有广阔的应用空间。此外，当蜂窝基站不存在或者不工作时，无人机可以作为高空平台站（HAPS）为该区域的用户提供广播和高速上网服务。

11.2.5 商业模式创新

11.2.5.1 5G 高度渗透

2009 年是中国 3G 元年， 5 年时间，中国 3G 用户渗透率峰值达到了 35.5%。不过 5 年后的 2014 年是中国 4G 元年，3G 用户的渗透率直接被代际技术更迭所打断[13]。有了 3G 的孕育，加上 3G 到 4G 在技术实现路径上的便捷，导致 2014 年 4G 开年用户渗透率就达到了 7.1%，截至 2017 年年底，4G 用户渗透率高达 71.7%，到 2018 年超过 85%。预计未来 5G 用户会在 5 年内完成渗透，如果中途没有下一代通信技术打断，巅峰渗透率应该维持在 90% 以上。

更为重要的是，5G 时代并非只有智能手机才能将用户转化成 5G 用户，常规的家电亦可实现 5G 网络连接，因此这个要素能在全网络时代到来之前，使更多 4G 时代不会使用智能手机的

[13] 李超 .5G 时代商业模式变革趋势研究 [J]. 互联网经济 .2018(12):18-25.

人群转化成5G用户，所以5G的理论渗透率峰值要高于4G。但是预计5G出现5年后，其宏观用户红利会消失，2027年以后，5G用户规模将随中国人口变化而增减。

11.2.5.2 基础设施投入的平稳上涨

市场上极易混淆的概念是5G产业和5G时代下的经济发展状态。当我们提及5G产业时，我们描述的是作为基础设施的5G产业，这个基础行业因为涉及一系列真实物理世界的建设和业务调整，所以并不会像当下互联网产业一样存在爆发或者像异动一样的增速跳跃。伴随这个基础设施建设的逐步完善，在5G通信背景下的社会经济业态，则可能存在飞速提升的活跃景象。2020年国际5G元年，中国5G的市场规模可以达到0.6万亿元人民币水平，伴随用户规模的提升，相关基建需求的增加，5G市场将迎来4年的高速增长期，而后增速逐渐维持在10%左右，直到下一代通信技术的落地。

11.2.5.3 软性服务是产业最大贡献者

在5G市场规模中，基础设施投入在前两年占比较高，但是随后会呈现逐年递减的趋势。流量资费和5G智能手机会在基础设施投入基本完善后的第3年开始出现明显上升趋势。在整个5G产业中，市场规模占比最大的是各相关产业公司提供的主要依赖流量而提供服务产生的互联网信息服务费，其在初始和终端普及后，是市场规模的绝对贡献者。

11.2.5.4 链接媒介和服务终端归属权变化

5G最表象的变化是通信速度的提升，但是当通信速度提升到一定程度时，用户的需求和关注点就会发生改变。类似这样的需求更迭已经发生过数次，而每一轮被弱化的用户需求点，则恰恰是技术在该轮革命中所弥补的缺陷。比如：用户对计算机、手机储存容量的担忧，用户对数据传输速度的担忧等。这些需求点在新技术时代会成为用户的“习以为常”。在5G时代，这种需求的转移可能会发生在以下两个层面：链接媒介的更替和智能设备物权与使用权的分离。自2016年以来，全国App平均单次使用时间基本维持在7.5min左右；截至2018年下半年，这一数字降低到6.5min，虽然2016年9月伴随中国短视频行业的发力，App平均单次使用时间稍有提升，但整体的下降趋势比较明显。

从现阶段的互联网环境看，这是由于两个原因：一个是大型综合类的App，其产品优化一直在进行；另一个是市场上诞生的新App，在进入市场激烈的竞争之初，需要极简主义来突出自身的定位和用途。这些都导致我国App平均单次使用时间的下降。在不同机构的流量合作过程中，内嵌“小程序”的方式非常流行，这在一定程度上稀释了App对于初创公司的重要性。

在流量垄断的环境下，不同形式的流量源对互联网产业的意义已经非比寻常。5G时代，速度对媒介功能的弱化，使得原本并不具备服务能力的浅层流量方，有机会以更廉价的形式与其他公司进行流量合作，在这种环境下，浏览器、黄页型互联网公司，甚至一些操作系统自带的信息集成应用都可能成为5G时代的重要服务媒介，这会加速企业商业模式的变革。

11.2.5.5 移动终端极简主义

速度提升导致手机功能的变化，最终影响智能终端形态。2011年，乔布斯去世，随后苹果手机的市场预期下降，这给了其他手机生产商赶超的机会，其中尤以我国手机生产商的赶超势头最猛。市场环境意外的变化，却无心插柳地使智能终端进一步在大众普及，随后连续 4 年智能手机平均价格骤降。

2016 年后，为了让智能手机具备更强的物理功能，手机的硬件成本逐步提升，导致全球智能手机平均价格回暖。时至今日，市场对智能手机在现有形态下的预期大不如前，所以智能手机产业进入跟随成本波动而波动的阶段。如果 5G 时代的数据传输速度足够快，手机将变成一块具备联网能力的显示屏，其他不必要的功能都将被弱化甚至剔除，这必然导致 5G 手机成本大幅下降，而智能手机价格，在 2022 年 5G 基础设施构建完毕后，会随着市场竞争而下降。一旦投影或三维成像技术成熟后，屏幕的存在意义将被削弱。所以智能终端最终形态的变化，大概率会导致全球智能手机价格形成稳固的下降通道，而下降通道的极限就是免费。如果考虑全球资本通货膨胀的因素，智能手机下降通道的倾斜角度可能更大。

11.2.5.6 制造商至暗时刻

2018 年第二季度全球主流智能手机生产商，只有三星和苹果的手机利润率能够超过 15%，而历代 iPhone 生产的硬件成本变动节奏，和全球智能手机平均价格波动保持基本同步。在 5G 时代，如果智能终端发生形态上的巨大变化，就意味着原本利润就不丰厚的绝大部分制造商，会面临更残酷的竞争环境，如果还以生产制造的传统商业模式来对待，那么很可能被淘汰。

如同互联网公司平台化的发展战略，5G 时代的商业模式核心关键词之一也是平台，只不过 5G 平台所提供的服务内涵是连接。理想状态下，对于全社会来说，能够连接服务提供方和需求方的平台，其战略价值是等价的。所以从这种层面上看，拉平了当下互联网企业与设备制造商之间的定位，那么其商业模型中最核心的要素就有了相似性，即用户规模。因此，在 5G 时代，以何种智能终端的形态接触到用户，是这些制造商最大的商业机会。一方面要关注手机本身的变化，另一方面还要关注家电智能化的趋势，因为在未来，不止手机可以让用户连接到网上。如果将这一要素考虑进去，免费趋势并不限于手机行业，而是全部智能设备行业。

11.2.5.7 互联网商业模式的延伸

主营业务免费，增值服务崛起。目前看来，作为主营业务的智能硬件销售收入如果全部清零，对于智能设备行业来说将是一场巨变，这看似可能性非常渺茫，但是仔细审视目前几大主流设备制造商，这种趋势并非毫无依据。在这一领域苹果和小米相对走在前列，其财报中有明确类似于“服务营收”的板块划分，这说明公司战略层面的重视。其他智能硬件制造商，在财报中均没有这一板块的披露。

在国内各大智能硬件制造商的公开演讲中，可以体会到智能硬件制造行业的转型或商业模式升级共识。诚然服务并不是这些企业转型的唯一出路，况且智能硬件和家电的全部免费面临重重阻力。但 5G 技术的出现和未来更强通信技术的出现，还有其他科技对工业生产成本的降低，势必促使这个趋势到来。

「11.3 展望未来：把握机遇加强监管」

11.3.1 理解 5G 带来的经济红利

11.3.1.1 经济产出贡献

根据相关预测，2030 年 5G 间接拉动的 GDP 将达到 3.6 万亿元人民币。按照产业间的关联关系测算，2020 年，5G 间接拉动的 GDP 增长将超过 4,190 亿元人民币；2025 年，间接拉动的 GDP 将达到 2.1 万亿元人民币；2030 年，5G 间接拉动的 GDP 将增长到 3.6 万亿元人民币。10 年间，5G 间接拉动 GDP 的年均复合增长率将达到 24%[14]。

11.3.1.2 经济产出结构

从产出结构看，在 5G 商用初期，运营商大规模开展网络建设。5G 网络设备投资带来的设备制造商收入将成为 5G 直接经济产出的主要来源。中期，来自用户和其他行业的终端设备支出和电信服务支出持续增长，预计 2025 年，上述两项支出分别为 1.4 万亿元人民币和 0.7 万亿元人民币，占 5G 直接经济总产出的 64%。后期，互联网企业与 5G 相关的信息服务收入增长显著，成为 5G 直接经济产出的主要来源，预计 2030 年互联网信息服务收入达到 2.6 万亿元人民币，占 5G 直接经济总产出的 42%。

11.3.1.3 经济增加值的贡献

从设备环节看，5G 商用中后期各垂直行业将成为网络设备支出的主要力量。在 5G 商用初期，运营商开展 5G 网络大规模建设。随着网络部署持续完善，运营商网络设备支出预计 2024 年起将开始回落。预计 2030 年，各行业各领域在 5G 设备上的支出超过 5,200 亿元人民币，在设备制造企业总收入中的占比接近 69%。

11.3.1.4 就业的贡献

5G 对就业的间接贡献具有倍增效应。5G 通过产业关联和波及效应间接带动 GDP 增长，从而为社会提供大量的就业机会。

2020 年 5G 将间接带动约 130 万人就业，是其直接提供的就业机会的 2.5 倍；2030 年预计 5G 将间接提供约 1,150 万个就业机会，约是直接就业机会的 1.4 倍，较 2020 年有所下降。究其原因，从 2020-2030 年，5G 总产出结构中，电信运营收入和互联网信息服务收入的占比越来越高，而这些部门对就业的间接拉动能力较低，导致间接就业机会增长。

11.3.1.5 基础设施的建设

5G 与 4G 协调发展加快基础设施升级。在建网初期，5G 主要覆盖热点地区，当没有 5G 覆盖时，5G 多模终端（兼容 4G/5G 多种制式）可以自动切换到 4G 网络，5G 网络建设可与 4G 网络协同。预计 2020-2025 年，5G 网络总投资额为 9,000 亿～ 15,000 亿元人民币，同

---

[14] 中商产业研究院 .2019 年中国 5G 产业市场研究报告 .

[15] 中国信息通信研究院 .5G 产业经济贡献 .

期电信企业 5G 业务收入累计将达到 1.9 万亿元人民币[15]。

11.3.1.6 产业互联网的拓展

5G 拓展产业互联网新空间。一是增强移动宽带场景，主要是现有移动互联网的升级，为用户提供更好的应用体验，如智能家居、智慧医疗、虚拟现实（VR）等。二是物联网场景，主要面向智慧城市、车联网等低功耗大连接应用，给城市管理、环境监测、智能交通等行业带来新型智慧应用。三是工业互联网场景，主要面向工业控制、工厂自动化、远程运维等对时延和可靠性具有极高要求的垂直行业应用。从上述应用场景可以看出，与 4G 相比，5G 应用将与更广泛的实体经济领域相结合，极大推动产业互联网的发展壮大，形成支撑经济社会数字化转型的关键基础设施，促进实体经济转型升级。

11.3.2 支持 5G 产业的发展

（1）加快出台相关产业规划，引导商业应用有序发展

相关规划对明确发展重点、优化产业布局、提升综合实力、推进可持续发展具有极其深远的意义。在国家层面，《信息通信行业发展规划（2016-2020 年）》《信息产业发展指南》等文件从战略上对 5G 的发展方向和重点任务进行了明确；在省级层面，北京、浙江等省市出台 5G 产业发展指导意见或行动方案。为了保障 5G 产业全方位有序发展，应鼓励出台更广泛、多层次、更具针对性、更有利于产业生态整体发展的 5G 相关产业发展规划[16]。

（2）推动试点示范成熟和推广，深度挖掘商业模式

集中资源推动试点示范。政府依托大中型国有企业和知名民营企业，从先锋行业开始，认定一批产业带动作用明显的 5G 新技术、新产品、新业态、新模式示范项目，中央财政和地方财政给予每个项目支持。集中财力精选和开展几个政府重大工程 5G 应用示范，围绕工业互联网、智慧城市、地铁、高铁等重大工程建设，发挥先行先试引领作用。5G 的业务需求呈现多样化特征，面对相关行业用户，由于存在跨行业的知识、政策壁垒，难以精准把握行业痛点。

深度挖掘新型商业模式。出台相关行业 5G 新产品和新服务的定价制度，建立产业链相关合作方的利益分配机制。运营商与产业链合作伙伴及客户开展深入合作，赋能生态合作伙伴，为客户提供行业应用的整体化解决方案。推行初期按照应用免费单点试用，让相关行业了解 5G 网络的益处之后再付费订阅，基于试点应用倒逼 5G 网络部署，推动应用场景的丰富，助推商业模式的深刻变革。

（3）加强复合型人才培养和引进，鼓励建立 5G 行业智库

第一，在现有高端人才优惠条件的基础上，注重对 5G 人才的遴选支持。将 5G 通信行业专家、数据科学家、AI 工程师、5G 相关行业咨询师纳入高层次人才分类认定目录。对认定的 5G 高层次人才团队，给予项目资助。对顶尖人才和团队的重大项目实行“一事一议”，对获得风险投资的人才及创业企业，政策性给予积极支持。

[16] 2020 年中国 5G 经济报告 .

第二，鼓励建立服务 5G 产业的公共服务平台和智库，取得良好成效的智库和平台可给予项目资助；储备既懂通信又懂相关行业痛点的咨询师，提高行业咨询师的职业地位；择优确定 5G 重点相关行业发展的主要支撑平台，优先保障其年度用地、用能指标。

第三，高度重视 5G 产品的研发创新工作。对达到相关要求的研发创新企业给予相应资金支持，比如支持企业在 5G 核心设备、模组、行业应用等领域开展产品研发。

11.3.3 加强 5G 产业的监管

（1）建立预防网络成瘾的机制

高清视频和云游戏服务本是“奢侈品”，5G 高速连接可以令其迅速普及，足不出户就有优质体验。网络社交机会增加，网络会消耗人们大量时间。各种智能终端和游戏平台的普及，给使用者带来便利的同时，也造成了网络成瘾、游戏障碍、赌博障碍等健康问题。此时需出台控制网络游戏、赌博的相关政策，建立全球网络成瘾行为科研平台，开发网络成瘾行为筛选工具、诊断工具，建立专家治疗指南。

（2）建立良好网络行为规范和价值观

人类有史以来最大规模的思想与文化的大融合正在互联网上悄然进行，逐渐形成网络社会的行为规范和价值观念，并最终融入现实的主流社会，从而在文化层面上影响和改变我们的生活，具体带来的变化无人能够预料。此时需要出台制度，倡导良好的网络行为规范和树立积极向上的价值观念。

（3）防范和治理高科技网络犯罪

5G 网络发展，给利用 5G 互联网实施各种高科技手段犯罪的不法分子带来了更多可能性。不法分子利用 5G 互联网进行犯罪的手段与方式对于普通公众而言，可能更加难以辨认及防范。需加强治理网络犯罪的警力，确保互联网安全、健康、有序发展，建设阳光网络、绿色网络、文明网络。

（4）预判 5G 带来的就业大变革

随着 5G 技术在相关行业（特别是工业互联网及医疗领域）的广泛应用，这些行业的人才在 5G 技术环境下的管理能力、操作技能、思维方式亦需要更新换代。随着智能设备大量使用，特别是 AI 的批量应用，相关行业的从业人员面临着取代性的科技创新，依赖人力并且逻辑流程简单、耗费体力精力的工作岗位（例如，门卫/保安、银行柜员、超市收银、商场导购、餐厅服务、室内清洁、简单医疗活动等）将会被人工智能机器人替代。麦肯锡公司估计，到 2030 年自动化将使中国 1/5 的制造业岗位消失，近 1 亿劳动者需要更换职业类型，这是人类历史上最为激烈的就业大变革，相关研究机构和舆论环境需要对就业形势做出正确预判和引导，政府要对结构性失业提前采取措施进行处理。我们无法预测问题的具体形态，但是我们能做的是从 5G 经济发展获取的利润里预留一部分资金，在问题发生的时候，及时止损。

11.3.4 构建美好未来生活的蓝图

5G 将与中国经济社会各领域产生广泛深度的融合，将给人们的生产生活带来革命性的变化，必将成为中国经济转型的助推器，以及中国经济高质量发展的新引擎。5G 商用，于中国而言，是拉动投资，扩大内需，引领科技创新，实现产业升级和发展新经济；于百姓而言，是大带宽、高质量、高体验、高智能的世界，将助力实现我们对美好生活的向往。

5G 商用将大幅度提升我国的投资需求和消费需求，为我国经济社会发展带来重要发展机遇。近年来，内需对经济增长的贡献率稳步提升。内需已经成为中国经济高速增长中的决定性力量，是中国经济的“顶梁柱”。未来 3 年我国将建设超过 300 万个 5G 基站，而这仅仅是一个侧面——5G 芯片、5G 终端等，从线上到线下、从消费到生产、从产品到服务，5G 在全面构筑经济社会数字化转型的关键基础设施的同时，将带来强劲的内需和投资需求，促进经济增长和就业扩大。此外，随着 5G 商用落地并融合在人们工作学习、休闲娱乐、社交互动、工业生产等各方面，逐步丰富的消费场景和消费形态，必将促进用户体验需求发生变革，产生新需求。

5G 商用将驱动经济高质量发展。在迈向高质量发展的进程中，科技创新是引领发展的第一动力。当我们逐步迈向一个以 5G 为基础，万物感知、万物互联、万物智能的世界的同时，新一轮的技术创新、产业模式将逐步涌现。从 5G 芯片的研发到 5G 终端的研发，科技创新有了更多的延展方向和可能性。5G 商用将为传统产业转型升级面临的困难与挑战带来破局机遇。5G 的推广，将为跨领域、全方位、多层次的产业深度融合提供坚强支撑，将推动传统产业研发、设计、销售、生产制造、管理服务等生产流程进一步向数字化、智能化、协同化方向深刻变革，推动工业领域全周期、全价值的智能化管理，助力传统产业优化结构、提质增效。5G 将从创新与传统产业两个层面协同发力，推动全社会产生新的生态能力，推动我国产业结构升级转型，促进中国经济高质量发展。

5G 商用将助力人们实现对美好生活的向往。从沉浸式 4K 游戏体验，到智能家居高传输低功耗的改进，再到 5G 无人驾驶或远程驾驶，5G 将为人们生活提供更舒适、更高效、更低耗的环境。此外，5G 还为弱势群体的生活带来了更多便利。比如在 5G 普及后，导盲头盔将有可能通过网络识别实时路况和障碍物，充当盲人的“眼睛”。比如 5G 加速从医院向家庭护理模式的转型，老人通过可穿戴设备监测健康和用药，得到更加低成本和便捷的医疗服务，使弱有所扶，老有所依，在人们生活和社会和谐上发挥更大的价值。这也是科技创新坚定前行的动力。